重庆工商大学"2019年国家一流专业——经济学"项目
重庆市社会科学规划项目"重庆市加强高等职业技术教育与经济发展融合研究"（2012YBJJ038）

# 我国财政性教育经费投入机制优化研究

刘成杰 刘幼昕 黄帅金 黎润娟 ◎ 著

中国财经出版传媒集团

经济科学出版社

Economic Science Press

**图书在版编目（CIP）数据**

我国财政性教育经费投入机制优化研究/刘成杰等
著.—北京：经济科学出版社，2021.12
ISBN 978 - 7 - 5218 - 3265 - 5

Ⅰ.①我⋯ Ⅱ.①刘⋯ Ⅲ.①教育经费 - 研究 - 中国
Ⅳ.①G526.72

中国版本图书馆 CIP 数据核字（2021）第 253377 号

责任编辑：周国强
责任校对：孙　晨
责任印制：张佳裕

**我国财政性教育经费投入机制优化研究**
刘成杰　刘幼昕　黄帅金　黎润娟　著
经济科学出版社出版、发行　新华书店经销
社址：北京市海淀区阜成路甲 28 号　邮编：100142
总编部电话：010 - 88191217　发行部电话：010 - 88191522
网址：www. esp. com. cn
电子邮箱：esp@ esp. com. cn
天猫网店：经济科学出版社旗舰店
网址：http：//jjkxcbs. tmall. com
固安华明印业有限公司印装
710×1000　16 开　21 印张　360000 字
2021 年 12 月第 1 版　2021 年 12 月第 1 次印刷
ISBN 978 - 7 - 5218 - 3265 - 5　定价：98.00 元
（图书出现印装问题，本社负责调换。电话：010 - 88191510）
（版权所有　侵权必究　打击盗版　举报热线：010 - 88191661
QQ：2242791300　营销中心电话：010 - 88191537
电子邮箱：dbts@ esp. com. cn）

# 目　　录

# 教育财政与财政性教育经费

## 1.1　教育的准公共产品属性

社会的进步、经济的发展离不开产品的消费。按照公共经济学的分析框架,产品消费有两种截然不同的提供方式:一种是公共提供,另一种是市场提供。公共提供是政府通过某种方式筹措资金用于弥补产品的生产成本,免费为消费者提供产品的方式。市场提供是消费者用自己的收入,通过市场购买获得产品消费权的方式。产品消费方式上的差异,来自产品性质上的差异。产品按其受益范围来分类,可以分为公共产品、私人产品与混合产品。[①]　教育作为一种外溢性强、覆盖范围广且具有持续积累性的公共产品,对经济社会发展的作用不言而喻。

### 1.1.1　公共产品及其提供方式

分析教育产品的属性要从分析公共产品开始。公共产品是指具有非竞争性和非排斥性的产品。萨缪尔森《经济学(第19版)》中给出的定义是"公共产品是这样的物品,扩展其服务给新增消费者的成本为零,且无法排除人们享受的物品"。公共产品的非竞争性,即消费者消费某公共产品时并不影

---

① 刘小兵,蒋洪.公共经济学 [M].3 版.北京:高等教育出版社,2012:56 - 59.

响其他消费者同时从该公共产品消费中获得利益。公共产品的非排斥性，即在公共产品消费中很难将其他消费者排斥在该公共产品的消费利益之外。

公共产品一般采用公共提供的方式进行消费。公共经济学的分析结论是，市场不能有效率地提供公共产品，而没有公共产品，市场就失去了其存在的必要基础设施和公共服务支撑，市场的发展也就无从谈起。因而，由政府来提供公共产品，即公共产品采用公共提供的消费方式也就成为政府弥补市场缺陷的唯一有效方式。由此，财政支出的首要任务就是在消费领域内为经济社会的发展提供必需的公共产品。

政府提供或参与提供公共产品、准公共产品的方式主要有三种：政府生产，免费或以低于成本的价格提供给公众；政府采购，免费或以低于成本的价格提供给公众；政府对一些公用事业（如对图书馆、博物馆等设施）提供一定的补贴，为公众支付一部分或全部成本。政府生产、政府采购及政府补贴都只是手段，提供公共产品、增加准公共产品的供应才是目的。一方面，公共产品、准公共产品应由政府提供或参与提供，并不一定意味着应由政府来生产；另一方面，政府在提供公共产品或准公共产品的过程中消耗的生产要素或消费品本身不是公共产品。

## 1.1.2 教育的准公共产品属性

教育产品指的是学校提供的教育服务。教育产品具有特殊性。首先，对于教育产品的消费者——个人来说，教育具有竞争性和排他性。每增加一个学生，边际成本不为零，会降低原有学生得到的教育服务水平，如平均受教师关注的程度会降低，生均校舍面积、图书、仪器等教育资源会减少。在技术上学校完全有能力将教育的消费者（如不付费者）排除在学校或教室之外。[①] 因此，教育产品的消费具有私人产品的性质。对于个人来说，教育最直接的效用就是提高个人的知识、能力、品行等素养，从而能够获得更高的收入和社会地位。其次，对于整个社会来说，教育又具有部分的非竞争性和非排他性。教育能使经济发展更好、社会发展更加和谐。由于受教育者个人知识、能力、品行等素养的提升，个人对社会更能有贡献和担当。教育产品

---

① 袁连生. 转轨时期的教育财政 [M]. 北京：经济科学出版社，2016：4–5.

带来的这种总体经济社会效益，其他社会成员也可以受益，对社会而言增加的消费者的边际成本为零，也无法排除其他成员得到这种利益，因而没有竞争性和排他性。所以，总体上说，教育产品的属性为准公共产品。

## 1.1.3 教育产品提供的公平与效率

所谓效率，是指主体在改造客体过程中表现出的能力大小或高低，是不同社会发展阶段生产力发展水平的重要指示器。经济学意义上的效率主要包括生产效率与资源配置效率两种形式。所谓生产效率，是指生产活动中如何根据各种资源的物质技术联系，建立最符合生产要素性质的经济联系，生产出尽可能多的物品和劳务；资源的配置效率是指"帕累托最优"，即对某种经济的资源配置，如果不存在其他可行的配置使得该经济中的所有个人至少与他们在初始时情况一样良好，而且至少有一个人的情况比初始时更好，那么，这个资源配置就是最优的。新制度经济学派认为，鉴于现实生活中人的有限理性、信息不完全、交易成本大于零等约束，任何时点上的资源配置都只能是次优选择。

公平是涉及价值判断的范畴。在现实生活中，由于人们交往的广泛性和角色的多样性，人们对公平也有了更为丰富的要求。人们对公平的要求一般可分为个体在生物学、经济学、社会学等多个层面的公平要求。从生物学上讲，人的公平性要求是指人们在获取衣物、情爱等维持基本生活方面应有的机会均等与合理；在经济学上，人作为经济活动的主体与归宿，不仅要求有获得劳动就业、培训学习方面的机会均等，而且要求有劳动结果——分配上的公平；同时，作为一个社会人，人必须具有相应的社会制度下获取人格、获取相应权利与地位的平等性。

人们所处的社会文化背景不同，面临的经济环境与选择的发展目标不同，可以形成对公平与效率概念及其关系的不一致的理解。这里认识到公平的主观性和客观性的区别很重要，也应把公平的价值判断与效率判断区别开来。

教育效率一般包括教育生产效率和教育资源配置效率。前者指教育资源的投入与产出之比，包括教育投入要素（人力、物力、财力）效率、教育规模效率、教育质量效率、学校管理效率等；后者指教育资源如何在教育系统内部以及与其他子系统之间分配的问题，包括教育资源配置机制的效率、教育资源占社会总资源的比例、教育资源在各级各类教育间的分配、教育资源在同级同类学校的不同地区间的分配等。

为避免歧义，这里把教育公平限定在教育资源配置公平的范围之内。所谓教育资源配置公平，就是指教育机会的公平。测定教育机会公平的主要依据有以下四点：第一，进入教育体系的机会均等，即先天禀赋不同的个体是否获得了一定量的义务教育；第二，参与教育机会的均等，即不同社会阶层的组别有相同比例的人数，得到同样的或质量相当的教育机会；第三，教育成效的均等，即每个性别和每一个社会阶层都有一定比例的人取得相似的教育成效；第四，教育对生活前景机会的影响均等，即"教育制度能补偿父母在财富、收入、教育、政治力量、社会关系、文化等方面的差异，使这些因素不会影响成年子女在财富、收入、教育、政治力量和社会关系等方面的机会"。[①]

在主观认识上，无论是个体、社会还是国家，对教育资源既有效率上的要求，也有公平上的期待。但是在特定时期，教育资源配置的效率目标与公平目标会处于相互对立的状态，甚至在达成目标的路径方面也会有分歧，进而给个体和政府的教育决策或管理带来两难。例如，一种观点认为教育资源的市场化配置可以提高教育的效率目标；另一种观点则强调按照社会领域的原则配置教育资源可以促进教育的公平目标的达成。事实上，这是教育目标的复合性问题，顾此失彼都是片面的。教育应该适应社会主义市场经济的发展，以市场为动力追求教育的经济价值无疑是合理的（即教育具有世俗的合理性），但也不能忽视了教育的政治、文化、道德等方面的价值（教育有培养人的目的性价值，促进学生个体的全面发展，符合社会进步的方向）。

教育资源配置的效率与公平是教育发展中一对永恒的矛盾，二者应在时代背景变化的现实中不断寻求均衡。

## 1.1.4 教育产品的提供方式

在设计教育产品的提供方式时，既要考虑教育产品的准公共产品属性，

---

① ［美］亨利·莱文. 高科技、效益、筹资与改革——教育决策与管理中的重大问题［M］. 曾满超，等编译. 北京：人民日报出版社，1995：287.

也必须倾注公平与效率的思想。

### 1.1.4.1　政府提供

准公共产品属性决定教育具有多种价值目标（无论从个人角度还是社会角度，都既包括政治的、文化的、经济的，也包括宗教的、纯粹知识的多重目标），教育作为公共产品的组成部分，需要政府提供（或参与提供），如国家做出强制性安排，免费提供义务阶段教育。政府提供教育的方式主要是政府生产和政府补贴。政府生产的具体表现是使用财政资金开办公立学校，对学生免费或只收取低于成本的学费；政府补贴的方式是对非公立学校或学生提供财政资助。即使是教育的私人物品部分，由于政府的公共需要和长期实践结果，也可以由政府公共提供，个人付费，如政府开办的公立大学。

### 1.1.4.2　市场提供

讨论学校的市场化运作，首先要明确其含义。笔者认为，学校的市场化运作包含三个方面的内容：一是学校是否以营利为目的。目的不同，学校的行为就不同。以营利为目的的学校，其行为是市场导向的。二是学校生产要素的获得是否市场化。学校在运行中要消耗人力、物力等生产要素，这些生产要素是全部通过市场交易获得，还是部分通过市场交易获得，是反映学校市场化运作的重要标志。三是学校产品的提供是否市场化。学校与其产品的消费者——学生或其代理人（家长、政府）之间，可以是市场交易关系，也可以是非市场交易关系，还可以是部分市场交易关系。学校产品的市场化程度，即学费或教学合同收入在学校总收入中的比重，是测度学校市场化运作程度的主要指标。

一所学校的市场化运作程度，主要取决于上述三个方面。三个方面都市场化的学校，是完全市场化运作的学校。以营利为目的的学校近于完全市场化运作，是教育服务的企业化生产方式。然而，在市场经济环境中不存在完全非市场化运作的学校。即使是全部由政府拨款的公立学校，其部分生产要素如劳动力、教学用品，也必须通过市场交易获得。因此，处于市场经济环境中的学校，无论是营利性还是非营利性学校，都存在市场化运作，只是程度上有差异。

教育作为一种准公共产品，完全可以由学校进行市场化运作，这是由它的消费特征决定的。前面已经分析过，教育的消费具有特殊性。从教育的间接消费特点出发，教育属于准公共产品；从教育的直接消费特点出发，教育具有私人产品的性质。正是教育直接消费的私人产品性质，即接受教育服务过程的排他性和竞争性，使得教育可以定价销售，通过市场交换，具备市场化运作的条件。

### 1.1.4.3 政府提供和市场提供相结合

在市场经济条件下，学校完全可以市场化运作，但为什么现实中甚至连发达市场经济国家也只有少数营利性的学校？这一现象可以从效率与公平两个角度解释。教育质量的度量很困难，学校与学生信息不对称，学校市场化运作具有较高的交易成本，因此采用非营利组织形式有利于提高全社会的教育资源配置效率。教育的准公共产品性质决定政府必须参与提供教育，以扩大教育的供给和提高教育公平，设立公立学校似乎是政府提供教育和实现教育公平的基本途径。虽然政府提供教育并不只是举办公立学校一种方式，公立学校也并不等于教育公平，但政府参与和对教育公平的追求却形成甚至固化了公立学校这种教育生产组织形式。

但必须注意的是，学校的市场化运作与教育市场化既有联系又有区别。教育市场化是指教育的生产、消费完全通过市场交易进行，政府既不对学校也不对学生提供财政资助。如果政府对学生提供财政补贴，即使全部学校都实行市场化运作，也不会导致教育的市场化。教育市场化是宏观层面的问题，是教育这种准公共产品的社会配置方式。学校的市场化运作是微观层面的问题，是教育的具体生产方式。

在国家财力还有限的情况下，在非义务教育阶段，谁接受教育就应该由谁考虑支付教育费用。政府的责任一方面是向个人提供适当的激励，如就学补贴、贷款、拓宽就业渠道等政策支持，以代替向学校投入大量的办学经费；另一方面，政府应该通过适当的激励政策，吸引居民将储蓄存款投资于教育、教育供给和教育消费。

# 1.2  教育财政

## 1.2.1  公共财政视角下的教育财政

公共财政就是满足社会公共需要的社会资源配置活动，这是认识和界定公共支出范围的基本依据。[①] 社会公共需要是维持一定社会存在和正常发展，必须以社会为单位组织实施的诸多事务的需要。满足社会公共需要的是社会公共事务。首先，它代表全社会共同利益和长远利益，是只有社会出面组织和实施方能实现的事务；其次，它是家庭部门和企业部门不愿办，而又是社会所必须办的事务；最后，它虽系一般社会成员可以举办，但唯有社会为主体去举办，才能有效地协调社会成员利益的事务。

教育财政是国家对教育经费及其他相关教育资源的管理，包括国家对教育经费及其他教育资源的筹措、分配及使用的监督等。它是国家财政的一部分，是由一般财政分化出来的具体化的结果，是国家发展到现代教育成为其重要职能时出现的一种特殊的财政分配形式[②]。具体地说，就是指国家各级政府为发展本国本地区教育事业而对用于教育的财力资源进行的一系列专门性的管理活动，主要包括：发布有利于教育发展的财政政策；筹措并分配用于各级各类教育事业的经费；对教育机构的经费使用情况和经济活动进行监督等。其目的是提高教育资源的配置效果，增进教育投资的使用效率。

教育财政由教育预算制度、教育决算制度、教育审计制度、教育税收制度四大基本制度组成。

## 1.2.2  财政性教育经费比例受经济发展水平制约

2014 年及其以前年份，国家财政性教育经费包括公共财政预算教育经费

---

① 侯慧君. 我国公共教育支出的理论与实践探析［J］. 教育与经济，2010（3）：21 - 25.
② 陈彬. 教育财政学［M］. 武汉：武汉工业大学出版社，1992：31.

（预算内教育经费/拨款）、各级政府征收用于教育的税费、企业办学中的企业拨款、校办产业和社会服务收入用于教育的经费，以及其他属于国家财政性教育经费五个部分。2014 年以后，国家财政性教育经费所含条目名称发生了变化，包括公共财政预算安排的教育经费、政府性基金预算安排的教育经费、企业办学中的企业拨款、校办产业和社会服务收入用于教育的经费以及其他属于国家财政性教育经费。

　　财政性教育经费比例与经济发展水平之间存在显著的正相关关系。即越是经济发展水平高的国家其财政性教育经费比例就越大。统计结果显示：无论是按算术平均值计算还是按中位数计算，财政性教育经费比例都是高收入国家最高，其次是中高收入国家，再次是中低收入国家，最后是低收入国家（见表 1-1）。同样的规律表现在政府的财政收入水平上，越是经济发展水平高的国家，财政收入占 GDP 的比例就越高，政府就越是有相对充裕的财力投资于教育。

表 1-1　　　　不同收入水平国家的公共教育支出占 GDP 比例的比较　　　单位：%

| 年份 | 高收入国家 | 中高收入国家 | 中低收入国家 | 低收入国家 |
|---|---|---|---|---|
| 1975 | 5.59 | 4.48 | 3.49 | — |
| 1980 | 5.45 | 4.23 | 3.23 | 3.11 |
| 1985 | 5.10 | 4.39 | 3.20 | 2.76 |
| 1990 | 4.95 | 3.78 | 4.04 | 3.22 |
| 1995 | 5.15 | 4.84 | 4.29 | 3.52 |
| 2000 | 5.25 | 3.95 | 4.30 | 3.17 |
| 2001 | 5.42 | 4.49 | 3.53 | — |
| 2002 | 5.73 | 4.64 | 3.53 | — |
| 2003 | 5.07 | 4.01 | 3.97 | — |
| 2004 | 4.98 | 3.91 | 3.55 | 3.39 |
| 2005 | 4.91 | 4.03 | 3.97 | — |
| 2006 | 4.86 | 3.89 | 3.89 | — |
| 2007 | 4.70 | 3.86 | 3.64 | — |
| 2008 | 4.87 | 4.03 | 3.96 | 3.66 |

续表

| 年份 | 高收入国家 | 中高收入国家 | 中低收入国家 | 低收入国家 |
|------|------------|--------------|--------------|------------|
| 2009 | 5.31 | 4.52 | 4.38 | 4.10 |
| 2010 | 5.39 | 4.19 | 4.51 | 3.63 |
| 2011 | 5.11 | 4.48 | 4.14 | 3.84 |
| 2012 | 4.99 | 4.39 | 4.39 | 4.04 |
| 2013 | 5.04 | 4.12 | 4.12 | 3.48 |
| 2014 | 5.16 | — | — | — |

资料来源：世界银行，World Development Indicators Database。

注：根据世界银行的定义，"公共教育支出"包括政府对教育机构（公立和私立）及教育管理的支出以及对私人实体（学生、家庭及其他私人实体）的补贴。而根据国家统计局的定义，"国家财政性教育经费"包括一般公共预算安排的教育经费（即公共财政预算安排的教育经费）、政府性基金预算安排的教育经费、企业办学中的企业拨款、校办产业和社会服务收入用于教育的经费，以及其他属于国家财政性教育经费。由此可知，两者口径并不一致。根据定义，"公共教育支出"与"公共财政预算安排的教育经费"口径较为一致。"—"表示无此项数据。

## 1.2.3 教育投入不足对经济发展具有制约作用

经济发展为教育提供了物质基础，决定着教育的规模、结构与速度，也决定了教育制度与体制，并最终决定了教育的内容和方法，这是经济对教育的决定作用。反过来，教育对经济发展也有推动作用，这表现在：第一，教育可以提高劳动者的智力水平和整体素质，进而提高劳动者的劳动生产率；第二，教育可以促进社会科学技术的发展，而科学技术的发展不论从历史还是现实来讲，都已经成为第一生产力；第三，教育可以培养人的管理才能，经济学发展中，企业家的管理才能逐渐被人们认可，成为新型的生产要素，并且有时会在生产经营活动中起决定性作用。因此，教育对经济的发展起着不可忽视的作用，教育投入不足会间接影响经济发展质量[1]。

例如，固定资产硬投入和人力资本软投入两项投入应当匹配，否则全社会的生产效率难以提高[2]。国际经验表明，硬投入比软投入的倍率过高会造

---

[1] 王善迈. 教育投入与产出研究 [M]. 石家庄：河北教育出版社，1996：45 - 66.

[2] 胡鞍钢，王磊. 全社会教育总投入：教育发展的核心指标 [J]. 清华大学教育研究，2010，31 (3)：1 - 6, 28.

成人力资源开发滞后于经济、社会发展的需求，导致生产技术设备利用率、劳动生产率和固定资产投入产出比的下降。与发达国家相比，目前我国固定资产硬投入与人力资本软投入（教育、医疗和研发）的倍率处于偏高状态。我国 2010 年的硬投入与软投入之比为 5.4，随后处于持续增长之中，到 2014 年达到 7.5，2017 年又回落到 5.7（见表 1 - 2）。从表 1 - 2 中可以看出，这种先升后降的变化趋势是因为近年来，全社会固定资产投资与地区生产总值的比值急剧上升，后稍有回落，而人力资本软投入占地区生产总值比例总体为先下降后上升的趋势。

**表 1 - 2          我国硬投入与软投入的差距变化（2010 ~ 2017 年）**

| 年份 | 硬投入 | | 软投入 | | | | | 硬投入对软投入的倍率 |
|---|---|---|---|---|---|---|---|---|
| | 全社会固定资产投资（亿元） | 与 GDP 比值（%） | 合计（亿元） | 教育（亿元） | 卫生（亿元） | 研发（亿元） | 与 GDP 比值（%） | |
| 2010 | 251683.8 | 61.6 | 46604.8 | 19561.8 | 19980.4 | 7062.6 | 11.3 | 5.4 |
| 2011 | 311485.1 | 64.3 | 56902.2 | 23869.3 | 24345.9 | 8687.0 | 11.6 | 5.5 |
| 2012 | 374694.7 | 70.2 | 67072.7 | 28655.3 | 28119.0 | 10298.4 | 12.4 | 5.6 |
| 2013 | 446294.1 | 75.9 | 73880.3 | 30364.7 | 31669.0 | 11846.6 | 12.4 | 6.0 |
| 2014 | 512020.7 | 80.5 | 67889.6 | 19561.8 | 35312.4 | 13015.6 | 10.5 | 7.5 |
| 2015 | 561999.8 | 81.6 | 91273.7 | 36129.2 | 40974.6 | 14169.9 | 13.2 | 6.2 |
| 2016 | 606465.7 | 81.5 | 100910.0 | 38888.4 | 46344.9 | 15676.7 | 13.6 | 6.0 |
| 2017 | 641238.4 | 77.5 | 112766.4 | 42562.0 | 52598.3 | 17606.1 | 13.6 | 5.7 |

资料来源：根据《中国统计年鉴（2015）》之表 20 - 1 "科技活动基本情况" 和《中国统计年鉴（2018）》之表 3 - 1 "国内生产总值"、表 10 - 2 "全社会固定资产投资和全社会住宅投资"、表 20 - 1 "科技活动基本情况"、表 21 - 33 "教育经费情况" 和表 22 - 19 "卫生总费用" 相关数据计算得到，其中 2017 年教育投入数据来自《2017 年全国教育经费执行情况统计公告》。

注：2010 年 "全社会固定资产投资" 统计开始使用新口径，表中数据均为新口径数据。

## 1.3   我国教育财政投入体制的历史演变

教育投入体制是指关于教育经费的来源、负担主体及其权限划分调整、经费的筹措、有效配置与规范管理使用的制度体系，关系到教育发展能否获得充足的经费保障，能否发挥有限教育资源的最大效应，并充分实现教育公平。现阶段我国的教育投入体制是自新中国成立以来几经变化而逐步形成的，其演变历程大约分为以下四个阶段。

## 1.3.1 改革开放前的教育财政投入体制（1949～1979年）

### 1.3.1.1 教育财政投入体制演变

1949年10月，中央人民政府委员会召开第三次会议，任命郭沫若为政务院副总理及政务院文化教育委员会主任，马叙伦为教育部长。中央人民政府政务院文化教育委员会及其所属各委员会，各部（尤其是教育部）、院、署迅速成立，从中宣部接管了各大院校及全国文化教育机构的领导工作。随着各级地方人民政府的陆续建立，各地政府及军管会也相继成立了相应的文教行政机关，负责各地区的文化教育行政管理工作，在中央教育部的指导下开展工作。教育投入体制也开始了从无到有的孕育、形成过程。

总的来说，新中国成立初期，我国各项事业发展均处于起步状态，政府财力严重不足，经济发展态势不平稳。1950年，国家出台了"统一国家财政收支"的决定，即统收统支的集中管理政策。相应地，教育经费也采取了集中统一管理的投入体制，主要是由中央直接管理的大、中、小学的教育经费，列入中央人民政府预算，由财政部负责地方县立中学以上的教育事业费，列入大区或省（市）预算；乡村小学经费由县人民政府随国家公粮征收地方附加公粮解决，城市小学经费由征收的城市附加政教事业费解决，但征收地方附加公粮和城市附加政教事业费的具体办法应逐级呈报审查，由大行政区政府批准，并报中央政府财政部备案。

具体来说，新中国成立初期，为了改变革命战争中财政工作分散管理的局面，我国建立起高度集中、"统收统支、三级管理"的财政预算管理体制。1950年3月，政务院召开第25次会议，通过了《政务院关于统一管理1950年度财政收支的决定》，指出要统一国家收支，实行中央、大行政区、省（直辖市）三级管理体制。1953年取消了大行政区，建立起完全的县级财政，形成了新的中央、省、县三级经费管理体制。这一时期的教育投入体制具有中央高度集权（教育财政被纳入统一的国家财政，成为国家财政的一部分）、财政支出严格（各级政府的事权和财权统一，要办的事与财政划拨的经费相匹配）、体制变动频繁等特点。

"统收统支"的教育财政管理体制在当时的社会背景下是合适的，但到了1953年进入经济建设的第一个五年计划后，该体制统得过死、管理成本过高等特点开始不适应教育的进一步发展，即教育完全由国家财政承担是不现实的，必须改变以往高度集中的统一管理体制，进而转向中央集权和地方分权相结合的体制上来，积极调动和发挥地方对教育事业的领导和管理。于是从1954年开始，教育经费投入体制实行"条块结合，以块为主"的制度。在这种体制中，教育经费预算分为中央、地方两级，实行两级分级管理，即"条块结合"。同时，在财政部下达的经费控制指标范围内，各地方政府仍有权力结合自己的财力、物力，动用预备费，甚至对预算中的类、款、项进行统筹安排，即所谓"块块为主"。尽管预备费并不多，只占3%~5%，① 但是各级人民政府能够负责编制本级预算，这就为地方主动发展本辖区内的教育事业提供了可能。

为了调动地方发展教育的积极性和主动性，扩大地方管理教育的权限，1958年，中共中央、国务院发布了《关于教育事业管理体制下放的规定》。该规定指出，为了充分发挥各省区市举办教育事业的主动性和积极性，并且加强协作区的工作，实行全党、全民办学，加速实现文化革命和技术革命，今后对教育事业的领导必须改变过去以"条条为主"的管理体制，根据中央集权和地方分权相结合的原则，加强地方对教育事业的领导管理。为此规定：小学、普通中学、职业中学、一般的中等专业学校和各级业余学校的设置和发展，无论公办或民办，均由地方自行决定。新建高等学校和中等工科技术学校，地方可自行决定或由协作区协商决定。② 此规定调动了地方兴办教育的自主性，使教育规模空前扩大，但同时也带来了教育经费挤占、挪用等问题，严重影响了教育的发展。为此，1959年11月，国务院转批教育部、财政部《关于进一步加强教育经费管理的意见》，加强了省级、专署级政

---

① 宁本涛. 教育财政政策［M］. 上海：上海教育出版社，2010：50.
② 中央教育科学研究所. 中华人民共和国教育大事记：1949—1982［M］. 北京：教育科学出版社，1984：228.

府对教育经费的管理，适当上收权力，这对当时恢复教育秩序起到了重要
作用。

1962 年 1 月，教育部、财政部联合发出《关于进一步加强教育经费管理
的补充意见》，1963 年 2 月，又联合发出《关于教育事业财务管理若干问题
的规定》。这一系列规定重申了"条块结合，块块为主"的教育经费管理体
制，对于保障教育经费的正常供给和合理发展教育事业起到了一定的作用。
中小学杂费收入、实习工厂收入不上缴财政，扩大了教育事业尤其是农村教
育的财源；从农业税附加和城市市政维护费中解决部分教育经费，也有利于
教育事业的健康发展。总之，在财政部的配合下，通过教育部的努力，各地
政府较好地贯彻了"统一领导，分级管理，条块结合，块块为主"的原则，
教育经费来源得到保障，并有所增加。

1966 ~ 1979 年，随着"文化大革命"的开始，教育管理和财政体制处于
极度混乱状态。1972 年，为了改变这一混乱局面，中央在安排下达国家财政
预算时，将教育事业费支出单列一款，"戴帽"下达，专款专用。[①] 随后于
1974 年又做出了对少数民族地区和贫困地区的教师和学生给予一定补助的决
定。这些举措在一定程度上加强了政府对教育经费使用的有效管理，同时也
反映出地方政府在教育投资管理中的重要作用。但从整体上看，教育投资的
主体依然是政府，教育经费的来源和渠道仍然比较单一，加之这一时期存在
的问题太多，教育事业经费紧张的问题无法从根本上得到解决。

### 1.3.1.2 教育财政经费的演变

从 1950 ~ 1979 年的三十年，我国财政性教育经费的增长缓慢，30 年间
仅增长 24.8 倍；财政性教育经费支出总量很低，最高未超过 100 亿元，大多
维持在 50 亿元左右，每年的增长幅度较小，年均增长率仅为 11.7%，而且
有 7 年的增长率是负的，也就是说，这几年的财政教育经费相对上一年不但
没有增加，反而减少了。这一期间，我国教育财政经费占 GDP 的比重较低，
基本在 2% 上下波动，最高在 1960 年（3.18%），最低在 1970 年（1.22%），
教育支出占国家财政支出的比重都在 10% 以下，且起伏较大，最高是 9.45%

---

① 中央教育科学研究所. 中华人民共和国教育大事记：1949—1982 ［M］. 北京：教育科学出版
社，1984：439.

（1957 年），最低是 4.24%（1970 年）。[①]

在三级教育[②]经费支出结构上，初等教育所占比重最大，1952～1980 年基本维持在 40%以上，1965 年最高（55.1%），以后逐年递减，到 1980 年为38.5%；其次是中等教育，平均在 30%以上，1980 年为 38.7%；高等教育经费支出有所增长，1980 年时为 22.8%，三级教育经费支出在比值上逐渐缩小。同样，三级教育生均经常费支出也逐年缩小，1952 年，小学、中学和大学的生均经常费比值为 1∶14.93∶112.16，到 1980 年为 1∶2.51∶95.62，说明教育经费支出逐渐向高等教育倾斜，国家在 1973 年以后更加重视高等教育发展，有效的教育资源被更多地使用在高等教育上。[③]

## 1.3.2 改革开放初期的教育财政投入体制（1980～1993 年）

### 1.3.2.1 教育财政管理体制的演变

1980 年 2 月，为了克服原有计划经济体制中中央在财政上对地方统得过多、管得过严的弊端，调动地方增收节支的积极性，我国对财政体制进行改革。1980 年 3 月，国务院颁发了《关于实行"划分收支，分级包干"的财政管理体制的通知》和《关于实行"划分收支，分级包干"财政管理体制的暂行规定》，决定实行"划分收支，分级包干"的新财政体制，中央和地方开始"分灶吃饭"。"划分收支，分级包干"的基本做法是：对大部分的省份，划分中央与地方收入和支出的范围，再按照各省份的情况确定地方上交比例或中央定额补助，一旦确定，五年不变。地方在这个范围内安排自己的财政收支，多收多支，少收少支，以刺激地方政府增收节支的积极性。这种"分灶吃饭"的做法打破了过去"统收统支、收支脱节"的状况，扩大了

---

①③ 中国财政年鉴编辑委员会.中国财政年鉴（2000）[M].北京：中国财政杂志社，2000：414－415.

② 三级教育是指初等教育、中等教育和高等教育。初等教育即为小学阶段教育。中等教育为在初等教育基础上继续实施的中等普通教育和中等专业教育，普通中学是其主要部分；中等教育包括中等职业教育（中等专业学校、职业高中、技工学校、成人中等专业学校）、普通高中和普通初中。中等专业学校包括中等技术学校、中等师范学校，担负着为国民经济各部门培养中等专业技术人员的任务。实施高等教育的学校包括普通高等学校（普通高等本科学校、普通高等专科学校和普通高等职业学校）和成人高等学校。

地方的财权，调动了地方当家理财兴办教育的积极性。1980 年 4 月，教育部发出《关于实行新财政体制后教育经费安排问题的建议》，规定从 1980 年开始，教育经费拨款由中央和地方两级财政切块安排，从而改变了原来由财政部门与教育部门、计划部门协商联合下达教育事业费支出指标的管理体制。1980 年 4 月，教育部又颁发了《教育部部属高等学校"预算包干"试行办法》。预算包干，结余留用，加重了单位责任，调动了职工积极性，有利于各级政府根据需要统筹安排，节约支出，充分利用资源。但是，这也引起了一些问题，地方政府在安排教育事业计划时，盲目发展，追求数量，教育规模的超常规扩张大大超出了当地的经济实力，导致教育经费普遍紧张。

1985 年，《中共中央关于教育体制改革的决定》发布，从管理体制上明确了"基础教育的管理权属于地方"的原则，实行基础教育"由地方负责、分级管理"。根据这一原则，中小学教育经费纳入地方预算，由地方财政拨款，中央实行专项补助。同时，还确定了地方政府教育拨款的增长要高于财政经常性收入的增长，并使在校学生人均教育费用逐年增长的原则。与此相适应，国家财政体制也进行了调整，分两级管理，建立了乡（镇）一级财政体系，在教育上实行"省办大学，县办高中，乡办初中，村办小学"的财政投入体制。从总体上看，这一时期我国的基础教育发展较稳定，然而地区间发展的不平衡也很明显。20 世纪 80 年代中期，我国农村基础教育比较薄弱，相当一部分农村地区仍未普及小学教育，校舍破旧失修，教学设备和文体设施严重缺乏。为了从根本上改变这种落后的基础教育现状，1986 年 4 月《中华人民共和国义务教育法》颁布，将义务教育实行"地方负责，分级管理"以法律形式确定下来。1992 年又颁布《中华人民共和国义务教育法实施细则》，进一步明确了义务教育的管理体制、实施步骤、保障措施、管理与监督等具体的实施办法，初步形成了我国多渠道、地方负责的义务教育财政体制。与此同时，在高等教育、职业教育、成人教育领域，围绕解决教育经费投入不足的问题，各地先后取得了许多成功的经验，并在此基础上建立了新时期我国教育经费的"财、税、费、产、社、基"六个主要来源，形成以财政拨款为主，辅之以征收用于教育的税（费），对非义务教育阶段学生收取学费，对义务教育阶段学生收取杂费，发展校办产业，支持社会集资办学和捐资助学，建立教育基金等多渠道筹措教育经费的新政策。

1993 年，中共中央发布《关于建立社会主义市场经济体制若干问题的决定》，决定划分了中央和地方税种，重新核定了中央和地方的财税收支，虽然未对教育经费管理体制产生很大影响，但深深影响了地方税赋来源，使得各级教育经费投入能力产生变化，进而造成了大范围的教育经费拖欠问题。

### 1.3.2.2  教育财政支出的演变

改革开放后，随着教育投入的不断增长和义务教育的普及，我国初步形成了一个比较完整的教育体系。

1980 ~ 1993 年，国家对教育的投入持续增长，若不考虑物价影响，这 14 年间的教育支出由 114.15 亿元增长到 754.90 亿元，增长了 6.6 倍，年均增长率为 15.6%。这是我国教育事业发展最快的时期。然而，虽然支出总量逐年增长，但教育经费占国内生产总值和财政总支出的比例仍然长期处于低水平。据联合国 1993 年的统计，1991 年世界各国平均公共教育经费占国民生产总值的 5.1%，其中发达国家为 5.3%，发展中国家为 4.1%，最不发达国家为 3.3%，而中国仅为 2.3%，属世界最低水平。同时，我国教育经费占财政支出的比例也很低，均在 18% 以下。而且，虽然我国各级教育生均经费在逐年增加，但与物价上涨幅度相比，教育投入的实际增长不多，甚至出现负增长。例如，1993 ~ 1994 年生均教育经费增长了 4.20%，但这一时期通货膨胀率为 21.7%，扣除物价上涨指数，那么 1993 ~ 1994 年的教育经费实际是下降了。[①]

20 世纪 80 年代后，政府的教育投入逐步向义务教育倾斜。1990 年我国学前和小学阶段的经费投入占日常经费总投入的 32.7%，中学占 34.4%，高等教育占 18.6%，与当时世界上各个国家相比，居中等水平。[②]  三级教育生均费用比也趋于合理。1980 年我国小学、中学、大学的年生均费用比为 1∶2.6∶75.6；1993 年为 1∶2.2∶25.2（见表 1 - 3），但以世界标准来衡量，我国的三级教育生均费用指数差距还是最悬殊的。

---

① 转引自：宁本涛. 教育财政政策 [M]. 上海：上海教育出版社，2010：54 - 55.
② 转引自：包秋. 世界教育发展趋势与中国教育改革 [M]. 北京：人民教育出版社，1998：43.

表 1-3　　　　　　1980～1993 年我国三级教育生均教育事业费及其比值

| 年份 | 小学生（元） | 中学生（元） | 大学生（元） | 三级教育生均事业费比值（小学生为 1） |
|------|------|------|------|------|
| 1980 | 23.2 | 60.1 | 1753.4 | 1 : 2.6 : 75.6 |
| 1985 | 47.3 | 128.5 | 2477.3 | 1 : 2.7 : 52.4 |
| 1990 | 105.4 | 240.1 | 3101.8 | 1 : 2.3 : 29.4 |
| 1993 | 162.8 | 364.2 | 4102.3 | 1 : 2.2 : 25.2 |

资料来源：1980 年、1985 年、1990 年数据来源于 1983 年、1987 年和 1993 年《中国社会统计资料》之表"国家培养一个学生的费用"；1993 年数据来源于《1993 年全国教育经费执行情况统计公告》。

从教育投资的地区分配来看，地区间差异明显。中西部经济不发达地区的教育远远落后于东南沿海经济发达地区。1993 年全国义务教育生均事业费支出，北京为 628.68 元，上海为 704.77 元，而广西为 181.56 元，贵州为 129.56 元。[1] 农村的投入远远落后于城市。1991 年全国中小学教学仪器设备配齐学校所占比例，城市中、小学为 42.9% 和 24.52%，农村中、小学则为 17.62% 和 8.46%，[2] 差距很大。

值得一提的是，我国教育经费来源逐步由单一向多渠道筹措发展。改革开放前，我国教育经费来源渠道比较单一，主要是国家投资；改革开放后，经费来源多元化，不仅有来自国家财政性的教育经费，还有社会团体、个人办学经费、社会捐资办学经费、学杂费以及其他教育经费。随着非国家性财政投入的增加，国家预算内教育经费的拨款占教育总经费支出的份额逐年下降。另外，虽然我国教育财政实行分权管理，成效明显，但也出现了经费分配与使用脱节的现象。

## 1.3.3　市场力量扩张中的教育财政投入体制（1994～2003 年）

20 世纪 90 年代后，社会主义现代化建设深入开展，市场经济体制进

---

[1] 中华人民共和国国家教育委员会财务司. 中国教育经费统计资料（1994）[M]. 北京：中国统计出版社，1995：236.

[2] 转引自：景芃州. 教育投资经济分析 [M]. 北京：中国人民大学出版社，1996：168.

一步完善，对教育也提出了新要求。我国立足于世界和时代的大背景，提出了科教兴国战略。这一时期，教育财政在构建公共教育财政体制上取得了巨大进展：基础教育方面，义务教育财政体制得到完善；高等教育方面，形成并健全了以国家财政拨款为主、多元化多渠道筹措教育经费的高教财政拨款体制，并以法律形式确立下来。可以说，"我国公共教育财政体制的框架已经确立，我国教育经费筹措和管理初步迈上了规范化、法制化的轨道"。①

### 1.3.3.1 公共教育财政体制的确立

由于特殊的国情和原有基础，我国教育发展与经济发展不协调的矛盾十分突出。我国人口多，民众受教育的需求强烈，社会发展迅速，区域发展十分不平衡，形成了"穷国办大教育"和资金投入不足的尖锐矛盾。我国正在用不足世界教育经费 1.5% 的财力，支撑着占世界人口 22% 的人群的教育规模。② 党内各界都意识到了教育问题的严重性和改善教育现状的迫切性。1992 年 10 月，江泽民在中共十四大提出，"我们必须把教育摆在优先发展的战略地位，努力提高全民族的思想道德和文化科学水平，这是实现我国社会主义现代化的根本大计"。③ 这是我国教育史上第一次把教育优先的战略地位写进党的代表大会报告。1995 年 3 月《中华人民共和国教育法》颁布，在法律上明确了教育优先发展的地位，教育的地位空前提高。随着市场经济体制的建立，国家财政体制急需进行改革，建立适应社会主义市场，以"公共需要"为目标和内容的公共财政。1998 年，政府正式提出了建立我国公共财政体制的目标。2000 年全国财政工作会议进一步强调要加快建立与市场经济相适应、与国情相结合的公共财政体系。教育财政作为公共财政的重要组成部分，必然也要求进行改革。

---

① 杨会良. 当代中国教育财政发展史论纲 ［M］. 北京：人民出版社，2006：129.
② 转引自：谢华. 我国义务教育资源配置与教育公平性研究 ［J］. 现代教育科学，2003（6）：27 – 29.
③ 江泽民. 加快改革开放和现代化建设步伐夺取有中国特色社会主义事业的更大胜利——在中国共产党第十四次全国代表大会上的报告 ［J］. 求实，1992（11）：1 – 16.

### 1.3.3.2　教育财政投入法制化进程

1993 年 2 月，为落实中共十四大确立的教育优先发展战略，中共中央和国务院发布《中国教育改革和发展纲要》[①]，从整体上作出了新的战略部署。文件第六部分对教育财政投入作出了新的规定，提出"逐步提高国家财政性教育经费支出占国民生产总值的比例，本世纪末达到 4%。计划、财政、税务等部门要制定相应的政策措施，认真加以落实"，"中央和地方政府教育拨款的增长要高于财政经常性收入的增长，并使按在校学生人数平均的教育费用逐步增长"，切实保证教师工资和生均公用经费逐年有所增长，要提高各级财政支出中教育经费所占的比例，"八五"期间逐步提高到全国平均不低于 15%。省（自治区、直辖市）级财政、县（市）级财政支出中教育经费所占比例，由各省、自治区、直辖市政府确定。乡（镇）财政收入主要用于发展教育。使财政性教育经费支出占国民生产总值的比例达到 4% 这一目标的确立，在我国教育史上具有划时代的意义，它为以后研究制定教育经费投入的具体政策奠定了基础。同样，"三个增长"的要求也为教育经费投入的地位和各级政府的操作指明了方向。"三个增长"被正式写进法律是 1995 年 3 月颁布的《中华人民共和国教育法》，该法确立了新的教育经费投资体制，并对保证教育经费六个来源渠道的支出、增长与管理作出了明确规定，提出"国家建立以财政拨款为主，其他多种渠道筹措教育经费为辅的体制"，"国家财政性教育经费支出占国民生产总值的比例应当随着国民经济的发展和财政收入的增长逐步提高。全国各级财政支出总额中教育经费所占比例应随国民经济的发展逐步提高"等条款，正式确立了教育经费多元投资体制和投入指标，明确了财政经费在教育投资中的主体地位以及教育经费拨款的增长原则。至此，可以说我国的教育经费筹措和管理迈上了规范化、法制化的轨道。

### 1.3.3.3　教育经费投入的多元筹资渠道

"穷国办大教育"，教育全由国家包办根本不现实，因此必然会寻求多元化、多渠道、多形式的经费筹措途径。20 世纪 90 年代通过上述文件和法律的规定，我国逐步形成了以政府财政拨款为主，多元化多渠道筹措教育经费

---

[①]　中共中央，国务院. 中国教育改革和发展纲要 [R]. 1993 - 02 - 13.

的新体制。政府财政由中央和地方分担，以地方财政为主。多元化多渠道筹措经费主要包括：开征城乡教育费附加，即"凡缴纳产品税、增值税、营业税的单位和个人，按三税的 2% 到 3% 计征城市教育费附加，农村的征收办法和比例，由各省、自治区、直辖市政府制定"。这使城乡教育经费附加成为财政预算拨款之外的第二大财政性教育经费来源，特别是农村教育费附加已成为农村中小学办学经费的重要来源；非义务教育普遍实行上学缴费制度，根据不同地区社会经济状况和各级各类学校特点，制定非义务教育学校培养成本分担标准和方法，拓宽了教育经费来源渠道，缓解了教育经费短缺的局面；同时，为了保证经济困难学生能顺利完成学业，政府还建立了以奖学金、助学金、勤工助学基金、困难补助和学杂费减免为主体的高校困难学生资助政策体系，于 1999 年起实行；此外，学校通过发展校办产业和有偿服务、社会捐集资、吸引外资等多种方式，增加教育收入。

### 1.3.3.4 高等教育财政投入体制的变革

市场力量扩张的表现最突出的是在高等教育财政体制的变革中，市场力量扩张的表现有：学校筹资渠道的多元化，尤其是向社会筹资渠道的多元化；家庭教育经费的分担比例增大；政府教育财政职责的下移。具体来说有以下几个方面的变革：

1. 高等学校财政拨款体制改革

改革开放后，高等教育财政体制由原来的中央统一管理财政收支转变为中央与地方两级分级计划拨款，切块安排，"谁办谁管谁出钱"。20 世纪 90 年代后，高等教育管理体制改革的深化进一步强化了中央与地方分担、以地方为主的制度，高等教育分权的特征更加突出，直属中央的学校数量减少，地方政府管理、地方政府拨款的学校数量增加。

2002 年起，国家财政体制实行改革，高校事业费拨款方式亦随之进行改革，实行财政集中收付制度，但因高校是面向社会依法自主办学的独立法人而备受争议。自从形成"国家拨款为主、多渠道筹措教育经费"的教育财政体制之后，我国高等教育的经费来源出现变化，国家预算内拨款比例下降，学生个人缴费及学校创收等预算外收入比例增大。1990～2000 年，国家财政性经费投入占整个高等教育经费投入的比例从 98.3% 下降到 57.5%，其中预算内拨款从 88.6% 下降到 47.3%，而事业费收入大幅度增加，特别是学杂费收入所占比率从 1.7% 猛增到 20.7%。① 非国家财政性经费的大幅度增加，大大缓解了高等教育资源供需矛盾，有力地促进了高等教育的大众化进程。

2. 高等教育受教育者成本补偿制度全面推广

高等教育受教育者成本补偿制度始于 20 世纪 80 年代。1985 年《中共中央关于教育体制改革的决定》提出高校可以招收自费生，自此，高校学费制度呈现自费与免费的"双轨制"特征。1989 年发布《关于普通高等学校收取学杂费和住宿费的规定》，从政策上肯定了高等教育应实行成本分担和成本补偿制度。1997 年以前的高校收费制度是"双轨制"，1997 年在全国范围内实行并轨，高校中不再存在"自费生"和"免费生"，统一的成本补偿制度正式实施，所有接受高等教育的大学生都要支付费用。与此同时，学费水平逐年提高，成本补偿力度加大。2000 年我国学费标准的相对比例达到世界最高水平，国际通行标准的大学学费占生均经常性成本的比例为 20% ~ 25%，我国在 2000 年时则为 27.7%。② 与居民人均收入水平相比偏高，上海、北京等一些城市的学费大大超出大多数家庭的承受能力。于是，从 20 世纪 90 年代后半期开始，我国提出并构建以贷款、奖学金、助学金等为主体的大学生资助体系。

3. 民办高校兴起，收费制度确立

20 世纪 80 年代以来，民办学校和私立学校重新出现并快速发展。1985 年《中共中央关于教育体制改革的决定》鼓励个人为发展教育事业贡献力量，并在 1987 年的宪法中确立了"社会力量办学"的合法地位。1993 年国家教委发布《民办高等学校设置暂行规定》，对民办教育提出"积极鼓励、大力支持、正确引导、加强管理"的 16 字方针。1997 年 7 月又颁布《社会力量办学条例》，使民办教育有法可依。至 2000 年，民办教育已经形成一定规模，但在数量和质量上仍处于薄弱、边缘状态，特别是高校扩招以后，民办高校更是举步维艰。

民办高校从出现开始就实行收费制度。《社会力量办学条例》规定，民办学校可以按照国家有关规定收费，收费项目和标准由民办学校提出，由财政、物价部门根据学校的教育、教学成本和接受资助的实际情况核定，同时

① 根据《中国教育经费统计年鉴（2001）》之表 1 - 1 "全国教育经费总收入"数据计算而得。
② 转引自：余英. 高等教育成本分担的国际比较——兼评中国高等教育学费标准的政策依据 [J]. 清华大学教育研究，2007（3）：111 - 118.

重申民办学校不得以营利为目的。2002 年的《中华人民共和国民办教育促进法》和 2004 年的《民办教育促进法实施条例》从法律上保证了民办学校的地位，并大力促进其发展，促进教育的社会性投资增长。

## 1.3.4 政府作用上升中的教育财政投入体制（2004 年至今）①

在全部教育经费中，财政性经费比例从改革后持续下降，2003 年开始稳步上升，标志着政府在整个教育体系中的作用开始增强。政府作用增强时期，教育财政投入改革的基本方向是减轻家庭教育负担，完善学生资助制度，政府教育财政责任上移，加强对学校的财务控制。

### 1.3.4.1 减轻家庭教育负担，完善学生资助制度

#### 1. 实行免费义务教育

2000 年前后，家庭教育经济负担达到了最高水平。沉重的教育经费负担，导致了大量农村儿童辍学，义务教育的普及大打折扣。高校学费水平也快速提高，使得一部分家庭，特别是农村家庭难以负担大学教育的成本。2000 年后，经济快速发展，财政收入也高速增长，为增加政府教育投入和减轻家庭负担提供可能。在此背景下，政府进行了减轻家庭负担，完善学生资助制度的改革。

2001 年，《国务院关于基础教育改革与发展的决定》提出，在农村义务教育阶段学校实行"一费制"改革，其主要目的是限制义务教育学校的收费水平。2003 年，《国务院关于进一步加强农村教育工作的决定》要求各级政府建立健全资助家庭经济困难学生就学制度，保障农村适龄少年儿童接受义务教育的权利。文件提出：要在已有助学办法的基础上，建立和健全扶持农村家庭经济困难学生接受义务教育的助学制度。到 2007 年，争取全国农村义务教育阶段家庭经济困难学生都能享受"两免一补"，努力做到不让学生因家庭经济困难而失学。2006 年，开始实施农村义务教育经费保障机制改革，其中最重要的内容是免除学杂费、书本费，为家庭经济困难寄宿生提供生活

---

① 朱永新，袁连升. 中国教育改革大系：教育体制与教育财政卷 [M]. 武汉：湖北教育出版社，2016：256－263.

补助，建立农村免费义务教育制度，所需经费由中央和地方政府分担。到
2007 年，全国农村义务教育阶段学生全部免除了学杂费和书本费，实现了农
村的免费义务教育。2008 年秋季开始，全部免除了城市义务教育阶段公办学
校学生学杂费，城市也开始实施免费义务教育。

2. 完善非义务教育学生资助制度

随着高校学费制度的建立，特别是扩招后学费的大幅度提高，为帮助家
庭经济困难学生完成学业，中央政府完善了高校学生资助制度。

2000 年开始，高校建立"绿色通道"制度。2007 年，《国务院关于建立
健全普通本科高校高等职业学校和中等职业学校家庭经济困难学生资助政策
体系的意见》发布，大幅度增加高校国家助学金的资助覆盖面，使之成为与
国家助学贷款并重的资助资金来源。同时，扩展和改进国家奖学金等辅助助
学资金，形成了比较完善的高校学生资助体系。

除高等学校学生资助制度外，其他非义务教育学生资助制度也陆续建立。

2007 年开始，建立和完善了中等职业教育资助制度，逐步实现了对农村
学生、城市涉农专业学生和家庭经济困难学生免除学费，对家庭经济困难学
生和涉农专业学生提供助学金。

2010 年，建立普通高中家庭经济困难学生资助制度，为占全国普通高中
在校学生总数 20% 的家庭经济困难学生提供国家助学金。

2011 年，《财政部、教育部关于建立学前教育资助制度的意见》发布，
要求各地从 2011 年秋季开始建立学前教育资助制度，中央政府对地方进行
奖励。

2012 年，全国累计资助学前教育、义务教育、中职教育、普通高中和普
通高校学生（幼儿）共 8413.84 万人次，资助金额共 1126.08 亿元。①

### 1.3.4.2  加大政府转移支付力度，提升政府教育支出责任

1994 年分税制改革实施后，中央政府分配到的财政收入比例大大提高，
但是对中央和地方的教育责任没有做相应的调整，导致地方的财政收入与担
负的教育责任不相匹配。不少中西部地区学校收取过重的学杂费，出现大量

---

① 全国学生资助管理中心.2012 年中国学生资助发展报告［N］.中国教育报，2013 - 11 -
13（4）.

的义务教育负债，教育发展举步维艰。于是，中央和省级政府开始加大教育财政转移支付，逐渐提高自身教育经费分担比例。

1995~2005年，中央政府实施"国家贫困地区义务教育工程"，开启了义务教育经费负担责任向中央转移的改革。期间工程分两期实施，两期工程项目共投入资金205.48亿元，其中中央财政投入78.92亿元，23个省、自治区、直辖市（兵团）地方财政配套97.37亿元，其他方面投入29.19亿元。①工程加快了西部地区"两基"（基本普及九年义务教育和基本扫除青壮年文盲）进程，改善了贫困地区义务教育办学条件，提高了教育资源利用率。

2001年，《国务院关于基础教育改革与发展的决定》发布，提出基础教育实行"在国务院领导下，由地方政府负责、分级管理、以县为主的体制"，进一步完善和明确了义务教育的管理体制和经费负担责任。2003年，《国务院关于进一步加强农村教育工作的决定》提出，中央、省和地（市）级政府要通过增加转移支付，增强财政困难县义务教育经费的保障能力。

2005年，《国务院关于深化农村义务教育经费保障机制改革的通知》决定，自2006年开始，在农村实施免费义务教育，提高公用经费和校舍维修改造经费水平，所需经费由中央和地方政府分项目、按比例分担，建立农村义务教育保障新机制。

2007年开始，中央政府主导建立和完善了各级教育学生资助制度，承担了学生资助资金的主要部分，大大增加了学生资助支出。

2010年开始，中央政府启动对地方高等教育投入项目。当年中央财政对地方高校发展支出达到200.67亿元。

上述改革，使中央政府直接支出的教育经费大幅度增加，占全部财政性教育经费的比例有较大幅度的提高。2012年，中央政府预算内教育支出3781.55亿元，占全部预算内教育经费的19%，比2000年11%的水平提高了73%。②

### 1.3.4.3　加强学校财务控制，提高教育经费使用绩效

教育体制改革过程中，扩大了学校的财务自由权，特别是经费的使用权。

---

① 转引自：宋梓铭. 我所经历的"国家贫困地区义务教育工程"[J]. 中国财政，2008（16）：76.

② 根据《2012年全国教育经费执行情况统计公告》和《中国教育经费统计年鉴（2001）》等资料计算而得。

但是，由于缺少相关法律的规定和监管，不少学校在收费、负债和支出等财务方面，存在违规行为。进入21世纪，中央财政和教育主管部门开始加强对学校一些重要领域的财务控制，并试图通过建立绩效评价制度，提高教育经费使用效率。

1. 建立教育经费国库集中支付制度

2001年，国务院批准推进国库集中支付制度。2002年，教育部制定了进行国库管理制度的试点方案，提出建立既符合现代财政国库管理系统规范要求，又具有教育特色、用款方便、管理规范、适应性较强、便于推广的教育经费国库集中支付体系。2007年，全国部署高校全面推行国库集中支付制度。到2012年，地方高校和县级及县级以上的基础教育学校，大部分实行了国库支付制度。

2. 加强学校公用经费支出管理

2006年，财政部、教育部印发了《农村中小学公用经费支出管理暂行办法》，规范农村中小学的公用经费支出行为。各省也制定了相应的规定，贯彻中央政府的政策。同年，《财政部、教育部关于确保农村义务教育经费投入加强财政预算管理的通知》出台，要求按照农村义务教育"以县为主"的管理体制的要求，对农村中小学经费实行"校财局管"。

3. 约束学校财务决策权

2004年，《教育部关于建立直属高校银行贷款审批制度的通知》颁发，开始通过建立审批制度控制部署高校的银行贷款。2011年，《教育部关于进一步推进直属高校贯彻落实"三重一大"决策制度的意见》出台，要求直属高校落实"三重一大"事项集体决策制度，即重要决策、重要人事任免、重大项目安排和大额度资金运作必须由领导班子集体研究决定。修订后于2013年开始实施的《中小学校财务制度》规定："义务教育阶段学校不得对外投资。""严禁义务教育阶段学校举借债务，非义务教育阶段学校不得违反规定举借债务。"修订后的《高等学校财务制度》规定："高等学校应当严格控制对外投资。在保证学校正常运转和事业发展的前提下，按照国家有关规定可以对外投资的，应当履行有关审批程序。""高等学校应当建立健全财务风险控制机制，规范和加强借入款项管理，严格执行审批程序，不得违反规定举借债务和提供担保。"

综上所述，20世纪初，我国实行"科教兴国"发展战略，提倡"教育先行"，政府相当重视教育投入，教育得到了快速发展。然而相对于其他发达国家，如美国、英国、日本等，我国在教育财政上还存在不少问题。

虽然西方国家的教育体制、教育经费筹措机制也并非尽善尽美，但通过与西方诸国的比较研究，我们还是能学习和借鉴它们的一些经验。

首先，重视教育经费的足额筹集，加大教育投入。我国教育经费支出占国民生产总值的比例很低，生均经常性支出落后于世界平均标准，甚至还没有达到1993年《中国教育改革和发展纲要》所规定的4%的目标，因此，我国必须重视经费的足额筹集，加大对教育特别是对基础教育的投入。为此，要建立中央、省和市县政府经费共同分担的机制，基础教育经费除由地方提供外，中央政府也应拨款资助，以保障基础教育的顺利发展。此外，除保障国家和地方教育财政投入外，政府应积极鼓励企业的投入以及社会的捐助，扩大社会参与，加强学校与工商界的联系，增加经费来源。

其次，加强教育立法，完善教育财政法规。我国虽然也颁布了一系列教育法律法规，如《中华人民共和国教育法》《中华人民共和国义务教育法》《中华人民共和国教师法》等，但这些法律法规只做了"质"的要求，而忽略了"量"的标准，只规定各级政府的共同责任，没有对各级政府教育经费的具体分担责任作出明确具体的规定。即使有量的规定（如《中国教育改革和发展纲要》），但因缺乏足够有效的监督制约机制，实施过程中随意性较大，甚至很可能不执行。因此，教育法律制定中必须明确各级政府的责任。同时，应修订现行法规中有关教育财政的条款，尽早制定"教育投入法"，以完善我国的教育财政法规体系，使教育经费的筹集、负担、分配和使用都有法可依、执法必严，从而推进教育财政决策的民主化、法治化。

再次，改革教育管理体制，提高教育经费的使用效率。相对于其他国家而言，我国财政管理体制中的权责不明确，导致物权与事权相分离，教育经费的使用率不高，浪费现象严重，因此，必须改革教育管理体制，提高教育经营管理的能率化和教育经费使用的效益化。其一，应该合理调整学校布局。各地区之间高校攀比、重复建设的问题比较严重，要改变这种教育资源配置不当、专业雷同、院系重复、学校规模小而分散的状况，就要实行校际联合，提高办学规模效益，中小学布局也应当适度集中，改变"村村有小学"和"乡乡有中学"的局面，进行合理布局。其二，要改革教师管理体制，把竞争机制引入学校管理和改革中，形成优胜劣汰的良好机制，实现教育资源的优化配置；同时改革校内机构，在"以生定编"的基础上精简机构，将裁减下来的富余人员进行校内转岗及分流。其三，按照市场经济的要求，实行学校后勤的社会化管理，提升管理质量与管理水平，节约大量资金改善办学条件。

最后，调整高等教育支出结构，扶植民办教育，多渠道筹措资金。调整高校支出结构，就要积极增加高校科研投入。高校在科学研究方面具有不可替代的作用，积极增加高校科研经费投入，使高校的科学研究有长期稳定的财政支持，可以在很大程度上保证高校的持续发展，提升高校教育质量，更好地与社会需求相结合，增加经费来源，同时推动社会科技的进步。政府还要积极扶持民办高校的发展，鼓励社会力量办学，充分发挥私人提供公共产品的效率优势，以缓解和弥补国家对高等教育投入的不足，更好地促进高等教育效率与公平的协调发展。此外，还应建立和健全奖学金制度、贷款制度等资助体系，逐步减轻家庭教育费负担，推动教育事业发展。

总之，教育财政在世界各国教育发展中占有重要地位，良好的财政政策是保障教育先行的必要前提。如何更好地解决教育财政问题，尤其是如何建立适合本国国情的教育财政体制，是当今世界许多国家共同面临和急需探索解决的问题，因此需要进一步加强对教育财政政策的研究。

# 我国财政性教育经费投入现状分析

本章从运用和来源两个方向对我国财政性教育经费的投入情况进行分析，说明我国财政性教育经费投入的结构特征。

## 2.1 全国教育经费总投入运用结构分析

本节按照全国教育经费总投入、中央教育经费投入和地方教育经费投入三个层面分析全国教育经费投入在各级各类教育中的运用结构特征。在三个层面的运用构成中，占主体的部分是高等学校、中等职业学校、中学和小学，下面着重通过分析这四项来说明我国教育经费投入在各级各类教育机构中的运用情况。

### 2.1.1 全国教育经费总投入在各级各类教育机构中的运用情况

全国教育经费总投入从 1995 年的 1877.95 亿元持续上升到 2017 年的 42562.01 亿元，上升了将近 22 倍，年均增长率为 14.53%，远高于 1995～2017 年的年均 GDP 增长率。[①]

由表 2-1 可知，2010 年教育经费总投入中，高等学校、中等职业学校、

①　相关数据根据《中国教育经费统计年鉴（2018）》之表 1-1 "全国教育经费总收入" 以及《中国统计年鉴（2018）》之表 3-1 "国内生产总值" 数据计算而得。本书中全国数据不含港澳台地区。

中学和小学的比例分别为 28.78%、6.94%、27.71% 和 24.98%，其余五类教育合计占比 11.59%，对高等学校、中学的经费运用占比均在 28% 左右，对小学教育的经费运用占比将近 25%，中等职业学校的经费运用仅占 6.94%。到 2016 年，教育经费总投入中对这四类教育的运用比例分别为 26.04%、5.72%、27.14% 和 27.91%，与 2010 年相比，小学教育的运用比例有明显上升，其他三类教育投入比例均有不同程度的下降，可以看出六年间教育经费的运用有向初等教育倾斜的趋势，教育经费运用总体是倾向于小学阶段教育、中学阶段教育和高等教育，对职业教育和其他类型教育的运用比例总体较低。

表 2-1　　2010 年和 2016 年全国教育经费在各级各类教育机构的运用构成情况

单位：%

| 各级各类学校 | 2010 年 | | | 2016 年 | | |
|---|---|---|---|---|---|---|
| | 教育经费总投入 | 国家财政性教育经费 | 预算内教育经费 | 教育经费总投入 | 国家财政性教育经费 | 预算内教育经费 |
| 总计 | 100.00 | 100.00 | 100.00 | 100.00 | 100.00 | 100.00 |
| 一、高等学校 | 28.78 | 20.21 | 20.59 | 26.04 | 20.02 | 18.99 |
| 二、中等职业学校 | 6.94 | 6.60 | 6.17 | 5.72 | 6.21 | 6.25 |
| 三、中学 | 27.71 | 30.52 | 30.51 | 27.14 | 29.77 | 30.16 |
| 　1. 普通中学 | 27.69 | 30.50 | 30.49 | 27.12 | 29.75 | 30.14 |
| 　2. 成人中学 | 0.02 | 0.02 | 0.02 | 0.02 | 0.02 | 0.02 |
| 四、小学 | 24.98 | 31.65 | 32.54 | 27.91 | 32.86 | 33.42 |
| 　1. 普通小学 | 24.98 | 31.65 | 32.54 | 27.91 | 32.86 | 33.42 |
| 　2. 成人小学 | 0.00 | 0.00 | 0.00 | 0.00 | 0.00 | 0.00 |
| 五、特殊教育 | 0.37 | 0.47 | 0.46 | 0.35 | 0.42 | 0.43 |
| 六、幼儿园 | 3.72 | 1.67 | 1.62 | 7.21 | 4.22 | 4.27 |
| 七、教育行政单位 | 1.49 | 1.78 | 1.67 | 1.03 | 1.21 | 1.22 |
| 八、教育事业单位 | 3.20 | 3.54 | 3.20 | 2.15 | 2.33 | 2.27 |
| 九、其他 | 2.81 | 3.56 | 3.23 | 2.47 | 2.95 | 2.98 |

　　资料来源：根据《中国教育经费统计年鉴（2011）》之表 1-2 "全国各级各类教育机构教育经费收入情况"和《中国教育经费统计年鉴（2017）》之表 1-2 "各级各类教育机构教育经费收入情况（全国）"数据计算而得。

　　注：由于四舍五入，表中九类学校占比之和可能与 100 稍有偏差，但不影响分析，后文类似情况同此。

表 2 - 1 中的数据表明, 在国家财政性教育经费中, 2010 年, 高等学校、中等职业学校、中学和小学教育的运用比例分别为 20.21%、6.60%、30.52% 和 31.65%, 其余五类教育合计占比 11.02%。到 2016 年, 国家财政性教育经费中上述四类教育中的比例演变为 20.02%、6.21%、29.77% 和 32.86%。与 2010 年相比, 2016 年国家财政性教育经费运用依然是倾向于中等教育和初等教育, 六年间投入结构没有太大变化。由于预算内教育经费占到国家财政性教育经费的 90% 以上, 其在各级各类教育中的运用结构与国家财政性教育经费类似。

## 2.1.2 中央教育经费在各级各类教育机构中的运用情况

中央教育经费总投入、中央国家财政性教育经费投入和中央预算内教育经费投入占相应口径的比重虽然较低, 但作为我国教育财政投入的主要一环, 起着非常重要的作用。

2010 年, 在中央教育经费总投入的绝对量中 (见表 2 - 2), 对高等学校的运用为 1746.71 亿元, 占比 79.23%, 远远高于其他类型教育, 中等职业教育、中等教育和初等教育的比重均在 1% 左右, 国家财政性教育经费和预算内教育经费运用到高等教育的比例分别是 72.47% 和 71.57%, 可见 2010 年中央教育经费投入的重点是高等教育。到了 2016 年, 高等教育运用的三项比例更是达到了 80.91%、75.52% 和 73.24%, 与 2010 年相比, 更加强化了我国中央教育经费投入以高等教育为主的基本特征。

表 2 - 2　　2010 年和 2016 年中央教育经费在各级各类教育机构的运用构成情况

单位: %

| 各级各类学校 | 2010 年 | | | 2016 年 | | |
| --- | --- | --- | --- | --- | --- | --- |
| | 教育经费总投入 | 国家财政性教育经费 | 预算内教育经费 | 教育经费总投入 | 国家财政性教育经费 | 预算内教育经费 |
| 总计 | 100.00 | 100.00 | 100.00 | 100.00 | 100.00 | 100.00 |
| 一、高等学校 | 79.23 | 72.47 | 71.57 | 80.91 | 75.52 | 73.24 |
| 二、中等职业学校 | 0.38 | 0.33 | 0.26 | 0.26 | 0.27 | 0.25 |

续表

| 各级各类学校 | 2010 年 | | | 2016 年 | | |
|---|---|---|---|---|---|---|
| | 教育经费总投入 | 国家财政性教育经费 | 预算内教育经费 | 教育经费总投入 | 国家财政性教育经费 | 预算内教育经费 |
| 三、中学 | 1.24 | 1.42 | 1.34 | 1.57 | 1.81 | 1.93 |
| 1. 普通中学 | 1.24 | 1.42 | 1.34 | 1.57 | 1.81 | 1.93 |
| 2. 成人中学 | 0.00 | 0.00 | 0.00 | 0.00 | 0.00 | 0.00 |
| 四、小学 | 0.93 | 1.29 | 1.22 | 0.99 | 1.32 | 1.38 |
| 1. 普通小学 | 0.93 | 1.29 | 1.22 | 0.99 | 1.32 | 1.38 |
| 2. 成人小学 | 0.00 | 0.00 | 0.00 | 0.00 | 0.00 | 0.00 |
| 五、特殊教育 | 0.00 | 0.00 | 0.00 | 0.00 | 0.00 | 0.00 |
| 六、幼儿园 | 0.44 | 0.36 | 0.15 | 0.66 | 0.37 | 0.28 |
| 七、教育行政单位 | 0.06 | 0.07 | 0.07 | 0.09 | 0.13 | 0.15 |
| 八、教育事业单位 | 2.99 | 3.21 | 3.37 | 2.31 | 2.27 | 1.73 |
| 九、其他 | 14.73 | 20.85 | 22.02 | 13.20 | 18.32 | 21.04 |

资料来源：根据《中国教育经费统计年鉴（2011）》之表 1-3 "中央属各级各类教育机构教育经费收入情况"和《中国教育经费统计年鉴（2017）》之表 1-3 "各级各类教育机构教育经费收入情况（中央）"数据计算而得。

## 2.1.3　地方教育经费在各级各类教育机构中的运用情况

无论是地方教育经费总投入、地方国家财政性教育经费投入和地方预算内教育经费投入，都占到相应口径的 80% 以上。

从表 2-3 可以看出，地方教育经费投入的各口径中，占主体部分的是高等教育、中等职业教育、中等教育和初等教育，即表中前四项（以下简称"四类教育"）。

表 2 – 3　　2010 年和 2016 年地方教育经费在各级各类教育机构的运用构成情况

单位：%

| 各级各类学校 | 2010 年 | | | 2016 年 | | |
|---|---|---|---|---|---|---|
| | 教育经费总投入 | 国家财政性教育经费 | 预算内教育经费 | 教育经费总投入 | 国家财政性教育经费 | 预算内教育经费 |
| 总计 | 100.00 | 100.00 | 100.00 | 100.00 | 100.00 | 100.00 |
| 一、高等学校 | 22.37 | 14.09 | 14.43 | 20.21 | 14.92 | 14.60 |
| 二、中等职业学校 | 7.77 | 7.34 | 6.89 | 6.30 | 6.75 | 6.74 |
| 三、中学 | 31.07 | 33.93 | 34.04 | 29.85 | 32.35 | 32.44 |
| 1. 普通中学 | 31.05 | 33.91 | 34.02 | 29.83 | 32.33 | 32.42 |
| 2. 成人中学 | 0.03 | 0.02 | 0.02 | 0.02 | 0.02 | 0.02 |
| 四、小学 | 28.04 | 35.21 | 36.33 | 30.77 | 35.77 | 36.02 |
| 1. 普通小学 | 28.04 | 35.20 | 36.32 | 30.77 | 35.77 | 36.02 |
| 2. 成人小学 | 0.00 | 0.00 | 0.00 | 0.00 | 0.00 | 0.00 |
| 五、特殊教育 | 0.41 | 0.52 | 0.52 | 0.39 | 0.46 | 0.46 |
| 六、幼儿园 | 4.14 | 1.82 | 1.80 | 7.90 | 4.58 | 4.59 |
| 七、教育行政单位 | 1.67 | 1.98 | 1.87 | 1.13 | 1.24 | 1.31 |
| 八、教育事业单位 | 3.23 | 3.58 | 3.18 | 2.13 | 2.33 | 2.31 |
| 九、其他 | 1.29 | 1.54 | 0.96 | 1.33 | 1.53 | 1.52 |

资料来源：根据《中国教育经费统计年鉴（2011）》之表 1 – 4 "地方各级各类教育机构教育经费收入情况"和《中国教育经费统计年鉴（2017）》之表 1 – 4 "各级各类教育机构教育经费收入情况（地方）"数据计算而得。

先看地方教育经费总投入，2010 年，教育经费总投入中四类教育的运用比例分别为 22.37%、7.77%、31.07% 和 28.04%，其余五类教育合计占比 10.74%，从这一特征来说，地方对各级各类教育的运用结构与全国总计的情况是基本相似的，即对初等教育、中等教育和高等教育的运用比例较高，对中等职业教育的经费运用比例相对较低。2016 年，地方教育经费在这四类教育的运用比例分别为 20.21%、6.30%、29.85% 和 30.77%，与 2010 年相比，总体特征虽然没有根本变化，但有明显调整——初等教育运用占比上升，体现了政府对义务教育投入的主要主体责任；另一变化是对职业教育的运用占比明显下降，存在一定的隐忧。

再看地方国家财政性教育经费，2010 年，高等教育、中等职业教育、中等教育和初等教育的运用比例分别为 14.09%、7.34%、33.93% 和 35.21%，其余五类教育合计占比 9.43%。2016 年，地方国家财政性教育经费在上述四类教育中的运用比例分别为 14.92%、6.75%、32.35% 和 33.77%，与 2010 年相比，无明显变化。可见地方国家财政性教育经费的运用与中央国家财政性教育经费的运用重点不同，地方财政性教育经费投入更加倾向于初等教育和中等教育，其次是高等教育。

由于各级预算内教育经费占到同级国家财政性教育经费的 90% 以上，其在各级各类教育中的运用结构与国家财政性教育经费类似，故不再赘述。

综合本节分析，我们可以得出以下结论：全国、中央和地方各类教育经费，对于高等教育、中等教育和初等教育的运用是重点，合计占到教育经费总投入的 70% 以上，其中地方各类教育经费运用更加倾向于初等教育和中等教育。

由于对中学教育和小学教育中的成人教育的教育经费投入微乎其微，因此，本书后面的分析采用普通中学教育和普通小学教育代替中学教育和小学教育。

## 2.2　全国财政性教育经费总投入的来源结构

全国教育经费总投入持续增长的同时，教育经费的来源结构也发生着较大变化，反映了教育经费筹集体制的演进结果，对教育经费的持续增长也有着巨大影响。教育经费总投入按照资金来源的性质可以分为国家财政性教育经费、民办学校中举办者投入、社会捐赠经费、事业收入和其他收入等五项来源，按照投入的政府层级可以分为中央投入和地方投入。

### 2.2.1　财政性投入和非财政性投入

按照教育经费来源的性质，教育经费来源可以分为国家财政性教育经费、民办学校中举办者投入、捐赠经费、事业收入和其他教育经费五个部分。

全国财政性教育经费是全国教育经费的主要组成部分，其占比从 1995~ 2005 年为总体下降趋势，从 2006~2011 年，其占比呈现逐年提高的趋势，2012 年及以后年份趋于稳定，稳定在 80% 以上，2017 年财政性教育经费占比达到 80.37%，而非财政性教育经费占比下降为 19.63%，可以看出财政性教育经费在教育经费总投入中的主体地位逐渐得以巩固和加强（见表 2 - 4）。

表 2 - 4　　　　　　　　全国教育经费投入情况

| 年份 | 总投入<br>（亿元） | 财政性<br>（亿元） | 占比（%） | 非财政性<br>（亿元） | 占比（%） |
|------|------|------|------|------|------|
| 1995 | 1877.95 | 1411.52 | 75.2 | 466.43 | 24.8 |
| 1996 | 2262.34 | 1671.70 | 73.9 | 590.64 | 26.1 |
| 1997 | 2531.73 | 1862.54 | 73.6 | 669.19 | 26.4 |
| 1998 | 2949.06 | 2031.45 | 68.9 | 917.61 | 31.1 |
| 1999 | 3349.04 | 2287.18 | 68.3 | 1061.86 | 31.7 |
| 2000 | 3849.08 | 2562.61 | 66.6 | 1286.47 | 33.4 |
| 2001 | 4637.66 | 3057.01 | 65.9 | 1580.65 | 34.1 |
| 2002 | 5480.03 | 3491.40 | 63.7 | 1988.63 | 36.3 |
| 2003 | 6208.27 | 3850.62 | 62.0 | 2357.65 | 38.0 |
| 2004 | 7242.60 | 4465.86 | 61.7 | 2776.74 | 38.3 |
| 2005 | 8418.84 | 5161.08 | 61.3 | 3257.76 | 38.7 |
| 2006 | 9815.31 | 6348.36 | 64.7 | 3466.95 | 35.3 |
| 2007 | 12148.07 | 8280.21 | 68.2 | 3867.86 | 31.8 |
| 2008 | 14500.74 | 10449.63 | 72.1 | 4051.11 | 27.9 |
| 2009 | 16502.71 | 12231.09 | 74.1 | 4271.62 | 25.9 |
| 2010 | 19561.85 | 14670.07 | 75.0 | 4891.78 | 25.0 |
| 2011 | 23869.29 | 18586.70 | 77.9 | 5282.59 | 22.1 |
| 2012 | 28655.31 | 23147.57 | 80.8 | 5507.74 | 19.2 |
| 2013 | 30364.72 | 24488.22 | 80.6 | 5876.50 | 19.4 |
| 2014 | 32806.46 | 26420.58 | 80.5 | 6385.88 | 19.5 |

| 年份 | 总投入（亿元） | 财政性（亿元） | 占比（%） | 非财政性（亿元） | 占比（%） |
|------|------|------|------|------|------|
| 2015 | 36129.19 | 29221.45 | 80.88 | 6907.74 | 19.12 |
| 2016 | 38888.39 | 31396.25 | 80.73 | 7492.14 | 19.27 |
| 2017 | 42562.01 | 34207.75 | 80.37 | 8354.26 | 19.63 |

资料来源：根据《中国教育经费统计年鉴（2018）》之表1-1"全国教育经费总收入"数据整理计算而得。

从国家财政性教育经费、民办学校中举办者投入、捐赠经费、事业收入和其他教育经费五个部分的变化态势看（见表2-5），国家财政性教育经费、事业收入和其他收入在绝对量上呈现上升趋势，上升最快并且数量最大的是国家财政性教育经费，从1995年1411.52亿元上升到2016年的31396.25亿元，上升了超过20倍。民办学校中举办者投入和社会捐赠经费数额较小，前者总体为上升趋势，从1995年的20.37亿元增加到2016年的203.27亿元，值得注意的是2005年是民办学校举办者投入的高点，达到452.22亿元。社会捐赠经费投入总体为下降趋势，从1995年的162.84亿元下降到2016年的81.04亿元，但是总体变化不大。

表2-5　　　　　　　　　全国教育经费总收入来源　　　　　　　　　单位：亿元

| 教育经费来源 | 1995年 | 2000年 | 2005年 | 2010年 | 2014年 | 2016年 |
|------|------|------|------|------|------|------|
| 总计 | 1877.95 | 3849.08 | 8418.84 | 19561.85 | 32806.46 | 38888.39 |
| 一、国家财政性教育经费 | 1411.52 | 2562.61 | 5161.08 | 14670.07 | 26420.58 | 31396.25 |
| 二、民办学校中举办者投入 | 20.37 | 85.85 | 452.22 | 105.43 | 131.35 | 203.27 |
| 三、捐赠经费 | 162.84 | 113.96 | 93.16 | 107.88 | 79.67 | 81.04 |
| 四、事业收入 | — | 938.27 | 2340.00 | 4106.07 | 5427.16 | 6276.83 |
| 其中：学费 | 201.24 | 594.83 | 1553.05 | 3015.56 | 4053.04 | 4770.93 |
| 五、其他教育经费 | 81.98 | 148.39 | 372.38 | 572.40 | 747.70 | 930.99 |

资料来源：《中国教育经费统计年鉴（2017）》之表1-1"全国教育经费总收入"。
注：（1）1995年的"其他教育经费"数据包含扣除"学费"后的事业收入；1995年、2000年和2005年的"民办学校中举办者投入"数据为社会团体和公民个人办学总经费；"公共财政教育经费"中1995年、2000年、2005年和2010年的数据包括教育事业费、基本建设经费、教育费附加、科研经费和其他经费，2012年起仅包括教育事业费、基本建设经费和教育费附加，2015年起教育事业费包含地方教育附加和土地出让收益计提的教育资金。（2）表中"—"表示无该项数据。

从占比来看（见表 2 - 6），历年全国教育经费来源中占比最大的两项为国家财政性教育经费和事业收入，尤其是国家财政性教育经费，占比从 1995 年的 75.16% 上升到 2016 年的 80.65%。民办学校中举办者投入、社会捐赠经费和其他收入在全国教育经费来源中占比很小，并且都呈下降趋势。

表 2 - 6　　　　　　　　全国教育经费总收入来源占比　　　　　　　单位：%

| 教育经费来源 | 1995 年 | 2000 年 | 2005 年 | 2010 年 | 2014 年 | 2016 年 |
|---|---|---|---|---|---|---|
| 总计 | 100.0 | 100.0 | 100.0 | 100.0 | 100.0 | 100.0 |
| 一、国家财政性教育经费 | 75.16 | 66.58 | 61.30 | 74.99 | 80.53 | 80.65 |
| 二、民办学校中举办者投入 | 1.08 | 2.23 | 5.37 | 0.54 | 0.40 | 0.49 |
| 三、捐赠经费 | 8.67 | 2.96 | 1.11 | 0.55 | 0.24 | 0.28 |
| 四、事业收入 | — | 24.38 | 27.79 | 20.99 | 16.54 | 16.22 |
| 其中：学费 | 10.72 | 15.45 | 18.45 | 15.42 | 12.35 | 12.31 |
| 五、其他教育经费 | 4.37 | 3.86 | 4.42 | 2.93 | 2.28 | 2.36 |

资料来源：根据《中国教育经费统计年鉴（2017）》之表 1 - 1 "全国教育经费总收入" 数据计算而得。

注：（1）1995 年的 "其他教育经费" 数据包含扣除 "学费" 后的事业收入；1995 年、2000 年和 2005 年的 "民办学校中举办者投入" 数据为社会团体和公民个人办学总经费；"公共财政教育经费" 中 1995 年、2000 年、2005 年和 2010 年的数据包括教育事业费、基本建设经费、教育费附加、科研经费和其他经费，2012 年起仅包括教育事业费、基本建设经费和教育费附加，2015 年起教育事业费包含地方教育附加和土地出让收益计提的教育资金。（2）表中 "—" 表示无该项数据。

综上所述，国家财政性教育经费是我国教育经费来源的主体部分，我们着重关注这部分经费的来源结构及其变化，接下来我们从中央和地方投入角度对我国财政性教育经费投入来源结构进行进一步分析。

## 2.2.2　财政性教育经费中的中央和地方来源

从表 2 - 7 可以看出，在财政性教育经费的来源结构中，地方经费来源占了大部分比例，地方来源占比大多年份达到近 90%，尤其是 2011 年及以后年份，地方来源占比均超过 90%，并且有逐年上升趋势。从增长速度来看，全国财政性教育经费总收入在 1995 ~ 2017 年的平均增速为 15.60%，中央财政性教育经费收入在 1995~2017 年的平均增速为 13.00%，地方财政性教育经费收入在 1995~2017 年的平均增速为 15.89%，可见地方财政性教育经费收入不仅是历年财政性教育经费总收入的主要来源，其增速也是最快的。

表 2-7                    全国财政性教育经费来源情况

| 年份 | 财政性教育经费总收入（亿元） | 中央财政性教育经费收入（亿元） | 占比（%） | 地方财政性教育经费收入（亿元） | 占比（%） |
|------|------|------|------|------|------|
| 1995 | 1411.52 | 184.45 | 13.07 | 1227.07 | 86.93 |
| 1996 | 1671.70 | 210.37 | 12.58 | 1461.33 | 87.42 |
| 1997 | 1862.54 | 232.50 | 12.48 | 1630.04 | 87.52 |
| 1998 | 2032.45 | 260.76 | 12.83 | 1771.69 | 87.17 |
| 1999 | 2287.18 | 276.61 | 12.09 | 2010.57 | 87.91 |
| 2000 | 2562.61 | 279.50 | 10.91 | 2283.11 | 89.09 |
| 2001 | 3057.01 | 333.42 | 10.91 | 2723.59 | 89.09 |
| 2002 | 3491.40 | 353.16 | 10.12 | 3138.25 | 89.89 |
| 2003 | 3850.62 | 390.37 | 10.14 | 3460.25 | 89.86 |
| 2004 | 4465.86 | 419.02 | 9.38 | 4046.83 | 90.62 |
| 2005 | 5161.08 | 409.60 | 7.94 | 4751.48 | 92.06 |
| 2006 | 6348.36 | 692.15 | 10.90 | 5656.22 | 89.10 |
| 2007 | 8280.21 | 788.05 | 9.52 | 7492.16 | 90.48 |
| 2008 | 10449.63 | 981.61 | 9.39 | 9468.02 | 90.61 |
| 2009 | 12231.09 | 1191.77 | 9.74 | 11039.32 | 90.26 |
| 2010 | 14670.07 | 1492.09 | 10.17 | 13177.97 | 89.83 |
| 2011 | 18586.70 | 1563.41 | 8.41 | 17023.29 | 91.59 |
| 2012 | 23147.57 | 1619.43 | 7.00 | 21528.14 | 93.00 |
| 2013 | 24488.22 | 1636.47 | 6.68 | 22851.75 | 93.32 |
| 2014 | 26420.58 | 2236.26 | 8.46 | 24184.32 | 91.54 |
| 2015 | 29221.45 | 2480.11 | 8.49 | 26741.34 | 91.51 |
| 2016 | 31396.25 | 2535.20 | 8.07 | 28861.05 | 91.93 |
| 2017 | 34207.75 | 2718.09 | 7.95 | 31489.67 | 92.05 |

资料来源：根据 1996~2018 年《中国教育经费统计年鉴》中收入部分表 1-1 "全国教育经费总收入"（其中 1995~1997 年为表 1-1 "全国教育经费总支出"）数据整理计算而得。

从各级各类学校教育经费来源看，全国各级各类教育经费中财政性教育经费占比变化如表2-8所示。2010年，高等学校和中等职业学校国家财政性教育经费占教育经费总投入的比例分别为52.67%和71.33%。值得注意的是，2010年高等教育的办学经费中有将近一半来自非财政性渠道，说明高等教育办学更趋向于社会化。其他层面教育经费投入中财政性投入占比依次升高，中等职业教育占到71.33%，中学和小学占到82.59%和95.01%，可见中学和小学的办学教育费用的来源主要为国家财政。这一结构特征在2016年表现得更为明显：国家财政性教育经费占教育经费总投入的80.73%，高等学校和中等职业学校国家财政性教育经费投入占教育经费总投入的比例分别为62.10%和87.67%，与2010年相比有较大幅度提升；中学和小学国家财政性教育经费投入占教育经费总投入的比例分别为88.58%和95.05%，与2010年相比也有一定幅度提升。表明国家财政对教育的支持力度在加大，国家对于教育的投入责任在逐步加强，各级教育的职能定位更加清晰。

表2-8 **2010年和2016年全国各级各类教育机构教育经费中财政性教育经费占比情况**

| 各级各类学校 | 2010年 | | | 2016年 | | |
|---|---|---|---|---|---|---|
| | 教育经费总投入（亿元） | 国家财政性教育经费（亿元） | 财政性教育经费占比（%） | 教育经费总投入（亿元） | 国家财政性教育经费（亿元） | 财政性教育经费占比（%） |
| 总计 | 19562 | 14670 | 74.99 | 38888 | 31396 | 80.73 |
| 一、高等学校 | 5629 | 2965 | 52.67 | 10125 | 6288 | 62.10 |
| 二、中等职业学校 | 1357 | 968 | 71.33 | 2223 | 1949 | 87.67 |
| 三、中学 | 5421 | 4477 | 82.59 | 10553 | 9348 | 88.58 |
| 1. 普通中学 | 5417 | 4474 | 82.59 | 10546 | 9342 | 88.58 |
| 2. 成人中学 | 5 | 3 | 60.00 | 7 | 6 | 85.71 |
| 四、小学 | 4887 | 4643 | 95.01 | 10855 | 10318 | 95.05 |
| 1. 普通小学 | 4887 | 4643 | 95.01 | 10855 | 10317 | 95.04 |
| 2. 成人小学 | 0.4 | 0.4 | 100.00 | 0.2 | 0.2 | 100.00 |
| 五、特殊教育 | 72 | 68 | 94.44 | 136 | 133 | 97.79 |

续表

| 各级各类学校 | 2010 年 | | | 2016 年 | | |
|---|---|---|---|---|---|---|
| | 教育经费总投入（亿元） | 国家财政性教育经费（亿元） | 财政性教育经费占比（％） | 教育经费总投入（亿元） | 国家财政性教育经费（亿元） | 财政性教育经费占比（％） |
| 六、幼儿园 | 728 | 244 | 33.52 | 2804 | 1326 | 47.29 |
| 七、教育行政单位 | 291 | 261 | 89.69 | 401 | 379 | 94.51 |
| 八、教育事业单位 | 627 | 520 | 82.93 | 834 | 731 | 87.65 |
| 九、其他 | 549 | 523 | 95.26 | 959 | 926 | 96.56 |

资料来源：《中国教育经费统计年鉴（2011）》之表 1－2"全国各级各类教育机构教育经费收入情况"和《中国教育经费统计年鉴（2017）》之表 1－2"各级各类教育机构教育经费收入情况（全国）"，占比数据为计算而得。

注：由于四舍五入，总计数与各级各类学校加总数有微小差别。

从地方各级各类学校教育经费来源看，地方各级各类教育经费中财政性教育经费占比变化如表 2－9 所示。2010 年地方国家财政性教育经费占地方教育经费总投入的 75.66％，其中高等学校和中等职业教育的占比分别为 47.66％和 71.39％，可见高等教育的办学经费有将近一半来自社会，同时体现了地方政府对于职业教育的重视；中学和小学国家财政性教育经费投入占地方教育经费总投入的比例分别为 82.61％和 94.99％，可见中学和小学的办学教育经费的地方来源主要为地方财政部门。到 2016 年，地方国家财政性教育经费占地方教育经费总投入的 81.78％，高等学校和中等职业学校的占比分别是 60.38％和 87.75％，中学和小学国家财政性教育经费投入占地方教育经费总投入的比例分别为 88.62％和 95.05％，与 2010 年相比，都有较大幅度提升。

表 2－9　2010 年和 2016 年地方各级各类教育机构教育经费来源构成情况

| 各级各类学校 | 2010 年 | | | 2016 年 | | |
|---|---|---|---|---|---|---|
| | 总投入（亿元） | 国家财政性教育经费（亿元） | 财政性教育经费占比（％） | 总投入（亿元） | 国家财政性教育经费（亿元） | 财政性教育经费占比（％） |
| 总计 | 17357 | 13132 | 75.66 | 35154 | 28749 | 81.78 |
| 一、高等学校 | 3882 | 1850 | 47.66 | 7103 | 4289 | 60.38 |

续表

| 各级各类学校 | 2010 年 | | | 2016 年 | | |
|---|---|---|---|---|---|---|
| | 总投入（亿元） | 国家财政性教育经费（亿元） | 财政性教育经费占比（%） | 总投入（亿元） | 国家财政性教育经费（亿元） | 财政性教育经费占比（%） |
| 二、中等职业学校 | 1349 | 963 | 71.39 | 2213 | 1942 | 87.75 |
| 三、中学 | 5394 | 4456 | 82.61 | 10494 | 9300 | 88.62 |
| 1. 普通中学 | 5389 | 4452 | 82.61 | 10487 | 9294 | 88.62 |
| 2. 成人中学 | 5 | 3 | 60.00 | 7 | 6 | 85.71 |
| 四、小学 | 4867 | 4623 | 94.99 | 10818 | 10283 | 95.05 |
| 1. 普通小学 | 4867 | 4623 | 94.99 | 10818 | 10283 | 95.05 |
| 2. 成人小学 | 0.4 | 0.4 | 100.00 | 0.2 | 0.2 | 100.00 |
| 五、特殊教育 | 72 | 68 | 94.44 | 136 | 133 | 97.79 |
| 六、幼儿园 | 718 | 239 | 33.29 | 2779 | 1316 | 47.36 |
| 七、教育行政单位 | 289 | 259 | 89.62 | 398 | 376 | 94.47 |
| 八、教育事业单位 | 561 | 471 | 83.96 | 748 | 671 | 89.71 |
| 九、其他 | 225 | 202 | 89.78 | 466 | 441 | 94.64 |

资料来源：根据《中国教育经费统计年鉴（2011）》之表 1-4 "地方各级各类教育机构教育经费收入情况"和《中国教育经费统计年鉴（2017）》之表 1-4 "各级各类教育机构教育经费收入情况（地方）"整理而得，占比数据为计算而得。

注：由于四舍五入，各级各类学校加总数与总计数有微小差别。

## 2.2.3 财政性教育经费中预算内教育拨款主渠道地位更加明显

### 2.2.3.1 预算内教育经费的主体地位

国家财政性教育经费包括公共财政预算教育经费（预算内教育经费/拨款）、各级政府征收用于教育的税费、企业办学中的企业拨款、校办产业和社会服务收入用于教育的经费以及其他属于国家财政性教育经费五个部分，由于最后一个部分大多数年份数据有缺失且数额很小，我们只研究前四个部分（见表 2-10）。

**表 2 – 10**　　　　　　　　　　我国财政性教育经费构成　　　　　　　　单位：%

| 年份 | 国家财政性教育经费 | 预算内教育经费 | 各级政府征收用于教育的税费* | 企业办学中的企业拨款 | 校办产业和社会服务收入用于教育的经费 | 其他属于国家财政性教育经费 |
|---|---|---|---|---|---|---|
| 1995 | 100 | 72.86 | 13.40 | 7.43 | 5.44 | 0.87 |
| 1996 | 100 | 72.50 | 14.34 | 6.92 | 5.20 | 1.05 |
| 1997 | 100 | 72.90 | 14.38 | 6.41 | 5.32 | 0.99 |
| 1998 | 100 | 77.03 | 13.73 | 6.33 | 2.90 | — |
| 1999 | 100 | 79.39 | 12.32 | 5.79 | 2.51 | — |
| 2000 | 100 | 81.39 | 11.08 | 5.30 | 2.23 | — |
| 2001 | 100 | 84.47 | 9.21 | 4.56 | 1.76 | — |
| 2002 | 100 | 89.20 | 6.75 | 2.52 | 1.53 | — |
| 2003 | 100 | 89.70 | 6.35 | 2.55 | 1.41 | — |
| 2004 | 100 | 90.19 | 6.53 | 2.05 | 1.23 | — |
| 2005 | 100 | 90.40 | 7.04 | 1.50 | 1.07 | — |
| 2006 | 100 | 91.29 | 6.72 | 1.09 | 0.90 | — |
| 2007 | 100 | 92.45 | 6.56 | 0.63 | 0.36 | — |
| 2008 | 100 | 92.69 | 6.61 | 0.47 | 0.23 | — |
| 2009 | 100 | 93.36 | 6.03 | 0.36 | 0.25 | — |
| 2010 | 100 | 91.95 | 6.34 | 0.35 | 0.16 | 1.19 |
| 2011 | 100 | 90.41 | 8.48 | 0.28 | 0.14 | 0.70 |
| 2012 | 100 | 89.93 | 9.04 | 0.21 | 0.12 | 0.70 |
| 2013 | 100 | 89.10 | 9.61 | 0.20 | 0.11 | 0.98 |
| 2014 | 100 | 93.94 | 4.46 | 0.14 | 0.10 | 1.35 |
| 2015 | 100 | 97.91 | 0.65 | 0.13 | 0.12 | 1.19 |
| 2016 | 100 | 97.95 | 0.60 | 0.11 | 0.10 | 1.23 |
| 2017 | 100 | 97.67 | 0.80 | 0.09 | 0.09 | 1.35 |

资料来源：根据 1996 ~ 2018 年《中国教育经费统计年鉴》收入部分中表 1 – 1 "全国教育经费总收入"（其中 1995 ~ 1997 年为表 1 – 1 "全国教育经费总支出"）数据计算而得。

注：* 表示 2014 ~ 2016 年称为"政府性基金预算安排的教育经费"。"—"表示无此项数据。

由表 2 – 10 可知，在我国财政性教育经费的主要的四项来源中，预算内教育经费占绝大部分比例，占比达到 70% 以上，其他三项合计占比不到 30%。个别年份预算内教育经费占比高达 90% 以上，并且近年稳定在 90% 左右，其他三部分之和维持在 10% 左右。具体来看，从 1995 年预算内教育经费占比 72.86%，之后持续上升至 2009 年的 93.36%，接下来其占比逐年小幅下降至 2013 年的 89.10%，然后又持续上升至 2017 年的 97.67%。

其次，从教育经费的年均增速来看，国家财政性教育经费从 1995 年的 1411.52 亿元增加到 2017 年的 34207.75 亿元，年均增长速度为 15.59%；预算内教育经费从 1995 年的 1028.39 亿元增加到 2017 年的 33411.64 亿元，年均增速为 17.14%，大于国家财政性教育经费的年均增幅。[1] 以上分析表明预算内教育经费不论在占比方面还是在年均增速方面，都在全国财政性教育经费中起着主导性的作用，其拨款主渠道的地位更加显著。

### 2.2.3.2 地方财政性教育经费的主体地位

从表 2 – 11 可以看出，在预算内教育经费中，地方预算内教育经费又占主体地位，从表中数据可以看出，历年地方预算内教育经费占到预算内教育经费总量的九成左右，而中央预算内教育经费仅占一成左右，虽然 1998 年和 2006 年地方预算内教育经费占比有较大波动，但其占比总体上呈上升趋势，从 1995 年的 88.14% 上升到 2017 年的 93.13%，可见地方预算内教育经费在全国预算内教育经费中的主体地位更加明显。

表 2 – 11　　　　　　　　全国预算内教育经费构成

| 年份 | 预算内教育经费（亿元） | 中央预算内（亿元） | 占比（%） | 地方预算内（亿元） | 占比（%） |
|---|---|---|---|---|---|
| 1995 | 1028.39 | 122.00 | 11.86 | 906.39 | 88.14 |
| 1996 | 1211.92 | 141.15 | 11.65 | 1070.77 | 88.35 |

---

① 相关数据根据《中国教育经费统计年鉴（2018）》之表 1 – 1 "全国教育经费总收入" 数据计算而得。

| 年份 | 预算内教育经费（亿元） | 中央预算内（亿元） | 占比（%） | 地方预算内（亿元） | 占比（%） |
|---|---|---|---|---|---|
| 1997 | 1357.73 | 157.08 | 11.57 | 1200.65 | 88.43 |
| 1998 | 1565.60 | 199.67 | 12.75 | 1365.93 | 87.25 |
| 1999 | 1815.76 | 215.40 | 11.86 | 1600.36 | 88.14 |
| 2000 | 2085.68 | 218.54 | 10.48 | 1867.14 | 89.52 |
| 2001 | 2582.38 | 266.56 | 10.32 | 2315.82 | 89.68 |
| 2002 | 3114.24 | 304.23 | 9.77 | 2810.01 | 90.23 |
| 2003 | 3453.86 | 335.08 | 9.70 | 3118.78 | 90.30 |
| 2004 | 4027.82 | 367.95 | 9.14 | 3659.87 | 90.86 |
| 2005 | 4665.69 | 378.26 | 8.11 | 4287.43 | 91.89 |
| 2006 | 5795.61 | 664.24 | 11.46 | 5131.37 | 88.54 |
| 2007 | 7654.91 | 762.48 | 9.96 | 6892.43 | 90.04 |
| 2008 | 9685.56 | 962.62 | 9.94 | 8722.94 | 90.06 |
| 2009 | 11419.31 | 1171.69 | 10.26 | 10247.62 | 89.74 |
| 2010 | 13489.57 | 1403.51 | 10.40 | 12086.06 | 89.60 |
| 2011 | 16804.56 | 1441.35 | 8.58 | 15363.21 | 91.42 |
| 2012 | 20816.27 | 1479.48 | 7.11 | 19336.79 | 92.89 |
| 2013 | 21818.47 | 1433.80 | 6.57 | 20384.67 | 93.43 |
| 2014 | 24820.29 | 1913.32 | 7.71 | 22906.97 | 92.29 |
| 2015 | 28610.66 | 2139.97 | 7.48 | 26470.69 | 92.52 |
| 2016 | 30753.04 | 2160.63 | 7.03 | 28592.41 | 92.97 |
| 2017 | 33411.63 | 2294.22 | 6.87 | 31117.41 | 93.13 |

资料来源：根据 1996～2018 年《中国教育经费统计年鉴》收入部分中表 1－1 "全国教育经费总收入"（其中 1995～1997 年三年为相应年份的表 1－1 "全国教育经费总支出"）数据整理计算而得。

综合本节分析，我们可以得出以下结论：第一，财政性教育经费尤其是预算内教育拨款是中央和地方教育经费来源的主渠道。第二，初等教育和中等教育办学经费主要来自地方财政；高等教育办学为政府财政力量和社会力量各占一半。

## 2.3　落实《教育法》规定的"三个增长"情况

2015 年 12 月 27 日经第二次修订的《中华人民共和国教育法》（以下简称《教育法》）第五十六条规定：各级人民政府的教育经费支出，按照事权和财权相统一的原则，在财政预算中单独列项。各级人民政府教育财政拨款的增长应当高于财政经常性收入的增长，并使按在校学生人数平均的教育费用逐步增长，保证教师工资和学生人均公用经费逐步增长。这与 1995 年 3 月 18 日公布的《中华人民共和国教育法》中的规定是一样的。

### 2.3.1　预算内教育拨款增长高于财政经常性收入增长情况

按照《教育法》第五十六条规定，各级人民政府教育财政拨款的增长应当高于财政经常性收入的增长。但是以上涉及的两项指标的统计口径前后发生了变化，财政教育拨款的统计口径发生变化的具体情况是：1995～2009 年表述为"中央和地方各级政府预算内教育拨款"，2010～2011 年表述为"中央和地方各级政府公共财政预算内教育拨款"，2012～2017 年表述为"全国公共财政教育支出"。1995～2002 年的 8 年中，只有 4 年满足了《教育法》中对于各级政府预算内教育拨款增长的要求（见表 2－12）。

表 2－12　　　　中央和地方预算内教育拨款增长高于财政
经常性收入增长情况（1995～2002 年）

| 年份 | 中央和地方各级政府预算内教育拨款（亿元） | 增长率（%）① | 财政（经常性）收入（亿元） | 增长率（%）② | ①－②（%） |
|---|---|---|---|---|---|
| 1995 | 1028.39 | 16.34 | 6187.73 | 18.58 | －2.24 |
| 1996 | 1211.91 | 17.85 | 7366.61 | 18.01 | －0.16 |
| 1997 | 1357.73 | 12.03 | 8642.00 | 16.70 | －4.67 |

| 年份 | 中央和地方各级政府预算内教育拨款（亿元） | 增长率（%）① | 财政（经常性）收入（亿元） | 增长率（%）② | ① - ②（%） |
|------|------|------|------|------|------|
| 1998 | 1565.59 | 15.31 | 9853.00 | 13.90 | 1.41 |
| 1999 | 1815.76 | 15.98 | 11444.00 | 15.88 | 0.10 |
| 2000 | 2085.68 | 14.87 | 13395.00 | 17.05 | -2.18 |
| 2001 | 2582.38 | 23.81 | 16386.00 | 22.33 | 1.48 |
| 2002 | 3114.24 | 20.60 | 18904.00 | 15.36 | 5.24 |

资料来源：整理自 1995~2002 年《全国教育经费执行情况统计公告》。
注：中央和地方各级政府预算内教育拨款中不包括城市教育费附加。

2003~2017 年，《全国教育经费执行情况统计公告》中，公布落实《教育法》规定的"三个增长"情况时，未直接公布相关数据，直接公布的是中央本级教育支出增长率高于中央财政经常性收入增长率的差额。这和《教育法》的表述显然不是一个口径。

按照这个口径，中央本级财政教育支出增长率远高于中央财政经常性收入增长率（见表 2-13、表 2-14、表 2-15）。

表 2-13　　　　中央和地方预算内教育拨款增长高于财政
经常性收入增长情况（2003~2009 年）

| 年份 | 中央和地方各级政府预算内教育拨款（亿元） | 增长率（%） | 中央本级财政教育支出（亿元） | 增长率（%） | 中央本级财政教育支出增长率 - 中央财政经常性收入增长率（%） |
|------|------|------|------|------|------|
| 2003 | 3453.86 | 10.91 | 240.20 | 14.24 | 相减为正 |
| 2004 | 4027.82 | 16.62 | 299.45 | 24.67 | 12.64 |
| 2005 | 4665.69 | 15.84 | 349.85 | 16.83 | 1.41 |
| 2006 | 5795.61 | 24.22 | 538.33 | 53.88 | 35.88 |
| 2007 | 7654.91 | 32.08 | 1076.35 | 76.00 | 48.00 |

| 年份 | 中央和地方各级政府预算内教育拨款（亿元） | 增长率（%） | 中央本级财政教育支出（亿元） | 增长率（%） | 中央本级财政教育支出增长率 – 中央财政经常性收入增长率（%） |
|---|---|---|---|---|---|
| 2008 | 9685.56 | 26.53 | 1603.71 | 49.00 | 31.50 |
| 2009 | 11419.30 | 17.90 | 1981.39 | 23.55 | 20.83 |

资料来源：2003～2009 年《全国教育经费执行情况统计公告》。

注：（1）2003～2006 年，中央和地方各级政府预算内教育拨款中不包括城市教育费附加；2007～2009 年，中央和地方各级政府预算内教育拨款中不包括教育费附加。（2）"中央本级财政教育支出增长率 – 中央财政经常性收入增长率（%）"项下"相减为正"是因为当年《全国教育经费执行情况统计公告》只表述为"高于中央财政经常性收入的增长幅度"，而没有具体数值。

表 2–14　　　　中央和地方预算内教育拨款增长高于财政

经常性收入增长情况（2010～2011 年）

| 年份 | 中央和地方各级政府公共财政预算内教育拨款（亿元） | 增长率（%） | 中央本级财政教育支出（亿元） | 增长率（%） | 中央本级财政教育支出增长率 – 中央财政经常性收入增长率（%） |
|---|---|---|---|---|---|
| 2010 | 13489.56 | 18.13 | 2547.34 | 28.60 | 18.70 |
| 2011 | 16804.56 | 24.57 | 3268.59 | 28.31 | 12.16 |

注：中央和地方各级政府公共财政预算内教育拨款中不包括教育费附加。

表 2–15　　　　中央和地方预算内教育拨款增长高于财政

经常性收入增长情况（2012～2017 年）

| 年份 | 全国公共财政教育支出（亿元） | 增长率（%） | 中央本级财政教育支出（亿元） | 增长率（%） | 中央本级财政教育支出增长率 – 中央财政经常性收入增长率（%） |
|---|---|---|---|---|---|
| 2012 | 20314.17 | 25.79 | 3781.55 | 15.70 | 相减为正 |
| 2013 | 21405.67 | 5.37 | 3883.92 | 2.70 | — |

续表

| 年份 | 全国公共财政教育支出（亿元） | 增长率（%） | 中央本级财政教育支出（亿元） | 增长率（%） | 中央本级财政教育支出增长率 – 中央财政经常性收入增长率（%） |
|------|------|------|------|------|------|
| 2014 | 22576.01 | 5.47 | 4101.59 | 8.20 | —— |
| 2015 | 25861.87 | 9.41* | 4245.58 | 3.51 | —— |
| 2016 | 27700.63 | 7.11 | 4439.68 | 4.57 | —— |
| 2017 | 29919.78 | 8.01 | 4663.16 | 5.03 | —— |

资料来源：2012～2017 年《全国教育经费执行情况统计公告》。

注：＊为同口径增长率。按照完善政府预算体系的要求，2015 年起将政府性基金中用于提供基本公共服务以及主要用于人员和机构运转等方面的 11 项基金转列一般公共预算。为计算同口径增幅，所涉及的 2014 年公共财政支出数据需增加这 11 项政府性基金，公共财政教育支出数据需相应增加地方教育附加和从土地出让收益计提的教育资金两项政府性基金。（1）全国公共财政教育支出包括公共财政预算教育事业费拨款、基建拨款和教育费附加。（2）2017 年"全国公共财政教育支出"表述为"全国一般公共预算教育经费"。（3）"中央本级财政教育支出增长率 – 中央财政经常性收入增长率（%）"项下"相减为正"是因为当年《全国教育经费执行情况统计公告》表述为"高于中央财政经常性收入的增长幅度"，而没有具体数值。（4）"——"表示此项数据无法计算得出。

　　由于只涉及"城市教育费附加"和"教育费附加"等数额不大的拨款项，所以"中央和地方各级政府预算内教育拨款""中央和地方各级政府公共财政预算内教育拨款""全国公共财政教育支出"三个口径之间的差别不大。但是"中央本级财政教育支出增长率 – 中央财政经常性收入增长率"与"中央和地方各级政府预算内教育拨款增长率 – 财政经常性收入增长率"之间差别应该不小。

　　我们这里做一些处理：由于前后口径变化不大，因此把"中央和地方各级政府预算内教育拨款""中央和地方各级政府公共财政预算内教育拨款""全国公共财政教育支出"统称为"全国公共财政教育支出"；观察到"财政经常性收入"口径与《中国统计年鉴》之表 7 – 1"一般公共预算收支总额及增长速度"中的"一般公共预算收入"口径基本一致，所以改用"一般公共预算收入"表征"财政经常性收入"，再做分析见表 2 – 16。

表 2 –16 　　　　　全国公共财政教育支出增长高于一般公共
预算收入增长情况（1995～2017 年）

| 年份 | 全国公共财政教育支出（亿元） | 增长率（%）① | 一般公共预算收入（亿元） | 增长率（%）② | ① – ② |
|---|---|---|---|---|---|
| 1995 | 1028.39 | 16.34 | 6242.20 | 18.58 | – 2.24 |
| 1996 | 1211.91 | 17.85 | 7407.99 | 18.68 | – 0.83 |
| 1997 | 1357.73 | 12.03 | 8651.14 | 16.78 | – 4.75 |
| 1998 | 1565.59 | 15.31 | 9875.95 | 14.16 | 1.15 |
| 1999 | 1815.76 | 15.98 | 11444.08 | 15.88 | 0.10 |
| 2000 | 2085.68 | 14.87 | 13395.23 | 17.05 | – 2.18 |
| 2001 | 2582.30 | 23.81 | 16386.04 | 22.33 | 1.49 |
| 2002 | 3114.24 | 20.60 | 18903.64 | 15.36 | 5.23 |
| 2003 | 3453.86 | 10.91 | 21715.25 | 14.87 | – 3.97 |
| 2004 | 4027.82 | 16.62 | 26396.47 | 21.56 | – 4.94 |
| 2005 | 4665.69 | 15.84 | 31649.29 | 19.90 | – 4.06 |
| 2006 | 5795.61 | 24.22 | 38760.20 | 22.47 | 1.75 |
| 2007 | 7654.91 | 32.08 | 51321.78 | 32.41 | – 0.33 |
| 2008 | 9685.56 | 26.53 | 61330.35 | 19.50 | 7.03 |
| 2009 | 11419.3 | 17.90 | 68518.30 | 11.72 | 6.18 |
| 2010 | 13489.56 | 18.13 | 83101.51 | 21.28 | – 3.15 |
| 2011 | 16804.56 | 24.57 | 103874.43 | 25.00 | – 0.42 |
| 2012 | 20314.17 | 20.88 | 117253.52 | 12.88 | 8.00 |
| 2013 | 21405.67 | 5.37 | 129209.64 | 10.20 | – 4.82 |
| 2014 | 22576.01 | 5.47 | 140370.03 | 8.64 | – 3.17 |
| 2015 | 25861.87 | 9.41 | 152269.23 | 8.48 | 0.93 |
| 2016 | 27700.63 | 7.11 | 159604.97 | 4.82 | 2.29 |
| 2017 | 29919.78 | 8.01 | 172592.77 | 8.14 | – 0.13 |

　　资料来源："全国公共财政教育支出（亿元）"来源于 1995～2017 年《全国教育经费执行情况统计公告》；"一般公共预算收入（亿元）"来源于《中国统计年鉴（2018）》之表 7 –1 "一般公共预算收支总额及增长速度"。增长率数据由以上数据计算得出。

如表 2 - 16 列示，首先，从 1995 ~ 2017 年间的 23 个年份中，有 13 个年份"全国公共财政教育支出"增长率低于"一般公共预算收入"增长率（占比 56.5%），其中增长率差额最大的年份是 2004 年的 - 4.94%，差额绝对值超过 4 个百分点的年份有 4 个；有 10 个年份"全国公共财政教育支出"增长率高于"一般公共预算收入"增长率（占比 43.5%），其中增长率差额最大的年份是 2012 年的 8.00%，差额绝对值超过 5 个百分点的年份有 4 个。由此可见，对于"全国公共财政教育支出"增长率高于"一般公共预算收入"增长率的目标，1995 ~ 2017 年只有约一半年份完成了任务。其次，从 1995 ~ 2017 年，"全国公共财政教育支出"年均增长率为 16.56%，"一般公共预算收入"年均增长率为 16.29%，"全国公共财政教育支出"年均增长率超过了"一般公共预算收入"年均增长率。综上可以说，"全国公共财政教育支出"增长率不低于"一般公共预算收入"增长率的目标基本上完成，但是往后年份，我们仍需要继续加大对公共财政教育支出的投入，提高其增长率。

### 2.3.2　各级教育生均公共财政预算教育事业费支出增长情况

1995 ~ 2017 年 23 年间，全国普通小学、农村小学、普通初中、农村普通初中、普通高中、中等职业学校（职业中学）、普通高等学校生均公共财政预算教育事业费都有较大幅度的增长。根据表 2 - 17 数据，可做如下分析。

表 2 - 17　　　　1995 年、2013 ~ 2017 年各级教育生均公共财政
预算教育事业费支出　　　　　　　　　单位：元

| 年份 | 普通小学 | 农村小学 | 普通初中 | 农村初中 | 普通高中 | 中职学校 | 普通高校 |
|------|---------|---------|----------|----------|----------|----------|----------|
| 1995 | 265.78 | 219.31 | 492.04 | 392.59 | 985.23 | 897.42 | 5442.09 |
| 2013 | 6901.77 | 6854.96 | 9258.37 | 9195.77 | 8448.14 | 8784.64 | 15591.72 |
| 2014 | 7681.02 | 7403.91 | 10359.33 | 9711.82 | 9024.96 | 9128.83 | 16102.72 |
| 2015 | 8838.44 | 8576.75 | 12105.08 | 11348.79 | 10820.96 | 10961.07 | 18143.57 |
| 2016 | 9557.89 | 9246.00 | 13415.99 | 12477.35 | 12315.21 | 12227.70 | 18747.65 |
| 2017 | 10199.12 | 9768.57 | 14641.15 | 13447.08 | 13768.92 | 13272.66 | 20298.63 |

资料来源：各相应年份《全国教育经费执行情况统计公告》。

2017 年全国普通小学生均公共财政预算教育事业费支出为 10199.12 元，比上年的 9557.89 元增长 6.71%；1995～2017 年的年均增长率为 18.03%。农村小学生均公共财政预算教育事业费支出为 9768.57 元，比上年的 9246.00 元增长 5.65%，1995～2017 年的年均增长率为 18.83%。2016～2017 年全国普通小学增长最快的是云南（17.47%）。

2017 年全国普通初中生均公共财政预算教育事业费支出为 14641.15 元，比上年的 13415.99 元增长 9.13%；1995～2017 年的年均增长率为 16.68%。农村普通初中生均公共财政预算教育事业费支出为 13447.08 元，比上年的 12477.35 元增长 7.77%；1995～2017 年的年均增长率为 17.42%。2016～2017 年全国普通初中增长最快的是北京（26.63%）。

2017 年全国普通高中生均公共财政预算教育事业费支出为 13768.92 元，比上年的 12315.21 元增长 11.80%；1995～2017 年的年均增长率为 12.74%。2016～2017 年全国普通高中增长最快的是河南（27.38%）。

2017 年全国中等职业学校生均公共财政预算教育事业费支出为 13272.66 元，比上年的 12227.70 元增长 8.55%；1995～2017 年的年均增长率为 13.03%。2016～2017 年全国中等职业学校增长最快的是西藏（48.53%）。

2017 年全国普通高等学校生均公共财政预算教育事业费支出为 20298.63 元，比上年的 18747.65 元增长 8.27%；1995～2017 年的年均增长率为 6.17%。2016～2017 年全国普通高等学校增长最快的是天津（19.61%）。

从各级教育生均公共财政预算教育事业费的增长率来看，是小学高于初中，初中高于高中，高中高于普通高校，呈现金字塔形结构。

### 2.3.3 各级教育生均公共财政预算公用经费支出增长情况

1995～2017 年，普通小学、农村小学、普通初中、农村初中、普通高中、中等职业学校、普通高等学校生均预算内公用经费都有较大幅度的增长，根据表 2-18 数据，可做如下分析。

表 2 – 18　　1995 年、2013 ～ 2017 年各级教育生均公共财政预算公用经费支出

单位：元

| 年份 | 普通小学 | 农村小学 | 普通初中 | 农村初中 | 普通高中 | 中职学校 | 普通高校 |
|------|---------|---------|---------|---------|---------|---------|---------|
| 1995 | 22.79 | 13.67 | 65.96 | 38.85 | 181.16 | 208.38 | 2339.73 |
| 2013 | 2068.47 | 1973.53 | 2983.75 | 2968.37 | 2742.01 | 3578.25 | 7899.07 |
| 2014 | 2241.83 | 2102.09 | 3120.81 | 2915.31 | 2699.59 | 3680.83 | 7637.97 |
| 2015 | 2434.26 | 2245.30 | 3361.11 | 3093.82 | 2923.09 | 4346.94 | 8280.08 |
| 2016 | 2610.80 | 2402.18 | 3562.05 | 3257.19 | 3198.05 | 4778.79 | 8067.26 |
| 2017 | 2732.07 | 2495.84 | 3792.53 | 3406.72 | 3395.59 | 4908.30 | 8506.02 |

资料来源：相应年份《全国教育经费执行情况统计公告》。

2017 年，全国普通小学生均公共财政预算公用经费支出为 2732.07 元，比上年的 2610.80 元增长 4.64%；1995 ～ 2017 年的年均增长率为 24.30%。农村小学生均公共财政预算公用经费支出为 2495.84 元，比上年的 2402.18 元增长 3.90%；1995 ～ 2017 年的年均增长率为 26.70%。2016 ～ 2017 年全国普通小学增长最快的是广西（17.81%）。

2017 年，全国普通初中生均公共财政预算公用经费支出为 3792.53 元，比上年的 3562.05 元增长 6.47%；1995 ～ 2017 年的年均增长率为 20.22%。农村普通初中生均公共财政预算公用经费支出为 3406.72 元，比上年的 3257.19 元上升 4.59%；1995 ～ 2017 年的年均增长率为 22.55%。2016 ～ 2017 年全国普通初中增长最快的是北京（27.38%）。

2017 年，全国普通高中生均公共财政预算公用经费支出为 3395.59 元，比上年的 3198.05 元上升 6.18%；1995 ～ 2017 年的年均增长率为 14.25%。2016 ～ 2017 年全国普通初中增长最快的是宁夏（24.56%）。

2017 年，全国中等职业学校生均公共财政预算公用经费支出为 4908.30 元，比上年的 4778.79 元增长 2.71%；1995 ～ 2017 年的年均增长率为 15.44%。2016 ～ 2017 年全国中等职业学校增长最快的是西藏（63.03%）。

2017 年，全国普通高等学校生均公共财政预算公用经费支出为 8506.02 元，比上年的 8067.26 元上升 5.44%；1995 ～ 2017 年的年均增长率为 6.04%。2016 ～ 2017 年全国普通高等学校增长最快的是天津（38.09%）。

从各级教育生均公共财政预算公用经费的增长率来看，是小学高于初中，初中高于高中，高中高于普通高校，与公共财政预算教育事业费类似，呈现

金字塔形结构。

# 2.4 "两个比例"的增长情况

2015 年《教育法》第五十五条规定，国家财政性教育经费支出占国民生产总值的比例应当随着国民经济的发展和财政收入的增长逐步提高。具体比例和实施步骤由国务院规定。全国各级财政支出总额中教育经费所占比例应当随着国民经济的发展逐步提高。这与 1995 年《教育法》规定的情形是一样的。

## 2.4.1 国家财政性教育经费占国内生产总值比例情况

财政性教育经费占 GDP 的比重是衡量一个国家或地区支持教育事业发展努力程度的一个重要指标，也是衡量国家财政性教育经费支出占国民生产总值的比例是否随着国民经济的发展逐步提高的表征指标。

由表 2 - 19 可知，《教育法》开始实施的 1995 年，全国财政性教育经费投入占 GDP 的比重为 2.30%，上升到 2017 年的 4.14%，23 年上升 1.84 个百分点，总体上涨幅度不是很大。但是从 1995 年《教育法》开始实施起，全国财政性教育经费投入占 GDP 的比重就在逐年小幅增长，除了 2002 ~ 2005 年有微小幅度下降外，总体上都处于不断上升趋势，可以说比较好地完成了《教育法》规定的标准。但是也应该看到，每年的增幅都是很低的，1995 ~ 2017 年总的增幅也只有 1.84 个百分点，故财政性教育经费的投入仍有很大努力空间。

表 2 - 19　　　　　　国家财政性教育经费占国内生产总值比例情况

| 年份 | 全国财政性教育经费投入（亿元） | GDP（亿元） | 全国财政性教育经费占国内生产总值的比例（%） |
|---|---|---|---|
| 1995 | 1411.52 | 61339.9 | 2.30 |
| 1996 | 1671.70 | 71813.6 | 2.33 |

| 年份 | 全国财政性教育经费投入（亿元） | GDP（亿元） | 全国财政性教育经费占国内生产总值的比例（%） |
|------|------|------|------|
| 1997 | 1862.54 | 79715.0 | 2.34 |
| 1998 | 2031.45 | 85195.5 | 2.38 |
| 1999 | 2287.18 | 90564.4 | 2.53 |
| 2000 | 2562.61 | 100280.1 | 2.56 |
| 2001 | 3057.01 | 110863.1 | 2.76 |
| 2002 | 3491.40 | 121717.4 | 2.87 |
| 2003 | 3850.62 | 137422.0 | 2.80 |
| 2004 | 4465.86 | 161840.2 | 2.76 |
| 2005 | 5161.08 | 187318.9 | 2.76 |
| 2006 | 6348.36 | 219438.5 | 2.89 |
| 2007 | 8280.21 | 270232.3 | 3.06 |
| 2008 | 10449.63 | 319515.5 | 3.27 |
| 2009 | 12231.09 | 349081.4 | 3.50 |
| 2010 | 14670.07 | 413030.3 | 3.55 |
| 2011 | 18586.70 | 489300.6 | 3.80 |
| 2012 | 22236.23 | 540367.4 | 4.12 |
| 2013 | 24488.22 | 595244.4 | 4.11 |
| 2014 | 26420.58 | 643974.0 | 4.10 |
| 2015 | 29221.45 | 689052.1 | 4.24 |
| 2016 | 31396.25 | 743585.5 | 4.22 |
| 2017 | 34207.75 | 827121.7 | 4.14 |

资料来源：历年《全国教育经费执行情况统计公告》和《中国统计年鉴（2018）》之表 3 - 1 "国内生产总值"。

## 2.4.2 公共财政教育支出占公共财政支出比例情况

从全国看，2017 年，全国公共财政教育支出占公共财政支出 203085.49 亿元的比例为 14.73%（见表 2 - 20），比上年的 14.75% 降低了 0.02 个百分点。1995～2017年，全国公共财政教育支出占全国公共财政支出的比例（下面简称"比例"）绝大部分都维持在15%左右，处于比较高的水平。但1995～2017年，比例有升有降，并不稳定，其中与上年相比，比例下降的年份有11个，其余11个年份的比例与上年相比都有所提高；但从总体看是下降了：比例从1995年的15.07%下降到2017年的14.73%，下降0.34个百分点，即在《教育法》实施后的23年间，其比例虽有起伏，但没有大的变化。

**表2-20　　　　公共财政教育支出占公共财政支出比例及其变化情况**

| 年份 | 全国公共财政教育支出（亿元） | 一般公共预算支出（亿元） | 全国公共财政教育支出占公共财政支出的比例（%） | 全国公共财政教育支出占公共财政支出比例提高情况（%） |
|---|---|---|---|---|
| 1995 | 1028.39 | 6823.72 | 15.07 | — |
| 1996 | 1211.91 | 7937.55 | 15.27 | 0.20 |
| 1997 | 1357.73 | 9233.56 | 14.70 | -0.57 |
| 1998 | 1565.59 | 10798.18 | 14.50 | -0.20 |
| 1999 | 1815.76 | 13187.67 | 13.77 | -0.73 |
| 2000 | 2085.68 | 15886.50 | 13.13 | -0.64 |
| 2001 | 2582.38 | 18902.58 | 13.66 | 0.53 |
| 2002 | 3114.24 | 22053.15 | 14.12 | 0.46 |
| 2003 | 3453.86 | 24649.95 | 14.01 | -0.11 |
| 2004 | 4027.82 | 28486.89 | 14.14 | 0.13 |
| 2005 | 4665.69 | 33930.28 | 13.75 | -0.39 |
| 2006 | 5795.61 | 40422.73 | 14.34 | 0.59 |
| 2007 | 7654.91 | 49781.35 | 15.38 | 1.04 |
| 2008 | 9685.56 | 62592.66 | 15.47 | 0.09 |
| 2009 | 11419.3 | 76299.93 | 14.97 | -0.50 |
| 2010 | 13489.56 | 89874.16 | 15.01 | 0.04 |
| 2011 | 16804.56 | 109247.79 | 15.38 | 0.37 |
| 2012 | 20314.17 | 125952.97 | 16.13 | 0.75 |

续表

| 年份 | 全国公共财政<br>教育支出（亿元） | 一般公共预算<br>支出（亿元） | 全国公共财政教育<br>支出占公共财政<br>支出的比例（%） | 全国公共财政教育支出<br>占公共财政支出比例<br>提高情况（%） |
|------|------|------|------|------|
| 2013 | 21405.67 | 140212.10 | 15.27 | − 0.86 |
| 2014 | 22576.01 | 151785.56 | 14.87 | − 0.40 |
| 2015 | 25861.87 | 175877.77 | 14.70 | − 0.17 |
| 2016 | 27700.63 | 187755.21 | 14.75 | 0.05 |
| 2017 | 29919.78 | 203085.49 | 14.73 | − 0.02 |

　　资料来源："全国公共财政教育支出"数据来源于历年《全国教育经费执行情况统计公告》。"一般公共预算支出"数据来源于《中国统计年鉴（2018）》之表 7 - 1 "一般公共预算收支总额及增长速度"。全国公共财政教育支出占全国公共财政教育支出的比例（%）由以上数据计算得出。
　　注：（1）《全国教育经费执行情况统计公告》中对"全国公共财政教育支出"的其他叫法有"全国公共财政教育经费"和"一般公共预算教育经费"；（2）"一般公共预算支出"即"公共财政支出"。（3）"—"表示省略此处数据。

　　从地方来看，1995～2016 年 21 年间（见表 2 - 21），地方公共财政教育支出占地方公共财政支出的比例有 14 年是下降的，另外 7 年是上升的，与全国相比，地方对于《教育法》规定的标准完成情况更显不足。但是地方公共财政教育支出占地方公共财政支出的占比每年都维持在 15% 以上，有些年份甚至在 18% 以上，这与全国的情况相比是做得较好的。

**表 2 - 21　　　地方预算内教育经费占地方财政总支出的比例情况**

| 年份 | 地方预算内教<br>育经费（亿元） | 地方一般公共<br>预算支出（亿元） | 地方预算内教育经费<br>占地方财政支出的<br>比例（%） | 地方预算内教育经费占<br>地方财政支出的比例<br>提高情况（%） |
|------|------|------|------|------|
| 1995 | 906.39 | 4828.33 | 18.77 | — |
| 1996 | 1070.77 | 5786.28 | 18.51 | − 0.26 |
| 1997 | 1200.65 | 6701.06 | 17.92 | − 0.59 |
| 1998 | 1365.93 | 7672.58 | 17.80 | − 0.12 |
| 1999 | 1600.36 | 9035.34 | 17.71 | − 0.09 |
| 2000 | 1867.14 | 10366.65 | 18.01 | 0.30 |

| 年份 | 地方预算内教育经费（亿元） | 地方一般公共预算支出（亿元） | 地方预算内教育经费占地方财政支出的比例（％） | 地方预算内教育经费占地方财政支出的比例提高情况（％） |
|---|---|---|---|---|
| 2001 | 2315.82 | 13134.56 | 17.63 | -0.38 |
| 2002 | 2810.01 | 15281.45 | 18.39 | 0.76 |
| 2003 | 3118.78 | 17229.85 | 18.10 | -0.29 |
| 2004 | 3659.87 | 20592.81 | 17.77 | -0.33 |
| 2005 | 4287.43 | 25154.31 | 17.04 | -0.73 |
| 2006 | 5131.37 | 30431.33 | 16.86 | -0.18 |
| 2007 | 6892.43 | 38339.29 | 17.98 | 1.12 |
| 2008 | 8722.94 | 49248.49 | 17.71 | -0.27 |
| 2009 | 10247.62 | 61044.14 | 16.79 | -0.92 |
| 2010 | 12086.06 | 73884.43 | 16.36 | -0.43 |
| 2011 | 15363.21 | 92733.68 | 16.57 | 0.21 |
| 2012 | 19336.79 | 107188.34 | 18.04 | 1.47 |
| 2013 | 20384.67 | 119740.34 | 17.02 | -1.02 |
| 2014 | 22906.97 | 129215.49 | 17.73 | 0.71 |
| 2015 | 26470.69 | 150335.62 | 17.61 | -0.12 |
| 2016 | 28592.41 | 160351.36 | 17.83 | 0.22 |
| 2017 | 31117.41 | 173228.34 | 17.96 | 0.13 |

资料来源："地方预算内教育经费"数据来自 1996～2018 年《中国教育经费统计年鉴》收入部分中表 1-1 "全国教育经费总收入"（其中 1995～1997 年三年为相应年份的表 1-1 "全国教育经费总支出"），"地方财政总支出"数据来自《中国统计年鉴（2018）》之表 7-1 "一般公共预算收支总额及增长速度"。

注：（1）"地方一般公共预算支出"即"地方公共财政支出"，"地方预算内教育经费"即"公共财政教育支出"。（2）"—"表示此处无数据。

综合以上分析，全国和地方公共财政教育支出占同层次公共财政支出比例变化呈现以下特征：对于《教育法》中"全国各级财政支出总额中教育经费所占比例应当随着国民经济的发展逐步提高"的规定，在我们所分析的1995～2017 年间，全国层面并不是每年都达到了提高的要求；平均来说，只是勉强保持各级财政支出总额中教育经费所占比例基本不变。在地方层面，有更多年份没有达到《教育法》规定的标准。

因此，各级政府仍需继续加大对公共财政教育支出的投入力度。

# 2.5　本章小结

1. 全国财政性教育经费总投入的运用结构特征

从数据判断，全国财政性教育经费总投入在各级各类教育机构中结构呈现为：小学阶段教育占比最大，中学阶段教育次之，高等教育阶段占比第三，中等职业教育占比第四，其他类型教育的运用比例总体较低。

从数据判断，中央财政性教育经费投入的重点是高等教育，地方财政性教育经费投入则因此向小学阶段教育、中等阶段教育和高等教育倾斜，尤其义务教育财政性教育经费主要由地方负责。

2. 全国财政性教育经费总投入的来源结构

按照教育经费来源的性质，教育经费来源可以分为国家财政性教育经费、民办学校中举办者投入、捐赠经费、事业收入和其他教育经费五个部分。全国财政性教育经费是全国教育经费的主要组成部分，其占比在逐步提升后趋于稳定，即财政性教育经费在教育经费总投入中的主体地位逐渐得以巩固和加强。

在财政性教育经费的来源结构中，地方经费来源占了绝大部分比例。从各级各类学校教育经费来源看，小学阶段教育和中学阶段教育的办学教育费用的来源主要为国家财政，国家财政性教育经费对中等职业学校的支持力度也很大，高等教育办学经费来源则更趋向于社会化。财政性教育经费中预算内教育拨款主渠道地位更加明显。

3. 落实《教育法》规定的"三个增长"情况

第一，预算内教育拨款增长高于财政经常性收入增长情况。《中华人民共和国教育法》（以下简称《教育法》）第五十六条规定："各级人民政府的教育经费支出，按照事权和财权相统一的原则，在财政预算中单独列项。各级人民政府教育财政拨款的增长应当高于财政经常性收入的增长，并使按在校学生人数平均的教育费用逐步增长，保证教师工资和学生人均公用经费逐步增长。"按照本书的研究年份（1995～2017年），只有部分年份《教育法》口径的统计数据，按照本书调整的替代数据研究，从1995～2017年间的23个年份中，大约有一半的年份满足了预算内教育拨款增长高于财政经常性收入增长。

第二，"并使按在校学生人数平均的教育费用逐步增长，保证教师工资和学生人均公用经费逐步增长"情况。按照公开的数据，和以上规定相关性最高的指标是"生均公共财政预算教育事业费支出（元）"和"生均公共财政预算公用经费支出（元）"。

各级教育生均公共财政预算教育事业费支出增长情况：1995～2017年23年间，全国普通小学（年均增长18.03%）、农村小学（年均增长18.83%）、普通初中（年均增长16.68%）、农村普通初中（年均增长17.42%）、普通高中（年均增长12.74%）、中等职业学校（年均增长13.03%）、普通高等学校（年均增长6.17%）生均公共财政预算教育事业费都有较大幅度的增长，呈现小学高于初中，初中高于高中，高中高于普通高校的金字塔形结构。

各级教育生均公共财政预算公用经费支出增长情况：1995～2017年，普通小学（年均增长24.30%）、农村小学（年均增长26.70%）、普通初中（年均增长20.22%）、农村初中（年均增长22.55%）、普通高中（年均增长14.25%）、中等职业学校（年均增长15.44%）、普通高等学校（年均增长6.04%）生均预算内公用经费都有较大幅度的增长，呈现小学高于初中，初中高于高中，高中高于普通高校的金字塔形结构。

4. "两个比例"的增长情况

《教育法》第五十五条规定："国家财政性教育经费支出占国民生产总值的比例应当随着国民经济的发展和财政收入的增长逐步提高。具体比例和实施步骤由国务院规定。全国各级财政支出总额中教育经费所占比例应当随着国民经济的发展逐步提高。"这与1995年《教育法》规定的情形是一样的。

第一，国家财政性教育经费支出占国民生产总值的比例应当随着国民经济的发展和财政收入的增长逐步提高情况。这里我们用全国财政性教育经费投入占当年GDP的比值来表征分析。《教育法》开始实施的1995年，全国财政性教育经费投入占GDP的比重为2.30%，到2017年上升至4.14%，22年上升1.84个百分点，总体上涨幅度不是很大。但是从1995年《教育法》开始实施起，全国财政性教育经费投入占GDP的比重逐年小幅增长，除了

2002～2005年有微小幅度下降外，总体上都处于不断上升趋势。

需要注意一个现象：2012年全国财政性教育经费占当年GDP比重4%作为阶段性目标完成后，这一比例在个别年份出现了一定程度的停滞现象。

第二，全国各级财政支出总额中教育经费所占比例应当随着国民经济的发展逐步提高。这里用公共财政教育支出占公共财政支出比例情况来表征分析，从全国看，1995～2017年全国公共财政教育支出占全国公共财政支出的比例（下面简称"比例"）绝大部分都维持在15%左右，处于比较高的水平。但23年间比例有升有降，并不稳定，其中与上年相比，除了1995年作为基年无比例变化值外，其余年份比例下降的年份有11个，另外11个年份的比例与上年相比都有所提高。但从总体看是下降了：比例从1995年的15.07%下降至2017年的14.73%，下降0.34个百分点。

# 我国财政性教育经费增长机制分析

财政性教育经费的增长受到诸多因素的影响，其不仅与经济发展水平密切相关，更与教育经费的投入结构和教育发展政策的制定有密切的联系。客观上，要研究清楚这些问题，首先需要厘清各种理论问题。本章的内容基于下面认知：在客观的经济社会发展条件下，财政性教育经费增长和一定的经济基础必然存在着实证关联，所以这里不去刻意探讨各种理论问题，而是从定量的角度出发，尽量用数据和结构分解来说明我国财政性教育经费的增长机制。

## 3.1 我国财政性教育支出与经济发展关系分析

教育发展可以促进经济发展，同时，教育发展又是经济发展的内生变量，两者互为需求，又互为供给，二者间存在着长期的均衡关系。20 世纪 70 年代末 80 年代初，以英国经济学家韩德瑞（D. F. Hendry）为代表，提出了动态建模的方法，交替利用经济理论和经济数据提供的信息，在协整理论的基础上建立反映变量短期波动和长期均衡的误差修正模型（ECM）。[①] 本节应用误差修正模型（ECM）研究财政性教育经费和国内生产总值两个时间序列变量间的长期均衡和短期波动关系。

---

① 高铁梅. 计量经济分析方法与建模：EViews 应用及实例 ［M］. 3 版. 北京：清华大学出版社，2016：194 – 196.

如表 3 - 1 所示，我们用 *FE* 代表财政性教育经费，*GDP* 代表国内生产总值，为了使模型具有很好的性质，分别对数据取对数，通过研究其对数 ln*FE* 和 ln*GDP* 间的关系来反映财政性教育支出与经济发展之间的相互关系。

**表 3 - 1　经价格调整的财政性教育经费和国内生产总值（1991~2017 年）**

| 年份 | 财政性教育经费（亿元） | ln*FE* | 国内生产总值（亿元） | ln*GDP* |
|------|------|------|------|------|
| 1991 | 617.83 | 6.43 | 22005.60 | 10.00 |
| 1992 | 673.53 | 6.51 | 25133.95 | 10.13 |
| 1993 | 696.18 | 6.55 | 28619.42 | 10.26 |
| 1994 | 781.47 | 6.66 | 32354.87 | 10.38 |
| 1995 | 826.06 | 6.72 | 35897.48 | 10.49 |
| 1996 | 918.60 | 6.82 | 39461.52 | 10.58 |
| 1997 | 1007.13 | 6.91 | 43104.12 | 10.67 |
| 1998 | 1108.90 | 7.01 | 46482.46 | 10.75 |
| 1999 | 1263.91 | 7.14 | 50046.49 | 10.82 |
| 2000 | 1387.51 | 7.24 | 54296.19 | 10.90 |
| 2001 | 1622.06 | 7.39 | 58824.45 | 10.98 |
| 2002 | 1841.42 | 7.52 | 64195.50 | 11.07 |
| 2003 | 1979.30 | 7.59 | 70637.90 | 11.17 |
| 2004 | 2146.29 | 7.67 | 77780.26 | 11.26 |
| 2005 | 2387.24 | 7.78 | 86643.93 | 11.37 |
| 2006 | 2825.44 | 7.95 | 97664.58 | 11.49 |
| 2007 | 3418.43 | 8.14 | 111563.61 | 11.62 |
| 2008 | 4000.89 | 8.29 | 122334.28 | 11.71 |
| 2009 | 4689.25 | 8.45 | 133833.47 | 11.80 |
| 2010 | 5259.11 | 8.57 | 148068.19 | 11.91 |
| 2011 | 6160.94 | 8.73 | 162188.63 | 12.00 |
| 2012 | 7493.45 | 8.92 | 174930.59 | 12.07 |
| 2013 | 7754.89 | 8.96 | 188501.07 | 12.15 |

续表

| 年份 | 财政性教育经费（亿元） | lnFE | 国内生产总值（亿元） | lnGDP |
|------|------|------|------|------|
| 2014 | 8298.09 | 9.02 | 202257.25 | 12.22 |
| 2015 | 9169.22 | 9.12 | 216213.41 | 12.28 |
| 2016 | 9742.53 | 9.18 | 230740.97 | 12.35 |
| 2017 | 10197.18 | 9.23 | 246561.28 | 12.42 |

资料来源："国内生产总值"数据来自《中国统计年鉴（2018）》之表 3 - 1 "国内生产总值"，"财政教育经费"数据来自 1996 ~ 2018 年《中国教育经费统计年鉴》之表 1 - 1 "全国教育经费总收入"。

注："财政性教育经费"数据和"国内生产总值"数据经过以 1991 年为基期的 GDP 平减指数的折算。

### 3.1.1 数据检验

在研究时间序列之间的关系时，需要求序列是平稳的。现实中的经济社会变量的时间序列因为跨度较长，往往都是非平稳的，因此，在用时间序列变量构建模型之前，首先要对序列进行平稳性检验，以确定其平稳性和单整阶数。

#### 3.1.1.1 时间序列的单位根检验

误差修正模型要求相关的时间序列之间存在协整关系，而存在协整关系的前提是两个时间序列是同阶单整的，下面我们首先用 EViews 9.0 软件对序列 lnGDP 和 lnFE 进行 ADF 检验（见表 3 - 2）。

表 3 - 2　　　　　时间序列 lnGDP 和 lnFE 的 ADF 检验

| 变量 | $(\alpha, \delta, p)$ | ADF 值 | 1% 临界值 | 5% 临界值 | 10% 临界值 | 结论 |
|------|------|------|------|------|------|------|
| lnGDP | $(\alpha, \delta, 3)$ | -2.1812 | -4.4163 | -3.6220 | -3.2486 | 非平稳序列 |
| dlnGDP | $(0, 0, 0)$ | -1.5088 | -2.6607 | -1.9550 | -1.6091 | 平稳序列 |
| lnFE | $(\alpha, \delta, 1)$ | -2.1697 | -4.3743 | -3.6032 | -3.2381 | 非平稳序列 |
| dlnFE | $(\alpha, 0, 0)$ | -3.1857 | -3.7241 | -2.9862 | -2.6326 | 平稳序列 |

注："d"表示取一阶差分，$(\alpha, \delta, p)$ 表示检验形式，$\alpha$，$\delta$，$p$ 分别代表有常数项、有趋势项和滞后阶数，滞后阶数的确定基于 SIC 准则自动选择，下文同。

ADF 检验的原假设为序列存在单位根，备择假设为序列不存在单位根。根据表 3 - 2 可知，序列 $\ln GDP$ 与 $\ln FE$ 的 ADF 统计量均大于 10% 的显著性水平下的临界值，故国内生产总值对数序列和财政性教育经费对数序列都是非平稳的；而序列 $\text{d}\ln GDP$ 的 ADF 值接近于 10% 显著性水平下的临界值，序列 $\text{d}\ln FE$ 的 ADF 值小于 5% 显著性水平下的临界值，基本上可以判断 $\ln GDP$ 与 $\ln FE$ 均为一阶单整，表明我国财政性教育经费和国内生产总值之间可能存在协整关系。

#### 3.1.1.2 格兰杰因果关系检验

在做变量间的协整关系检验之前，需要确定变量间的因果关系情况。这里首先做变量间的格兰杰（Granger）因果关系检验。格兰杰因果关系检验的是统计意义上的因果关系，其思想是：$x$ 能否引起 $y$，主要看现在的 $y$ 能够在多大程度上被过去的 $x$ 解释，加入 $x$ 的滞后值是否使解释程度提高。如果 $x$ 在 $y$ 的预测中有帮助，或者 $x$ 与 $y$ 的相关系数在统计上显著时，就可以说"$x$ 是 $y$ 的格兰杰原因"[①]。

由于格兰杰因果关系检验对滞后阶数非常敏感，因此选取恰当的滞后阶数成为检验有效与否的关键。由于格兰杰因果关系检验是建立在 VAR 模型基础上的，因此，格兰杰检验模型的滞后阶数确定即为相应 VAR 模型的滞后阶数。通过对相应 VAR 模型滞后阶数的确定，这里我们选取 2 阶滞后来进行格兰杰因果关系检验，结果如表 3 - 3 所示。

表 3 - 3　　　　　　格兰杰因果关系检验（Lags = 2）

| 原假设 | 观测值 | F 统计量 | P 值 | 结论 |
| --- | --- | --- | --- | --- |
| $\ln GDP$ 不是 $\ln FE$ 格兰杰原因 | 25 | 10.1166 | 0.0009 | 经济发展是财政教育支出的格兰杰原因 |
| $\ln FE$ 不是 $\ln GDP$ 格兰杰原因 | 25 | 0.04506 | 0.9560 | 财政教育支出不是经济发展的格兰杰原因 |

① 高铁梅. 计量经济分析方法与建模：EViews 应用及实例［M］. 3 版. 北京：清华大学出版社，2016：339 - 342.

由格兰杰因果关系检验可知，第一个原假设的 p 值为 0.0009，在 1% 的显著性水平下拒绝原假设，故国内生产总值变化是财政性教育经费变化的格兰杰原因，第二个原假设的 p 值为 0.9560，接受原假设，故财政性教育经费变化不是国内生产总值变化的格兰杰原因。即从数量上看，我国财政性教育经费与国内生产总值之间只存在单向因果关系：国内生产总值变化是财政性教育经费变化的格兰杰原因。

### 3.1.1.3　序列的协整检验

根据以上序列平稳性检验的结果和格兰杰因果关系的检验结果，我们进行序列 $\ln GDP$ 和 $\ln FE$ 之间的协整关系检验。协整检验是用来确定非平稳序列之间的平衡和平稳关系，即非平稳序列线性组合的平稳性。协整检验的意义在于确定经济意义上具有均衡关系的变量间是否在统计意义上具有平稳或平衡关系。协整检验的步骤如下：

第一步：进行协整回归。

我们拟研究 $\ln GDP$ 对 $\ln FE$ 的影响。故对长期均衡方程 $\ln FE_t = a + b\ln GDP_t + \delta_t$ 进行 OLS 回归得：

$$\ln FE_t = -6.4765 + 1.2641\ln GDP_t \qquad (3-1)$$
$$(-22.9679) \quad (50.7214)$$

$R^2 = 0.9904$　$F = 2572.66$（$P = 0.0000$）　　$DW = 0.2895$

保存残差 $ecm$ 作为均衡误差 $\delta_t$ 的估计值。

第二步：对残差序列进行平稳性检验。

对于两个协整变量来说，均衡误差必须是平稳的。为检验其平稳性，对上一步产生的残差序列用 EG 法进行单位根检验。虽然 EG 检验的回归式与 DF 检验类似，但是所产生残差序列的 EG 估计量的渐进分布与 DF 统计量的渐进分布不同，位于 DF 统计量分布位置的左侧，因此需要查找 EG 临界值表来确定残差序列是否平稳。

用 OLS 法估计残差序列的 EG 检验方程 $\Delta ecm_t = \eta ecm_{t-1} + \mu_t$ 的结果如下：

$$\Delta ecm_t = -0.3009 ecm_{t-1} \qquad (3-2)$$
$$(-3.3972)$$

$R^2 = 0.3247$　$F = 5.3456$（$P = 0.0107$）　　$DW = 1.3169$

EG 平稳性检验的原假设是 $H_0: \eta = 0$，即残差序列是非平稳的。表 3-4

列示了协整检验 EG 的临界值表:样本容量越大,EG 检验各显著性水平的临界值就越大。本研究的样本容量为 27,大于 25,因此,样本容量为 27 时的各显著性水平下的临界值大于样本容量为 25 的情况。由式(3-3)和式(3-4)可知,残差序列的 EG 检验的统计量为 -3.3972,根据上文的对比分析可知,至少在 10%(临界值为 -3.22)的显著性水平下完全可以拒绝原假设,即残差序列是平稳的。故根据协整方程可知,可以认为我国财政性教育支出和经济发展之间存在长期稳定的同向变动关系,即同向的协整关系。

表 3-4 协整检验 EG 临界值表

| 样本容量 | 1% 显著性水平 | 5% 显著性水平 | 10% 显著性水平 |
|---|---|---|---|
| 25 | -4.37 | -3.59 | -3.22 |
| 50 | -4.12 | -3.46 | -3.13 |
| 100 | -4.01 | -3.39 | -3.09 |

注:EG 平稳性检验的临界值与所检验变量的个数有关,此处选取变量个数为 2 的一部分 EG 或检验临界值。

## 3.1.2 误差修正模型的构建及估计结果

利用 EViews 9.0 软件,对我国经济发展影响财政性教育支出的误差修正模型最终估计结果如下:

$$\text{dln}FE_t = 0.0616 + 0.4961\text{dln}GDP_t - 0.2796ecm_{t-1} \qquad (3-3)$$
$$(1.7129)\quad(1.3129)\qquad\qquad(-3.3304)$$

$$R^2 = 0.3412 \quad F = 5.9549\,(P = 0.0082) \quad DW = 1.4214$$

模型估计结果式(3-3)显示了我国经济发展对财政性教育支出在长期和短期的影响,模型中被解释变量的波动来自两部分:一部分是短期波动,以模型中差分项的影响来表示;另一部分是长期均衡的制约,以模型中误差修正项的变动及调整来说明。从各项回归系数的 t 统计量及其 P 值来看,各项系数显著性较好,从可决系数、F 统计量及回归标准误可知,方程整体拟合较好,达到预期效果。其经济含义分析如下:从短期来看,我国经济每增长 1%,将带动我国财政性教育支出增加 0.4961%。从长期来看〔(3-1)式〕,我国经济每增长 1%,将带动财政性教育支出增长 1.2641%。当上期财政性教育支出与经济增长偏离其长期均衡水平时，在本期两者间的均衡关系将以（-0.2796）的力度将其拉回均衡水平。

### 3.1.3 我国经济发展促进财政性教育支出增长的长期作用明显

根据以上实证分析，我们得出财政性教育支出与经济增长之间存在的单项促进关系。第一，我国经济发展对财政性教育支出的促进作用是累积起作用的，短期中，我国经济发展对财政性教育支出的促进作用较小（0.5%左右），而长期中，我国经济发展将较大幅度促进财政性教育支出的增长（1.3%左右）。第二，经济增长对财政性教育支出的促进作用比较稳定，不存在较大的起伏波动，每当两者的均衡关系发生偏离时，两者间的长期均衡会以0.28的力度将其拉回至均衡水平。第三，财政性教育支出对我国经济发展的促进作用不仅仅局限于经济增长这一个方面，而是通过促进教育的发展，进而促进人的全面发展，财政性教育支出的外部正效应体现在我国经济社会发展的各个方面。因此，虽然这里的实证分析没有显著体现财政性教育支出对我国经济发展的促进作用，但是其综合作用是不可忽略的。

## 3.2 财政性教育经费投入的增长机制分析

本节对财政性教育经费投入的增长机制进行分析，理清财政性教育经费增长的基本路径，进而为提出保障财政性教育经费投入比例稳步提高的具体措施提供支撑。

### 3.2.1 财政性教育经费占 GDP 比例增量的分解

设 $k$ 为财政性教育经费占 GDP 比重，$E^f$ 表示财政性教育经费，则有：

$$k = E^f / GDP$$

为了厘清财政性教育经费占 GDP 比重提升的基本路径，这里对函数 $k = E^f / GDP$ 进行差分分解，有：

$$\Delta k = \Delta \left( \frac{E^f}{GDP} \right) = \frac{GDP \times \Delta E^f - E^f \times \Delta GDP}{GDP^2}$$

$$= \frac{1}{GDP} \Delta E^f - \frac{E^f}{GDP^2} \Delta GDP$$

$$= \frac{E^f}{GDP} \times \frac{\Delta E^f}{E^f} - \frac{E^f}{GDP} \times \frac{\Delta GDP}{GDP}$$

$$= \frac{E^f}{GDP} \left( \frac{\Delta E^f}{E^f} - \frac{\Delta GDP}{GDP} \right)$$

差分 $\Delta k$ 表示了财政性教育经费占 GDP 比例的变化。此式说明，在一定的比例基础上，要使财政性教育经费占 GDP 的比例增长，必须财政性教育经费的增长速度大于 GDP 的增长速度。

把差分 $\Delta k$ 写成向量数量积的形式：

$$\Delta k = \Delta \left( \frac{E^f}{GDP} \right) = \left( \frac{1}{GDP}, \frac{-E^f}{GDP^2} \right) \times (\Delta E^f, \ \Delta GDP)$$

即在具体的点 $(E^f, \ GDP)$，向量 $(\Delta E^f, \ \Delta GDP)$ 必须使 $\frac{1}{GDP} \Delta E^f + \frac{-E^f}{GDP^2}$ $\Delta GDP$ 的结果为正值才能使财政性教育经费占 GDP 的比例上升，即财政性教育经费增长（量）必须与 GDP 的增长（量）相互匹配。

### 3.2.2  影响财政性教育经费占 GDP 比例因素的分解

总的来看，财政性教育经费占 GDP 比例的影响因素不仅要考虑经济发展水平，还要考虑财政收入能力和财政配置结构。这样，"财政性教育经费占 GDP 的比例"还可以分解为"财政性教育经费占财政收入的比例"乘以"财政收入占 GDP 的比例"（即"财政配置结构"和"财政收入能力"的乘积）：

$$\frac{财政性教育经费}{GDP} = \frac{财政性教育经费}{财政收入} \times \frac{财政收入}{GDP}$$

由于公共财政教育支出是国家财政性教育经费来源的主渠道，这里转而在公共财政支出的框架内，考察历年《全国教育经费执行情况统计公告》中公布的公共财政教育支出占 GDP 的比例情况。上面公式改写为：

$$\frac{公共财政教育支出}{GDP} = \frac{公共财政教育支出}{公共财政支出} \times \frac{公共财政支出}{GDP}$$

其增量分解式为：

$$\Delta\left(\frac{公共财政教育支出}{GDP}\right) = \frac{公共财政支出}{GDP} \times \Delta\left(\frac{公共财政教育支出}{公共财政支出}\right)$$

$$+ \frac{公共财政教育支出}{公共财政支出} \times \Delta\left(\frac{公共财政支出}{GDP}\right)$$

上式中，$\Delta\left(\dfrac{公共财政教育支出}{公共财政支出}\right)$ 和 $\Delta\left(\dfrac{公共财政支出}{GDP}\right)$ 分别代表"公共财政教育配置（支出）"能力和"公共财政支出"能力的提升。要想使公共财政教育支出占 GDP 的比例提升，就要令"公共财政教育配置"能力和"公共财政支出"能力双提升才能必然做到；一个提升，另一个下降，结果难以确定（可能提升，也可能下降）。

### 3.2.3 财政性教育经费的直接分解

公共财政教育支出也可以分解为政府财力（公共财政支出）变化和公共财政教育消费倾向两个因素：

公共财政教育支出 = 公共财政支出 × 公共财政教育消费倾向

在公共财政教育消费倾向（公共财政教育支出/公共财政支出）不变的情况下，政府财力（公共财政支出）的变化，会引起公共财政教育支出的变化；在政府财力（公共财政支出）不变的情况下，可以通过改变公共财政支出结构来改变公共财政教育消费倾向，进而影响公共财政教育支出的变化。用 $E^b$ 表示"公共财政教育支出"，用 $G^p$、$\gamma$ 分别表示"公共财政支出"和"公共财政教育消费倾向"，则有：

$$E_t^b = G_t^p \gamma_t$$

$$\Delta E_t^b = \Delta\left(G_t^p \gamma_t\right)$$

$$= G_{t+1}^p \Delta\gamma_t + \gamma_t \Delta G_t^p （或 G_t^p \Delta\gamma_t + \gamma_{t+1} \Delta G_t^p）$$

$\Delta E_t^b$ 代表公共财政教育支出的增量，第一项 $G^p \Delta\gamma$ 代表公共财政教育消费倾向变化对公共财政教育支出的影响，第二项 $\gamma \Delta G^p$ 代表公共财政支出变化对公共财政教育支出的影响。

应用公式 $\Delta E_t^b = G_{t+1}^p \Delta\gamma_t + \gamma_t \Delta G_t^p$ 对 1995～2017 年全国公共财政教育支出增量的两项影响因素进行测算（见表 3－5）。

表3-5　　　　公共财政教育经费增长量影响因素分解（1995~2017年）　　单位：亿元

| 年份 | 公共财政支出 | 公共财政支出增量 | 公共财政教育支出 | 公共财政教育消费倾向 | 公共财政教育消费倾向增量 | 公共财政教育支出增量* | 公共财政支出影响 | 公共财政教育消费倾向影响** |
|------|------|------|------|------|------|------|------|------|
| 1995 | 6823.72 | — | 1092.94 | 0.16017 | — | — | — | — |
| 1996 | 7937.55 | 1113.83 | 1288.08 | 0.16228 | 0.00211 | 200.22 | 180.75 | 19.47 |
| 1997 | 9233.56 | 1296.01 | 1441.27 | 0.15609 | -0.00619 | 135.49 | 202.29 | -66.80 |
| 1998 | 10798.18 | 1564.62 | 1654.02 | 0.15318 | -0.00291 | 201.23 | 239.66 | -38.44 |
| 1999 | 13187.67 | 2389.49 | 1911.37 | 0.14494 | -0.00824 | 215.42 | 346.32 | -130.90 |
| 2000 | 15886.50 | 2698.83 | 2191.77 | 0.13796 | -0.00697 | 240.55 | 372.34 | -131.79 |
| 2001 | 18902.58 | 3016.08 | 2705.65 | 0.14314 | 0.00517 | 545.79 | 431.71 | 114.08 |
| 2002 | 22053.15 | 3150.57 | 3254.94 | 0.14760 | 0.00446 | 574.91 | 465.01 | 109.90 |
| 2003 | 24649.95 | 2596.8 | 3619.10 | 0.14682 | -0.00078 | 359.16 | 381.26 | -22.10 |
| 2004 | 28486.89 | 3836.94 | 4244.06 | 0.14900 | 0.00218 | 645.52 | 571.69 | 73.83 |
| 2005 | 33930.28 | 5443.39 | 4946.04 | 0.14577 | -0.00322 | 663.12 | 793.49 | -130.36 |
| 2006 | 40422.73 | 6492.45 | 6135.35 | 0.15178 | 0.00601 | 1284.56 | 985.42 | 299.14 |
| 2007 | 49781.35 | 9358.62 | 8094.34 | 0.16260 | 0.01082 | 2198.83 | 1521.69 | 677.13 |
| 2008 | 62592.66 | 12811.31 | 10212.97 | 0.16317 | 0.00057 | 2133.69 | 2090.36 | 43.32 |
| 2009 | 76299.93 | 13707.27 | 11974.98 | 0.15695 | -0.00622 | 1592.33 | 2151.30 | -558.97 |
| 2010 | 89874.16 | 13574.23 | 14163.90 | 0.15760 | 0.00065 | 2210.38 | 2139.26 | 71.12 |
| 2011 | 109247.79 | 19373.63 | 17821.74 | 0.16313 | 0.00553 | 3857.51 | 3160.45 | 697.06 |
| 2012 | 125952.97 | 16705.18 | 20314.17 | 0.16128 | -0.00185 | 2435.22 | 2694.27 | -259.05 |
| 2013 | 140212.10 | 14259.13 | 21405.67 | 0.15267 | -0.00862 | 868.89 | 2176.89 | -1308.00 |
| 2014 | 151785.56 | 11573.46 | 22576.01 | 0.14874 | -0.00393 | 1030.17 | 1721.39 | -691.23 |
| 2015 | 175877.77 | 24092.21 | 25861.87 | 0.14704 | -0.00169 | 3225.02 | 3542.63 | -317.61 |
| 2016 | 187755.21 | 11877.44 | 27700.63 | 0.14754 | 0.00049 | 1852.13 | 1752.35 | 99.78 |
| 2017 | 203085.49 | 15330.28 | 29919.78 | 0.14733 | -0.00021 | 2214.51 | 2258.55 | -44.03 |

　　资料来源："公共财政支出"数据来源于《中国统计年鉴（2018）》表7-1"一般公共预算收支总额及增长速度"；1995~1999年"公共财政教育支出"数据来源于《中国统计年鉴（2014）》表21-40"教育经费情况"的"公共教育支出"条目，2000~2016年"公共财政教育支出"数据来源于《中国统计年鉴（2018）》表21-23"教育经费情况"的"公共财政教育经费"条目，2017年"公共财政教育消费"数据来源于《2017年全国教育经费执行情况统计公告》。

　　注："—"表示此处无数据。

　　*为保证数据的一致性，公共财政教育支出增量采取公共财政支出影响与公共财政教育消费倾向影响之和，大部分年份该计算值和实际公共财政教育支出增量的误差低于10%；仅有6个年份高于10%，分别是：1997年（-11.6%）、1999年（-16.3%）、2000年（-14.2%）、2007年（12.2%）、2013年（-20.4%）、2014年（-12.0%）。

　　**计算公共财政教育消费倾向影响时用到的2018年公共财政支出数据为209830亿元，来源于2019年1月23日财政部网站。

通过以上分析可以发现：

（1）公共财政支出的增长对全国公共财政教育支出增长的正向影响一直存在，即随着公共财政支出的增长，全国公共财政教育支出也随之增长。随着时间推移，这种正向影响有扩大趋势，尤其是 2015 年，公共财政支出增长对公共财政教育支出增长的贡献达到了 3543 亿元。

（2）财政性教育消费倾向对公共财政教育支出增长的贡献大多数年份为负值，1996 ~ 2017 年间，财政性教育消费倾向下降累计造成公共财政教育支出下降 3699.3 亿元，单是 2013 年就达到创纪录的 1308 亿元，反映了政府财政支出结构对财政性教育经费增长的制约作用。

## 3.3 提高财政性教育经费投入占 GDP 的比例仍然是现实的任务

2010 年 7 月 29 日发布的《国家中长期教育改革和发展规划纲要（2010—2020 年)》，提出"提高国家财政性教育经费支出占国内生产总值比例，2012 年达到 4%"。这一目标的确认再次引起了全社会的关注。本节从对当时财政性教育经费占 GDP 4% 目标的合理性讨论进行反思开始，加深对财政性教育经费占 GDP 比例应继续提高的认识。

### 3.3.1 对财政性教育经费占 GDP 4% 目标合理性的反思

国内外理论研究和社会实践已经证明，教育是国家发展和民族振兴的基石。在当今经济日益全球化、科技不断进步、国际竞争日趋加剧的背景下，人才和人力资源越来越成为推动经济社会发展的首要战略资源，教育是人才培养和人力资源开发的主要途径。要实现教育优先发展，就必须进一步加强教育投入保障。

改革开放以来，尤其进入 21 世纪以来，国家采取了一系列政策和措施，大幅度增加了财政性教育投入，推动了各级各类教育的快速发展。但是，投入不足，投入水平较低仍然是制约我国教育又好又快发展的瓶颈。

关于财政性教育经费占 GDP 4% 目标的合理性问题的讨论主要集中在

2010 年 7 月《国家中长期教育改革和发展规划纲要（2010—2020 年)》发布
以前。1993 年的《中国教育改革和发展纲要》中提出了财政性教育经费占
GDP 4%（以下简称"4%"）的目标。2006 年国务院发布的《国民经济和社
会发展第十一个五年规划纲要》再次重申了这一目标。由于该目标在一个时期
内未能如期实现，社会上一度出现了质疑这一目标合理性的声音。虽然这一目
标在中央政府的大力推动下已于 2012 年得以实现，但是我们认为，4% 的目标
不仅是合理的、可行的，还应继续优化财政性教育经费投入机制，继续提升财
政性教育经费占 GDP 的比例，继续下大力气提升财政性教育经费投入绩效。[①]

　　从国际上来看，一国政府教育投入水平以该国的经济发展水平为基础，
国际上一般用公共教育支出（或政府教育支出）占国民生产总值（GNP）或
国内生产总值（GDP）的比重度量和评价政府教育支出水平。严格地说，测
算和确定公共教育支出水平最直接的方法是经费供求法，但由于这一方法需
要准确测算教育经费需求和供给能力，操作难度大。因此，国际上通常采用
公共教育经费占 GDP 比重的国际比较方法。

　　国内许多学者多年的研究表明，4% 的目标是合理的。20 世纪 80 年代中
期，由厉以宁、陈良焜、王善迈、孟明义组成的课题组，以计量回归模型探
讨了同等经济发展水平（以人均 GDP 或 GDP 代表经济发展水平）条件下公
共教育支出的国际平均水平，该项研究以 38 个人口千万以上的市场经济国家
1961～1979 年公共教育支出和 GDP 统计数据（换算成 1980 年美元）为依
据，提出了测算不同经济发展水平公共教育支出的国际平均水平的方法，根
据此法测算当人均 GDP 达 1000 美元时，公共教育支出的国际平均水平为
4.24%。陈良焜等人 1992 年又采用了 40 个国家 1980～1985 年的数据再次证
明，人均 GDP 达 1000 美元时，公共教育支出平均水平为 3.85%。此后不同
学者运用同样方法，采用人口千万以上的数十个国家 1985 年以后不同时期的
数据，给出了同等经济水平下公共教育支出的国际平均水平。例如，岳昌君、
丁小浩 2003 年的研究认为人均 GDP 达到 1000 美元（1996 年美元）时这一水
平为 3.87%，岳昌君 2008 年的研究认为人均 GDP 达到 1000 美元（2000 年
美元）时这一水平为 4.13%。刘泽云、袁连生 2007 年的研究认为人均 GDP

---

　　① 王善迈.《规划纲要》公开征求意见　优先发展亟须投入保障［N］. 中国教育报，2009 –
01 – 14.

达到 1000 美元（2001 年美元）这一水平为 3.89%。上述这些研究，克服了用国际公共教育支出水平的算术平均数方法的弊端，排除了不同国家不同经济发展水平对公共教育支出的影响。虽然不同研究的样本国数量、数据跨越时间、美元汇率等不尽相同，但其基本结论是相近的。[①]

通过国际数据的直接比较，也说明我国的财政性教育经费投入的增长机制和运用结构存在借鉴的空间。

（1）经合组织成员国。据经济合作与发展组织（OECD）2008 年《教育概览》报告统计，2005 年，OECD 国家公共教育支出占国内生产总值的比例平均为 5%。教育规模的扩大伴随着财政投入的大幅增加，1995～2005 年，公共和社会的教育投入平均增加 42%，高于同期国内生产总值（GDP）的增长。

（2）欧盟国家。据欧盟委员会 2008 年发表的《教育进展监测报告》统计，自 2000 年以来，欧盟国家教育投入不断增加，欧盟国家公共教育支出占国内生产总值的比例从 2000 年的 4.86% 增加到 2005 年的 5.03%，年均增长 0.7%。在欧盟国家中比例最高的是北欧国家：丹麦 8.28%、瑞典 6.97%、芬兰 6.31%。

（3）发展中人口大国。2007 年 12 月，印度第十一个五年规划（2007～2012 年）诞生，其中提出印度将在第十一个五年计划期间大幅增加教育投入，计划将公共教育经费占国内生产总值的比例从 3.7% 提高到 6%，"十一五"期间，中央政府的教育投入总量预计达到 2.7 万亿卢比，是"十五"期间的 4 倍多，实现历史性突破，凸显政府把教育放在高度优先发展战略地位的决心。据 OECD 2008 年《教育概览》报告统计，2005 年巴西公共教育支出占 GDP 的比例为 4.4%，墨西哥为 5.3%。许多撒哈拉以南非洲国家也加大了教育投入。[②]

### 3.3.2 财政性教育经费投入存在历史欠账

我国财政性教育经费占国内生产总值的比例长期低于世界平均水平，也

---

① 转引自：王善迈. 对财政性教育经费占 GDP 4% 目标的思考 [N]. 中国教育报，2011 – 03 – 15.

② 周洪宇. 实现财政性教育经费投入目标应借鉴国际经验 [EB/OL]. （2012 – 03 – 07）https：//www. mjhb. org. cn/ index. php？ id = 11751.

低于与我国经济发展水平相应的国家的水平，使得投入总量不足，存在历史欠账。

1993 年，中共中央、国务院颁布了《中国教育改革和发展纲要》（简称《纲要》），提出"财政性教育经费占国民生产总值的比重，在本世纪末（2000 年）达到 4%"的战略发展目标。1995 年，把 4% 投入目标的实现策略——"三个增长"写进了《中华人民共和国教育法》。

1996 年以来，我国财政性教育经费投入占国内生产总值的比例逐年提高，实际投入的总量也逐年增加，22 年里（到 2017 年）我国财政性教育经费投入总量增加了将近 20 倍，这说明政府在教育投入方面做了很大的努力。但若从《纲要》规划的财政性教育经费占 GDP 的应然比重来看，政府投入一直存在着较大的缺口，4% 的目标直到 2012 年才实现，比原定目标时间晚了12 年。我们按照 2000 年按期达到 4% 目标，1996～2000 年按平滑后的指标核算，2001～2012 年的 12 年按保持 4% 核算，1996～2012 年的 17 年里投入缺口总计约为 35945.13 亿元（2017 年价），年均缺口 2114.42 亿元（2017 年价）。这是最保守的估计，否则，财政性教育经费投入历史欠账的缺口将更大。

### 3.3.3 财政性教育经费投入存在历史欠账的体制原因

#### 3.3.3.1 体制原因一：政府财政资源配置结构未充分体现教育优先

《教育法》规定，"各级人民政府教育财政拨款的增长应当高于财政经常性收入的增长"。为了更好地和《教育法》规定相对应，我们可以把"公共财政教育支出"作如下分解：

$$\frac{公共财政教育支出}{GDP} = \frac{公共财政教育支出}{财政经常性收入} \times \frac{财政经常性收入}{GDP}$$

公共财政教育支出占比的增量可以表示为

$$\Delta\left(\frac{公共财政教育支出}{GDP}\right) = \frac{财政经常性收入}{GDP} \times \Delta\left(\frac{公共财政教育支出}{财政经常性收入}\right)$$
$$+ \frac{公共财政教育支出}{财政经常性收入} \times \Delta\left(\frac{财政经常性收入}{GDP}\right)$$

用"财政经常性收入"这一口径在当时无疑是有其针对性的，以"财政经常性收入"为口径进行比较,其初衷是保证教育经费投入的稳定性。但在财政性教育经费主要来源的地方层面,财政收入的结构逐渐发生了很大的变化。而对于全国来说,相对应的口径为"一般公共预算收入",因此,这里使用"一般公共预算收入";而"公共财政教育支出"即"预算内教育经费支出"。

用 $E^b$ 表示"预算内教育经费支出",用 $R_r$ 表示"一般公共预算收入",上式变为:

$$\Delta\left(\frac{E^b}{GDP}\right) = \frac{R_r}{GDP} \times \Delta\left(\frac{E^b}{R_r}\right) + \frac{E^b}{R_r} \times \Delta\left(\frac{R_r}{GDP}\right)$$

$$= \frac{R_r}{GDP} \times \frac{E^b}{R_r}\left(\frac{\Delta E^b}{E^b} - \frac{\Delta R_r}{R_r}\right) + \frac{E^b}{R_r} \times \frac{R_r}{GDP}\left(\frac{\Delta R_r}{R_r} - \frac{\Delta GDP}{GDP}\right)$$

上式由两项组成,我们分别分析他们的变化机制。

首先,为了使"$\dfrac{预算内教育经费支出}{一般公共预算收入}$"这个比例提高,便有了作为实现"财政性教育经费占 GDP 的比例"逐步提高主要策略的"各级人民政府教育财政拨款的增长应当高于财政经常性收入的增长"的要求,即:

$\Delta\left(\dfrac{E^b}{R_r}\right) = \dfrac{E^b}{R_r}\left(\dfrac{\Delta E^b}{E^b} - \dfrac{\Delta R_r}{R_r}\right) > 0 \Rightarrow \dfrac{\Delta E^b}{E^b} - \dfrac{\Delta R_r}{R_r} > 0$,这一点我国政府基本做到了(见表 3 – 6③)。

表 3 – 6　预算内教育经费占 GDP 比例分解式中各指标 (1995 ~ 2017 年)　单位: %

| 年份 | ① $\dfrac{R_r}{GDP}$ | ② $\dfrac{E^b}{R_r}$ | ③ $\dfrac{\Delta E^b}{E^b} - \dfrac{\Delta R_r}{R_r}$ | ④ $\dfrac{\Delta R_r}{R_r} - \dfrac{\Delta GDP}{GDP}^*$ |
|---|---|---|---|---|
| 1995 | 10. 18 | 17. 51 | — | — |
| 1996 | 10. 32 | 17. 39 | − 0. 82 | 1. 60 |
| 1997 | 10. 85 | 16. 66 | − 4. 89 | 5. 78 |
| 1998 | 11. 59 | 16. 75 | 0. 60 | 7. 28 |
| 1999 | 12. 64 | 16. 70 | − 0. 32 | 9. 58 |
| 2000 | 13. 36 | 16. 36 | − 2. 38 | 6. 32 |

| 年份 | ①<br>$\dfrac{R_r}{GDP}$ | ②<br>$\dfrac{E^b}{R_r}$ | ③<br>$\dfrac{\Delta E^b}{E^b}-\dfrac{\Delta R_r}{R_r}$ | ④<br>$\dfrac{\Delta R_r}{R_r}-\dfrac{\Delta GDP^*}{GDP}$ |
|---|---|---|---|---|
| 2001 | 14.78 | 16.51 | 1.12 | 11.77 |
| 2002 | 15.53 | 17.22 | 4.94 | 5.57 |
| 2003 | 15.80 | 16.67 | −3.69 | 1.97 |
| 2004 | 16.31 | 16.08 | −4.28 | 3.79 |
| 2005 | 16.90 | 15.63 | −3.37 | 4.16 |
| 2006 | 17.66 | 15.83 | 1.58 | 5.32 |
| 2007 | 18.99 | 15.77 | −0.48 | 9.26 |
| 2008 | 19.19 | 16.65 | 6.67 | 1.26 |
| 2009 | 19.63 | 17.48 | 5.53 | 2.47 |
| 2010 | 20.12 | 17.04 | −3.00 | 2.96 |
| 2011 | 21.23 | 17.16 | 0.83 | 6.53 |
| 2012 | 21.70 | 17.32 | 1.11 | 2.44 |
| 2013 | 21.71 | 16.57 | −4.82 | 0.04 |
| 2014 | 21.80 | 16.08 | −3.17 | 0.45 |
| 2015 | 22.10 | 16.98 | 6.08 | 1.48 |
| 2016 | 21.46 | 17.36 | 2.29 | −3.10 |
| 2017 | 20.87 | 17.34 | −0.13 | −3.10 |

资料来源：GDP 数据来自《中国统计年鉴（2018）》之表 3 - 1 "国内生产总值"，"一般公共预算收入"数据来自《中国统计年鉴（2018）》表 7 - 1 "一般公共预算收支总额及增长速度"，1995 ~ 1999 年"公共财政教育支出"数据来自《中国统计年鉴（2014）》之表 21 - 40 "教育经费情况"，2000 ~ 2016 年"公共财政教育支出"数据来自《中国统计年鉴（2018）》之表 21 - 23 "教育经费情况"，2017 年数据来自《2017 年全国教育经费执行情况统计公告》。

注：* 表中 GDP 采用未扣除物价因素的增长率。

其次，应使"$\dfrac{一般公共预算收入}{GDP}$"也有提高，但没有具体的规定。按照公式，这里 GDP 增长率应采用未扣除物价因素的增长率，发现一般公共预算收入增长率超过 GDP 增长率（仅 2016 年和 2017 年出现负值）。

最后，分解式两项中的共同部分"$\frac{E^b}{R_r} \times \frac{R_r}{GDP}$"的增长受到预算内教育经费占一般公共预算收入的比例增长缓慢的制约。尽管一般公共预算收入占 GDP 比例$\left(\frac{R_r}{GDP}\right)$上升较快，从 1995 年的 10.18%，上升为 2017 年的 20.87%，23 年提高了 10.69%，但是预算内教育经费占一般公共预算收入的比例$\left(\frac{E^b}{R_r}\right)$只是从 1995 年的 17.51% 波动变化为 2017 年的 17.34%，23 年基本上没有太大变化。$\frac{R_r}{GDP} \times \frac{E^b}{R_r}\left(\frac{\Delta E^b}{E^b} - \frac{\Delta R_r}{R_r}\right)$和$\frac{R_r}{GDP} \times \frac{E^b}{R_r}\left(\frac{\Delta R_r}{R_r} - \frac{\Delta GDP}{GDP}\right)$中$\frac{E^b}{R_r}$的低比例使$\left(\frac{\Delta E^b}{E^b} - \frac{\Delta R_r}{R_r}\right)$和$\left(\frac{\Delta R_r}{R_r} - \frac{\Delta GDP}{GDP}\right)$只是虚高。

以上分析说明，从全国层面来看，预算内教育拨款占一般公共预算收入的比例是制约公共财政教育支出占 GDP 比例增长的主要原因，即政府的财政资源配置结构并未充分体现教育优先。

其实，强调教育经费公共财政支出责任也有弊端。因为我国财政收入统计口径与国际通行口径并不相同，国外的财政收入就是全部政府收入，我国的财政收入只是政府收入的一部分。所以，简单地强调财政性教育经费要由公共财政预算来保障也是片面的，虽然这个指标看似具备国际可比性。过分强调提高预算内教育经费占公共财政预算的比例，而忽略占比很大的政府收入其他部分的教育投入责任无异于作茧自缚。如"国有资产经营收入"和"国有资源（资产）有偿使用收入"等政府收入，有些虽然不具备稳定性和长期性，但作为"国有资产（源）"的公共性，从中提取教育资金理所应当，现实可行。

### 3.3.3.2　体制原因二：中央与地方的支出责任仅是方向性的，和支出结果的挂钩能力弱

教育投入目标是国家层面的，而我国实际教育投入是以地方投入为主，尤其是以基层政府为主（见表 3-7）。

表 3-7                    地方政府财力负担分析（1995~2017 年）

| 年份 | 财政总收入（亿元） | 地方财政收入（亿元） | 财政总支出（亿元） | 地方财政支出（亿元） | 地方财政收入/财政总收入①（%） | 地方财政支出/财政总支出②（%） | ②-①（%） |
|------|------|------|------|------|------|------|------|
| 1995 | 6242.20 | 2985.58 | 6823.72 | 4828.33 | 47.83 | 70.76 | 22.93 |
| 1996 | 7407.99 | 3746.92 | 7937.55 | 5786.28 | 50.58 | 72.90 | 22.32 |
| 1997 | 8651.14 | 4424.22 | 9233.56 | 6701.06 | 51.14 | 72.57 | 21.43 |
| 1998 | 9875.95 | 4983.95 | 10798.18 | 7672.58 | 50.47 | 71.05 | 20.59 |
| 1999 | 11444.08 | 5594.87 | 13187.67 | 9035.34 | 48.89 | 68.51 | 19.62 |
| 2000 | 13395.23 | 6406.06 | 15886.50 | 10366.65 | 47.82 | 65.25 | 17.43 |
| 2001 | 16386.04 | 7803.30 | 18902.58 | 13134.56 | 47.62 | 69.49 | 21.86 |
| 2002 | 18903.64 | 8515.00 | 22053.15 | 15281.45 | 45.04 | 69.29 | 24.25 |
| 2003 | 21715.25 | 9849.98 | 24649.95 | 17229.85 | 45.36 | 69.90 | 24.54 |
| 2004 | 26396.47 | 11893.37 | 28486.89 | 20592.81 | 45.06 | 72.29 | 27.23 |
| 2005 | 31649.29 | 15100.76 | 33930.28 | 25154.31 | 47.71 | 74.14 | 26.42 |
| 2006 | 38760.20 | 18303.58 | 40422.73 | 30431.33 | 47.22 | 75.28 | 28.06 |
| 2007 | 51321.78 | 23572.62 | 49781.35 | 38339.29 | 45.93 | 77.02 | 31.08 |
| 2008 | 61330.35 | 28649.79 | 62592.66 | 49248.49 | 46.71 | 78.68 | 31.97 |
| 2009 | 68518.30 | 32602.59 | 76299.93 | 61044.14 | 47.58 | 80.01 | 32.42 |
| 2010 | 83101.51 | 40613.04 | 89874.16 | 73884.43 | 48.87 | 82.21 | 33.34 |
| 2011 | 103874.43 | 52547.11 | 109247.79 | 92733.68 | 50.59 | 84.88 | 34.30 |
| 2012 | 117253.52 | 61078.29 | 125952.97 | 107188.34 | 52.09 | 85.10 | 33.01 |
| 2013 | 129209.64 | 69011.16 | 140212.10 | 119740.10 | 53.41 | 85.40 | 31.99 |
| 2014 | 140370.03 | 75876.58 | 151785.56 | 129215.49 | 54.05 | 85.13 | 31.08 |
| 2015 | 152269.23 | 83002.04 | 175877.77 | 150335.62 | 54.51 | 85.48 | 30.97 |
| 2016 | 159604.97 | 87239.35 | 187755.21 | 160351.36 | 54.66 | 85.40 | 30.74 |
| 2017 | 172592.77 | 91469.41 | 203085.49 | 173228.34 | 53.00 | 85.30 | 32.30 |

资料来源：根据《中国统计年鉴（2018）》之表 7-1 "一般公共预算收支总额及增长速度"数据整理和计算。

地方财政性教育经费负担过重来自于地方财政支出负担过重，1994 年分税制改革后，地方财政收入占国家财政总收入比重下降到 50% 以下（地方财权被削弱）；与此同时，地方财政支出占国家财政总支出比重不但没有下降（事权总体没有减少），近年却有稳步上升的态势。从表 3 - 7 列示的全国财力情况可以发现，1995 ~ 2017 年，我国地方财政收入与财政总收入的比例远低于地方财政支出占财政总支出的比值，地方承担着比其财力大得多的支出责任。从 2007 年开始，地方每年 30% 以上的支出缺口要用中央的转移支付、税收返还和财政赤字弥补，而且这个缺口近年来并没有呈现缩小趋势。

1994 年分税制改革后，体现了中央对地方转移支付和税收返还的重要性，存在着提高对地方教育专项转移支付力度、结构和机制的全方位完善问题。

现实是，各级政府教育投入约束机制不尽完善，尤其是不同地方在动力和实力方面的差异，其教育投入也就无法像财政收入和财政支出那样快速增长，造成不同地方教育发展不均衡现象也是难以避免的。

# 3.4 本章小结

1. 我国经济发展促进财政性教育支出增长的长期作用明显

实证分析得知，我国财政性教育支出与经济增长之间存在的单项促进关系。第一，我国经济发展对财政性教育支出的促进作用是累积起作用的，短期中，我国经济发展对财政性教育支出的促进作用较小（0.5% 左右），而长期中，我国经济发展将较大幅度促进财政性教育支出的增长（1.3% 左右）。

2. 财政性教育经费占 GDP 比例增长的机理

总的来看，财政性教育经费占 GDP 比例的影响因素不仅要考虑经济发展水平，还要考虑财政收入能力和财政配置结构。

由于公共财政教育支出是国家财政性教育经费来源的主渠道，这里转而在公共财政支出的框架内，考察历年《全国教育经费执行情况统计公告》中公布的公共财政教育支出占 GDP 的比例情况：

$$\frac{公共财政教育支出}{GDP} = \frac{公共财政教育支出}{公共财政支出} \times \frac{公共财政支出}{GDP}$$

其增量分解式为：

$$\Delta\left(\frac{公共财政教育支出}{GDP}\right) = \frac{公共财政支出}{GDP} \times \Delta\left(\frac{公共财政教育支出}{公共财政支出}\right)$$

$$+ \frac{公共财政教育支出}{公共财政支出} \times \Delta\left(\frac{公共财政支出}{GDP}\right)$$

上式中，$\Delta\left(\dfrac{公共财政教育支出}{公共财政支出}\right)$ 和 $\Delta\left(\dfrac{公共财政支出}{GDP}\right)$ 分别代表"公共财政教育配置（支出）"能力和"公共财政支出"能力的提升。要想使公共财政教育支出占 GDP 的比例提升，要使"公共财政教育配置"能力和"公共财政支出"能力双提升才能必然做到；一个提升，另一个下降，结果难以确定（可能提升，也可能下降）。

若将财政性教育经费的直接分解，可以分解为政府财力（公共财政支出）变化和公共财政教育消费倾向两个因素：

公共财政教育支出 = 公共财政支出 × 公共财政教育消费倾向

在公共财政教育消费倾向（公共财政教育支出/公共财政支出）不变的情况下，政府财力（公共财政支出）的变化，会引起公共财政教育支出的变化；在政府财力（公共财政支出）不变的情况下，可以通过改变公共财政支出结构来改变公共财政教育消费倾向，进而影响公共财政教育支出的变化。用 $E^b$ 表示"公共财政教育支出"，用 $G^p$、$\gamma$ 分别表示"公共财政支出"和"公共财政教育消费倾向"，则有：

$$E_t^b = G_t^p \gamma_t$$

$$\Delta E_t^b = \Delta\left(G_t^p \gamma_t\right)$$

$$= G_{t+1}^p \Delta\gamma_t + \gamma_t \Delta G_t^p (或 \ G_t^p \Delta\gamma_t + \gamma_{t+1} \Delta G_t^p)$$

上式中，$\Delta E_t^b$ 代表公共财政教育支出的增量，第一项 $G^p\Delta\gamma$ 代表公共财政教育消费倾向变化对公共财政教育支出的影响，第二项 $\gamma\Delta G^p$ 代表公共财政支出变化对公共财政教育支出的影响。分析发现：

（1）公共财政支出的增长对全国公共财政教育支出增长的正向影响一直存在，即随着公共财政支出的增长，全国公共财政教育支出也随之增长。

（2）财政性教育消费倾向对公共财政教育支出增长的贡献大多数年份为负值。

3. 财政性教育经费占 GDP 比例增长缓慢的机制原因

从全国层面来看，预算内教育拨款占一般公共预算收入的比例是制约公共财政教育支出占 GDP 比例增长的主要原因，即政府的财政资源配置结构并未充分体现教育优先。

其实，强调教育经费公共财政支出责任也有弊端。因为我国财政收入统计口径与国际通行口径并不相同，国外的财政收入就是全部政府收入，我国的财政收入只是政府收入的一部分。所以，简单地强调财政性教育经费要由公共财政预算来保障也是片面的，虽然这个指标看似具备国际可比性。过分强调提高预算内教育经费占公共财政预算的比例，而忽略占比很大的政府收入其他部分的教育投入责任无异于作茧自缚。如"国有资产经营收入"和"国有资源（资产）有偿使用收入"等政府收入，有些虽然不具备稳定性和长期性，但作为"国有资产（源）"的公共性，从中提取教育资金理所应当，现实可行。

中央与地方的支出责任是方向性的，和支出结果的挂钩能力弱。教育投入目标是国家层面的，而我国实际教育投入是以地方投入为主，尤其是以基层政府为主。

| 4 |

# 我国财政性教育经费在各级各类
# 教育的配置结构

## 4.1 三级教育投资分配结构变化的一般规律

　　虽然世界各国的教育投资分配结构有所不同，但是其变化发展体现出一定的规律性。

　　第一，在经济和教育发展的最初阶段，三级教育投资的分配结构呈"金字塔"形，即初等教育投资比例最高，其次是中等教育投资，高等教育投资比例最低。这是因为初等教育是全部教育的基础，接受初等教育的学生数在三级教育学生总数中的比例最高。各国在经济发展初级阶段只对教育提出基础性要求，还没有对教育的发展提出更高要求，因此中等教育、高等教育的发展程度很低，教育投资的重点是初等教育。

　　第二，随着各国社会、经济的发展，对教育的要求也在不断提高，因此，教育结构也在不断变化。各国在初等教育基本普及的情况下，转向发展中等教育和高等教育，以适应经济建设的要求。因此，中等教育和高等教育学生数的比例在不断提高，而教育投资的分配比例与相应的学生比例基本上是相对应的。教育结构的变化带动了投资分配结构的变化。

　　第三，随着人均国民生产总值的不断提高，三级教育投资比例间的差距在缩小。当一国经济发展水平提高时，就有可能拿出更多的资金用于发展教育事业，使得教育经费的绝对量及其占国民生产总值的比重不断提高，这就有可能使教育经费总量更合理地在三级教育间进行分配。否则，在教育经费极其有限的条件下，只能确保初等教育。因此，随着人均国民生产总值的提高，中等教育和高等教育的投资比例也在提高，这样，三级教育投资比例间的差距就将缩小。同时，随着人均国民生产总值的提高，三级教育生均经费间的差距逐步缩小，从这一点上也能看到这一发展趋势。

第四，高等教育投资比例随着人均国民生产总值的提高，先升后降。在人均国民生产总值很低的国家，高等教育投资比例也很低，而随着人均国内生产总值的增长，高等教育投资比例也在提高，但在提高到一定幅度以后，提高的速度开始减缓，并逐渐下降，趋于稳定。这是因为当一国经济处于增长期时，高等教育也得到了较快发展，高等教育的规模和投资存量不断提高；当投资达到一定程度时，高等教育的发展将趋于稳定。因此，当经济发展到一定水平时，诸如现在的发达国家，高等教育的投资比例会相对下降，并稳定在一定的水平上。

不管是高收入国家还是低收入国家，其教育投资水平和结构取决于其经济社会发展水平和发展战略目标。我们通过 2004 年的统计数据来看世界各国各级教育间经费的相对比例（见表 4-1），无论是低收入国家还是高收入国家，中等和初等教育生均经费差别不大。而高等教育与初等教育相比，却有两个明显特点：一是低收入国家高等教育与初等教育生均经费差异大大高于高收入国家；二是同组别国家高等教育的生均经费远高于初等教育。

**表 4-1　2004 年按经济发展水平分组的国家各级教育生均经费相对比例**

| 类别 | 各级教育生均经费比值（以初等教育为单位1） | | |
|---|---|---|---|
| | 初等教育 | 中等教育 | 高等教育 |
| 低收入国家 | 1 | 1.9 | 20.1 |
| 下中等收入国家 | 1 | 1.2 | 3.5 |
| 上中等收入国家 | 1 | 1.2 | 2.9 |
| 高收入国家 | 1 | 1.2 | 2.2 |

资料来源：由 *Global Education Digest* 2005，https：//www. ucl. ac. uk/ioe/departments-and-centres/centres/development-education 整理而得。

# 4.2 我国三级教育基本结构

## 4.2.1 三级教育在校生人数结构

教育投资分配结构主要取决于三级教育基本结构，包括三级教育在校生人数结构和三级教育生均教育投资。这里根据相关统计数据，先分析我国近期三级教育的在校生基本结构（见表4-2）。

表4-2 2010~2017年我国各级各类学校在校学生数占总在校学生数的百分比

单位：%

| 种类 | 2010年 | 2011年 | 2012年 | 2013年 | 2014年 | 2015年 | 2016年 | 2017年 |
|---|---|---|---|---|---|---|---|---|
| 普通高等学校 | 8.9 | 9.1 | 9.5 | 10.0 | 10.3 | 10.5 | 10.6 | 10.6 |
| 普通中学 | 30.7 | 29.6 | 28.7 | 28.0 | 27.5 | 26.8 | 26.4 | 26.3 |
| 普通小学 | 39.5 | 39.0 | 38.5 | 38.1 | 38.4 | 38.8 | 39.1 | 39.0 |

资料来源：根据《中国统计年鉴（2018）》之表21-8"各级各类学校在校学生情况（学生数）"数据整理计算而得。
注：这里的"普通高等学校"对应数据表21-8中的"普通本专科"条目，"普通中学"对应数据表中"普通高中"和"初中"条目，"普通小学"对应"普通小学"条目。

这里三级教育结构以三级教育在校生数占总在校生数的比重表征，故用普通小学、普通中学和普通高等学校学生人数来说明初等教育、中等教育和高等教育的情况。如表4-2所示，我国的三级教育学生人数占比由高到低依次为初等教育、中等教育、高等教育。无论是发达国家还是发展中国家，都是如此，这同"金字塔"形的三级教育结构是一致的。作为"塔基"的小学生，比重从2010年的39.5%到2017年的39.0%，其占比有逐渐缩小的趋势；作为"塔身"的中学生，比重从2010年的30.7%到2017年的26.3%，也有逐渐缩小趋势；作为"塔尖"的大学生，比重仅为2010年的8.9%到2017年的10.6%，但有上升的趋势。

### 4.2.2　三级教育生均投入结构

我们用三级教育生均教育经费支出指标来分析我国的三级教育投入结构。表 4-3 列示了中国三级教育生均教育经费比值自 21 世纪以来呈现的逐渐缩小趋势。高等教育对初等教育的倍数从 2000 年的 20.16 倍逐年缩小到 2016 年的 2.12 倍。生均预算内教育经费支出也表现出同样的趋势，用高等教育对初等教育生均预算内事业费支出表征的倍数从 2000 年的 17.26 下降到 2016 年的 2.02，可以看出不论是社会整体投入还是政府层面的投入都在向基础教育倾斜，并且与表 4-1 对比可知，从教育投入的发展演化阶段来看，在三级教育投入结构方面，我国已具备中等收入国家的特征。

**表 4-3　　我国三级教育生均教育经费和生均预算内教育经费支出比值**

| 年份 | 生均教育经费总体支出比值 | 生均预算内事业费支出比值 |
| --- | --- | --- |
| 2000 | 1/1.93/20.16 | 1/1.62/17.26 |
| 2003 | 1/1.67/11.55 | 1/1.29/6.85 |
| 2006 | 1/1.57/7.23 | 1/1.25/3.83 |
| 2009 | 1/1.44/4.35 | 1/1.27/2.62 |
| 2011 | 1/1.43/3.93 | 1/1.30/2.82 |
| 2013 | 1/1.42/3.03 | 1/1.32/2.31 |
| 2014 | 1/1.38/2.78 | 1/1.30/2.15 |
| 2015 | 1/1.40/2.77 | 1/1.43/2.63 |
| 2016 | 1/1.33/2.12 | 1/1.37/2.02 |

资料来源：根据相应年份《中国教育经费统计年鉴》最后一部分"各地区教育和其他部门各级各类学校生均教育经费支出"之表"分地区普通高等学校生均教育经费支出""分地区地方普通中学生均教育经费支出""分地区地方普通小学生均教育经费支出""分地区普通高等学校生均预算内教育经费支出""分地区地方普通中学生均预算内教育经费支出""分地区地方普通小学生均预算内教育经费支出"的数据计算而得。

注：表中数据以小学生为单位 1，后面数据分别是中等教育和高等教育。这里仍以高等学校代表高等教育，由于中等教育和初等教育办学力量以地方普通教育力量为主，故以地方普通中学代表中等教育，以地方普通小学代表初等教育。

我国财政性教育经费中预算内教育经费是其主体部分，通常占到财政性教育经费的90%左右，而在生均预算内教育经费中生均预算内教育事业费是其主体部分，表4-4列示了我国普通高校、普通高中、普通初中和普通小学2010~2017年生均预算内教育事业费支出情况。

表4-4　　　　　　2010~2017年我国各级教育生均预算内教育事业费　　　　　单位：元

| 年份 | 普通高校 | 普通高中 | 普通初中 | 普通小学 |
|------|----------|----------|----------|----------|
| 2010 | 9590 | 4510 | 5214 | 4013 |
| 2011 | 13878 | 6000 | 6542 | 4966 |
| 2012 | 16367 | 7776 | 8137 | 6129 |
| 2013 | 15592 | 8448 | 9258 | 6902 |
| 2014 | 16103 | 9025 | 10359 | 7681 |
| 2015 | 18144 | 10821 | 12105 | 8838 |
| 2016 | 18748 | 12315 | 13416 | 9558 |
| 2017 | 20299 | 13769 | 14641 | 10199 |

资料来源：根据2010~2017年《全国教育经费执行情况统计公告》之表三（1）［其中2013~2017年为表二（1）］"各级教育生均公共财政预算教育事业费增长情况"整理。

表4-4的数据显示，生均预算内教育事业费从普通小学、普通初中、普通高中到普通高校的生均预算内教育事业费支出呈现快速增长的态势。2010年，普通小学生均教育事业费为4013元，普通高校生均教育事业费为9590元，后者是前者的2.4倍；到2017年，普通小学生均教育事业费为10199元，普通高校生均教育事业费为20299元，后者是前者的2倍。从普通高中和普通初中的生均数据显示，中等学校生均预算内教育事业费处于普通高校和普通小学之间，但初中生均预算内教育事业费高于高中，反映了二者的投入来源差异。以上分析可以总结为生均预算内教育事业费在各级教育之间呈现"倒金字塔"分布状况。

# 4.3 我国三级教育投入总体结构

## 4.3.1 教育经费投入总体结构

为了说明近年来我国三级教育投资的总体分配结构,我们选取 2010 年和 2016 年数据来说明问题,见表 4-5 和表 4-6。

**表 4-5　　　　　2010 年我国各级教育的教育经费支出及占比**

| 项目 | 各级教育总经费 | | 各级教育事业性经费 | | 各级教育基建经费 | |
|---|---|---|---|---|---|---|
| | 支出(亿元) | 占比(%) | 支出(亿元) | 占比(%) | 支出(亿元) | 占比(%) |
| 总计 | 18796.13 | 100.00 | 18183.37 | 100.00 | 612.76 | 100.00 |
| 高等教育 | 5338.37 | 28.40 | 5107.76 | 28.09 | 230.61 | 37.63 |
| 中等教育 | 5359.05 | 28.51 | 5185.09 | 28.52 | 173.95 | 28.39 |
| 初等教育 | 4858.66 | 25.85 | 4768.37 | 26.22 | 90.29 | 14.73 |

资料来源:根据《中国教育经费统计年鉴(2011)》之表 1-12"各级各类教育机构教育经费支出明细(全国)"数据整理计算而得。

注:我们分别用高等学校、中学和小学的数据来说明三级教育经费支出情况,如无特别说明,本节同此。

**表 4-6　　　　　2016 年我国各级教育的教育经费支出及占比**

| 项目 | 各级教育总经费 | | 各级教育事业性经费 | | 各级教育基建经费 | |
|---|---|---|---|---|---|---|
| | 支出(亿元) | 占比(%) | 支出(亿元) | 占比(%) | 支出(亿元) | 占比(%) |
| 总计 | 37444.69 | 100.00 | 36852.42 | 100.00 | 592.27 | 100.00 |
| 高等教育 | 9396.85 | 24.71 | 9228.45 | 25.04 | 168.39 | 28.43 |
| 中等教育 | 10432.09 | 27.86 | 10271.74 | 27.87 | 160.35 | 27.07 |
| 初等教育 | 10831.11 | 28.93 | 10692.61 | 29.01 | 138.50 | 23.38 |

资料来源:根据《中国教育经费统计年鉴(2017)》之表 1-12"各级各类教育机构教育经费支出明细(全国)"数据整理计算而得。

从教育经费的总体支出来看，我国对各级教育的教育经费总支出结构趋于合理化。2010 年我国高等教育、中等教育和初等教育经费支出分别占全国教育支出的 28.40%、28.51% 和 25.85%，2016 年我国高等教育、中等教育和初等教育经费支出分别占全国教育支出的 24.71%、27.86% 和 28.93%。

若把全国教育经费支出分成事业性经费和基建支出两部分，高等教育、中等教育和初等教育的事业性经费支出结构与教育经费总支出结构大体一致，2010 年各级教育事业性经费支出占比分别为 28.09%、28.52% 和 26.22%，2016 年各级教育事业性经费支出占比分别为 25.04%、27.87% 和 29.01%；基建支出结构则与之有较大差别，2010 高等教育、中等教育和初等教育的基建支出分别占全国教育基建支出的 37.63%、28.39% 和 14.73%，即在全部教育基建支出中，高等教育和中等教育基建投资比重最大。2016 年该比例调整为 28.43% 和 27.07% 和 23.38%，基建支出结构逐步趋于平均。横向来看，2010 年和 2016 年高等教育的基建投资占全部教育基建投资的比例高于其事业性经费对应占比 9.54 个百分点和 3.36 个百分点，中等教育的基建投资占全部教育基建投资的与其事业性经费对应占比大体相当；而初等教育的事业性经费占全部教育事业费的比例要高于其基建投资占 11.12 个百分点（2010年）和 5.63 个百分点（2016 年）。

综上可以看出，在这一阶段，三级教育的教育经费总支出、教育事业费支出和教育基建经费支出都趋于均等化。

## 4.3.2 我国预算内教育经费投入结构

我们仍以预算内教育经费在三级教育中的支出结构来反映我国财政性教育经费在各级教育中的投入结构。由表 4 – 7 可以看出，2010 ~ 2016 年我国高等教育预算内教育经费支出占比从 18.98% 上升到 2011 年的 21.92%，然后呈下降趋势，持续下降至 2016 年的 18.85%；而中等教育基本呈持续下降趋势，从 32.67% 下降到 2016 年的 30.20%；初等教育为先降后升，从 34.02% 下降到 2012 年的 31.21%，然后上升到 2016 年的 33.66%。数据显示，虽然变化幅度不大，但我国预算内教育经费支出的内部结构处于不断地调整波动中。值得注意的是，这一结构模式不同于全国教育经费总体支出的结构，也就是说，财政预算内经费的大部分投向了中等教育和初等义务教育，从以上的数据可以看出，近年来中等和初等两级教育占预算内教育经费总体的比例均为三成左右，而高等教育降低到了二成以下。

**表 4 - 7**        **我国预算内教育经费在三级教育的分配情况表**       单位：%

| 年份 | 总计 | 高等教育 | 中等教育 | 初等教育 |
|------|------|----------|----------|----------|
| 2010 | 100.00 | 18.98 | 32.67 | 34.02 |
| 2011 | 100.00 | 21.92 | 31.17 | 32.07 |
| 2012 | 100.00 | 21.50 | 30.52 | 31.21 |
| 2013 | 100.00 | 20.06 | 30.51 | 32.10 |
| 2014 | 100.00 | 19.96 | 30.45 | 33.48 |
| 2015 | 100.00 | 19.59 | 30.46 | 33.86 |
| 2016 | 100.00 | 18.85 | 30.20 | 33.66 |

资料来源：根据 2011～2017 年《中国教育经费统计年鉴》之表 1 - 22 "全国各级各类教育机构公共财政预算教育事业费和基本建设支出明细"数据计算而得。

### 4.3.3 三级教育中经费分配是否合理

公共教育经费（又称"预算内教育经费"）投入是对各级教育最直接和最有效的投入，研究并借鉴其他国家预算内教育经费支出占总经费支出的结构将对优化我国预算内教育经费支出结构提供一定的借鉴。

预算内教育经费投入占教育经费总投入的比例和该国的教育管理体制及该国所处发展阶段有关。以 2008 年数据为例，已有的数据表明：一是和所有国家 2008 年的静态值比较，在表 4 - 8 中所列的 13 个经济体（含国际组织）中，我国几乎在各个办学层次上公共教育经费的比例都居于中下游水平，政府加大教育经费公共支出力度依然有较大改进空间；二是从动态比较看，教育总支出中，2000～2008 年，尽管 OECD 国家公共教育经费从平均占比 86.3% 下降到平均占比 83.5%，欧盟 21 国从平均占比 92.1% 下降为平均占比 89.1%，但几乎所有国家在基础教育的公共支出比例相对稳定，且呈稳中有升之势，高等教育经费公共支出比例则是普遍下降。

表 4－8　　　一些国家或国际组织教育投资公共部分占比表（2008 年）　　　单位：%

| 国家和国际组织 | 办学层次 | | | |
|---|---|---|---|---|
| | 教育总支出 | 学前 | 初等和中等 | 高等教育 |
| OECD 平均 | 83.5 | 81.5 | 91.0 | 68.9 |
| EU21 平均 | 89.1 | 87.8 | 93.5 | 78.2 |
| 美国 | 71.0 | 79.8 | 92.0 | 37.4 |
| 日本 | 66.4 | 43.5 | 90.0 | 33.3 |
| 韩国 | 59.6 | 45.5 | 77.8 | 22.3 |
| 德国 | 85.4 | 73.5 | 87.1 | 85.4 |
| 法国 | 90.0 | 94.0 | 92.3 | 81.7 |
| 英国 | 69.5 | 84.5 | 77.9 | 34.5 |
| 智利 | 58.6 | 79.5 | 78.4 | 14.6 |
| 墨西哥 | 80.8 | 84.3 | 82.9 | 70.1 |
| 阿根廷 | 88.4 | 76.3 | 91.9 | 81.1 |
| 俄罗斯 | 85.8 | 87.7 | 96.8 | 64.3 |
| 中国 | 72.1 | 66.9 | 82.4 | 47.4 |
| 中国排名 | 第 8 名 | 第 11 名 | 第 10 名 | 第 8 名 |

　　资料来源：其他国家和国际组织数据来自 *Education at a Glance*，OECD 2011，242－245；Table B3.1、Table B3.2a、Table B3.2b、Table B3.3；中国数据来源于《中国教育经费统计年鉴（2009）》"各级各类教育机构教育经费收入情况表"。

　　关于中国教育经费在三级教育中的分配是否合理，大体有两种意见。一种意见认为基本合理。这种意见以总量结构为度量指标，以国际比较数值为参照系，认为高等教育经费在总经费中占 20% 左右是适当的。另一种意见认为，在中国三级教育经费的分配中，高等教育比重偏高，其根据有二：第一，以三级教育生均事业费比值或三级生均教育事业费指数为度量指标，以国际比较数为参照系，显示我国高等教育经费比重偏高；第二，若考虑教育经费负担结构，则高等教育经费比例更高，然而作为非义务教育的高等教育，其对政府财政的依赖程度应相对较低。如果考虑教育现状，第二种意见可得到更有力的支持。一种显而易见的现象是：县以下中、小学尤其贫困地区的中、小学经费相对短缺；而高等教育尽管也存在经费短缺的情况，但和县以下中小学的情况应有不同。随着教育改革的深入，政府对教育的投入应继续向基础教育倾斜。

# 4.4 本章小结

## 1. 三级教育投资分配结构变化的一般规律

虽然世界各国的教育投资分配结构有所不同，但是其变化发展体现出一定的规律性。有学者曾就世界各国的教育投资分配结构变动总结出如下规律。

第一，在经济和教育发展的最初阶段，三级教育投资的分配结构呈"金字塔"形，即初等教育投资比例最高，其次是中等教育投资，高等教育投资比例最低。这是因为初等教育是全部教育的基础，接受初等教育的学生数在三级教育学生总数中的比例最高。各国在经济发展初级阶段只对教育提出基础性要求，还没有对教育的发展提出更高要求，因此中等教育、高等教育的发展程度很低，教育投资的重点是初等教育。

第二，随着各国社会、经济的发展，对教育的要求也在不断提高，因此，教育结构也在不断变化。各国在初等教育基本普及的情况下，转向发展中等教育和高等教育，以适应经济建设的要求。因此，中等教育和高等教育学生数的比例在不断提高，而教育投资的分配比例与相应的学生比例基本上是相对应的。教育结构的变化带动了投资分配结构的变化。

第三，随着人均国民生产总值的不断提高，三级教育投资比例间的差距在缩小。当一国经济发展水平提高时，就有可能拿出更多的资金用于发展教育事业，使得教育经费的绝对量及其占国民生产总值的比重不断提高，这就有可能使教育经费总量更合理地在三级教育间进行分配。否则，在教育经费极其有限的条件下，只能确保初等教育。因此，随着人均国民生产总值的提高，中等教育和高等教育的投资比例也在提高，这样，三级教育投资比例间的差距就将缩小。同时，随着人均国民生产总值的提高，三级教育生均经费间的差距逐步缩小，从这一点上也能看到这一发展趋势。

第四，高等教育投资比例随着人均国民生产总值的提高，先升后降。在人均国民生产总值很低的国家，高等教育投资比例也很低，而随着人均国内生产总值的增长，高等教育投资比例也在提高，但在提高到一定幅度以后，提高的速度开始减缓，并逐渐下降，趋于稳定。这是因为当一国经济处于增长期时，高等教育也得到了较快发展，高等教育的规模和投资存量不断提高；当投资达到一定程度时，高等教育的发展将趋于稳定。因此，当经济发展到一定水平时，诸如现在的发达国家，高等教育的投资比例会相对下降，并稳定在一定的水平上。

2. 我国三级教育的基本结构

我国的三级教育学生人数占比由高到低依次为初等教育、中等教育、高等教育。无论是发达国家还是发展中国家，都是如此，这同"金字塔"形的三级教育结构是一致的。作为"塔基"的小学生，比重从 2010 年的 39.5%到 2017 年的 39.0%，其占比有逐渐缩小的趋势；作为"塔身"的中学生，比重从 2010 年的 30.7%到 2017 年的 26.3%，也有逐渐缩小趋势；作为"塔尖"的大学生，比重仅为 2010 年的 8.9%到 2017 年的 10.6%，但有上升的趋势。

用高等教育对初等教育用生均预算内事业费支出表征的倍数从 2000 年 17.26 下降到 2016 年的 2.02，从教育投入的发展演化阶段来看，在三级教育投入结构方面，我国已具备中等收入国家的特征。

我国三级教育的基本结构反映了我国教育投入体制的基本特征。

3. 我国三级教育投资的总量分配结构

在研究期内，我国三级教育的教育经费总支出、教育事业费支出和教育基建经费支出都趋于均等化。

我国预算内教育经费支出结构模式不同于全国教育经费总体支出、教育事业费支出和教育基建经费支出的结构——财政预算内经费的大部分投向了中等教育和初等义务教育，形成了 3∶3∶2 的基本投入格局：近年来中等和初等两级教育占预算内教育经费总体的比例均为三成左右，而高等教育降低到了两成以下。

# 我国基础教育财政性教育经费投入分析

基础教育是指没有专业、职业指向性的基本教育。作为造就人才和提高国民素质的奠基工程，在世界各国面向 21 世纪的教育改革中占有重要地位。中国的基础教育包括幼儿教育、小学教育、普通中等教育。鉴于我国的教育经费投入体制，也考虑数据的完整性，我们集中研究地方普通基础教育的投入问题。

本章首先分析我国基础教育财政性教育经费的投入总量及其增长情况，理清基础教育财政性教育经费的投入结构，以对基础教育财政教育经费的投入情况进行整体把握。其次，我们选取生均公共财政预算教育事业费和生均基建经费对我国生均基础教育财政性教育经费投入进行分析。本章的数据期为 2010 ~ 2016 年。

## 5.1 中央和地方总投入

本节首先对全国基础教育财政性教育经费总量及增长情况进行分析，其次对全国基础教育财政性教育经费投入结构按照高中、初中和小学等不同教育阶段分析财政性教育经费的投入结构。

### 5.1.1 全国基础教育财政性教育经费总量及增长分析

如表 5 – 1 所示，全国总计用于基础教育的财政性教育经费在 2010 ~

2016 年之间处于持续增长状态，由 2010 年的 9361 亿元增加到 2016 年的 20985 亿元，累计增加了 124.2%，平均每年增长 14.4%。同期预算内财政性教育经费也处于不断增长状态，从 2010 年的 8721 亿元上升至 2016 年的 20860 亿元，累计增加了 139.2%，年均增长 15.6%。按年度看，全国基础教育财政性教育经费和预算内教育经费在 2011 年和 2012 年增幅较大，均超过 20%，2015 年次之，其余年份增幅较小。

表 5－1　　　　　　基础教育财政性教育经费及其增长情况

| 层面 | 项目 | | 2010 年 | 2011 年 | 2012 年 | 2013 年 | 2014 年 | 2015 年 | 2016 年 |
|---|---|---|---|---|---|---|---|---|---|
| 全国 | 总计 | 金额（亿元） | 9361 | 11878 | 14706 | 15886 | 17004 | 19089 | 20985 |
| | | 增长率（%） | — | 26.89 | 23.81 | 8.02 | 7.04 | 12.26 | 9.93 |
| | 预算内 | 金额（亿元） | 8721 | 10737 | 13232 | 14185 | 16179 | 19007 | 20860 |
| | | 增长率（%） | — | 23.12 | 23.24 | 7.20 | 14.06 | 17.48 | 9.75 |
| 中央 | 总计 | 金额（亿元） | 47.31 | 80.36 | 81.34 | 85.19 | 69.88 | 82.86 | 92.45 |
| | | 增长率（%） | — | 69.86 | 1.22 | 4.73 | -17.97 | 18.57 | 11.57 |
| | 预算内 | 金额（亿元） | 39.43 | 68.09 | 70.03 | 72.85 | 57.12 | 71.03 | 82.80 |
| | | 增长率（%） | — | 72.69 | 2.85 | 4.03 | -21.59 | 24.35 | 16.57 |
| 地方 | 总计 | 金额（亿元） | 9314 | 11797 | 14625 | 15801 | 16934 | 19006 | 20893 |
| | | 增长率（%） | — | 26.66 | 23.97 | 8.04 | 7.17 | 12.24 | 9.93 |
| | 预算内 | 金额（亿元） | 8682 | 10669 | 13162 | 14184 | 16121 | 18936 | 20777 |
| | | 增长率（%） | — | 22.89 | 23.37 | 7.76 | 13.66 | 17.46 | 9.72 |

资料来源：2010 年数据来自《中国教育经费统计年鉴（2011）》之表 1－2 "全国各级各类教育机构教育经费收入情况"、表 1－3 "中央属各级各类教育机构教育经费收入情况" 和表 1－4 "地方各级各类教育机构教育经费收入情况"；2011～2016 年数据根据 2012～2017 年《中国教育经费统计年鉴》之表 1－2 "各级各类教育机构教育经费收入情况（全国）"、表 1－3 "各级各类教育机构教育经费收入情况（中央）" 和表 1－4 "各级各类教育机构教育经费收入情况（地方）" 的数据整理计算而得。

注：（1）其中基础教育包括 "普通中学""普通小学""幼儿园"。（2）2010～2013 年预算内教育经费称为 "公共财政预算教育经费"，2014～2016 年预算内教育经费改称为 "公共财政预算安排的教育经费"。（3）"—" 表示此处无数据。

在中央层面，总计用于基础教育的财政性教育经费在 2010～2016 年之间也处于持续增长状态，由 2010 年的 47.31 亿元增加到 2016 年的 92.45 亿元，累计增加了 95.4%，平均每年增长 11.8%。同期中央预算内财政性教育经费也处于不断增长状态，从 2010 年的 39. 43 亿元上升至 2016 年的 82. 80 亿元，累计增加了 110. 0%，年均增长 13. 2%。从来源结构看，中央基础教育财政性教育经费只占全国基础教育财政性教育经费来源的很小一部分。按年度看，中央基础教育财政性教育经费和预算内教育经费在 2011 年增幅分别为 69. 86% 和 72. 69%，均处于两位数高速增长状态，但从 2011~2013 年，处于低速增长状态，2014 年呈现负增长，分别为 - 17. 97% 和 - 21. 59%，2015 年和 2016 年稳步回升，呈两位数增长。

在地方层面，总计用于基础教育的财政性教育经费在 2010~2016 年之间也处于持续增长状态，由 2010 年的 9314 亿元增加到 2016 年的 20893 亿元，累计增加了 124. 3%，平均每年增长 14. 4%。同期地方预算内财政性教育经费也处于不断增长状态，从 2010 年的 8682 亿元上升至 2016 年的 20777 亿元，累计增加了 139. 3%，年均增长 15. 7%。从来源看，地方基础教育财政性教育经费投入是全国基础教育财政性教育经费来源的主要组成部分。按年度看，全国地方基础教育财政性教育经费和预算内教育经费在 2011 年和 2012 年均为 20% 以上的高速增长，随后增速回落，在 2015 年又出现了两位数的高速增长，这种增长特征与全国基础教育财政性教育经费的增长规律基本相同。

### 5.1.2 全国基础教育财政性教育经费投入结构分析

全国教育经费的支出情况统计中没有明确区分财政性教育经费投入和公共财政预算教育经费投入，而是按照支出用途划分各级各类教育机构的教育经费支出情况。而全国教育经费的收入情况统计中明确区分了财政性教育经费收入和公共财政预算教育经费收入，因此这里通过分析各级各类基础教育的财政性教育经费收入构成来分析财政性教育经费在各级基础教育中的投入结构。

表 5-2 反映了 2010~2016 年六年间（表中列了 3 个年份）全国、中央和地方基础教育国家财政性教育经费在高中、初中、小学和幼儿园等基础教育学校类型中的投入结构。

表 5 – 2　　　　　全国基础教育国家财政性教育经费投入构成　　　　单位：%

| 项目 | 2010 年 | | | 2013 年 | | | 2016 年 | | |
|---|---|---|---|---|---|---|---|---|---|
| | 全国 | 中央 | 地方 | 全国 | 中央 | 地方 | 全国 | 中央 | 地方 |
| 总计 | 100 | 100 | 100 | 100 | 100 | 100 | 100 | 100 | 100 |
| 普通高中 | 14.12 | 17.90 | 14.10 | 15.73 | 22.56 | 15.70 | 15.29 | 25.19 | 15.25 |
| 　其中：农村 | 0.19 | 4.46 | 1.92 | 2.24 | 7.36 | 2.21 | 6.46 | 6.07 | 6.46 |
| 普通初中 | 33.67 | 28.39 | 33.70 | 30.73 | 25.19 | 30.76 | 29.22 | 26.64 | 29.23 |
| 　其中：农村 | 19.68 | 20.65 | 19.67 | 17.09 | 19.40 | 17.08 | 17.87 | 16.17 | 17.87 |
| 普通小学 | 49.59 | 41.87 | 49.63 | 48.10 | 38.37 | 48.16 | 49.17 | 37.65 | 49.22 |
| 　其中：农村 | 32.50 | 29.36 | 32.51 | 30.45 | 29.78 | 30.45 | 32.03 | 27.34 | 32.05 |
| 幼儿园 | 2.61 | 11.84 | 2.56 | 5.43 | 13.87 | 5.38 | 6.32 | 10.53 | 6.30 |
| 　其中：农村 | — | — | — | 2.24 | 4.06 | 2.23 | 3.24 | 5.43 | 3.23 |

　　资料来源：2010 年数据根据《中国教育经费统计年鉴（2011）》之表 1 – 2 "全国各级各类教育机构教育经费收入情况"、表 1 – 3 "中央属各级各类教育机构教育经费收入情况" 和表 1 – 4 "地方各级各类教育机构教育经费收入情况" 数据计算而得；2013 年和 2016 年数据根据 2014 年和 2017 年《中国教育经费统计年鉴》之表 1 – 2 "各级各类教育机构教育经费收入情况（全国）"、表 1 – 3 "各级各类教育机构教育经费收入情况（中央）" 和表 1 – 4 "各级各类教育机构教育经费收入情况（地方）" 数据计算而得。
　　注："—" 表示此处无数据。

　　从全国层面来看，大部分国家财政性教育经费投入到了初中和小学阶段教育，并且投入到初中和小学的财政性教育经费又有一半以上投入到了农村地区的初中和小学。投入到高中阶段的财政性教育经费较少，投入到幼儿园阶段的财政性教育经费更少。例如，2010 年全国合计的基础教育国家财政性教育经费中，14.12% 用于普通高中，其中用于农村普通高中的仅占 0.19%；33.67% 用于普通初中，其中用于农村普通初中的占 19.68%；用于小学的比例高达 49.59%，其中用于农村普通小学的比例为 32.50%；用于幼儿园的比例仅为 2.61%。2013 年和 2016 年的投入结构也呈现出与 2010 年类似的特点。此外，从时间趋势上看，全国层面基础教育国家财政性教育经费投入到高中教育的比例在增加，从 2010 年的 14.12% 增加到 2016 年的 15.29%，投入到初中教育的比例在下降，从 2010 年的 33.67% 下降至 2016 年的 29.22%，投入到小学教育的比例基本保持不变，投入到幼儿园的比例也在上升，从 2010 年的 2.61% 上升到 2016 年的 6.32%。

从中央层面来看，财政性教育经费在基础教育各个层次的分配与全国类似，但是与全国层面不同的是，中央层面财政性教育经费的分布相对均衡一些，如对于幼儿园的投入比例比全国层面更高。2010 年中央基础教育国家财政性教育经费中，用于普通高中的比例为 17.90%，其中用于农村普通高中的比例仅为 4.46%；用于普通初中的比例为 28.39%，其中用于农村普通初中的比例为 20.65%；用于普通小学的比例为 41.87%，其中用于农村普通小学的比例为 29.36%；用于幼儿园的比例为 11.84%。2013 年和 2016 年的投入结构也呈现出与 2010 年类似的特点。此外，从时间趋势上看，中央层面基础教育国家财政性教育经费投入到高中教育的比例在增加，从 2010 年的 17.90% 增加到 2016 年的 25.19%；投入到初中教育的比例有小幅下降，从 2010 年的 28.39% 下降至 2016 年的 26.64%；投入到小学教育的比例也有下降，从 2010 年的 41.87% 下降至 2016 年的 37.65%；投入到幼儿园的比例也有下降，从 2010 年的 11.84% 下降至 2016 年的 10.53%。可见，从趋势上来看，中央层面的投入更加倾向于高中教育。

从地方层面来看，财政性教育经费在基础教育各个层次的分配与全国层面的结构特征完全一致，即注重初中教育和小学教育投入。如 2010 年地方层面的基础教育国家财政性教育经费中，用于普通高中的比例为 14.10%，其中用于农村普通高中的比例仅为 1.92%；用于普通初中的比例为 33.70%，其中用于农村普通初中的比例为 19.67%；用于普通小学的比例为 49.63%，其中用于农村普通小学的比例为 32.51%；用于幼儿园的比例仅为 2.56%。2013 年和 2016 年的投入结构与 2010 年类似。此外，从时间趋势分析，地方层面基础教育国家财政性教育经费投入到高中教育的比例在增加，从 2010 年的 14.10% 微幅增加到 2016 年的 15.25%；投入到初中教育的比例在下降，从 2010 年的 33.70% 下降至 2016 年的 29.23%；投入到小学教育的比例基本持平，从 2010 年的 49.63% 微幅下降至 2016 年的 49.22%；投入到幼儿园的比例则有所上升，从 2010 年的 2.56% 增加至 2016 年的 6.30%。可见，从趋势上来看，地方层面适当提高了高中教育和幼儿园教育的投入比例，稍微降低了小学教育和初中教育的投入比例。

从以上数据分析可以得出以下几个结论。第一，不论是从全国、中央还是地方来看，在表 5-2 中所列 3 个年份，基础教育财政性教育经费投入中，普通初中和普通小学所占份额之和均在八成左右。可以说，对普通初中和普通小学的投入是基础教育财政性教育经费投入的主体部分，其中每年对于普通小学的投入在全国和地方更是达到了基础教育财政性教育经费总投入的一半左右。而处于基础教育两端的普通高中和幼儿园，财政性教育经费的投入占比相对较小。第二，相比于地方，中央层面更加重视将财政性教育经费投向普通高中和幼儿园，从表 5 - 2 中所列数据可以看出，历年中央财政性教育经费对于普通高中和幼儿园的投入比例要高于地方；而与中央相比，地方更加重视将财政性教育经费投向普通初中和普通小学，从表 5 - 2 中数据可以看出，历年地方财政性教育经费对于普通初中和普通小学的投入比例要高于中央。第三，基础教育财政性教育经费对于农村普通初中和农村普通小学的投入比例较大；而对农村高中和农村幼儿园的投入占比相对较低。第四，从全国水平来看，普通高中和幼儿园所占比例整体上是不断上升的，普通高中基础教育财政性教育经费使用占比从 2010 年的 14.12% 上升至 2016 年的 15.29%，幼儿园基础教育财政性教育经费使用占比从 2010 年的 2.61% 上升至 2016 年的 6.32%；普通初中和普通小学使用基础教育财政性教育经费所占比例整体上处于下降态势（幅度不大），普通初中基础教育财政性教育经费使用占比从 2010 年的 33.67% 下降至 2016 年的 29.22%，普通小学基础教育财政性教育经费使用占比从 2010 年的 49.59% 下降至 2016 年的 49.17%。

## 5.2 小学生均公共财政预算教育事业费分析

小学生均公共财政预算教育事业费主要包括个人部分和公用部分，个人部分是指用于教职人员的工资福利支出以及用于学生个人的和家庭的补助支出，公用部分包括教学过程中的商品和服务支出以及一些基金项目的资本性的支出。下面分别从小学生均公共财政预算教育事业费的总体、个人部分以及公用部分三个层面对其支出情况进行分析。

### 5.2.1 生均教育事业费总体情况分析

#### 5.2.1.1 生均教育事业费总体分析

由表 5 - 3 可知，小学生均公共财政预算教育事业费全国合计从 2010 年的 4012 元持续增长到 2016 年的 9557 元，年均增长 15.56%。由相对水平值及其排名可以发现，2010 年、2013 年和 2016 年全国分别有 16 个、15 个和 19 个省份高于全国平均水平。2016 年，小学生均公共财政预算教育事业费最高的五个地区由高至低依次是北京、西藏、上海、天津和黑龙江；最低的五个地区由低至高依次是河南、河北、广西、湖南和江西。

表 5 – 3　　我国各省份小学生均公共财政预算教育事业费及其相对水平

| 区域 | 2010 年 | | | 2013 年 | | | 2016 年 | | |
|---|---|---|---|---|---|---|---|---|---|
| | 事业费（元） | 相对水平 | 相对水平排名 | 事业费（元） | 相对水平 | 相对水平排名 | 事业费（元） | 相对水平 | 相对水平排名 |
| 全国 | 4012 | 1.00 | 17 | 6898 | 1.00 | 16 | 9557 | 1.00 | 20 |
| 北京 | 14482 | 3.61 | 2 | 21728 | 3.15 | 1 | 25794 | 2.70 | 1 |
| 天津 | 11505 | 2.87 | 3 | 15447 | 2.24 | 3 | 18284 | 1.91 | 4 |
| 河北 | 3783 | 0.94 | 20 | 4937 | 0.72 | 31 | 7300 | 0.76 | 31 |
| 山西 | 4049 | 1.01 | 16 | 6517 | 0.94 | 20 | 9451 | 0.99 | 21 |
| 内蒙古 | 6692 | 1.67 | 7 | 9838 | 1.43 | 7 | 13109 | 1.37 | 6 |
| 辽宁 | 5174 | 1.29 | 12 | 8305 | 1.20 | 13 | 9736 | 1.02 | 17 |
| 吉林 | 6221 | 1.55 | 8 | 9174 | 1.33 | 9 | 13088 | 1.37 | 7 |
| 黑龙江 | 5485 | 1.37 | 11 | 8895 | 1.29 | 10 | 14066 | 1.47 | 5 |
| 上海 | 16144 | 4.02 | 1 | 19518 | 2.83 | 2 | 22125 | 2.32 | 3 |
| 江苏 | 7252 | 1.81 | 5 | 10585 | 1.53 | 5 | 12503 | 1.31 | 9 |
| 浙江 | 6732 | 1.68 | 6 | 8875 | 1.29 | 11 | 12909 | 1.35 | 8 |
| 安徽 | 3192 | 0.80 | 28 | 6438 | 0.93 | 21 | 8574 | 0.90 | 27 |
| 福建 | 4786 | 1.19 | 14 | 7523 | 1.09 | 15 | 9636 | 1.01 | 19 |
| 江西 | 2470 | 0.62 | 31 | 5817 | 0.84 | 27 | 7990 | 0.84 | 28 |
| 山东 | 3936 | 0.98 | 18 | 6642 | 0.96 | 19 | 8791 | 0.92 | 25 |
| 河南 | 2186 | 0.54 | 32 | 3914 | 0.57 | 32 | 5036 | 0.53 | 32 |
| 湖北 | 3208 | 0.80 | 27 | 5408 | 0.78 | 30 | 10077 | 1.05 | 15 |
| 湖南 | 3014 | 0.75 | 29 | 5721 | 0.83 | 28 | 7861 | 0.82 | 29 |
| 广东 | 3487 | 0.87 | 22 | 6743 | 0.98 | 18 | 9997 | 1.05 | 16 |

续表

| 区域 | 2010 年 | | | 2013 年 | | | 2016 年 | | |
|---|---|---|---|---|---|---|---|---|---|
| | 事业费（元） | 相对水平 | 相对水平排名 | 事业费（元） | 相对水平 | 相对水平排名 | 事业费（元） | 相对水平 | 相对水平排名 |
| 广西 | 3356 | 0.84 | 24 | 5472 | 0.79 | 29 | 7690 | 0.80 | 30 |
| 海南 | 5578 | 1.39 | 10 | 8347 | 1.21 | 12 | 11353 | 1.19 | 12 |
| 重庆 | 3634 | 0.91 | 21 | 6309 | 0.91 | 22 | 9180 | 0.96 | 22 |
| 四川 | 3373 | 0.84 | 23 | 6823 | 0.99 | 17 | 9003 | 0.94 | 23 |
| 贵州 | 2759 | 0.69 | 30 | 5976 | 0.87 | 26 | 9659 | 1.01 | 18 |
| 云南 | 3286 | 0.82 | 26 | 6145 | 0.89 | 24 | 8931 | 0.93 | 24 |
| 西藏 | 8164 | 2.03 | 4 | 12820 | 1.86 | 4 | 24237 | 2.54 | 2 |
| 陕西 | 4724 | 1.18 | 15 | 9633 | 1.40 | 8 | 11172 | 1.17 | 13 |
| 甘肃 | 3306 | 0.82 | 25 | 6192 | 0.90 | 23 | 10322 | 1.08 | 14 |
| 青海 | 5012 | 1.25 | 13 | 8201 | 1.19 | 14 | 11949 | 1.25 | 11 |
| 宁夏 | 3819 | 0.95 | 19 | 6011 | 0.87 | 25 | 8720 | 0.91 | 26 |
| 新疆 | 5869 | 1.46 | 9 | 10463 | 1.52 | 6 | 12133 | 1.27 | 10 |
| 极差率 | 7.39 | | | 5.55 | | | 5.12 | | |
| 变异系数 | 0.60 | | | 0.47 | | | 0.41 | | |
| 基尼系数 | 0.29 | | | 0.27 | | | 0.20 | | |

资料来源：根据《中国教育经费统计年鉴（2011）》之表 6 – 40 "分地区地方普通小学生均公共财政预算教育经费支出"、《中国教育经费统计年鉴（2014）》之表 6 – 42 "生均公共财政预算教育经费支出（地方普通小学）" 和《中国教育经费统计年鉴（2017）》之表 7 – 42 "生均公共财政预算教育经费支出（地方普通小学）" 数据整理并计算而得。基尼系数计算方法参见：杨颖秀．基础教育生均预算内公用经费支出的基尼系数考查［J］．教育研究，2005，9：53 – 58。

注：①表中 "极差率" 为全国 31 个省份最大值与最小值的比值。②相对水平是指各个省份相对于全国的水平，相对水平值为各省份数据与全国平均数据的比值。③本章下文相同指标的计算方法同此。

河南是小学生均公共财政预算教育事业费最少的省份（2010 年、2013 年和 2016 年），2010 年、2013 年和 2016 年其变化趋势是 2186 ↗ 3914 ↗ 5036；上海（2010 年）是小学生均公共财政预算教育事业费最多的省份，其变化趋势是 16144 ↗ 19518 ↗ 22125。2010 年、2013 年和 2016 年，我国 31 个省级区域间小学生均公共财政预算教育事业费的极差率变化趋势是 7.39 ↘ 5.55 ↘

5.12；变异系数的变化趋势是 0.60 ↘ 0.47 ↘ 0.41；基尼系数变化趋势是
0.29 ↘ 0.27 ↘ 0.20。极差率、变异系数及基尼系数均呈现下降的趋势说明，
2010～2016 年小学生均公共财政预算教育事业费支出的省级区域差距逐渐缩小。

### 5.2.1.2 生均教育事业费城乡差异分析

#### 1. 农村情况

由表 5 - 4 可知，全国农村小学生均公共财政预算教育事业费从 2010 年
的 3803 元持续增长到 2016 年的 9246 元，年均增长 15.96%，比城乡合计层
面的增速要快。由相对水平值及其排名可以发现，2010 年、2013 年和 2016
年全国分别有 19 个、19 个、22 个省份农村小学的生均事业费高于全国平均
水平。2016 年，生均事业费最高的五个地区由高至低依次是北京、西藏、上
海、黑龙江和内蒙古；最低的五个地区由低至高依次是河南、河北、湖南、
广西和江西。

表 5 - 4　我国各省份农村小学生均公共财政预算教育事业费及其相对水平

| 区域 | 2010 年 | | | 2013 年 | | | 2016 年 | | |
|---|---|---|---|---|---|---|---|---|---|
| | 事业费（元） | 相对水平 | 相对水平排名 | 事业费（元） | 相对水平 | 相对水平排名 | 事业费（元） | 相对水平 | 相对水平排名 |
| 全国 | 3803 | 1.00 | 20 | 6852 | 1.00 | 20 | 9246 | 1.00 | 23 |
| 北京 | 16609 | 4.37 | 1 | 23792 | 3.47 | 1 | 29901 | 3.23 | 1 |
| 天津 | 9789 | 2.57 | 3 | 14013 | 2.05 | 4 | 14599 | 1.58 | 6 |
| 河北 | 3894 | 1.02 | 17 | 5144 | 0.75 | 31 | 7206 | 0.78 | 31 |
| 山西 | 4570 | 1.20 | 16 | 8261 | 1.21 | 16 | 10751 | 1.16 | 15 |
| 内蒙古 | 9147 | 2.41 | 4 | 14886 | 2.17 | 3 | 15301 | 1.65 | 5 |
| 辽宁 | 5453 | 1.43 | 12 | 8563 | 1.25 | 14 | 10494 | 1.13 | 16 |
| 吉林 | 6928 | 1.82 | 8 | 10442 | 1.52 | 10 | 14409 | 1.56 | 7 |
| 黑龙江 | 6056 | 1.59 | 10 | 10557 | 1.54 | 9 | 16538 | 1.79 | 4 |
| 上海 | 13939 | 3.67 | 2 | 16721 | 2.44 | 2 | 20773 | 2.25 | 3 |
| 江苏 | 7343 | 1.93 | 6 | 10989 | 1.60 | 8 | 11770 | 1.27 | 13 |
| 浙江 | 6974 | 1.83 | 7 | 9076 | 1.32 | 11 | 13138 | 1.42 | 8 |

续表

| 区域 | 2010 年 | | | 2013 年 | | | 2016 年 | | |
|------|----------|--------|----------|----------|--------|----------|----------|--------|----------|
| | 事业费（元） | 相对水平 | 相对水平排名 | 事业费（元） | 相对水平 | 相对水平排名 | 事业费（元） | 相对水平 | 相对水平排名 |
| 安徽 | 3150 | 0.83 | 26 | 6916 | 1.01 | 19 | 8782 | 0.95 | 26 |
| 福建 | 5091 | 1.34 | 14 | 8348 | 1.22 | 15 | 9799 | 1.06 | 18 |
| 江西 | 2481 | 0.65 | 31 | 6197 | 0.90 | 24 | 8131 | 0.88 | 28 |
| 山东 | 3840 | 1.01 | 18 | 6552 | 0.96 | 22 | 8392 | 0.91 | 27 |
| 河南 | 2155 | 0.57 | 32 | 3878 | 0.57 | 32 | 5016 | 0.54 | 32 |
| 湖北 | 3018 | 0.79 | 27 | 5326 | 0.78 | 30 | 9938 | 1.07 | 17 |
| 湖南 | 2890 | 0.76 | 28 | 5689 | 0.83 | 28 | 7448 | 0.81 | 30 |
| 广东 | 2654 | 0.70 | 30 | 5935 | 0.87 | 27 | 9258 | 1.00 | 22 |
| 广西 | 3259 | 0.86 | 25 | 5347 | 0.78 | 29 | 7685 | 0.83 | 29 |
| 海南 | 5843 | 1.54 | 11 | 8826 | 1.29 | 12 | 12747 | 1.38 | 10 |
| 重庆 | 3471 | 0.91 | 21 | 6130 | 0.89 | 26 | 9373 | 1.01 | 20 |
| 四川 | 3358 | 0.88 | 22 | 7037 | 1.03 | 18 | 9264 | 1.00 | 21 |
| 贵州 | 2682 | 0.71 | 29 | 6136 | 0.90 | 25 | 9774 | 1.06 | 19 |
| 云南 | 3326 | 0.87 | 24 | 6369 | 0.93 | 23 | 8973 | 0.97 | 24 |
| 西藏 | 7535 | 1.98 | 5 | 12634 | 1.84 | 5 | 24447 | 2.64 | 2 |
| 陕西 | 5251 | 1.38 | 13 | 11266 | 1.64 | 6 | 12135 | 1.31 | 11 |
| 甘肃 | 3331 | 0.88 | 23 | 6722 | 0.98 | 21 | 10950 | 1.18 | 14 |
| 青海 | 4966 | 1.31 | 15 | 8733 | 1.27 | 13 | 12955 | 1.40 | 9 |
| 宁夏 | 3833 | 1.01 | 19 | 7106 | 1.04 | 17 | 8952 | 0.97 | 25 |
| 新疆 | 6118 | 1.61 | 9 | 11106 | 1.62 | 7 | 11906 | 1.29 | 12 |
| 极差率 | 7.71 | | | 6.14 | | | 5.96 | | |
| 变异系数 | 0.60 | | | 0.45 | | | 0.43 | | |
| 基尼系数 | 0.26 | | | 0.22 | | | 0.18 | | |

资料来源：根据《中国教育经费统计年鉴（2011）》之表6-42"分地区地方农村小学生均公共财政预算教育经费支出"、《中国教育经费统计年鉴（2014）》之表6-44"生均公共财政预算教育经费支出（地方农村小学）"和《中国教育经费统计年鉴（2017）》之表7-44"生均公共财政预算教育经费支出（地方农村小学）"数据整理并计算而得。

河南作为农村生均公共财政预算教育事业费最低的省份，2010 年、2013 年和 2016 年的变化趋势是 2155 ↗ 3878 ↗ 5016；北京（2010 年、2013 年和 2016 年）是生均事业费最高的地区，其变化趋势是 16609 ↗ 23792 ↗ 29901。我国 31 个省级区域间农村小学生均公共财政预算教育事业费的极差率变化趋势是 7.71 ↘ 6.14 ↘ 5.96；变异系数的变化趋势是 0.60 ↘ 0.45 ↘ 0.43；基尼系数变化趋势是 0.26 ↘ 0.22 ↘ 0.18。省级区域间的极差率、变异系数及基尼系数均呈现下降的趋势说明，农村小学生均公共财政预算教育事业费支出的最大与最小地区之间及各地区与全国平均值间的差距在这六年间呈现持续缩小的趋势。

2. 城镇情况

由表 5-5 可知，全国城镇小学生均公共财政预算教育事业费从 2010 年的 4512 元逐年增长到 2016 年的 10240 元，年均增长 14.64%。由相对水平值及其排名可以发现，2010 年、2013 年和 2016 年全国分别有 14 个、15 个和 11 个省份高于全国平均水平。2016 年，最高五个地区由高至低依次是北京、西藏、上海、天津和江苏；低于全国平均水平的五个地区由低至高依次是河南、山西、江西、河北和广西。

表 5-5 我国各省份城镇小学生均公共财政预算教育事业费及其相对水平

| 区域 | 2010 年 | | | 2013 年 | | | 2016 年 | | |
|---|---|---|---|---|---|---|---|---|---|
| | 事业费（元） | 相对水平 | 相对水平排名 | 事业费（元） | 相对水平 | 相对水平排名 | 事业费（元） | 相对水平 | 相对水平排名 |
| 全国 | 4512 | 1.00 | 15 | 6986 | 1.00 | 16 | 10240 | 1.00 | 12 |
| 北京 | 13361 | 2.96 | 2 | 20706 | 2.96 | 2 | 24951 | 2.44 | 1 |
| 天津 | 13338 | 2.96 | 3 | 16888 | 2.42 | 3 | 20181 | 1.97 | 4 |
| 河北 | 3517 | 0.78 | 23 | 4520 | 0.65 | 31 | 7629 | 0.75 | 29 |
| 山西 | 3242 | 0.72 | 27 | 4592 | 0.66 | 30 | 7087 | 0.69 | 31 |
| 内蒙古 | 5212 | 1.16 | 8 | 7400 | 1.06 | 15 | 9603 | 0.94 | 13 |
| 辽宁 | 4824 | 1.07 | 14 | 8022 | 1.15 | 8 | 9092 | 0.89 | 18 |
| 吉林 | 5178 | 1.15 | 9 | 7509 | 1.07 | 11 | 11048 | 1.08 | 8 |
| 黑龙江 | 4881 | 1.08 | 13 | 7473 | 1.07 | 12 | 10684 | 1.04 | 10 |
| 上海 | 17608 | 3.90 | 1 | 20739 | 2.97 | 1 | 22434 | 2.19 | 3 |
| 江苏 | 7127 | 1.58 | 5 | 10113 | 1.45 | 5 | 13474 | 1.32 | 5 |

| 区域 | 2010 年 | | | 2013 年 | | | 2016 年 | | |
|------|---------|---|---|---------|---|---|---------|---|---|
| | 事业费（元） | 相对水平 | 相对水平排名 | 事业费（元） | 相对水平 | 相对水平排名 | 事业费（元） | 相对水平 | 相对水平排名 |
| 浙江 | 6334 | 1.40 | 6 | 8570 | 1.23 | 7 | 12632 | 1.23 | 7 |
| 安徽 | 3331 | 0.74 | 26 | 5327 | 0.76 | 25 | 7777 | 0.76 | 27 |
| 福建 | 4193 | 0.93 | 17 | 6196 | 0.89 | 20 | 9375 | 0.92 | 15 |
| 江西 | 2441 | 0.54 | 27 | 5009 | 0.72 | 27 | 7484 | 0.73 | 30 |
| 山东 | 4317 | 0.96 | 16 | 6929 | 0.99 | 17 | 9564 | 0.93 | 14 |
| 河南 | 2300 | 0.51 | 32 | 4016 | 0.57 | 32 | 5107 | 0.50 | 32 |
| 湖北 | 3640 | 0.81 | 22 | 5564 | 0.80 | 23 | 10322 | 1.01 | 11 |
| 湖南 | 3338 | 0.74 | 25 | 5788 | 0.83 | 22 | 9258 | 0.90 | 16 |
| 广东 | 4902 | 1.09 | 12 | 7718 | 1.10 | 9 | 10697 | 1.04 | 9 |
| 广西 | 3781 | 0.84 | 20 | 5919 | 0.85 | 21 | 7710 | 0.75 | 28 |
| 海南 | 4987 | 1.11 | 11 | 7470 | 1.07 | 13 | 8678 | 0.85 | 23 |
| 重庆 | 4020 | 0.89 | 18 | 6653 | 0.95 | 18 | 8840 | 0.86 | 21 |
| 四川 | 3419 | 0.76 | 24 | 6291 | 0.90 | 19 | 8084 | 0.79 | 26 |
| 贵州 | 3116 | 0.69 | 29 | 5422 | 0.78 | 24 | 9040 | 0.88 | 19 |
| 云南 | 3089 | 0.68 | 30 | 5301 | 0.76 | 26 | 8714 | 0.85 | 22 |
| 西藏 | 9557 | 2.12 | 4 | 13177 | 1.89 | 4 | 22950 | 2.24 | 2 |
| 陕西 | 3703 | 0.82 | 21 | 7442 | 1.07 | 14 | 9162 | 0.89 | 17 |
| 甘肃 | 3224 | 0.71 | 28 | 4993 | 0.71 | 28 | 8149 | 0.80 | 25 |
| 青海 | 5079 | 1.13 | 10 | 7577 | 1.08 | 10 | 8871 | 0.87 | 20 |
| 宁夏 | 3794 | 0.84 | 19 | 4633 | 0.66 | 29 | 8254 | 0.81 | 24 |
| 新疆 | 5456 | 1.21 | 7 | 9478 | 1.36 | 6 | 12813 | 1.25 | 6 |
| 极差率 | 7.66 | | | 5.16 | | | 4.89 | | |
| 变异系数 | 0.64 | | | 0.53 | | | 0.44 | | |
| 基尼系数 | 0.33 | | | 0.28 | | | 0.30 | | |

资料来源：根据表 5-3 中"我国各省份小学生均公共财政预算教育事业费"数据、表 5-4 中"我国各省份农村小学生均公共财政预算教育事业费"数据以及 2011 年、2014 年和 2017 年《中国教育经费统计年鉴》之表"分地区地方普通小学公共财政预算教育事业费和基本建设支出明细"和表"分地区地方农村小学公共财政预算教育事业费和基本建设支出明细"数据计算得到。具体计算方法为：（地方普通小学公共财政预算事业费支出 - 地方农村小学公共财政预算事业费支出）/（地方普通小学公共财政预算事业费支出/地方普通小学生均公共财政预算事业费支出 - 地方农村小学公共财政预算事业费支出/地方农村小学生均公共财政预算事业费支出）。

注：为方便计算和统一数据，小学部分计算历年"城镇"生均数据时使用的城镇学生数都以计算"城镇生均教育事业费"时推算出的数据为准，即以公式"地方普通小学公共财政预算事业费支出/地方普通小学生均公共财政预算事业费支出 - 地方农村小学公共财政预算事业费支出/地方农村小学生均公共财政预算事业费支出"计算结果为准。

表 5 - 5 中所示三年中，河南仍是城镇小学生均公共财政预算教育事业费最低的地区，2010 年、2013 年和 2016 年其变化趋势是 2300 ↗ 4016 ↗ 5107；上海（2010 年和 2013 年）；北京（2016 年）是城镇小学生均公共财政预算事业费最高的地区，其变化趋势是 13361 ↗ 20706 ↗ 24951 是城镇小学生均公共财政预算教育事业费最高的地区，其变化趋势是 17608 ↗ 20739 ↗ 22434。我国 31 个省级区域间城镇小学生均公共财政预算教育事业费的极差率变化趋势是 7.66 ↘ 5.16 ↘ 4.89；变异系数的变化趋势是 0.64 ↘ 0.53 ↘ 0.44；基尼系数变化趋势是 0.33 ↘ 0.28 ↗ 0.30。省级区域间的极差率、变异系数及基尼系数均呈现下降的趋势说明，城镇小学生均公共财政预算教育事业费支出的最大与最小地区之间及各地区与全国平均值间的差距在这六年间呈现持续缩小的趋势。但在 2016 年，基尼系数有所上升，表明差距在一定层面上有所扩大。

3. 城乡差异分析

我们利用城乡生均公共财政预算教育事业费的比值来衡量省级区域小学生均公共财政预算教育事业费的城乡差距，这种城乡比值表征的相对差距可以使城乡小学生均事业费差距得到比较客观的反映。下文如无特别说明，都用城乡比值来分析城乡差距。

由表 5 - 6 可知，2010 年，全国的平均城乡比为 1.19，低于全国平均水平的省份有 26 个；高于全国平均水平的省份有 5 个，分别是广东、天津、西藏、上海和湖北。2016 年，全国的平均城乡比下降为 1.11，低于全国平均水平的省份有 26 个，高于全国平均水平的省份有 5 个，分别是天津、湖南、广东、山东和江苏。2010 ~ 2016 年，城乡差距扩大的省份有 13 个，扩大程度最大的 5 个省份分别是新疆、江苏、河北、福建和湖南；城乡差距缩小的省份有 18 个，缩小程度最大的 5 个省份由高到低依次为广东、青海、西藏、贵州和甘肃。总的来说，各省份小学生均公共财政预算教育事业费的城乡差距还广泛存在，最高比值为广东 2010 年的 1.85 和天津 2016 年的 1.38；从时间趋势来看，过半数省份的城乡间差距是呈缩小趋势的。

**表5-6　　全国各省份小学生均公共财政预算教育事业费城乡差距比值**

| 区域 | 2010 年 | 2013 年 | 2016 年 | 区域 | 2010 年 | 2013 年 | 2016 年 |
|------|---------|---------|---------|------|---------|---------|---------|
| 全国 | 1.19 | 1.02 | 1.11 | 河南 | 1.07 | 1.04 | 1.02 |
| 北京 | 0.80 | 0.87 | 0.83 | 湖北 | 1.21 | 1.04 | 1.04 |
| 天津 | 1.36 | 1.21 | 1.38 | 湖南 | 1.16 | 1.02 | 1.24 |
| 河北 | 0.90 | 0.88 | 1.06 | 广东 | 1.85 | 1.30 | 1.16 |
| 山西 | 0.71 | 0.56 | 0.66 | 广西 | 1.16 | 1.11 | 1.00 |
| 内蒙古 | 0.57 | 0.50 | 0.63 | 海南 | 0.85 | 0.85 | 0.68 |
| 辽宁 | 0.88 | 0.94 | 0.87 | 重庆 | 1.16 | 1.09 | 0.94 |
| 吉林 | 0.75 | 0.72 | 0.77 | 四川 | 1.02 | 0.89 | 0.87 |
| 黑龙江 | 0.81 | 0.71 | 0.65 | 贵州 | 1.16 | 0.88 | 0.92 |
| 上海 | 1.26 | 1.24 | 1.08 | 云南 | 0.93 | 0.83 | 0.97 |
| 江苏 | 0.97 | 0.92 | 1.14 | 西藏 | 1.27 | 1.04 | 0.94 |
| 浙江 | 0.91 | 0.94 | 0.96 | 陕西 | 0.71 | 0.66 | 0.76 |
| 安徽 | 1.06 | 0.77 | 0.89 | 甘肃 | 0.97 | 0.74 | 0.74 |
| 福建 | 0.82 | 0.74 | 0.96 | 青海 | 1.02 | 0.87 | 0.68 |
| 江西 | 0.98 | 0.81 | 0.92 | 宁夏 | 0.99 | 0.65 | 0.92 |
| 山东 | 1.12 | 1.06 | 1.14 | 新疆 | 0.89 | 0.85 | 1.08 |

注：根据表5-4中"我国各省份农村小学生均公共财政预算教育事业费"数据和表5-5中"我国各省份城镇小学生均公共财政预算教育事业费"数据计算而得。

综合以上分析可知，小学生均公共财政预算教育事业费的省域城乡差距有缩小的趋势。

### 5.2.1.3　生均教育事业费区域差异分析

2010 年，我国小学生均公共财政预算教育事业费的第一梯队省份是西藏、北京、天津、江苏、上海和浙江，最后梯队集中在华北和华南地区的河南、湖北、安徽、江西、湖南、贵州六省份。2013 年处于第一梯队的省份是西藏、新疆、北京、天津、江苏和上海，处于最后梯队的有河北、河南、湖北、江西、湖南和广西六省份。与 2010 年相比，新疆进入第一梯队，浙江退出第一梯队，广西和河北跌落到最后梯队，安徽和贵州退出最后梯队。2016

年处于第一梯队的省份有西藏、内蒙古、黑龙江、北京、天津和上海，处于最后梯队的省份有河北、河南、安徽、江西、湖南和广西六省份。与2013年相比，黑龙江和内蒙古加入第一梯队，新疆和江苏退出第一梯队，湖北退出最后梯队，安徽重回最后梯队。

综合以上分析，在考察年份，我国小学生均公共财政预算教育事业费投入最多且相对最稳定的省份为北京、天津、上海和西藏，投入最少的省份为河南、江西和湖南。从分布的区域特征来看，小学生均公共财政预算教育事业费投入高的省份多分布在长江三角洲地区、京津地区以及西部的边疆省份，投入低的省份多分布在华北平原和华南的内陆省份。

以上分析中使用的统计工具有极差率、变异系数、相对水平、基尼系数等，下面使用泰尔指数（Theil index）做进一步分析，期望得到更细致的结论。

泰尔指数，是由荷兰经济学家泰尔于1967年提出的，是从信息量的熵（信息量的测度，表示平均信息量）概念出发考察不平等性，它能把总体的不平等性分解为各个部分之间的不平等性和各个部分内部的不平等性，有着较为广泛的应用。作为衡量个人之间或地区收入之间差距的重要指标，泰尔指数描述区域差距，其优点在于不仅能够描述区域内部的不平等程度，也可以对区域之间的不平等程度进行测算，同时也可以衡量组内差距和组间差距对总差距的贡献。

下面用泰尔指数来反映普通小学总生均教育经费的组间与组内差距情况。

如果以教育经费作为权重，则全国区域间教育经费的泰尔指数为：

$$T = \sum_i w_i \times \ln\left(\frac{w_i}{n_i}\right) + \sum_i w_i \times \sum_j \left(\frac{W_{ij}}{W_i}\right) \times \ln\left(\frac{W_{ij}/W_i}{N_{ij}/N_i}\right) \qquad (5-1)$$

即 $T = Tb + Tw =$ 组间差距 + 组内差距。

式（5-1）中，$i$ 分为华北（北京、天津、河北、山西、内蒙古）、东北（辽宁、吉林、黑龙江）、华东（上海、江苏、浙江、安徽、福建、江西、山东）、华中南（河南、湖北、湖南、广东、广西、海南）、西南（重庆、四川、贵州、云南、西藏）、西北（陕西、甘肃、青海、宁夏、新疆）6组，即 $i = 1，2，3，4，5，6$。$j$ 视各组中的省份数的不同而不同，根据以上分组取值分别是从 $1 \sim 5$（华北）、从 $1 \sim 3$（东北）、从 $1 \sim 7$（华东）、从 $1 \sim 6$（华中南）、从 $1 \sim 5$（西南）和从 $1 \sim 5$（西北）；式中 $w_i$ 是第 $i$ 组的教育经费在

所研究总体（全国）的教育经费中的比重；$n_i$ 是第 $i$ 组的学生在所研究总体
（全国）的学生中的比重；$W_i$ 是第 $i$ 组教育经费，$W_{ij}$ 是第 $i$ 组中第 $j$ 省的教育
经费；$N_i$ 是第 $i$ 组学生，$N_{ij}$ 是第 $i$ 组中第 $j$ 省的学生。

由前述公式计算出全国各地小学生均教育经费差距的泰尔指数值，如表
5 - 7 所示。

表 5 - 7　全国分地区小学生均公共财政预算教育事业费差距的泰尔指数

| 泰尔指数 | 2010 年 | | | 2013 年 | | | 2016 年 | | |
|---|---|---|---|---|---|---|---|---|---|
| | 合计 | 城镇 | 农村 | 合计 | 城镇 | 农村 | 合计 | 城镇 | 农村 |
| T | 0.85 | 0.62 | 1.05 | 0.68 | 0.52 | 0.87 | 0.64 | 0.51 | 0.88 |
| Tb | 0.18 | 0.08 | 0.27 | 0.15 | 0.08 | 0.24 | 0.14 | 0.13 | 0.17 |
| Tw | 0.67 | 0.54 | 0.78 | 0.52 | 0.45 | 0.63 | 0.50 | 0.38 | 0.70 |
| Tb（%） | 21 | 13 | 25 | 23 | 15 | 27 | 22 | 25 | 20 |
| Tw（%） | 79 | 87 | 75 | 77 | 85 | 73 | 78 | 75 | 80 |
| 华北 T1 | 0.91 | 0.75 | 1.18 | 0.88 | 0.76 | 1.13 | 0.73 | 0.31 | 1.36 |
| 东北 T2 | 0.03 | 0.03 | 0.03 | 0.02 | 0.02 | 0.03 | 0.06 | 0.09 | 0.03 |
| 华东 T3 | 0.84 | 0.59 | 0.97 | 0.56 | 0.40 | 0.68 | 0.47 | 0.25 | 0.79 |
| 华中南 T4 | 0.53 | 0.38 | 0.63 | 0.45 | 0.36 | 0.52 | 0.41 | 0.31 | 0.51 |
| 西南 T5 | 0.96 | 0.89 | 0.96 | 0.74 | 0.71 | 0.76 | 0.90 | 1.06 | 0.88 |
| 西北 T6 | 0.22 | 0.19 | 0.25 | 0.15 | 0.13 | 0.18 | 0.16 | 0.15 | 0.17 |

注：表中 T 表示总体差距的泰尔指数，Tb 表示组间差距，Tw 表示组内差距，Tb（%）表示组间
差距贡献率，Tw（%）表示组内差距贡献率，T1 ~ T6 分别表示华北、东北、华东、华中南、西南、
西北地区总体差距的泰尔指数。

从总的差距（泰尔指数 T）来看，无论从城乡合计、城镇和农村的数据
看，全国省份间小学生均公共财政预算教育事业费的差距在 2010 ~ 2016 年呈
下降趋势；三个层面的差距排序是农村差距最大、城乡合计差距次之，城镇
差距最小。城乡合计的泰尔指数从 2010 年的 0.85 持续减小到 2016 年的
0.64，城镇部分的泰尔指数从 2010 年的 0.62 持续减小到 2016 年的 0.51，农
村部分则从 2010 年的 1.05 持续减小到 2016 年的 0.88。组间差距在城乡合计

和农村层面都呈下降趋势，城镇则呈上升趋势，这也从侧面反映出我国城镇化快速发展中呈现的不平衡性愈加突出。从组内差距看有农村差距大于城乡合计，城乡合计差距大于城镇差距的特征。组内差距在城乡合计、城镇和农村层面都呈下降趋势。

组间差距贡献率和组内差距贡献率是此消彼长的关系，只分析其一即可。由于组内差距贡献占主体地位，因此这里只分析组内差距贡献率。2010 年、2013 年和 2016 年组内差距贡献率的大小排序是：城镇 > 城乡合计 > 农村（2010 年）、城镇 > 城乡合计 > 农村（2013 年）、农村 > 城乡合计 > 城镇（2016 年）。2010 年、2013 年、2016 年城乡合计的组内差距贡献率变化趋势是 79% ↘ 77% ↗ 78%；城镇层面的组内差距贡献率变化趋势是 87% ↘ 85% ↘ 75%；农村层面的组内差距贡献率变化趋势是 75% ↘ 73% ↗ 80%。

从各个区域的泰尔指数来看，同一年份比较，基本上各区域不平等程度呈现：农村 > 城乡合计 > 城镇的特征。各个区域中不平等程度最大的三个地区为华北地区、华东地区和西南地区。

从时间趋势看，2010 年、2013 年和 2016 年的趋势是，华北地区城乡合计 0.91 ↘ 0.88 ↘ 0.73、城镇层面 0.75 ↗ 0.76 ↘ 0.31、农村层面 1.18 ↘ 1.13 ↗ 1.36。东北地区城乡合计 0.03 ↘ 0.02 ↗ 0.06、城镇层面 0.03 ↘ 0.02 ↗ 0.09、农村层面 0.03→0.03→0.03。华东地区城乡合计 0.84 ↘ 0.56 ↘ 0.47、城镇层面 0.59 ↘ 0.40 ↘ 0.25、农村层面 0.97 ↘ 0.68 ↗ 0.79。华中南地区城乡合计 0.53 ↘ 0.45 ↘ 0.41、城镇层面 0.38 ↘ 0.36 ↘ 0.31、农村层面 0.63 ↘ 0.52 ↘ 0.51。西南地区城乡合计 0.96 ↘ 0.74 ↗ 0.90、城镇层面 0.89 ↘ 0.71 ↗ 1.06、农村层面 0.96 ↘ 0.76 ↗ 0.88。西北地区城乡合计 0.22 ↘ 0.15 ↗ 0.16、城镇层面 0.19 ↘ 0.13 ↗ 0.15、农村层面 0.25 ↘ 0.18 ↘ 0.17。在城乡合计层面，华北、华东和华中南三个地区呈下降趋势，其他地区有起伏；在城镇层面，华东和华中南两个地区呈下降趋势，其他地区有起伏；在农村层面，华中南和西北两个地区呈下降趋势，其他地区有起伏或持平。组内的不平等程度最小的为东北地区，各个层面历年差距的泰尔指数均为超过 0.1。

综上分析可以发现，各个层面计算的差距都是农村层面最大，华北、华东和西南是区内差距最大的三个地区；同时也发现，小学生均公共财政预算教育事业费各层面的区域差距都有缩小趋势。

由于本书在计算泰尔指数时用的经费数据是生均数据，而不是总经费数据，所以计算出的泰尔指数会比使用总经费数据计算出的数据要大；其次，由于没有获得足够的省级区域内具体的市、县甚至校级等更为详细的数据，针对全国省级水平上差距的泰尔指数计算中，省一级的数据往往会掩盖省内区域间的差异，因而相对于其他应用省级区域内的市、县等更详细数据的研究者的计算结果，本书的分析结果会有较大的差异。虽然如此，本书的分析在相对意义上还是有价值的。

## 5.2.2　生均教育事业费中个人部分分析

小学生均公共财政预算教育事业费中的个人部分支出主要包括教师的工资和福利支出，对于学生个人和家庭的补助支出两大部分内容。小学生均公共财政预算教育事业费中的个人部分支出的多少和结构直接影响到小学教育的师资质量以及小学义务教育的普及水平。

### 5.2.2.1　生均教育事业费中个人部分总体分析

小学生均公共财政预算教育事业费中的个人部分（见表 5－8）城乡合计从 2010 年的 3082 元持续增长到 2016 年的 6947 元，年均增长 14.51%。由相对水平值及其排名可以发现，2010 年、2013 和 2016 年全国分别有 16 个、18 个、19 个省份高于全国平均水平。2016 年，最高的五个地区由高至低依次是西藏、北京、上海、天津和黑龙江；最低的五个地区由低至高依次是河南、江西、河北、湖南和宁夏。

表 5－8　　我国各省份小学生均公共财政预算教育事业费个人部分变化

| 区域 | 2010 年 | | | 2013 年 | | | 2016 年 | | |
|---|---|---|---|---|---|---|---|---|---|
| | 事业费个人部分（元） | 相对水平 | 相对水平排名 | 事业费个人部分（元） | 相对水平 | 相对水平排名 | 事业费个人部分（元） | 相对水平 | 相对水平排名 |
| 全国 | 3082 | 1.00 | 17 | 4831 | 1.00 | 19 | 6947 | 1.00 | 20 |
| 北京 | 8645 | 2.80 | 3 | 11789 | 2.44 | 2 | 15485 | 2.23 | 2 |

续表

| 区域 | 2010 年 | | | 2013 年 | | | 2016 年 | | |
|------|---------|---|---|---------|---|---|---------|---|---|
| | 事业费个人部分（元） | 相对水平 | 相对水平排名 | 事业费个人部分（元） | 相对水平 | 相对水平排名 | 事业费个人部分（元） | 相对水平 | 相对水平排名 |
| 天津 | 9814 | 3.18 | 2 | 11658 | 2.41 | 3 | 14040 | 2.02 | 4 |
| 河北 | 2891 | 0.94 | 19 | 3546 | 0.73 | 29 | 5438 | 0.78 | 30 |
| 山西 | 3094 | 1.00 | 16 | 4878 | 1.01 | 18 | 7291 | 1.05 | 17 |
| 内蒙古 | 5131 | 1.66 | 7 | 7539 | 1.56 | 7 | 9757 | 1.40 | 8 |
| 辽宁 | 3911 | 1.27 | 12 | 5458 | 1.13 | 14 | 7679 | 1.11 | 13 |
| 吉林 | 4758 | 1.54 | 8 | 6880 | 1.42 | 9 | 10007 | 1.44 | 7 |
| 黑龙江 | 4506 | 1.46 | 10 | 6245 | 1.29 | 11 | 11117 | 1.60 | 5 |
| 上海 | 11879 | 3.85 | 1 | 13101 | 2.71 | 1 | 15140 | 2.18 | 3 |
| 江苏 | 6399 | 2.08 | 4 | 7921 | 1.64 | 6 | 9659 | 1.39 | 9 |
| 浙江 | 5862 | 1.90 | 6 | 7382 | 1.53 | 8 | 10167 | 1.46 | 6 |
| 安徽 | 2270 | 0.74 | 28 | 3987 | 0.83 | 26 | 5702 | 0.82 | 26 |
| 福建 | 3715 | 1.21 | 13 | 5673 | 1.17 | 12 | 6931 | 1.00 | 21 |
| 江西 | 1773 | 0.58 | 31 | 3281 | 0.68 | 31 | 5040 | 0.73 | 31 |
| 山东 | 3019 | 0.98 | 18 | 4623 | 0.96 | 20 | 6599 | 0.95 | 24 |
| 河南 | 1485 | 0.48 | 32 | 2107 | 0.44 | 32 | 3055 | 0.44 | 32 |
| 湖北 | 2507 | 0.81 | 24 | 3827 | 0.79 | 28 | 7234 | 1.04 | 18 |
| 湖南 | 2086 | 0.68 | 30 | 3499 | 0.72 | 30 | 5483 | 0.79 | 29 |
| 广东 | 2751 | 0.89 | 20 | 5261 | 1.09 | 15 | 7508 | 1.08 | 16 |
| 广西 | 2685 | 0.87 | 21 | 4033 | 0.83 | 24 | 5641 | 0.81 | 27 |
| 海南 | 4220 | 1.37 | 11 | 5114 | 1.06 | 16 | 7181 | 1.03 | 19 |
| 重庆 | 2468 | 0.80 | 27 | 3999 | 0.83 | 25 | 5763 | 0.83 | 25 |
| 四川 | 2602 | 0.84 | 22 | 5051 | 1.05 | 17 | 6666 | 0.96 | 23 |
| 贵州 | 2179 | 0.71 | 29 | 4575 | 0.95 | 22 | 7635 | 1.10 | 14 |
| 云南 | 2484 | 0.81 | 26 | 4475 | 0.93 | 23 | 6744 | 0.97 | 22 |
| 西藏 | 6086 | 1.97 | 5 | 9385 | 1.94 | 4 | 16637 | 2.39 | 1 |

| 区域 | 2010 年 | | | 2013 年 | | | 2016 年 | | |
|---|---|---|---|---|---|---|---|---|---|
| | 事业费个人部分（元） | 相对水平 | 相对水平排名 | 事业费个人部分（元） | 相对水平 | 相对水平排名 | 事业费个人部分（元） | 相对水平 | 相对水平排名 |
| 陕西 | 3653 | 1.19 | 14 | 6289 | 1.30 | 10 | 7618 | 1.10 | 15 |
| 甘肃 | 2486 | 0.81 | 25 | 4606 | 0.95 | 21 | 7733 | 1.11 | 12 |
| 青海 | 3161 | 1.03 | 15 | 5459 | 1.13 | 13 | 8921 | 1.28 | 11 |
| 宁夏 | 2515 | 0.82 | 23 | 3976 | 0.82 | 27 | 5580 | 0.80 | 28 |
| 新疆 | 4723 | 1.53 | 9 | 7988 | 1.65 | 5 | 9605 | 1.38 | 10 |
| 极差率 | 8.00 | | | 6.22 | | | 5.45 | | |
| 变异系数 | 0.59 | | | 0.44 | | | 0.38 | | |
| 基尼系数 | 0.29 | | | 0.23 | | | 0.20 | | |

资料来源：根据《中国教育经费统计年鉴（2011）》之表 6 - 40 "分地区地方普通小学生均公共财政预算教育经费支出"、《中国教育经费统计年鉴（2014）》之表 6 - 42 "生均公共财政预算教育经费支出（地方普通小学）"和《中国教育经费统计年鉴（2017）》之表 7 - 42 "生均公共财政预算教育经费支出（地方普通小学）"数据整理并计算而得。

河南（2010 年、2013 年和 2016 年）是城乡合计教育事业费个人部分最少的省份，其变化趋势是 1485 ↗ 2107 ↗ 3055；上海（2010 年和 2013 年）和西藏（2016 年）是城乡合计教育事业费最大的省份，其变化趋势分别是上海 11879 ↗ 13101 ↗ 15140，西藏 6086 ↗ 9385 ↗ 16637。31 个省份的极差率变化趋势是 8.00 ↘ 6.22 ↘ 5.45。变异系数的变化趋势是 0.59 ↘ 0.44 ↘ 0.38。基尼系数变化趋势是 0.29 ↘ 0.23 ↘ 0.20。

以上这些指标的变化趋势说明，2010 ~ 2016 年小学生均公共财政预算教育事业费个人部分支出的不同省区间的差异在逐渐缩小。

### 5.2.2.2 生均教育事业费中个人部分城乡差异分析

1. 农村情况分析

全国农村小学生均教育事业费中个人部分从 2010 年的 2941 元持续增长到 2016 年的 6844 元（见表 5 - 9），年均增长 15.12%。由相对水平值及其排名可以发现，2010 年、2013 年和 2016 年全国分别有 17 个、18 个和 21 个省份高于全国平均水平。2016 年，最高五个地区由高至低依次是北京、西藏、上海、黑龙江、天津；最低的五个地区由低至高依次是河南、江西、河北、湖南和广西。

表 5-9    各省份农村小学生均公共财政预算教育事业费个人部分变化

| 区域 | 2010 年 | | | 2013 年 | | | 2016 年 | | |
|---|---|---|---|---|---|---|---|---|---|
| | 事业费个人部分（元） | 相对水平 | 相对水平排名 | 事业费个人部分（元） | 相对水平 | 相对水平排名 | 事业费个人部分（元） | 相对水平 | 相对水平排名 |
| 全国 | 2941 | 1.00 | 18 | 4878 | 1.00 | 19 | 6844 | 1.00 | 22 |
| 北京 | 10260 | 3.49 | 2 | 13264 | 2.72 | 1 | 19464 | 2.84 | 1 |
| 天津 | 8226 | 2.80 | 3 | 9290 | 1.90 | 4 | 12448 | 1.82 | 5 |
| 河北 | 2978 | 1.01 | 17 | 3692 | 0.76 | 29 | 5300 | 0.77 | 30 |
| 山西 | 3549 | 1.21 | 15 | 6337 | 1.30 | 12 | 8463 | 1.24 | 15 |
| 内蒙古 | 7428 | 2.53 | 4 | 11922 | 2.44 | 3 | 11735 | 1.71 | 6 |
| 辽宁 | 4075 | 1.39 | 13 | 6049 | 1.24 | 14 | 8681 | 1.27 | 13 |
| 吉林 | 5321 | 1.81 | 8 | 7921 | 1.62 | 8 | 11245 | 1.64 | 7 |
| 黑龙江 | 5123 | 1.74 | 9 | 7626 | 1.56 | 11 | 13135 | 1.92 | 4 |
| 上海 | 10615 | 3.61 | 1 | 12386 | 2.54 | 2 | 16018 | 2.34 | 3 |
| 江苏 | 6568 | 2.23 | 5 | 8306 | 1.70 | 7 | 9250 | 1.35 | 11 |
| 浙江 | 6110 | 2.08 | 6 | 7639 | 1.57 | 10 | 10571 | 1.54 | 8 |
| 安徽 | 2226 | 0.76 | 27 | 4327 | 0.89 | 25 | 5909 | 0.86 | 27 |
| 福建 | 3985 | 1.35 | 14 | 6328 | 1.30 | 13 | 7389 | 1.08 | 18 |
| 江西 | 1814 | 0.62 | 31 | 3612 | 0.74 | 31 | 5099 | 0.75 | 31 |
| 山东 | 2936 | 1.00 | 19 | 4658 | 0.95 | 22 | 6381 | 0.93 | 24 |
| 河南 | 1447 | 0.49 | 32 | 2117 | 0.43 | 32 | 3076 | 0.45 | 32 |
| 湖北 | 2321 | 0.79 | 26 | 3783 | 0.78 | 28 | 7197 | 1.05 | 19 |
| 湖南 | 2064 | 0.70 | 30 | 3641 | 0.75 | 30 | 5413 | 0.79 | 29 |
| 广东 | 2104 | 0.72 | 28 | 4627 | 0.95 | 23 | 6809 | 0.99 | 23 |

| 区域 | 2010 年 | | | 2013 年 | | | 2016 年 | | |
|---|---|---|---|---|---|---|---|---|---|
| | 事业费个人部分（元） | 相对水平 | 相对水平排名 | 事业费个人部分（元） | 相对水平 | 相对水平排名 | 事业费个人部分（元） | 相对水平 | 相对水平排名 |
| 广西 | 2600 | 0.88 | 21 | 3980 | 0.82 | 27 | 5856 | 0.86 | 28 |
| 海南 | 4746 | 1.61 | 11 | 6007 | 1.23 | 16 | 8514 | 1.24 | 14 |
| 重庆 | 2504 | 0.85 | 25 | 4291 | 0.88 | 26 | 6175 | 0.90 | 25 |
| 四川 | 2587 | 0.88 | 22 | 5318 | 1.09 | 17 | 6923 | 1.01 | 21 |
| 贵州 | 2099 | 0.71 | 29 | 4669 | 0.96 | 21 | 7878 | 1.15 | 17 |
| 云南 | 2514 | 0.85 | 24 | 4603 | 0.94 | 24 | 6976 | 1.02 | 20 |
| 西藏 | 5684 | 1.93 | 7 | 9169 | 1.88 | 5 | 16672 | 2.44 | 2 |
| 陕西 | 4170 | 1.42 | 12 | 7724 | 1.58 | 9 | 8699 | 1.27 | 12 |
| 甘肃 | 2515 | 0.86 | 23 | 5098 | 1.05 | 18 | 8235 | 1.20 | 16 |
| 青海 | 3274 | 1.11 | 16 | 6047 | 1.24 | 15 | 9788 | 1.43 | 10 |
| 宁夏 | 2632 | 0.89 | 20 | 4689 | 0.96 | 20 | 6155 | 0.90 | 26 |
| 新疆 | 5039 | 1.71 | 10 | 8978 | 1.84 | 6 | 9821 | 1.43 | 9 |
| 极差率 | 7.34 | | | 6.27 | | | 6.33 | | |
| 变异系数 | 0.57 | | | 0.42 | | | 0.41 | | |
| 基尼系数 | 0.27 | | | 0.23 | | | 0.18 | | |

资料来源：根据《中国教育经费统计年鉴（2011）》之表 6 - 42 "分地区地方农村小学生均公共财政预算教育经费支出"、《中国教育经费统计年鉴（2014）》之表 6 - 44 "生均公共财政预算教育经费支出（地方农村小学）"和《中国教育经费统计年鉴（2017）》之表 7 - 44 "生均公共财政预算教育经费支出（地方农村小学）"数据整理并计算而得。

河南是农村小学生均教育事业费中个人部分最小的省份（2010 年、2013 年和 2016 年），其变化趋势是 1447 ↗2117 ↗3076。上海（2010 年）和北京（2013 年和 2016 年）是总计最大的地区，其变化趋势分别是上海 10615 ↗12386 ↗16018，北京 10260 ↗13264 ↗19464。31 个省份间的极差率变化趋势是 7.34 ↘6.27 ↗6.33；变异系数的变化趋势是 0.57 ↘0.42 ↘0.41；基尼系数变化趋势是 0.27 ↘0.23 ↘0.18。

以上指标说明 2010～2016 年我国农村小学生均公共财政预算教育事业费个人部分支出省级区域间的差距在总体上呈减小的趋势。

2. 城镇情况分析

全国城镇小学生均教育事业费中个人部分从 2010 年的 3411 元逐年增长到 2016 年的 7005 元（见表 5 - 10），年均增长 12.74%。由相对水平值及其排名可以发现，2010 年、2013 年和 2016 年全国分别有 12 个、13 个、11 个省份高于全国平均水平。2016 年，该项支出最高的五个地区由高至低依次是西藏、天津、上海、北京和江苏；低于全国平均水平的五个地区由低至高依次是河南、宁夏、广西、海南和重庆。

**表 5 - 10    各省份城镇小学生均公共财政预算教育事业费个人部分变化**

| 区域 | 2010 年 | | | 2013 年 | | | 2016 年 | | |
|---|---|---|---|---|---|---|---|---|---|
| | 事业费个人部分（元） | 相对水平 | 相对水平排名 | 事业费个人部分（元） | 相对水平 | 相对水平排名 | 事业费个人部分（元） | 相对水平 | 相对水平排名 |
| 全国 | 3411 | 1.00 | 13 | 4722 | 1.00 | 14 | 7005 | 1.00 | 12 |
| 北京 | 7791 | 2.28 | 3 | 11049 | 2.34 | 3 | 14057 | 2.01 | 4 |
| 天津 | 11509 | 3.37 | 2 | 14038 | 2.97 | 1 | 14853 | 2.12 | 2 |
| 河北 | 2684 | 0.79 | 20 | 3252 | 0.69 | 27 | 5897 | 0.84 | 18 |
| 山西 | 2386 | 0.70 | 26 | 3257 | 0.69 | 26 | 5118 | 0.73 | 25 |
| 内蒙古 | 3745 | 1.10 | 11 | 5418 | 1.15 | 10 | 6477 | 0.92 | 15 |
| 辽宁 | 3704 | 1.09 | 12 | 4811 | 1.02 | 12 | 6809 | 0.97 | 14 |
| 吉林 | 3929 | 1.15 | 8 | 5513 | 1.17 | 9 | 8053 | 1.15 | 9 |
| 黑龙江 | 3859 | 1.13 | 9 | 5074 | 1.07 | 11 | 8255 | 1.18 | 8 |
| 上海 | 12658 | 3.71 | 1 | 13387 | 2.84 | 2 | 14841 | 2.12 | 3 |
| 江苏 | 6147 | 1.80 | 5 | 7455 | 1.58 | 5 | 10154 | 1.45 | 5 |
| 浙江 | 5437 | 1.59 | 6 | 6966 | 1.48 | 6 | 9522 | 1.36 | 6 |
| 安徽 | 2412 | 0.71 | 24 | 3194 | 0.68 | 29 | 4883 | 0.70 | 26 |
| 福建 | 3184 | 0.93 | 15 | 4598 | 0.97 | 15 | 6169 | 0.88 | 17 |
| 江西 | 1659 | 0.49 | 31 | 2583 | 0.55 | 31 | 4749 | 0.68 | 27 |
| 山东 | 3343 | 0.98 | 14 | 4506 | 0.95 | 16 | 6987 | 1.00 | 13 |
| 河南 | 1612 | 0.47 | 32 | 2068 | 0.44 | 32 | 2809 | 0.40 | 32 |

续表

| 区域 | 2010 年 | | | 2013 年 | | | 2016 年 | | |
|---|---|---|---|---|---|---|---|---|---|
| | 事业费个人部分（元） | 相对水平 | 相对水平排名 | 事业费个人部分（元） | 相对水平 | 相对水平排名 | 事业费个人部分（元） | 相对水平 | 相对水平排名 |
| 湖北 | 2930 | 0.86 | 19 | 3908 | 0.83 | 22 | 7294 | 1.04 | 11 |
| 湖南 | 2136 | 0.63 | 30 | 3195 | 0.68 | 28 | 5653 | 0.81 | 20 |
| 广东 | 3798 | 1.11 | 10 | 5905 | 1.25 | 8 | 7711 | 1.10 | 10 |
| 广西 | 3057 | 0.90 | 16 | 4214 | 0.89 | 20 | 4523 | 0.65 | 30 |
| 海南 | 3023 | 0.89 | 17 | 3477 | 0.74 | 24 | 4600 | 0.66 | 29 |
| 重庆 | 2375 | 0.70 | 27 | 3431 | 0.73 | 25 | 4616 | 0.66 | 28 |
| 四川 | 2644 | 0.78 | 21 | 4365 | 0.92 | 17 | 5559 | 0.79 | 21 |
| 贵州 | 2537 | 0.74 | 23 | 4220 | 0.89 | 19 | 6222 | 0.89 | 16 |
| 云南 | 2325 | 0.68 | 28 | 3982 | 0.84 | 21 | 5275 | 0.75 | 23 |
| 西藏 | 6978 | 2.05 | 4 | 9805 | 2.08 | 4 | 15141 | 2.16 | 1 |
| 陕西 | 2641 | 0.77 | 22 | 4338 | 0.92 | 18 | 5225 | 0.75 | 24 |
| 甘肃 | 2387 | 0.70 | 25 | 3493 | 0.74 | 23 | 5884 | 0.84 | 19 |
| 青海 | 2997 | 0.88 | 18 | 4768 | 1.01 | 13 | 5498 | 0.78 | 22 |
| 宁夏 | 2304 | 0.68 | 29 | 3080 | 0.82 | 27 | 4250 | 0.61 | 31 |
| 新疆 | 4196 | 1.23 | 7 | 6470 | 1.65 | 5 | 8714 | 1.24 | 7 |
| 极差率 | 7.85 | | | 6.79 | | | 5.39 | | |
| 变异系数 | 0.65 | | | 0.55 | | | 0.45 | | |
| 基尼系数 | 0.35 | | | 0.32 | | | 0.32 | | |

资料来源："各省份城镇小学生均公共财政预算教育事业费个人部分"数据根据表5－3中"我国各省份小学生均公共财政预算教育事业费"数据、表5－4中"我国各省份农村小学生均公共财政预算教育事业费"数据以及2011年、2014年和2017年《中国教育经费统计年鉴》之表"分地区地方普通小学公共财政预算教育事业费和基本建设支出明细"和表"分地区地方农村小学公共财政预算教育事业费和基本建设支出明细"数据计算得到。具体计算方法为：（地方普通小学公共财政预算事业费个人部分－地方农村小学公共财政预算事业费个人部分）/（地方普通小学公共财政预算事业费支出/地方普通小学生均公共财政预算事业费支出－地方农村小学公共财政预算事业费支出/地方农村小学生均公共财政预算事业费支出）。

河南是城镇小学生均教育事业费中个人部分最少的省份（2010 年、2013 年和 2016 年），其变化趋势是 1612 ↗ 2068 ↗ 2809；上海（2010 年）、天津（2013 年）和西藏（2016 年）是该项支出最大的三个省份，其变化趋势分别是上海 12658 ↗

13387 ↗ 14841，天津 11509 ↗ 14038 ↗ 14853，西藏 6978 ↗ 9805 ↗ 15141。31 个省份间的极差率变化趋势是 7.85 ↘ 6.79 ↘ 5.39；变异系数的变化趋势是 0.65 ↘ 0.55 ↘ 0.45；基尼系数变化趋势是 0.35 ↘ 0.32—0.32。

以上指标说明，2010～2016 年我国城镇小学生均公共财政预算教育事业费个人部分支出的省级区域间的差距在缩小。

3. 城乡差异分析

2010 年，全国小学生均教育事业费中个人部分的城乡比值平均为 1.16，低于全国平均水平的省份有 24 个（见表 5-11），高于全国平均水平的省份有 7 个。该比值最大的五个省份由大到小排序是广东、天津、湖北、西藏和贵州。2016 年，全国该比值降为 1.02，低于全国平均水平的省份有 25 个，高于全国平均水平的省份有 6 个，该比值最大的五个省份由大到小排序是天津、广东、河北、江苏和山东。2010～2016 年，该比值扩大的省份有 8 个，前五个省份为河北、江苏、新疆、内蒙古和福建，该比值缩小的省份有 23 个，缩小程度最大的 5 个省份由大到小依次为广东、贵州、广西、青海和西藏。

表 5-11　　全国各省份小学生均公共财政预算教育事业费个人部分城乡差距比值

| 区域 | 2010 年 | 2013 年 | 2016 年 | 区域 | 2010 年 | 2013 年 | 2016 年 |
|---|---|---|---|---|---|---|---|
| 全国 | 1.16 | 0.97 | 1.02 | 河南 | 1.11 | 0.98 | 0.91 |
| 北京 | 0.76 | 0.83 | 0.72 | 湖北 | 1.26 | 1.03 | 1.01 |
| 天津 | 1.40 | 1.51 | 1.19 | 湖南 | 1.03 | 0.88 | 1.04 |
| 河北 | 0.90 | 0.88 | 1.11 | 广东 | 1.81 | 1.28 | 1.13 |
| 山西 | 0.67 | 0.51 | 0.60 | 广西 | 1.18 | 1.06 | 0.77 |
| 内蒙古 | 0.50 | 0.45 | 0.55 | 海南 | 0.64 | 0.58 | 0.54 |
| 辽宁 | 0.91 | 0.80 | 0.78 | 重庆 | 0.95 | 0.80 | 0.75 |
| 吉林 | 0.74 | 0.70 | 0.72 | 四川 | 1.02 | 0.82 | 0.80 |
| 黑龙江 | 0.75 | 0.67 | 0.63 | 贵州 | 1.21 | 0.90 | 0.79 |
| 上海 | 1.19 | 1.08 | 0.93 | 云南 | 0.92 | 0.87 | 0.76 |
| 江苏 | 0.94 | 0.90 | 1.10 | 西藏 | 1.23 | 1.07 | 0.91 |
| 浙江 | 0.89 | 0.91 | 0.90 | 陕西 | 0.63 | 0.56 | 0.60 |
| 安徽 | 1.08 | 0.74 | 0.83 | 甘肃 | 0.95 | 0.69 | 0.71 |
| 福建 | 0.80 | 0.73 | 0.83 | 青海 | 0.92 | 0.79 | 0.56 |
| 江西 | 0.91 | 0.72 | 0.93 | 宁夏 | 0.88 | 0.66 | 0.69 |
| 山东 | 1.14 | 0.97 | 1.09 | 新疆 | 0.83 | 0.72 | 0.89 |

注：根据表 5-9 中"各省份农村小学生均公共财政预算教育事业费个人部分"数据和表 5-10 中"各省份城镇小学生均公共财政预算教育事业费个人部分"数据计算而得。

总的来说，依全国小学生均教育事业费中个人部分的城乡比值表征的城乡差距还广泛存在，但该比值都在 2 以内；从时间趋势来看，绝大部分省区的城乡差距是呈缩小趋势的，只是不少省区的缩差任务还较繁重。

### 5.2.2.3 区域差异分析

2010 年，我国小学生均公共财政预算教育事业费个人部分第一梯队省份是西藏、北京、天津、江苏、上海和浙江，最后梯队集中在华北和华南地区的河南、安徽、江西、湖南、贵州和重庆六省份。2013 年处于第一梯队的省份是新疆、西藏、北京、天津、江苏和上海，处于最后梯队的有河北、河南、湖北、湖南、江西和宁夏六省份。与 2010 年相比，新疆进入第一梯队，浙江退出第一梯队，河北、湖北和宁夏进入到最后梯队，重庆、安徽和贵州退出最后梯队。2016 年处于第一梯队的省份有西藏、黑龙江、北京、天津、上海和浙江，处于最后梯队的省区有河北、河南、江西、湖南和广西和宁夏六省份。与 2013 年相比，黑龙江和浙江加入第一梯队，新疆和江苏退出第一梯队，湖北退出最后梯队，广西重回最后梯队。

综合来看，小学生均公共财政预算教育事业费个人部分投入最多且相对最稳定的省份为北京、天津、上海和西藏，投入相对少的省份为河南、江西和湖南等。这种空间分布特征与小学生均公共财政预算教育事业费基本相同，唯一变化的是最后梯队新加入了宁夏。从地域分布来看，小学生均公共财政预算教育事业费个人部分投入高的省份多分布在长江三角洲地区、京津地区以及西部的边疆省份，投入低的省份多分布在华北平原和华南的内陆省份。

下面用泰尔指数分析全国省级区域小学生均公共财政预算教育事业费中的个人部分差距。计算的泰尔指数及其组间和组内差距构成见表 5 – 12 列示。从总的差距（泰尔指数 T）来看，全国省级区域间的小学生均公共财政预算教育事业费中个人部分差距在 2010 ~ 2016 年基本上呈逐年下降趋势；在同一年份农村差距最大，城乡合计次之，城镇差距最小。城乡合计部分的泰尔指数从 2010 年的 0.82 持续减小到 2016 年的 0.61，城镇部分的泰尔指数从 2010 年的 0.60 持续减小到 2016 年的 0.49，农村部分则从 2010 年的 1.01 持续减小到 2016 年的 0.86。

表 5 - 12　　　　全国分地区小学生均公共财政预算教育事业费中个人部分差距的泰尔指数

| 泰尔指数 | 2010 年 | | | 2013 年 | | | 2016 年 | | |
|---|---|---|---|---|---|---|---|---|---|
| | 合计 | 城镇 | 农村 | 合计 | 城镇 | 农村 | 合计 | 城镇 | 农村 |
| T | 0.82 | 0.60 | 1.01 | 0.66 | 0.54 | 0.84 | 0.61 | 0.49 | 0.86 |
| Tb | 0.17 | 0.08 | 0.26 | 0.15 | 0.09 | 0.23 | 0.15 | 0.13 | 0.19 |
| Tw | 0.64 | 0.52 | 0.75 | 0.50 | 0.45 | 0.61 | 0.46 | 0.36 | 0.67 |
| Tb（%） | 21 | 14 | 25 | 23 | 16 | 28 | 24 | 26 | 22 |
| Tw（%） | 79 | 86 | 75 | 77 | 84 | 72 | 76 | 74 | 78 |
| 华北 T1 | 0.87 | 0.78 | 1.10 | 0.80 | 0.76 | 1.03 | 0.68 | 0.29 | 1.29 |
| 东北 T2 | 0.03 | 0.03 | 0.04 | 0.03 | 0.04 | 0.04 | 0.05 | 0.08 | 0.02 |
| 华东 T3 | 0.80 | 0.54 | 0.95 | 0.56 | 0.39 | 0.73 | 0.45 | 0.23 | 0.83 |
| 华中南 T4 | 0.55 | 0.32 | 0.68 | 0.43 | 0.28 | 0.54 | 0.38 | 0.26 | 0.50 |
| 西南 T5 | 0.94 | 0.88 | 0.95 | 0.74 | 0.76 | 0.74 | 0.85 | 1.11 | 0.80 |
| 西北 T6 | 0.17 | 0.13 | 0.22 | 0.13 | 0.13 | 0.16 | 0.16 | 0.15 | 0.16 |

注：表中 T 表示总体差距的泰尔指数，Tb 表示组间差距，Tw 表示组内差距，Tb（%）表示组间差距贡献率，Tw（%）表示组内差距贡献率，T1 ~ T6 分别表示华北、东北、华东、华中南、西南、西北地区总体差距的泰尔指数。

　　从组内组间差距看，也呈农村差距大于城乡合计，城乡合计差距大于城镇的特征，且组内不平等大于组间不平等，组内差距在各个层面总体均呈下降趋势，组间差距除城镇有小幅上升外，城乡合计和农村层面呈下降趋势。组间差距贡献率和组内差距贡献率是此消彼长的关系，只分析其一即可。由于组内差距贡献占主体地位，因此这里只分析组内差距贡献率。2010 年和2013 年城镇组内差距贡献率大于城乡合计和农村，2016 年变为小于城乡合计和农村。相应地，城乡合计、城镇层面的组内差距贡献率呈下降趋势，农村则有小幅上升。城乡合计和城镇的组内差距贡献率从 2010 年的 79% 和 86%下降到 2016 年的 76% 和 74%，农村差距贡献率从 2010 年的 75% 上升到 2016年的 78%，这与小学生均公共财政预算教育事业费的情况类似。

　　从各个区域的泰尔指数来看，总体上也呈农村不平等程度大于城乡合计，城乡合计大于城镇的特征。各个区域中不平等程度最大的三个地区分别为华北地区、华东地区和西南地区。其中，华北地区城乡合计和城镇层面差距呈下降趋势，分别从 2010 年的 0.87 和 0.78 下降到 2016 年的 0.68 和 0.29，农村呈上升趋势，从 2010 年的 1.10 上升到 2016 年的 1.29。华东地区在各个层面的差距都呈下降趋势，城乡合计、城镇和农村分别从 2010 年的 0.80、0.54 和 0.95 下降到 2016 年的 0.45、0.23 和 0.83。西南地区在城乡合计和农村层面的差距呈下降趋势，分别从 2010 年的 0.94 和 0.95 下降到 2016 年的 0.85 和 0.80，但其城镇层面呈上升趋势，从 2010 年的 0.88 上升到 2016 年的 1.11。区域内的不平等程度最小的为东北地区，各个层面的差距均在 0.1 以下，其次为西北地区，各个层面的差距基本都在 0.2 以下，华中南的不平等程度居中，各个层面差距都呈下降趋势。

以上指标分析可以看出，小学生均公共财政预算教育事业费个人部分各层面和各个区域的差距大都呈缩小趋势，农村层面的"缩差"任务最为繁重。

## 5.2.3 生均教育事业费中公用部分分析

### 5.2.3.1 生均教育事业费中公用部分总体分析

小学生均公共财政预算教育事业费公用部分（见表 5 – 13）全国合计从 2010 年的 929 元持续增长到 2016 年的 2610 元，年均增长 18.79%。由相对水平值及其排名可以发现，表 5 – 13 中所列三年全国分别有 16 个、17 个、18 个省份高于全国平均水平。2016 年，该项支出最高的五个地区由高至低依次是北京、西藏、上海、天津和海南；最低的五个地区由低至高依次是河北、河南、贵州、广西和辽宁。

**表 5 – 13　　我国各省份小学生均公共财政预算教育事业费公用部分及其相对水平**

| 区域 | 2010 年 | | | 2013 年 | | | 2016 年 | | |
|---|---|---|---|---|---|---|---|---|---|
| | 事业费公用部分（元） | 相对水平 | 相对水平排名 | 事业费公用部分（元） | 相对水平 | 相对水平排名 | 事业费公用部分（元） | 相对水平 | 相对水平排名 |
| 全国 | 929 | 1.00 | 17 | 2068 | 1.00 | 18 | 2610 | 1.00 | 19 |
| 北京 | 5837 | 6.28 | 1 | 9939 | 4.81 | 1 | 10309 | 3.95 | 1 |

续表

| 区域 | 2010 年 | | | 2013 年 | | | 2016 年 | | |
|---|---|---|---|---|---|---|---|---|---|
| | 事业费公用部分（元） | 相对水平 | 相对水平排名 | 事业费公用部分（元） | 相对水平 | 相对水平排名 | 事业费公用部分（元） | 相对水平 | 相对水平排名 |
| 天津 | 1692 | 1.82 | 5 | 3789 | 1.83 | 3 | 4245 | 1.63 | 4 |
| 河北 | 892 | 0.96 | 21 | 1391 | 0.67 | 32 | 1862 | 0.71 | 32 |
| 山西 | 955 | 1.03 | 16 | 1639 | 0.79 | 25 | 2159 | 0.83 | 27 |
| 内蒙古 | 1561 | 1.68 | 6 | 2299 | 1.11 | 15 | 3352 | 1.28 | 8 |
| 辽宁 | 1264 | 1.36 | 10 | 2847 | 1.38 | 7 | 2057 | 0.79 | 28 |
| 吉林 | 1462 | 1.57 | 7 | 2294 | 1.11 | 16 | 3081 | 1.18 | 10 |
| 黑龙江 | 978 | 1.05 | 15 | 2650 | 1.28 | 10 | 2950 | 1.13 | 12 |
| 上海 | 4265 | 4.59 | 2 | 6417 | 3.10 | 2 | 6985 | 2.68 | 3 |
| 江苏 | 854 | 0.92 | 23 | 2664 | 1.29 | 9 | 2844 | 1.09 | 15 |
| 浙江 | 871 | 0.94 | 22 | 1493 | 0.72 | 28 | 2741 | 1.05 | 17 |
| 安徽 | 923 | 0.99 | 19 | 2451 | 1.19 | 13 | 2871 | 1.10 | 14 |
| 福建 | 1071 | 1.15 | 13 | 1849 | 0.89 | 21 | 2705 | 1.04 | 18 |
| 江西 | 697 | 0.75 | 30 | 2536 | 1.23 | 11 | 2949 | 1.13 | 13 |
| 山东 | 918 | 0.99 | 20 | 2019 | 0.98 | 20 | 2192 | 0.84 | 25 |
| 河南 | 701 | 0.75 | 28 | 1807 | 0.87 | 22 | 1981 | 0.76 | 31 |
| 湖北 | 701 | 0.75 | 29 | 1581 | 0.76 | 27 | 2843 | 1.09 | 16 |
| 湖南 | 928 | 1.00 | 18 | 2222 | 1.07 | 17 | 2378 | 0.91 | 23 |
| 广东 | 736 | 0.79 | 27 | 1482 | 0.72 | 29 | 2489 | 0.95 | 22 |
| 广西 | 670 | 0.72 | 31 | 1440 | 0.70 | 30 | 2049 | 0.79 | 29 |
| 海南 | 1359 | 1.46 | 8 | 3234 | 1.56 | 6 | 4172 | 1.60 | 5 |
| 重庆 | 1166 | 1.26 | 11 | 2310 | 1.12 | 14 | 3417 | 1.31 | 7 |
| 四川 | 771 | 0.83 | 26 | 1772 | 0.86 | 23 | 2337 | 0.90 | 24 |
| 贵州 | 579 | 0.62 | 32 | 1400 | 0.68 | 31 | 2024 | 0.78 | 30 |
| 云南 | 803 | 0.86 | 25 | 1670 | 0.81 | 24 | 2188 | 0.84 | 26 |
| 西藏 | 2078 | 2.24 | 3 | 3435 | 1.66 | 4 | 7600 | 2.91 | 2 |

续表

| 区域 | 2010 年 | | | 2013 年 | | | 2016 年 | | |
|---|---|---|---|---|---|---|---|---|---|
| | 事业费公用部分（元） | 相对水平 | 相对水平排名 | 事业费公用部分（元） | 相对水平 | 相对水平排名 | 事业费公用部分（元） | 相对水平 | 相对水平排名 |
| 陕西 | 1071 | 1.15 | 14 | 3344 | 1.62 | 5 | 3554 | 1.36 | 6 |
| 甘肃 | 821 | 0.88 | 24 | 1585 | 0.77 | 26 | 2588 | 0.99 | 20 |
| 青海 | 1850 | 1.99 | 4 | 2741 | 1.33 | 8 | 3028 | 1.16 | 11 |
| 宁夏 | 1305 | 1.40 | 9 | 2035 | 0.98 | 19 | 3140 | 1.20 | 9 |
| 新疆 | 1145 | 1.23 | 12 | 2475 | 1.20 | 12 | 2529 | 0.97 | 21 |
| 极差率 | 10.08 | | | 7.15 | | | 5.54 | | |
| 变异系数 | 0.80 | | | 0.64 | | | 0.55 | | |
| 基尼系数 | 0.31 | | | 0.27 | | | 0.24 | | |

资料来源：根据《中国教育经费统计年鉴（2011）》之表 6－40"分地区地方普通小学生均公共财政预算教育经费支出"、《中国教育经费统计年鉴（2014）》之表 6－42"生均公共财政预算教育经费支出（地方普通小学）"和《中国教育经费统计年鉴（2017）》之表 7－42"生均公共财政预算教育经费支出（地方普通小学）"数据整理并计算而得。

其中，贵州（2010 年）和河北（2013 年和 2016 年）是城乡总计最小的省份，其变化趋势分别是贵州 579 ↗1400 ↗2024，河北 892 ↗1391 ↗1862；北京（2010 年、2013 年和 2016 年）是城乡总计最大的省份，其变化趋势是 5837 ↗9939 ↗10309。31 个省份间的极差率变化趋势是 10.08 ↘7.15 ↘5.54；变异系数的变化趋势是 0.80 ↘0.64 ↘0.55；基尼系数变化趋势是 0.31 ↘0.27 ↘0.24。三个指标都说明，2010～2016 年小学生均公共财政预算教育事业费公用部分支出的差距呈现缩小趋势。

### 5.2.3.2 生均教育事业费中公用部分城乡差异分析

1. 农村情况分析

全国农村小学生均公共财政预算教育事业费公用部分从 2010 年的 862 元持续增长到 2016 年的 2402 元（见表 5－14），年均增长 18.63%。由相对水平值及其排名可以发现，表 5－14 中所示三年全国分别有 20 个、18 个、19

个省份高于全国平均水平。2016 年，该项经费投入最高的五个省份由高至低依次是北京、西藏、上海、海南和内蒙古；低于全国平均水平的五个省份由低至高依次是辽宁、广西、贵州、河北和河南。

**表 5 – 14　　各省份农村小学生均公共财政预算教育事业费公用部分变化**

| 区域 | 2010 年 | | | 2013 年 | | | 2016 年 | | |
|---|---|---|---|---|---|---|---|---|---|
| | 事业费公用部分（元） | 相对水平 | 相对水平排名 | 事业费公用部分（元） | 相对水平 | 相对水平排名 | 事业费公用部分（元） | 相对水平 | 相对水平排名 |
| 全国 | 862 | 1.00 | 21 | 1973 | 1.00 | 19 | 2402 | 1.00 | 20 |
| 北京 | 6349 | 7.37 | 1 | 10527 | 5.34 | 1 | 10437 | 4.35 | 1 |
| 天津 | 1563 | 1.81 | 7 | 4723 | 2.39 | 2 | 2151 | 0.90 | 23 |
| 河北 | 917 | 1.06 | 18 | 1452 | 0.74 | 29 | 1906 | 0.79 | 29 |
| 山西 | 1021 | 1.18 | 14 | 1924 | 0.98 | 20 | 2289 | 0.95 | 22 |
| 内蒙古 | 1719 | 1.99 | 4 | 2964 | 1.50 | 6 | 3566 | 1.48 | 5 |
| 辽宁 | 1378 | 1.60 | 8 | 2513 | 1.27 | 14 | 1812 | 0.75 | 32 |
| 吉林 | 1607 | 1.86 | 6 | 2520 | 1.28 | 13 | 3164 | 1.32 | 10 |
| 黑龙江 | 933 | 1.08 | 16 | 2931 | 1.49 | 7 | 3404 | 1.42 | 7 |
| 上海 | 3325 | 3.86 | 2 | 4335 | 2.20 | 3 | 4755 | 1.98 | 3 |
| 江苏 | 775 | 0.90 | 25 | 2683 | 1.36 | 10 | 2519 | 1.05 | 17 |
| 浙江 | 864 | 1.00 | 20 | 1437 | 0.73 | 30 | 2566 | 1.07 | 16 |
| 安徽 | 924 | 1.07 | 17 | 2590 | 1.31 | 11 | 2873 | 1.20 | 12 |
| 福建 | 1106 | 1.28 | 10 | 2020 | 1.02 | 18 | 2411 | 1.00 | 19 |
| 江西 | 667 | 0.77 | 29 | 2585 | 1.31 | 12 | 3032 | 1.26 | 11 |
| 山东 | 905 | 1.05 | 19 | 1894 | 0.96 | 21 | 2011 | 0.84 | 26 |
| 河南 | 707 | 0.82 | 27 | 1761 | 0.89 | 24 | 1940 | 0.81 | 28 |
| 湖北 | 698 | 0.81 | 28 | 1543 | 0.78 | 27 | 2741 | 1.14 | 14 |
| 湖南 | 826 | 0.96 | 22 | 2049 | 1.04 | 17 | 2035 | 0.85 | 25 |
| 广东 | 549 | 0.64 | 32 | 1309 | 0.66 | 32 | 2449 | 1.02 | 18 |
| 广西 | 659 | 0.76 | 30 | 1367 | 0.69 | 31 | 1829 | 0.76 | 31 |

续表

| 区域 | 2010 年 | | | 2013 年 | | | 2016 年 | | |
|---|---|---|---|---|---|---|---|---|---|
| | 事业费公用部分（元） | 相对水平 | 相对水平排名 | 事业费公用部分（元） | 相对水平 | 相对水平排名 | 事业费公用部分（元） | 相对水平 | 相对水平排名 |
| 海南 | 1097 | 1.27 | 11 | 2818 | 1.43 | 8 | 4233 | 1.76 | 4 |
| 重庆 | 967 | 1.12 | 15 | 1839 | 0.93 | 22 | 3198 | 1.33 | 8 |
| 四川 | 771 | 0.89 | 26 | 1719 | 0.87 | 25 | 2341 | 0.97 | 21 |
| 贵州 | 583 | 0.68 | 31 | 1467 | 0.74 | 28 | 1895 | 0.79 | 30 |
| 云南 | 812 | 0.94 | 24 | 1766 | 0.90 | 23 | 1997 | 0.83 | 27 |
| 西藏 | 1851 | 2.15 | 3 | 3465 | 1.76 | 5 | 7775 | 3.24 | 2 |
| 陕西 | 1081 | 1.25 | 12 | 3541 | 1.79 | 4 | 3435 | 1.43 | 6 |
| 甘肃 | 816 | 0.95 | 23 | 1624 | 0.82 | 26 | 2715 | 1.13 | 15 |
| 青海 | 1693 | 1.96 | 5 | 2686 | 1.36 | 9 | 3168 | 1.32 | 9 |
| 宁夏 | 1201 | 1.39 | 9 | 2417 | 1.23 | 15 | 2797 | 1.16 | 13 |
| 新疆 | 1079 | 1.25 | 13 | 2128 | 1.08 | 16 | 2085 | 0.87 | 24 |
| 极差率 | 11.56 | | | 8.04 | | | 5.76 | | |
| 变异系数 | 0.84 | | | 0.64 | | | 0.57 | | |
| 基尼系数 | 0.26 | | | 0.26 | | | 0.23 | | |

资料来源：根据《中国教育经费统计年鉴（2011）》之表6－42"分地区地方农村小学生均公共财政预算教育经费支出"、《中国教育经费统计年鉴（2014）》之表6－44"生均公共财政预算教育经费支出（地方农村小学）"和《中国教育经费统计年鉴（2017）》之表7－44"生均公共财政预算教育经费支出（地方农村小学）"数据整理并计算而得。

广东（2010 年和 2013 年）和辽宁（2016 年）是农村小学生均公共财政预算教育事业费公用部分最少的省份，其变化趋势分别是广东549 ↗1309 ↗2449，辽宁1378 ↗2513 ↘1812。北京是农村小学生均公共财政预算教育事业费公用部分最大的省份，其变化趋势是6349 ↗10527 ↘10437。31 个省份间的极差率变化趋势是 11.56 ↘8.04 ↘5.76，变异系数的变化趋势是 0.84 ↘0.64 ↘0.57，基尼系数变化趋势是 0.26→0.26 ↘0.23。三个指标都说明，2010～2016 年各个省级区域间农村小学生均公共财政预算教育事业费公用部分支出差距总体上呈减小趋势。

2. 城镇情况分析

全国城镇小学生均公共财政预算教育事业费公用部分（见表 5 - 15）从 2010 年的 1101 元逐年增长到 2016 年的 3052 元，年均增长 18.52%。由相对水平值及其排名可以发现，表中所列三年全国分别有 14 个、15 个、13 个省份高于全国平均水平。2016 年，该项支出最高的五个省份由高至低依次是北京、上海、西藏、天津和海南，最低的五个省份由低至高依次是河北、山西、河南、甘肃和辽宁。

表 5 - 15    各省份城镇小学生均公共财政预算教育事业费公用部分变化表

| 区域 | 2010 年 | | | 2013 年 | | | 2016 年 | | |
|---|---|---|---|---|---|---|---|---|---|
| | 事业费共用部分（元） | 相对水平 | 相对水平排名 | 事业费共用部分（元） | 相对水平 | 相对水平排名 | 事业费共用部分（元） | 相对水平 | 相对水平排名 |
| 全国 | 1101 | 1.00 | 15 | 2264 | 1.00 | 16 | 3052 | 1.00 | 14 |
| 北京 | 5570 | 5.06 | 1 | 9657 | 4.27 | 1 | 9921 | 3.25 | 1 |
| 天津 | 1829 | 1.66 | 6 | 2851 | 1.26 | 9 | 5328 | 1.75 | 4 |
| 河北 | 833 | 0.76 | 25 | 1268 | 0.56 | 31 | 1719 | 0.56 | 32 |
| 山西 | 855 | 0.78 | 23 | 1334 | 0.59 | 29 | 1942 | 0.64 | 31 |
| 内蒙古 | 1467 | 1.33 | 9 | 1983 | 0.88 | 19 | 3029 | 0.99 | 15 |
| 辽宁 | 1120 | 1.02 | 13 | 3211 | 1.42 | 6 | 2259 | 0.74 | 28 |
| 吉林 | 1249 | 1.13 | 11 | 1996 | 0.88 | 18 | 2952 | 0.97 | 17 |
| 黑龙江 | 1023 | 0.93 | 17 | 2399 | 1.06 | 15 | 2300 | 0.75 | 26 |
| 上海 | 4950 | 4.50 | 2 | 7351 | 3.25 | 2 | 7543 | 2.47 | 2 |
| 江苏 | 980 | 0.89 | 19 | 2658 | 1.17 | 11 | 3308 | 1.08 | 11 |
| 浙江 | 897 | 0.81 | 22 | 1604 | 0.71 | 25 | 2948 | 0.97 | 18 |
| 安徽 | 918 | 0.83 | 21 | 2133 | 0.94 | 17 | 2855 | 0.94 | 20 |

续表

| 区域 | 2010 年 | | | 2013 年 | | | 2016 年 | | |
|---|---|---|---|---|---|---|---|---|---|
| | 事业费共用部分（元） | 相对水平 | 相对水平排名 | 事业费共用部分（元） | 相对水平 | 相对水平排名 | 事业费共用部分（元） | 相对水平 | 相对水平排名 |
| 福建 | 1009 | 0.92 | 18 | 1599 | 0.71 | 26 | 3158 | 1.03 | 13 |
| 江西 | 782 | 0.71 | 26 | 2426 | 1.07 | 13 | 2607 | 0.85 | 22 |
| 山东 | 974 | 0.88 | 20 | 2423 | 1.07 | 14 | 2576 | 0.84 | 23 |
| 河南 | 688 | 0.62 | 31 | 1948 | 0.86 | 20 | 2043 | 0.67 | 30 |
| 湖北 | 710 | 0.64 | 30 | 1655 | 0.73 | 24 | 3028 | 0.99 | 16 |
| 湖南 | 1202 | 1.09 | 12 | 2593 | 1.15 | 12 | 3558 | 1.17 | 9 |
| 广东 | 1104 | 1.00 | 14 | 1813 | 0.80 | 22 | 2569 | 0.84 | 24 |
| 广西 | 723 | 0.66 | 29 | 1705 | 0.75 | 23 | 2859 | 0.94 | 19 |
| 海南 | 1964 | 1.78 | 5 | 3993 | 1.76 | 3 | 4053 | 1.33 | 5 |
| 重庆 | 1645 | 1.49 | 7 | 3223 | 1.42 | 5 | 3552 | 1.16 | 10 |
| 四川 | 775 | 0.70 | 27 | 1925 | 0.85 | 21 | 2316 | 0.76 | 25 |
| 贵州 | 579 | 0.53 | 32 | 1202 | 0.53 | 32 | 2785 | 0.91 | 21 |
| 云南 | 763 | 0.69 | 28 | 1320 | 0.58 | 30 | 3225 | 1.06 | 12 |
| 西藏 | 2579 | 2.34 | 3 | 3372 | 1.49 | 4 | 6014 | 1.97 | 3 |
| 陕西 | 1062 | 0.96 | 16 | 3104 | 1.37 | 7 | 3763 | 1.23 | 6 |
| 甘肃 | 836 | 0.76 | 24 | 1499 | 0.66 | 28 | 2114 | 0.69 | 29 |
| 青海 | 2083 | 1.89 | 4 | 2809 | 1.24 | 10 | 2282 | 0.75 | 27 |
| 宁夏 | 1490 | 1.35 | 8 | 1554 | 0.69 | 27 | 3722 | 1.22 | 8 |
| 新疆 | 1261 | 1.15 | 10 | 3008 | 1.33 | 8 | 3741 | 1.23 | 7 |

| 区域 | 2010 年 | | | 2013 年 | | | 2016 年 | | |
|---|---|---|---|---|---|---|---|---|---|
| | 事业费共用部分（元） | 相对水平 | 相对水平排名 | 事业费共用部分（元） | 相对水平 | 相对水平排名 | 事业费共用部分（元） | 相对水平 | 相对水平排名 |
| 极差率 | 9.62 | | | 8.03 | | | 5.77 | | |
| 变异系数 | 0.78 | | | 0.65 | | | 0.49 | | |
| 基尼系数 | 0.34 | | | 0.31 | | | 0.29 | | |

资料来源：根据表 5 - 3 中"我国各省份小学生均公共财政预算教育事业费"数据、表 5 - 4 中"我国各省份农村小学生均公共财政预算教育事业费"数据以及 2011 年、2014 年和 2017 年《中国教育经费统计年鉴》之表"分地区地方普通小学公共财政预算教育事业费和基本建设支出明细"和表"分地区地方农村小学公共财政预算教育事业费和基本建设支出明细"数据计算得到。具体计算方法为：（地方普通小学公共财政预算事业费支出－地方农村小学公共财政预算事业费支出）/（地方普通小学公共财政预算事业费支出/地方普通小学生均公共财政预算事业费支出－地方农村小学公共财政预算事业费支出/地方农村小学生均公共财政预算事业费支出）。

贵州（2010 年和 2013 年）和河北（2016 年）是城镇小学生均公共财政预算教育事业费公用部分最少的省份，其变化趋势是贵州 579 ↗ 1202 ↗ 2785，河北 833 ↗ 1268 ↗ 1719。北京（2010 年、2013 年和 2016 年）是该项支出最大的省份，其变化趋势是 5570 ↗ 9657 ↗ 9921。31 个省级区域间城镇小学生均公共财政预算教育事业费公用部分的极差率变化趋势是 9.62 ↘ 8.03 ↘ 5.77，变异系数的变化趋势是 0.78 ↘ 0.65 ↘ 0.49，基尼系数变化趋势是 0.34 ↘ 0.31 ↘ 0.29。三个指标都说明，2010～2016 年城镇小学生均公共财政预算教育事业费公用部分支出的差距在逐渐缩小。

3. 城乡差异分析

根据城镇与农村生均公共财政预算教育事业费的比值来分析小学生均公共财政预算教育事业费的城乡差距。

由表 5 - 16 可知，2010 年，全国小学生均公共财政预算教育事业费公用部分城乡支出比值平均为 1.28，低于全国平均水平的省份有 25 个，高于全国平均水平的省份有 6 个，该项支出城乡差距最大的 5 个省份按差距由大到小排序是广东、海南、重庆、上海和湖南。2016 年，该项比值平均为 1.27，低于全国平均水平的省份有 20 个，高于全国平均水平的省份有 11 个，城乡差距最大的 5 个省份按差距由大到小排序是天津、新疆、湖南、云南和上海。2010～2016 年，城乡差距扩大的省份有 19 个，扩大幅度最大的 5 个省份由大到小分别为天津、云南、新疆、贵州和广西。城乡差距缩小的省份有 11 个，缩小幅度最大的 5 个省份由高到低依次为广东、海南、西藏、重庆和青海。总的来说，各省份小学生均公共财政预算教育事业费公用部分城乡间差距有升有降，城乡间的差距依然存在。

表 5 - 16　全国各省份小学生均公共财政预算教育事业费公用部分城乡差距比值

| 区域 | 2010 年 | 2013 年 | 2016 年 | 区域 | 2010 年 | 2013 年 | 2016 年 |
|------|---------|---------|---------|------|---------|---------|---------|
| 全国 | 1.28 | 1.15 | 1.27 | 河南 | 0.97 | 1.11 | 1.05 |
| 北京 | 0.88 | 0.92 | 0.95 | 湖北 | 1.02 | 1.07 | 1.10 |
| 天津 | 1.17 | 0.60 | 2.48 | 湖南 | 1.46 | 1.27 | 1.75 |
| 河北 | 0.91 | 0.87 | 0.90 | 广东 | 2.01 | 1.39 | 1.05 |
| 山西 | 0.84 | 0.69 | 0.85 | 广西 | 1.10 | 1.25 | 1.56 |
| 内蒙古 | 0.85 | 0.67 | 0.85 | 海南 | 1.79 | 1.42 | 0.96 |
| 辽宁 | 0.81 | 1.28 | 1.25 | 重庆 | 1.70 | 1.75 | 1.11 |
| 吉林 | 0.78 | 0.79 | 0.93 | 四川 | 1.01 | 1.12 | 0.99 |
| 黑龙江 | 1.10 | 0.82 | 0.68 | 贵州 | 0.99 | 0.82 | 1.47 |
| 上海 | 1.49 | 1.70 | 1.59 | 云南 | 0.94 | 0.75 | 1.61 |
| 江苏 | 1.26 | 0.99 | 1.31 | 西藏 | 1.39 | 0.97 | 0.77 |
| 浙江 | 1.04 | 1.12 | 1.15 | 陕西 | 0.98 | 0.88 | 1.10 |
| 安徽 | 0.99 | 0.82 | 0.99 | 甘肃 | 1.02 | 0.92 | 0.78 |
| 福建 | 0.91 | 0.79 | 1.31 | 青海 | 1.23 | 1.05 | 0.72 |
| 江西 | 1.17 | 0.94 | 0.86 | 宁夏 | 1.24 | 0.64 | 1.33 |
| 山东 | 1.08 | 1.28 | 1.28 | 新疆 | 1.17 | 1.41 | 1.79 |

　　资料来源：根据表 5 - 14 "各省份农村小学生均公共财政预算教育事业费公用部分" 数据和表 5 - 15 "各省份城镇小学生均公共财政预算教育事业费公用部分" 数据计算而得。

### 5.2.3.3 生均教育事业费中公用部分区域差异分析

2010 年，我国小学生均公共财政预算教育事业费中公用部分的第一梯队省份是西藏、青海、内蒙古、北京、天津和上海，最后梯队集中在华北和华南部地区的河南、湖北、江西、贵州、广西和广东六省份。2013 年处于第一梯队的省份是西藏、陕西、北京、天津、上海和海南六省份，处于最后梯队的有河北、湖北、贵州、广西、广东和浙江六省份。与 2010 年相比，陕西和海南进入第一梯队，青海和内蒙古退出第一梯队，河北和浙江跌落到最后梯队，河南和江西退出最后梯队。2016 年处于第一梯队的省份与 2013 年相同，处于最后梯队的省份有辽宁、河北、山西、河南、贵州、广西和云南七省份。与 2013 年相比，湖北、浙江、广东退出最后梯队，辽宁、山西和河南加入最后梯队。

综合来看，小学生均公共财政预算教育事业费中的公用部分投入多且相对稳定的省份为北京、天津、上海和西藏，投入相对较少的省份为贵州和广西。从区域分布来看，小学生均公共财政预算教育事业费中共用部分投入较高的省份多分布在京津地区、西部的边疆省份和东北地区，投入较低的省份多是华北地区和华南地区的省份。

下面用泰尔指数分析全国省级区域小学生均公共财政预算教育事业费中公用部分差距。计算的泰尔指数及其组间和组内差距构成见表 5 – 17 列示。从总的差距（泰尔指数 T）来看，全国省级区域间的小学生均公共财政预算教育事业费中公用部分差距在 2010 年、2013 年和 2016 年呈现逐年下降趋势。同一年比较，农村差距最大，城乡合计次之，城镇差距最小。城乡合计的泰尔指数从 2010 年的 1.00 减小到 2016 年的 0.73，城镇部分的泰尔指数从 2010 年的 0.75 减小到 2016 年的 0.53，农村部分则从 2010 年的 1.23 减小到 2016 年的 0.95。从组内组间差距看，也基本有农村差距大于城乡合计，城乡合计差距大于城镇的特征，且组内不平等大于组间不平等。城乡合计和农村层面的组间差距均呈下降趋势，城镇层面组间差距为先下降后上升，总体为上升趋势。城乡合计和城镇组内差距持续下降，农村组内差距先下降后上升，总体上呈下降趋势。组间差距贡献率和组内差距贡献率是此消彼长的关系，只分析其一即可。由于组内差距贡献占主体地位，约占八成，因此这里只分析组内差距贡献率。2010 年和 2013 年城镇组内差距贡献率大于城乡合计和农村，2016 年转变为小于城乡合计和农村。城乡合计和农村的组内差距贡献率呈上升趋势，分别从 2010 年的 80％ 和 75％ 上升到 2016 年的 83％ 和 86％，城镇组内差距贡献率呈下降趋势，从 2010 年的 88％ 下降到 2016 年的 77％。

表 5－17　　全国分地区小学生均公共财政预算教育事业费中公用部分差距的泰尔指数

| 泰尔指数 | 2010 年 | | | 2013 年 | | | 2016 年 | | |
|---|---|---|---|---|---|---|---|---|---|
| | 合计 | 城镇 | 农村 | 合计 | 城镇 | 农村 | 合计 | 城镇 | 农村 |
| T | 1.00 | 0.75 | 1.23 | 0.77 | 0.57 | 0.98 | 0.73 | 0.53 | 0.95 |
| Tb | 0.20 | 0.09 | 0.30 | 0.15 | 0.06 | 0.25 | 0.12 | 0.12 | 0.14 |
| Tw | 0.80 | 0.66 | 0.92 | 0.62 | 0.50 | 0.73 | 0.61 | 0.41 | 0.82 |
| Tb（％） | 20 | 12 | 25 | 20 | 11 | 26 | 17 | 23 | 14 |
| Tw（％） | 80 | 88 | 75 | 80 | 89 | 74 | 83 | 77 | 86 |
| 华北 T1 | 1.10 | 0.79 | 1.49 | 1.11 | 0.87 | 1.42 | 0.89 | 0.39 | 1.63 |
| 东北 T2 | 0.04 | 0.04 | 0.04 | 0.00 | 0.00 | 0.02 | 0.07 | 0.10 | 0.05 |
| 华东 T3 | 1.06 | 0.80 | 1.10 | 0.63 | 0.47 | 0.61 | 0.55 | 0.33 | 0.67 |
| 华中南 T4 | 0.50 | 0.58 | 0.46 | 0.53 | 0.56 | 0.50 | 0.49 | 0.47 | 0.56 |
| 西南 T5 | 1.02 | 0.96 | 1.00 | 0.75 | 0.64 | 0.81 | 1.06 | 0.85 | 1.12 |
| 西北 T6 | 0.39 | 0.34 | 0.41 | 0.19 | 0.13 | 0.26 | 0.20 | 0.15 | 0.22 |

注：表中 T 表示总体差距的泰尔指数，Tb 表示组间差距，Tw 表示组内差距，Tb（％）表示组间差距贡献率，Tw（％）表示组内差距贡献率，T1～T6 分别表示华北、东北、华东、华中南、西南、西北地区总体差距的泰尔指数。

从各个区域的泰尔指数来看，总体上也有农村不平等程度大于城乡合计，城乡合计大于城镇的特征。不平等程度总体呈下降趋势（部分区域基本持平）。例如，华北地区城乡合计部分从 2010 年的 1.10 减小到 2016 年的 0.89，华东地区的城镇部分从 2010 年的 0.80 减小到 2016 年的 0.33。各个区域中不平等程度较大的三个地区为华北地区、华东地区和西南地区，不平等程度较小的地区为东北地区，各个层面历年差距的泰尔指数均未超过 0.1。

## 5.3　小学生均公共财政预算教育基建费分析

鉴于"基本建设支出"部分的数据各省份之间的差异巨大、数据极端情况较多（对应基建费支出的特点）且存在数据缺失现象，本节只对其进行概括分析。

### 5.3.1　基本建设支出总体情况分析

表5－18反映了全国和各省级区域在2010～2016年间城乡合计、城镇、农村的小学生均公共财政预算基本建设支出情况。

**表5－18**　　　**小学生均公共财政预算基本建设支出情况**　　　单位：元

| 区域 | 2010 年 | | | 2013 年 | | | 2016 年 | | |
|------|------|------|------|------|------|------|------|------|------|
| | 合计 | 城镇 | 农村 | 合计 | 城镇 | 农村 | 合计 | 城镇 | 农村 |
| 全国 | 86 | 115 | 73 | 125 | 135 | 119 | 129 | 183 | 102 |
| 北京 | 879 | 322 | 1936 | 193 | 94 | 392 | 1086 | 973 | 1423 |
| 天津 | 71 | 0 | 137 | 211 | 0 | 422 | — | — | — |
| 河北 | 53 | 34 | 61 | 32 | 16 | 40 | 27 | 13 | 32 |
| 山西 | 80 | 60 | 93 | 99 | 82 | 113 | 29 | 27 | 29 |
| 内蒙古 | 218 | 229 | 199 | 174 | 183 | 153 | 117 | 97 | 129 |
| 辽宁 | 28 | 10 | 43 | 101 | 16 | 178 | 29 | 24 | 36 |
| 吉林 | 50 | 21 | 69 | 37 | 5 | 61 | 65 | 43 | 80 |
| 黑龙江 | 78 | 80 | 75 | 118 | 62 | 181 | 167 | 129 | 192 |
| 上海 | 391 | — | — | 367 | — | — | 41 | 50 | |
| 江苏 | 138 | 192 | 99 | 2 | 1 | 3 | 7 | 12 | 4 |
| 浙江 | 47 | 49 | 45 | 5 | 10 | 2 | 157 | 162 | 149 |
| 安徽 | 52 | 46 | 54 | 62 | 76 | 56 | 67 | 39 | 74 |
| 福建 | 57 | 62 | 54 | 48 | 19 | 67 | 61 | 48 | 69 |

续表

| 区域 | 2010 年 | | | 2013 年 | | | 2016 年 | | |
|---|---|---|---|---|---|---|---|---|---|
| | 合计 | 城镇 | 农村 | 合计 | 城镇 | 农村 | 合计 | 城镇 | 农村 |
| 江西 | 39 | 31 | 42 | 117 | 181 | 86 | 130 | 128 | 130 |
| 山东 | 14 | 38 | 8 | 0 | — | — | 14 | 1 | 21 |
| 河南 | 15 | 15 | 15 | 56 | 70 | 50 | 83 | 254 | 31 |
| 湖北 | 46 | 30 | 52 | 273 | 293 | 263 | — | — | — |
| 湖南 | 48 | 84 | 34 | 119 | 213 | 74 | 67 | 47 | 73 |
| 广东 | 82 | 203 | 9 | 135 | 259 | 25 | 238 | 416 | 19 |
| 广西 | 57 | 51 | 58 | 139 | 174 | 129 | 171 | 328 | 130 |
| 海南 | 195 | 393 | 106 | 181 | 273 | 131 | 68 | 24 | 90 |
| 重庆 | 91 | 115 | 81 | 293 | 361 | 258 | 309 | 672 | 86 |
| 四川 | 129 | 117 | 132 | 179 | 184 | 176 | 144 | 209 | 123 |
| 贵州 | 40 | 17 | 45 | 178 | 153 | 184 | 77 | 33 | 84 |
| 云南 | 114 | 166 | 103 | 110 | 12 | 136 | 77 | 214 | 49 |
| 西藏 | 418 | 285 | 477 | 2398 | 587 | 3343 | 1911 | 1795 | 1905 |
| 陕西 | 140 | 128 | 146 | 134 | 114 | 148 | 208 | 173 | 222 |
| 甘肃 | 251 | 249 | 251 | 204 | 56 | 270 | 193 | 151 | 204 |
| 青海 | 606 | 582 | 621 | 1615 | 1743 | 1502 | 1874 | 1091 | 2081 |
| 宁夏 | 185 | 168 | 195 | 185 | 4 | 329 | 152 | 281 | 85 |
| 新疆 | 216 | 422 | 91 | 232 | 250 | 221 | 428 | 358 | 448 |
| 极差率 | 62.8 | 58.2 | 242.0 | 1199.0 | 1743.0 | 1671.5 | 273.0 | 1795.0 | 520.3 |
| 变异系数 | 1.19 | 1.00 | 1.98 | 1.85 | 1.70 | 2.04 | 1.75 | 1.47 | 1.89 |
| 基尼系数 | 0.37 | 0.41 | 0.38 | 0.42 | 0.46 | 0.37 | 0.42 | 0.45 | 0.42 |

资料来源：2010 年"合计"和"农村"数据分别来自《中国教育经费统计年鉴（2011）》之表 6 - 40"分地区地方普通小学生均公共财政预算教育经费支出"和表 6 - 42"分地区地方农村小学生均公共财政预算教育经费支出"；其中"城镇"数据根据"合计"数据和"农村"数据以及《中国教育经费统计年鉴（2011）》之表 5 - 59"分地区地方普通小学公共财政预算教育事业费和基本建设支出明细"和表 5 - 62"分地区地方农村小学公共财政预算教育事业费和基本建设支出明细"数据计算得到，具体计算方法为：（地方普通小学公共财政预算基本建设支出 - 地方农村小学公共财政预算基本建设支出）/（地方普通小学公共财政预算事业费支出/地方普通小学生均公共财政预算事业费支出 - 地方农村小学公共财政预算事业费支出/地方农村小学生均公共财政预算事业费支出），2013 年和 2016 年数据来源及计算方法与 2010 年类似。

注：（1）由于生均基本建设支出统计不完整，表中极差率等数据是在不考虑 0 和缺失数据的情况下计算出来的。（2）"—"表示此处无数据。

全国合计的小学生均公共财政预算基本建设支出从 2010 年的 86 元持续增加到 2016 年的 129 元，增幅为 50%。全国城镇小学生均公共财政预算基本建设支出从 2010 年的 115 元持续增加到 2016 年的 183 元，增幅为 59%。全国农村小学生均公共财政预算基本建设支出从 2010 年的 73 元增加到 2013 年的 119 元，又减少到 2016 年的 102 元，增幅为 40%。所以在全国层面，是城镇高于城乡合计，城乡合计高于农村；从 2010~2016 年的增幅看，也是城镇高于城乡合计，城乡合计高于农村。可见，我国农村地区小学不仅生均公共财政预算基本建设支出少，而且增长也慢于城镇，按照这样的趋势，这将进一步拉大城乡间基础教育支出差距。

各省份间小学生均公共财政预算基本建设支出的差距较大，且总体上是朝着差距扩大的趋势发展。从极差率来看，城乡合计从 2010 年的 62.8 增加到 2016 年的 273.0，城镇从 2010 年的 58.2 增加到 2016 年的 1795.0，增加了近 30 倍，农村从 2010 年的 242.0 增加到 2016 年的 520.3，极差率急剧增加可以看出地区间差距的迅速扩大，尤其是城镇层面。从变异系数来看，2010~2016 年，城乡合计从 1.19 增加到 1.75，城镇从 1.00 增加到 1.47，农村从 1.98 先上升到 2013 年的 2.04 后下降到 2016 年的 1.89，可以看出各省级区域间的差距在总体上也是扩大的。基尼系数在城乡合计、城镇和农村层面均呈扩大趋势，分别从 2010 年的 0.37、0.41 和 0.38 上升到 2016 年的 0.42、0.45 和 0.42。最后，基尼系数表征的不平等程度状况比较是：各省级区域间城镇的不平等大于城乡合计和农村的不平等。

值得注意的是，以上分析的差异大小及部分差异扩大的趋势，并不完全反映为相应城乡间的基建物量差异，原因是城乡间的建筑成本有很大差别。

## 5.3.2　基本建设支出区域差异分析

2010 年，我国小学生均公共财政预算教育基建费的第一梯队省份是西藏、青海、甘肃、内蒙古、北京和上海，最后梯队省份有辽宁、山东、河南、湖北、江西和贵州六省份。2013 年处于第一梯队的省份是西藏、新疆、青海、重庆、湖北和上海六省份，处于最后梯队的有吉林、河北、山东、江苏、浙江和福建六省份。与 2010 年相比，新疆、重庆和湖北进入第一梯队，甘肃、内蒙古和北京退出第一梯队，吉林、河北、江苏、浙江和福建进入最后梯队,辽宁、河南、湖北、江西和贵州退出最后梯队。2016 年处于第一梯队的省份有西藏、新疆、青海、重庆、北京和广东六省份,处于最后梯队的省份有辽宁、河北、山西、山东和江苏五省份。与 2013 年相比,广东和北京加入第一梯队,武汉和上海退出第一梯队,吉林、浙江和福建退出最后梯队,辽宁和山西加入最后梯队。

综合来看,在考察年份小学生均公共财政预算基建经费投入最多且相对最稳定的省份为西藏和青海,投入相对少的省份为辽宁和山东。从区域分布来看,小学生均公共财政预算基建经费投入较高的省份多分布在西北和西南省份,例如,西藏、青海、重庆等,投入低的省份多分布在环渤海省份和华北地区。这种空间分布规律与生均公共财政预算教育事业费是非常不同的,相对来说,东部沿海省份由于经济发展水平较高,教育基建已基本完成,西部地区发展相对滞后,现阶段随着我国对西部地区的重视,其小学教育基建等投入开始增加。

下面用泰尔指数分析全国省级区域小学生均公共财政预算基本建设支出差距。计算的泰尔指数及其组间和组内差距构成见表 5-19 列示。全国省级区域间小学生均公共财政预算基本建设支出差距在 2010~2016 年总体上呈上升趋势,农村差距最大,城乡合计次之,城镇差距最小。城乡合计泰尔指数从 2010 年的 1.54 增加到 2016 年的 2.14,城镇部分的泰尔指数从 2010 年的 1.06 增加到 2016 年的 1.88,农村部分从 2010 年的 2.40 增加到 2016 年的 2.59。

表 5-19  全国分地区小学生均公共财政预算基本建设支出差距的泰尔指数

| 泰尔指数 | 2010 年 | | | 2013 年 | | | 2016 年 | | |
|---|---|---|---|---|---|---|---|---|---|
| | 合计 | 城镇 | 农村 | 合计 | 城镇 | 农村 | 合计 | 城镇 | 农村 |
| T | 1.54 | 1.06 | 2.40 | 2.13 | 1.64 | 2.52 | 2.14 | 1.88 | 2.59 |
| Tb | 0.39 | 0.36 | 0.78 | 0.49 | 0.53 | 0.63 | 0.59 | 0.61 | 0.65 |
| Tw | 1.15 | 0.70 | 1.62 | 1.64 | 1.11 | 1.89 | 1.54 | 1.27 | 1.94 |
| Tb（%） | 25 | 34 | 33 | 23 | 32 | 25 | 28 | 32 | 25 |
| Tw（%） | 75 | 66 | 67 | 77 | 68 | 75 | 72 | 68 | 75 |
| 华北 T1 | 1.48 | — | — | 0.88 | — | 1.45 | — | — | — |

续表

| 泰尔指数 | 2010 年 | | | 2013 年 | | | 2016 年 | | |
|---|---|---|---|---|---|---|---|---|---|
| | 合计 | 城镇 | 农村 | 合计 | 城镇 | 农村 | 合计 | 城镇 | 农村 |
| 东北 T2 | 0.12 | 0.32 | 0.07 | 0.06 | 0.32 | 0.08 | 0.29 | 0.38 | 0.21 |
| 华东 T3 | 1.48 | — | — | — | — | — | 0.49 | 0.61 | — |
| 华中南 T4 | 1.10 | 1.27 | 1.09 | 0.55 | 0.47 | 0.75 | — | — | — |
| 西南 T5 | 1.50 | 0.97 | 1.74 | 2.50 | 1.20 | 2.87 | 2.46 | 2.07 | 2.78 |
| 西北 T6 | 0.60 | 0.42 | 0.79 | 1.25 | 1.58 | 1.16 | 1.13 | 0.88 | 1.18 |

注：（1）表中 T 表示总体差距的泰尔指数，Tb 表示组间差距，Tw 表示组内差距，Tb（%）表示组间差距贡献率，Tw（%）表示组内差距贡献率，T1 ~ T6 分别表示华北、东北、华东、华中南、西南、西北地区总体差距的泰尔指数。（2）表中总体泰尔指数（T）和组内（Tw）组间（Tb）泰尔指数数据是在有缺失数据的情况下计算出来的，虽然数据的代表性和准确性降低了，但是对于我们作对比分析和趋势分析还是能起到一定作用的，故在此我们保留这部分数据；然而，对于各个地区来说，在有缺失数据的情况下，由于组内省区数量有限，故计算出的泰尔指数会有较大误差，会失去比较的意义，因此此处不考虑有数据有缺失地区的泰尔指数，用"—"表示。

从组内组间差距来看，也是农村差距大于城乡合计和城镇的差距，且组内不平等大于组间不平等，除了农村组间差距有缩小外，其余层面组内组间差距总体上都有上升趋势。组间差距贡献率和组内差距贡献率是此消彼长的关系，只分析其一即可。由于组内差距贡献占主体地位，因此这里只分析组内差距贡献率。表中所示三年城镇组内差距贡献率均小于城乡合计和农村，城乡合计层面的组内差距贡献率呈下降趋势，城镇、农村呈现上升趋势，如城乡合计组内差距贡献率从 2010 年的 75% 下降到 2016 年的 72%，城镇、农村差距贡献率分别从 2010 年的 66% 和 67% 上升到 2016 年的 68% 和 75%。

从各个区域的泰尔指数来看（由于华北地区缺失数据较多，故我们只对除华北外的 5 个地区进行分析），东北地区是各个区域中不平等程度最小的地区，其各个层面差距呈小幅上升趋势，其他四个地区的不平等程度都较大。华东地区仅有城乡合计数据，其差距呈缩小趋势。华中南仅有 2010 年和 2013 年两年数据，从这两年数据来看，其城乡合计、城镇和农村层面差距均呈缩小趋势，西南和西北地区的差距在各个层面均呈扩大趋势，例如，西南地区城乡合计、城镇和农村的泰尔指数分别从 2010 年的 1.50、0.97 和 1.74

上升到 2016 年的 2.46、2.07 和 2.78。

从以上分析可以看出，小学生均公共财政预算基建经费不同于教育事业费，其各层面的区域差距都有扩大趋势，在农村层面的差距最大。地区内部省份之间各层面的差距大于地区之间各层面差距，华东、华中南、西南和西北是差距较大的 4 个地区，其中华东和华中南差距有下降趋势，西南和西北的差距呈上升趋势。值得一提的是，小学生均基建经费差距的泰尔指数普遍高于教育事业费的泰尔指数，说明在小学基建经费的支出方面地区间的差距比较大。

# 5.4　初中生均公共财政预算教育事业费分析

初中生均公共财政预算教育事业费主要包括个人部分和公用部分，个人部分是指用于教职人员的工资福利支出以及用于学生个人的和家庭的补助支出，公用部分包括教学过程中的商品和服务支出以及一些基金项目的资本性的支出。下面分别从初中生均公共财政预算教育事业费的总体、个人部分以及公用部分三个层面对其支出情况进行分析。

## 5.4.1　生均教育事业费总体情况分析

### 5.4.1.1　生均教育事业费总体分析

由表 5 - 20 可知，初中生均公共财政预算教育事业费从 2010 年的 5214 元持续增长到 2016 年的 13414 元，年均增长 17.06%。由相对水平值及其排名可以发现，表 5 - 20 中所示三年初中生均公共财政预算教育事业费，全国分别有 18 个、16 个、18 个省份高于全国平均水平。2016 年，最高的 5 个省份由高至低依次是北京、上海、天津、西藏和江苏；最低的 5 个省份由低至高依次是河南、广西、贵州、江西和河北。

表5－20　　我国各省份初中生均公共财政预算教育事业费及其相对水平

| 区域 | 2010 年 | | | 2013 年 | | | 2016 年 | | |
|---|---|---|---|---|---|---|---|---|---|
| | 事业费（元） | 相对水平 | 相对水平排名 | 事业费（元） | 相对水平 | 相对水平排名 | 事业费（元） | 相对水平 | 相对水平排名 |
| 全国 | 5214 | 1.00 | 19 | 9256 | 1.00 | 17 | 13414 | 1.00 | 19 |
| 北京 | 20023 | 3.84 | 1 | 32544 | 3.52 | 1 | 45516 | 3.39 | 1 |
| 天津 | 14819 | 2.84 | 3 | 22841 | 2.47 | 3 | 29962 | 2.23 | 3 |
| 河北 | 5227 | 1.00 | 18 | 7471 | 0.81 | 28 | 10533 | 0.79 | 28 |
| 山西 | 4739 | 0.91 | 21 | 7765 | 0.84 | 24 | 12267 | 0.91 | 21 |
| 内蒙古 | 7684 | 1.47 | 7 | 11415 | 1.23 | 10 | 16302 | 1.22 | 10 |
| 辽宁 | 6978 | 1.34 | 10 | 11463 | 1.24 | 8 | 13710 | 1.02 | 18 |
| 吉林 | 6827 | 1.31 | 11 | 11451 | 1.24 | 9 | 16879 | 1.26 | 9 |
| 黑龙江 | 5594 | 1.07 | 16 | 10334 | 1.12 | 14 | 15515 | 1.16 | 11 |
| 上海 | 19810 | 3.80 | 2 | 25445 | 2.75 | 2 | 30285 | 2.26 | 2 |
| 江苏 | 8386 | 1.61 | 4 | 15141 | 1.64 | 4 | 21195 | 1.58 | 5 |
| 浙江 | 8382 | 1.61 | 5 | 12617 | 1.36 | 7 | 18798 | 1.40 | 6 |
| 安徽 | 3964 | 0.76 | 28 | 8830 | 0.95 | 19 | 12435 | 0.93 | 20 |
| 福建 | 5716 | 1.10 | 15 | 10511 | 1.14 | 12 | 14692 | 1.10 | 13 |
| 江西 | 3375 | 0.65 | 31 | 7882 | 0.85 | 23 | 10513 | 0.78 | 29 |
| 山东 | 6137 | 1.18 | 12 | 10171 | 1.10 | 15 | 14630 | 1.09 | 14 |
| 河南 | 3410 | 0.65 | 30 | 6454 | 0.70 | 31 | 7812 | 0.58 | 32 |
| 湖北 | 4514 | 0.87 | 22 | 8543 | 0.92 | 20 | 17272 | 1.29 | 8 |
| 湖南 | 4933 | 0.95 | 20 | 8835 | 0.95 | 18 | 11879 | 0.89 | 25 |
| 广东 | 3921 | 0.75 | 29 | 7509 | 0.81 | 26 | 13726 | 1.02 | 17 |
| 广西 | 4300 | 0.82 | 24 | 6751 | 0.73 | 30 | 9508 | 0.71 | 31 |
| 海南 | 5802 | 1.11 | 14 | 10077 | 1.09 | 16 | 14586 | 1.09 | 15 |
| 重庆 | 4298 | 0.82 | 25 | 7607 | 0.82 | 25 | 11917 | 0.89 | 24 |
| 四川 | 4077 | 0.78 | 27 | 8337 | 0.90 | 22 | 12063 | 0.90 | 22 |
| 贵州 | 3204 | 0.61 | 32 | 6140 | 0.66 | 32 | 10132 | 0.76 | 30 |
| 云南 | 4349 | 0.83 | 23 | 7190 | 0.78 | 29 | 10822 | 0.81 | 27 |

| 区域 | 2010 年 | | | 2013 年 | | | 2016 年 | | |
|---|---|---|---|---|---|---|---|---|---|
| | 事业费（元） | 相对水平 | 相对水平排名 | 事业费（元） | 相对水平 | 相对水平排名 | 事业费（元） | 相对水平 | 相对水平排名 |
| 西藏 | 7243 | 1.39 | 9 | 12784 | 1.38 | 6 | 24606 | 1.83 | 4 |
| 陕西 | 5257 | 1.01 | 17 | 11359 | 1.23 | 11 | 14155 | 1.06 | 16 |
| 甘肃 | 4130 | 0.79 | 26 | 7494 | 0.81 | 27 | 11721 | 0.87 | 26 |
| 青海 | 7423 | 1.42 | 8 | 10495 | 1.13 | 13 | 14915 | 1.11 | 12 |
| 宁夏 | 6009 | 1.15 | 13 | 8479 | 0.92 | 21 | 11929 | 0.89 | 23 |
| 新疆 | 7789 | 1.49 | 6 | 14549 | 1.57 | 5 | 17410 | 1.30 | 7 |
| 极差率 | 6.25 | | | 5.30 | | | 5.83 | | |
| 变异系数 | 0.61 | | | 0.51 | | | 0.47 | | |
| 基尼系数 | 0.27 | | | 0.27 | | | 0.22 | | |

资料来源：根据《中国教育经费统计年鉴（2011）》之表 6 - 36 "分地区地方普通初中生均公共财政预算教育经费支出"、《中国教育经费统计年鉴（2014）》之表 6 - 38 "生均公共财政预算教育经费支出（地方普通初中）"和《中国教育经费统计年鉴（2017）》之表 7 - 38 "生均公共财政预算教育经费支出（地方普通初中）"数据整理计算而得。

贵州（2010 年和 2013 年）和河南（2016 年）是初中生均公共财政预算教育事业费最少的省份，其变化趋势是：贵州 3204 ↗6140 ↗10132；河南3410 ↗6454 ↗7812。北京（2010 年、2013 年和 2016 年）是该项投入最多的省份，其变化趋势是 20023 ↗32544 ↗45516。31 个省级区域间初中生均公共财政预算教育事业费极差率的变化趋势是 6.25 ↘5.30 ↗5.83；变异系数的变化趋势是 0.61 ↘0.51 ↘0.47；基尼系数变化趋势是 0.27→0.27 ↘0.22。极差率、变异系数及基尼系数均呈现总体下降的趋势说明 2010 ~2016 年初中生均公共财政预算教育事业费支出的省级区域差距逐渐缩小。

### 5.4.1.2 生均教育事业费城乡差异分析

1. 农村情况分析

由表 5 - 21 可知，全国农村初中生均公共财政预算教育事业费从 2010 年的 4896 元持续增长到 2016 年的 12477 元，年均增长 16.87%。由相对水平值及其排名可以发现，表 5–21 中所示三年全国分别有 19 个、19 个、18 个省份高于全国平均水平。2016 年，农村初中生均公共财政预算教育事业费最高的五个省份由高至低依次是北京、上海、天津、西藏和江苏，最低五个省份由低至高依次是河南、广西、河北、贵州和江西。

**表 5–21    我国各省份农村初中生均公共财政预算教育事业费变化**

| 区域 | 2010 年 | | | 2013 年 | | | 2016 年 | | |
|---|---|---|---|---|---|---|---|---|---|
| | 事业费（元） | 相对水平 | 相对水平排名 | 事业费（元） | 相对水平 | 相对水平排名 | 事业费（元） | 相对水平 | 相对水平排名 |
| 全国 | 4896 | 1.00 | 20 | 9194 | 1.00 | 20 | 12477 | 1.00 | 19 |
| 北京 | 26323 | 5.38 | 1 | 45187 | 4.91 | 1 | 56364 | 4.52 | 1 |
| 天津 | 11919 | 2.43 | 3 | 20221 | 2.20 | 3 | 24668 | 1.98 | 3 |
| 河北 | 5604 | 1.14 | 15 | 8368 | 0.91 | 23 | 9872 | 0.79 | 30 |
| 山西 | 5116 | 1.04 | 17 | 9326 | 1.01 | 19 | 12655 | 1.01 | 18 |
| 内蒙古 | 9039 | 1.85 | 4 | 14430 | 1.57 | 6 | 17194 | 1.38 | 8 |
| 辽宁 | 6585 | 1.34 | 10 | 11272 | 1.23 | 12 | 12271 | 0.98 | 20 |
| 吉林 | 7480 | 1.53 | 8 | 13374 | 1.45 | 7 | 18186 | 1.46 | 7 |
| 黑龙江 | 5009 | 1.02 | 19 | 10461 | 1.14 | 15 | 16524 | 1.32 | 10 |
| 上海 | 17751 | 3.63 | 2 | 22605 | 2.46 | 2 | 28155 | 2.26 | 2 |
| 江苏 | 8437 | 1.72 | 5 | 16896 | 1.84 | 4 | 20537 | 1.65 | 5 |
| 浙江 | 8415 | 1.72 | 6 | 12777 | 1.39 | 9 | 18523 | 1.48 | 6 |
| 安徽 | 4004 | 0.82 | 26 | 9725 | 1.06 | 17 | 12918 | 1.04 | 17 |
| 福建 | 5730 | 1.17 | 13 | 11451 | 1.25 | 11 | 15436 | 1.24 | 13 |
| 江西 | 3495 | 0.71 | 28 | 8335 | 0.91 | 24 | 10342 | 0.83 | 28 |
| 山东 | 6031 | 1.23 | 12 | 10263 | 1.12 | 16 | 14483 | 1.16 | 16 |
| 河南 | 3431 | 0.70 | 29 | 6625 | 0.72 | 29 | 7621 | 0.61 | 32 |
| 湖北 | 4370 | 0.89 | 21 | 8715 | 0.95 | 21 | 16961 | 1.36 | 9 |
| 湖南 | 5055 | 1.03 | 18 | 9470 | 1.03 | 18 | 11554 | 0.93 | 26 |
| 广东 | 2914 | 0.60 | 31 | 6130 | 0.67 | 31 | 12047 | 0.97 | 23 |
| 广西 | 4197 | 0.86 | 23 | 6719 | 0.73 | 28 | 9013 | 0.72 | 31 |
| 海南 | 5552 | 1.13 | 16 | 10818 | 1.18 | 13 | 15802 | 1.27 | 12 |
| 重庆 | 4090 | 0.84 | 25 | 7831 | 0.85 | 26 | 12126 | 0.97 | 22 |
| 四川 | 3967 | 0.81 | 27 | 8650 | 0.94 | 22 | 12129 | 0.97 | 21 |
| 贵州 | 3115 | 0.64 | 30 | 6211 | 0.68 | 30 | 9906 | 0.79 | 29 |

| 区域 | 2010 年 | | | 2013 年 | | | 2016 年 | | |
|------|---------|------|--------|---------|------|--------|---------|------|--------|
| | 事业费（元） | 相对水平 | 相对水平排名 | 事业费（元） | 相对水平 | 相对水平排名 | 事业费（元） | 相对水平 | 相对水平排名 |
| 云南 | 4271 | 0.87 | 22 | 7093 | 0.77 | 27 | 10406 | 0.83 | 27 |
| 西藏 | — | — | — | — | — | — | 21998 | 1.76 | 4 |
| 陕西 | 5680 | 1.16 | 14 | 12854 | 1.40 | 8 | 14717 | 1.18 | 15 |
| 甘肃 | 4143 | 0.85 | 24 | 8099 | 0.88 | 25 | 11919 | 0.96 | 24 |
| 青海 | 6541 | 1.34 | 11 | 10665 | 1.16 | 14 | 15165 | 1.22 | 14 |
| 宁夏 | 6653 | 1.36 | 9 | 11504 | 1.25 | 10 | 11708 | 0.94 | 25 |
| 新疆 | 8070 | 1.65 | 7 | 15087 | 1.64 | 5 | 16048 | 1.29 | 11 |
| 极差率 | 9.03 | | | 7.37 | | | 7.40 | | |
| 变异系数 | 0.69 | | | 0.60 | | | 0.54 | | |
| 基尼系数 | 0.26 | | | 0.23 | | | 0.23 | | |

资料来源：根据《中国教育经费统计年鉴（2011）》之表 6-38 "分地区地方农村初中生均公共财政预算教育经费支出"、《中国教育经费统计年鉴（2014）》之表 6-40 "生均公共财政预算教育经费支出（地方农村初中）"和《中国教育经费统计年鉴（2017）》之表 7-40 "生均公共财政预算教育经费支出（地方农村初中）"数据整理计算而得。

注：（1）在计算标准差时，因西藏农村数据缺失，故 N 取 30，其余指标下 N 取 31。（2）"—"表示此项无数据。

广东（2010 年和 2013 年）和河南（2016 年）是农村初中生均公共财政预算教育事业费最低的省份，其变化趋势是：广东 2914 ↗6130 ↗12047；河南 3431 ↗6625 ↗7621。北京（2010 年、2013 年和 2016 年）是该项投入最大的省份，其变化趋势是 26323 ↗45187 ↗56364。31 个省级区域间农村初中生均公共财政预算教育事业费间极差率的变化趋势是 9.03 ↘7.37 ↗7.40；变异系数的变化趋势是 0.69 ↘0.60 ↘0.54；基尼系数变化趋势是 0.26 ↘0.23→0.23。极差率、变异系数及基尼系数均呈现总体下降的趋势说明 2010~2016 年农村初中生均公共财政预算教育事业费支出的省级区域差距逐渐缩小。

2. 城镇情况分析

由表 5-22 可知，全国城镇初中生均公共财政预算教育事业费从 2010 年的 5778 元逐年增长到 2016 年的 15377 元，年均增长 17.72%。由相对水平值及其排名可以发现，表 5-22 中三年全国分别有 13 个、13 个、9 个省份高于全国平均水平。2016 年，最高的五个省份由高至低依次是北京、西藏、天津、上海和江苏；最低的五个省份由低至高依次是河南、安徽、甘肃、江西、广西。

表5-22　　我国各省份城镇初中生均公共财政预算教育事业费及其相对水平

| 区域 | 2010 年 | | | 2013 年 | | | 2016 年 | | |
|---|---|---|---|---|---|---|---|---|---|
| | 事业费（元） | 相对水平 | 相对水平排名 | 事业费（元） | 相对水平 | 相对水平排名 | 事业费（元） | 相对水平 | 相对水平排名 |
| 全国 | 5778 | 1.00 | 14 | 9341 | 1.00 | 14 | 15377 | 1.00 | 10 |
| 北京 | 17648 | 3.05 | 3 | 28440 | 3.04 | 1 | 43162 | 2.81 | 1 |
| 天津 | 17849 | 3.09 | 2 | 25242 | 2.70 | 3 | 32888 | 2.14 | 3 |
| 河北 | 4781 | 0.83 | 19 | 6700 | 0.72 | 27 | 12392 | 0.81 | 22 |
| 山西 | 4358 | 0.75 | 25 | 6590 | 0.71 | 28 | 11536 | 0.75 | 25 |
| 内蒙古 | 7223 | 1.25 | 9 | 10655 | 1.14 | 8 | 14973 | 0.97 | 13 |
| 辽宁 | 7397 | 1.28 | 8 | 11632 | 1.25 | 7 | 15109 | 0.98 | 12 |
| 吉林 | 6143 | 1.06 | 11 | 9789 | 1.05 | 12 | 15147 | 0.99 | 11 |
| 黑龙江 | 6064 | 1.05 | 13 | 10254 | 1.10 | 10 | 14229 | 0.93 | 16 |
| 上海 | 20905 | 3.62 | 1 | 26511 | 2.84 | 2 | 30784 | 2.00 | 4 |
| 江苏 | 8320 | 1.44 | 5 | 13617 | 1.46 | 5 | 21857 | 1.42 | 5 |
| 浙江 | 8331 | 1.44 | 4 | 12401 | 1.33 | 6 | 19121 | 1.24 | 7 |
| 安徽 | 3851 | 0.67 | 28 | 7136 | 0.76 | 24 | 10746 | 0.70 | 31 |
| 福建 | 5682 | 0.98 | 15 | 8898 | 0.95 | 17 | 13480 | 0.88 | 17 |
| 江西 | 3161 | 0.55 | 31 | 7254 | 0.78 | 23 | 11054 | 0.72 | 29 |
| 山东 | 6462 | 1.12 | 10 | 9958 | 1.07 | 11 | 14865 | 0.97 | 14 |
| 河南 | 3362 | 0.58 | 30 | 6170 | 0.66 | 30 | 8409 | 0.55 | 32 |
| 湖北 | 4826 | 0.84 | 18 | 8267 | 0.89 | 18 | 17765 | 1.16 | 8 |
| 湖南 | 4656 | 0.81 | 21 | 7663 | 0.82 | 20 | 13045 | 0.85 | 19 |
| 广东 | 5604 | 0.97 | 16 | 9337 | 1.00 | 15 | 15427 | 1.00 | 9 |
| 广西 | 4533 | 0.78 | 23 | 6812 | 0.73 | 26 | 11387 | 0.74 | 28 |
| 海南 | 6121 | 1.06 | 12 | 9299 | 1.00 | 16 | 12806 | 0.83 | 21 |
| 重庆 | 4752 | 0.82 | 20 | 7266 | 0.78 | 22 | 11522 | 0.75 | 26 |
| 四川 | 4346 | 0.75 | 26 | 7786 | 0.83 | 19 | 11845 | 0.77 | 24 |
| 贵州 | 3494 | 0.60 | 29 | 5953 | 0.64 | 31 | 11409 | 0.74 | 27 |
| 云南 | 4574 | 0.79 | 22 | 7415 | 0.79 | 21 | 13115 | 0.85 | 18 |
| 西藏 | — | — | — | — | — | — | 38906 | 2.53 | 2 |
| 陕西 | 4471 | 0.77 | 24 | 9546 | 1.02 | 13 | 12863 | 0.84 | 20 |
| 甘肃 | 4099 | 0.71 | 27 | 6388 | 0.68 | 29 | 11020 | 0.72 | 30 |

续表

| 区域 | 2010 年 | | | 2013 年 | | | 2016 年 | | |
|---|---|---|---|---|---|---|---|---|---|
| | 事业费（元） | 相对水平 | 相对水平排名 | 事业费（元） | 相对水平 | 相对水平排名 | 事业费（元） | 相对水平 | 相对水平排名 |
| 青海 | 7934 | 1.37 | 6 | 10418 | 1.12 | 9 | 14259 | 0.93 | 15 |
| 宁夏 | 5506 | 0.95 | 17 | 6892 | 0.74 | 25 | 12285 | 0.80 | 23 |
| 新疆 | 7477 | 1.29 | 7 | 14048 | 1.50 | 4 | 20623 | 1.34 | 6 |
| 极差率 | 6.61 | | | 4.78 | | | 5.13 | | |
| 变异系数 | 0.63 | | | 0.55 | | | 0.50 | | |
| 基尼系数 | 0.32 | | | 0.31 | | | 0.36 | | |

资料来源：根据表 5-20 中"我国各省份初中生均公共财政预算教育事业费"数据、表 5-21 中"我国各省份农村初中生均公共财政预算教育事业费"数据以及 2011 年、2014 年和 2017 年《中国教育经费统计年鉴》之表"分地区地方普通初中公共财政预算教育事业费和基本建设支出明细"和表"分地区地方农村初中公共财政预算教育事业费和基本建设支出明细"数据计算得到，具体计算方法为：（地方普通初中公共财政预算事业费支出 - 地方农村初中公共财政预算事业费支出）/（地方普通初中公共财政预算事业费支出/地方普通初中生均公共财政预算事业费支出 - 地方农村初中公共财政预算事业费支出/地方农村初中生均公共财政预算事业费支出）。

注：（1）为方便计算和统一数据，初中部分计算历年"城镇"生均数据时使用的城镇学生数都以计算"城镇生均教育事业费"时推出的数据为准，即以公式"地方普通初中公共财政预算事业费支出/地方普通初中生均公共财政预算事业费支出 - 地方农村初中公共财政预算事业费支出/地方农村初中生均公共财政预算事业费支出"计算结果为准。（2）在计算标准差时，因 2010 年和 2013 年西藏数据缺失，故 N 取 30。（3）"—"表示此处无数据。

江西（2010 年）、贵州（2013 年）和河南（2016 年）是城镇生均投入最小的省份，其变化趋势是：江西 3161 ↗ 7254 ↗ 11054；贵州 3494 ↗ 5953 ↗ 11409；河南 3362 ↗ 6170 ↗ 8409。上海（2010 年）和北京（2013 年和 2016 年）是该项支出最大的省份，其变化趋势是：上海 20905 ↗ 26511 ↗ 30784；北京 17648 ↗ 28440 ↗ 43162。31 个省级区域间城镇初中生均公共财政预算教育事业费间极差率的变化趋势是 6.61 ↘ 4.78 ↗ 5.13，变异系数的变化趋势是 0.63 ↘ 0.55 ↘ 0.50，基尼系数的变化趋势是 0.32 ↘ 0.31 ↗ 0.36。极差率及变异系数呈现总体下降的趋势说明 2010~2016 年城镇初中生均公共财政预算教育事业费支出的省级区域差距逐渐缩小。但是，基尼系数表征的差距呈扩大趋势，值得注意。

3. 城乡差异分析

由表 5-23 可知，2010 年，全国初中生均公共财政预算教育事业费支出的平均城乡比为 1.18，高于全国平均水平的省份有 4 个，低于全国平均水平的省份有 26 个，城乡差距最大的 5 个省份按差距由大到小排序是广东、天津、青海、黑龙江和上海。到 2016 年，全国平均城乡比扩大到 1.23，高于全国平均水平的省份有 7 个，低于全国平均水平的省份有 23 个，城乡差距最大的 5 个省份按差距由大到小排序是西藏、天津、新疆、广东和云南。2010 ~ 2016 年，城乡差距扩大的省份有 17 个，扩大程度最大的 5 个省份分别为河北、新疆、宁夏、湖南和云南。城乡差距缩小的有 13 个省份①，缩小幅度最大的 5 个省份由高到低依次为广东、黑龙江、海南、青海和重庆。全国过半数省份城乡差距扩大也是不争的事实。

表 5 - 23    全国各省份初中生均公共财政预算教育事业费城乡差距比值

| 区域 | 2010 年 | 2013 年 | 2016 年 | 区域 | 2010 年 | 2013 年 | 2016 年 |
|---|---|---|---|---|---|---|---|
| 全国 | 1.18 | 1.02 | 1.23 | 河南 | 0.98 | 0.93 | 1.10 |
| 北京 | 0.67 | 0.63 | 0.77 | 湖北 | 1.10 | 0.95 | 1.05 |
| 天津 | 1.50 | 1.25 | 1.33 | 湖南 | 0.92 | 0.81 | 1.13 |
| 河北 | 0.85 | 0.80 | 1.26 | 广东 | 1.92 | 1.52 | 1.28 |
| 山西 | 0.85 | 0.71 | 0.91 | 广西 | 1.08 | 1.01 | 1.26 |
| 内蒙古 | 0.80 | 0.74 | 0.87 | 海南 | 1.10 | 0.86 | 0.81 |
| 辽宁 | 1.12 | 1.03 | 1.23 | 重庆 | 1.16 | 0.93 | 0.95 |
| 吉林 | 0.82 | 0.73 | 0.83 | 四川 | 1.10 | 0.90 | 0.98 |
| 黑龙江 | 1.21 | 0.98 | 0.86 | 贵州 | 1.12 | 0.96 | 1.15 |
| 上海 | 1.18 | 1.17 | 1.09 | 云南 | 1.07 | 1.05 | 1.26 |
| 江苏 | 0.99 | 0.81 | 1.06 | 西藏 | — | — | 1.77 |
| 浙江 | 0.99 | 0.97 | 1.03 | 陕西 | 0.79 | 0.74 | 0.87 |
| 安徽 | 0.96 | 0.73 | 0.83 | 甘肃 | 0.99 | 0.79 | 0.92 |
| 福建 | 0.99 | 0.78 | 0.87 | 青海 | 1.21 | 0.98 | 0.94 |
| 江西 | 0.90 | 0.87 | 1.07 | 宁夏 | 0.83 | 0.60 | 1.05 |
| 山东 | 1.07 | 0.97 | 1.03 | 新疆 | 0.93 | 0.93 | 1.29 |

资料来源：根据表 5 - 21 中"我国各省份农村初中生均公共财政预算教育事业费"数据和表 5 - 22 中"我国各省份城镇初中生均公共财政预算教育事业费"数据计算而得。

注："—"表示此处无数据。

---

① 西藏 2010 年和 2013 年数据缺失，因此城乡差距变化只涉及其他 30 个省份。

### 5.4.1.3　生均教育事业费区域差距分析

2010 年，我国初中生均公共财政预算教育事业费的第一梯队省份是新疆、北京、天津、江苏、上海和浙江，最后梯队省份是河南、安徽、江西、广东、四川和贵州六省份。2013 年处于第一梯队的省份是西藏、新疆、北京、天津、江苏和上海六省份，处于最后梯队的有河北、河南、甘肃、贵州、广西、广东、云南七省份。与 2010 年相比，西藏进入第一梯队，浙江退出第一梯队，甘肃、河北、云南、广西和广东跌落到最后梯队，安徽、江西和四川退出最后梯队。2016 年处于第一梯队的省份有西藏、北京、天津、江苏、上海和浙江六省份，处于最后梯队的省份有河北、河南、江西、贵州、广西、云南和甘肃七省份。与 2013 年相比，浙江重回第一梯队，新疆退出第一梯队，广东退出最后梯队，江西重回最后梯队。

综合来看，初中生均公共财政预算教育事业费投入多且相对稳定的省份为北京、天津、江苏和上海，投入相对较少的省份为河南和贵州。从区域分布来看，初中生均公共财政预算教育事业费投入较高的省份多分布在长江三角洲地区、京津地区以及西部的边疆省份，投入低的省份多分布在华北平原和西南的内陆省份。这种分布格局与小学生均公共财政预算教育事业费的空间分布基本类似。

下面用泰尔指数分析全国省级区域初中生均公共财政预算教育事业费的差距。计算的泰尔指数及其组间和组内差距构成见表 5－24 列示。从总的差距（泰尔指数 T）来看，全国省级区域间的初中生均公共财政预算教育事业费差距在 2010～2016 年总体呈逐年下降趋势，按照差距大小排序，农村差距最大，合计次之，城镇差距最小。合计、城镇和农村层面的泰尔指数分别从 2010 年的 0.80、0.55 和 1.08 减小到 2016 年的 0.63、0.54 和 0.94。

表 5－24　全国分地区初中生均公共财政预算教育事业费差距的泰尔指数

| 泰尔指数 | 2010 年 | | | 2013 年 | | | 2016 年 | | |
|---|---|---|---|---|---|---|---|---|---|
| | 合计 | 城镇 | 农村 | 合计 | 城镇 | 农村 | 合计 | 城镇 | 农村 |
| T | 0.80 | 0.55 | 1.08 | 0.66 | 0.47 | 0.95 | 0.63 | 0.54 | 0.94 |
| Tb | 0.18 | 0.10 | 0.34 | 0.16 | 0.09 | 0.34 | 0.14 | 0.13 | 0.18 |

续表

| 泰尔指数 | 2010 年 | | | 2013 年 | | | 2016 年 | | |
|---|---|---|---|---|---|---|---|---|---|
| | 合计 | 城镇 | 农村 | 合计 | 城镇 | 农村 | 合计 | 城镇 | 农村 |
| Tw | 0.61 | 0.45 | 0.74 | 0.50 | 0.37 | 0.61 | 0.50 | 0.42 | 0.77 |
| Tb（%） | 23 | 18 | 32 | 24 | 20 | 36 | 21 | 23 | 19 |
| Tw（%） | 77 | 82 | 68 | 76 | 80 | 64 | 79 | 77 | 81 |
| 华北 T1 | 0.92 | 0.87 | 1.24 | 0.90 | 0.89 | 1.20 | 0.88 | 0.41 | 1.67 |
| 东北 T2 | 0.03 | 0.03 | 0.05 | 0.03 | 0.02 | 0.05 | 0.05 | 0.05 | 0.06 |
| 华东 T3 | 0.71 | 0.49 | 0.88 | 0.45 | 0.32 | 0.59 | 0.37 | 0.20 | 0.64 |
| 华中南 T4 | 0.39 | 0.31 | 0.45 | 0.37 | 0.29 | 0.45 | 0.39 | 0.28 | 0.50 |
| 西南 T5 | 0.71 | — | — | 0.68 | — | — | 0.83 | 1.28 | 0.76 |
| 西北 T6 | 0.41 | 0.26 | 0.57 | 0.22 | 0.13 | 0.41 | 0.17 | 0.14 | 0.19 |

注：（1）表中 T 表示总体差距的泰尔指数，Tb 表示组间差距，Tw 表示组内差距，Tb（%）表示组间差距贡献率，Tw（%）表示组内差距贡献率，T1 ~ T6 分别表示华北、东北、华东、华中南、西南、西北地区总体差距的泰尔指数。（2）"—"表示此项指标由于数据缺失无法计算得出。

从组间组内差距看，也有农村差距大于城乡合计，城乡合计差距大于城镇的特征，且组内不平等大于组间不平等。组内差距在各个层面总体均呈下降趋势，组间差距除城镇呈上升趋势外，合计和农村层面呈下降趋势。组间差距贡献率和组内差距贡献率是此消彼长的关系，只分析其一即可。由于组内差距贡献占主体地位，因此这里只分析组内差距贡献率。2010 年和 2013 年城镇组内差距贡献率大于合计和农村，2016 年小于合计和农村。合计、农村层面的组内差距贡献率呈上升趋势，城镇呈现下降趋势，合计、农村层面的组内差距贡献率从 2010 年的 77% 和 68% 上升到 2016 年的 79% 和 81%，城镇差距贡献率从 2010 年的 82% 下降到 2016 年的 77%。

从各个区域的泰尔指数来看，总体上也有农村不平等程度大于城乡合计、城乡合计大于城镇的特征。各组内的不平等程度最大的三个地区为华北地区、华东地区和西南地区，华北地区合计和城镇层面差距有缩小趋势，农村层面差距有扩大趋势，合计和城镇从 2010 年的 0.92 和 0.87 下降到 2016 年的 0.88 和 0.41，农村从 1.24 上升到 1.67；华东地区各个层面均呈现下降趋势，合计、城镇和农村分别从 2010 年的 0.71、0.49 和 0.88 下降到 2016 年的

0.37、0.20 和 0.64。西南地区仅可以计算合计层面差距指数，从 2010 年的 0.71 上升到 2016 年的 0.83。差距最小的还是东北地区，但整体差距呈上升趋势，合计、城镇和农村分别由 2010 年的 0.03、0.03 和 0.05 上升到 2016 年的 0.05、0.05 和 0.06。处于中间位置的是华中南地区和西北地区，华中南地区合计差距保持稳定，城镇差距稍有下降，农村差距上升，合计、城镇和农村泰尔指数分别从 2010 年的 0.39、0.31 和 0.45 变化为 2016 年的 0.39、0.28 和 0.50；西北地区各个层面差距均趋于下降，合计、城镇和农村分别从 2010 年的 0.41、0.26 和 0.57 下降到 2016 年的 0.17、0.14 和 0.19。

## 5.4.2　生均教育事业费中个人部分分析

### 5.4.2.1　生均教育事业费中个人部分总体分析

由表 5－25 可知，初中生均公共财政预算教育事业费个人部分全国合计从 2010 年的 3800 元持续增长到 2016 年的 9854 元，年均增长 17.21%。由相对水平值及其排名可以发现，表 5－25 中所示三年全国分别有 15 个、15 个、17 个省份高于全国平均水平。2016 年，该项投入最高的五个省份由高至低依次是北京、天津、上海、西藏和江苏；最低的五个省份由低至高依次是河南、江西、广西、宁夏和贵州。

表 5－25　我国各省份初中生均公共财政预算教育事业费个人部分变化

| 区域 | 2010 年 | | | 2013 年 | | | 2016 年 | | |
|---|---|---|---|---|---|---|---|---|---|
| | 事业费个人部分（元） | 相对水平 | 相对水平排名 | 事业费个人部分（元） | 相对水平 | 相对水平排名 | 事业费个人部分（元） | 相对水平 | 相对水平排名 |
| 全国 | 3800 | 1.00 | 16 | 6272 | 1.00 | 16 | 9854 | 1.00 | 18 |
| 北京 | 11775 | 3.10 | 3 | 18797 | 3.00 | 1 | 28809 | 2.92 | 1 |
| 天津 | 12298 | 3.24 | 2 | 17461 | 2.78 | 2 | 24171 | 2.45 | 2 |
| 河北 | 3922 | 1.03 | 15 | 5387 | 0.86 | 21 | 7837 | 0.80 | 27 |
| 山西 | 3324 | 0.87 | 21 | 5362 | 0.85 | 23 | 9445 | 0.96 | 19 |

续表

| 区域 | 2010 年 | | | 2013 年 | | | 2016 年 | | |
|---|---|---|---|---|---|---|---|---|---|
| | 事业费个人部分（元） | 相对水平 | 相对水平排名 | 事业费个人部分（元） | 相对水平 | 相对水平排名 | 事业费个人部分（元） | 相对水平 | 相对水平排名 |
| 内蒙古 | 5475 | 1.44 | 7 | 8246 | 1.31 | 9 | 11756 | 1.19 | 11 |
| 辽宁 | 4937 | 1.30 | 9 | 7526 | 1.20 | 11 | 11021 | 1.12 | 13 |
| 吉林 | 4920 | 1.29 | 10 | 8476 | 1.35 | 8 | 12848 | 1.30 | 9 |
| 黑龙江 | 4176 | 1.10 | 13 | 6770 | 1.08 | 14 | 11836 | 1.20 | 10 |
| 上海 | 14512 | 3.82 | 1 | 17112 | 2.73 | 3 | 21243 | 2.16 | 3 |
| 江苏 | 7297 | 1.92 | 4 | 11773 | 1.88 | 4 | 17119 | 1.74 | 5 |
| 浙江 | 7173 | 1.89 | 5 | 10484 | 1.67 | 5 | 14947 | 1.52 | 6 |
| 安徽 | 2625 | 0.69 | 29 | 5212 | 0.83 | 26 | 8362 | 0.85 | 24 |
| 福建 | 4262 | 1.12 | 12 | 7930 | 1.26 | 10 | 11015 | 1.12 | 14 |
| 江西 | 2301 | 0.61 | 31 | 4113 | 0.66 | 31 | 6448 | 0.65 | 31 |
| 山东 | 4355 | 1.15 | 11 | 6839 | 1.09 | 13 | 11028 | 1.12 | 12 |
| 河南 | 2235 | 0.59 | 32 | 3407 | 0.54 | 32 | 4730 | 0.48 | 32 |
| 湖北 | 3384 | 0.89 | 20 | 6223 | 0.99 | 17 | 13189 | 1.34 | 7 |
| 湖南 | 3388 | 0.89 | 19 | 5570 | 0.89 | 20 | 8663 | 0.88 | 22 |
| 广东 | 2947 | 0.78 | 26 | 5642 | 0.90 | 19 | 10447 | 1.06 | 16 |
| 广西 | 3172 | 0.83 | 24 | 4512 | 0.72 | 29 | 6644 | 0.67 | 30 |
| 海南 | 3764 | 0.99 | 17 | 5374 | 0.86 | 22 | 8647 | 0.88 | 23 |
| 重庆 | 2731 | 0.72 | 28 | 4719 | 0.75 | 28 | 8012 | 0.81 | 25 |
| 四川 | 3043 | 0.80 | 25 | 5828 | 0.93 | 18 | 9157 | 0.93 | 20 |
| 贵州 | 2377 | 0.63 | 30 | 4253 | 0.68 | 30 | 7633 | 0.77 | 28 |
| 云南 | 3187 | 0.84 | 23 | 5070 | 0.81 | 27 | 7981 | 0.81 | 26 |
| 西藏 | 5811 | 1.53 | 6 | 9056 | 1.44 | 7 | 18625 | 1.89 | 4 |
| 陕西 | 3740 | 0.98 | 18 | 7277 | 1.16 | 12 | 10061 | 1.02 | 17 |
| 甘肃 | 2837 | 0.75 | 27 | 5223 | 0.83 | 25 | 8893 | 0.90 | 21 |
| 青海 | 3976 | 1.05 | 14 | 6580 | 1.05 | 15 | 11008 | 1.12 | 15 |

续表

| 区域 | 2010 年 | | | 2013 年 | | | 2016 年 | | |
|---|---|---|---|---|---|---|---|---|---|
| | 事业费个人部分（元） | 相对水平 | 相对水平排名 | 事业费个人部分（元） | 相对水平 | 相对水平排名 | 事业费个人部分（元） | 相对水平 | 相对水平排名 |
| 宁夏 | 3232 | 0.85 | 22 | 5297 | 0.84 | 24 | 7570 | 0.77 | 29 |
| 新疆 | 5341 | 1.41 | 8 | 9256 | 1.48 | 6 | 13158 | 1.34 | 8 |
| 极差率 | 6.49 | | | 5.52 | | | 6.09 | | |
| 变异系数 | 0.62 | | | 0.51 | | | 0.45 | | |
| 基尼系数 | 0.31 | | | 0.28 | | | 0.24 | | |

资料来源：根据《中国教育经费统计年鉴（2011）》之表 6 - 36 "分地区地方普通初中生均公共财政预算教育经费支出"、《中国教育经费统计年鉴（2014）》之表 6 - 38 "生均公共财政预算教育经费支出（地方普通初中）"和《中国教育经费统计年鉴（2017）》之表 7 - 38 "生均公共财政预算教育经费支出（地方普通初中）"数据整理计算而得。

　　河南（2010 年、2013 年和 2016 年）是初中生均公共财政预算教育事业费个人部分最少的省份，其变化趋势是 2235 ↗ 3407 ↗ 4730。上海（2010 年）和北京（2013 年和 2016 年）是该项投入最高的省份，其变化趋势是：上海 14512 ↗ 17112 ↗ 21243；北京 11775 ↗ 18797 ↗ 28809。31 个省级区域间初中生均公共财政预算教育事业费个人部分极差率的变化趋势是 6.49 ↘ 5.52 ↗ 6.09，变异系数的变化趋势是 0.62 ↘ 0.51 ↘ 0.45，基尼系数的变化趋势是 0.31 ↘ 0.28 ↘ 0.24。虽然极差率在 2016 年有反复，但在总体上是下降的，另外变异系数、基尼系数表现为持续下降态势，说明 2010 ~ 2016 年初中生均公共财政预算教育事业费个人部分的省级区域差距逐渐缩小。

### 5.4.2.2　生均教育事业费中个人部分城乡差异分析

#### 1. 农村情况分析

　　由表 5 - 26 可知，全国农村初中生均公共财政预算教育事业费个人部分从 2010 年的 3548 元持续增长到 2016 年的 9220 元，年均增长 17.25%。由相对水平值及其排名可以发现，表 5 - 26 中所示三年全国分别有 19 个、17 个、19 个省份高于全国平均水平。2016 年，最高的五个省份由高至低依次是北京、天津、上海、西藏和江苏；最低的五个省份由低至高依次是河南、江西、广西、河北和贵州。

表 5－26　　各省份农村初中生均公共财政预算教育事业费个人部分变化

| 区域 | 2010 年 | | | 2013 年 | | | 2016 年 | | |
|---|---|---|---|---|---|---|---|---|---|
| | 事业费个人部分（元） | 相对水平 | 相对水平排名 | 事业费个人部分（元） | 相对水平 | 相对水平排名 | 事业费个人部分（元） | 相对水平 | 相对水平排名 |
| 全国 | 3548 | 1.00 | 20 | 6224 | 1.00 | 18 | 9220 | 1.00 | 20 |
| 北京 | 15043 | 4.24 | 1 | 23663 | 3.80 | 1 | 37045 | 4.02 | 1 |
| 天津 | 9586 | 2.70 | 3 | 14348 | 2.31 | 3 | 21934 | 2.38 | 2 |
| 河北 | 4263 | 1.20 | 11 | 6162 | 0.99 | 20 | 7112 | 0.77 | 29 |
| 山西 | 3578 | 1.01 | 17 | 6468 | 1.04 | 15 | 9856 | 1.07 | 17 |
| 内蒙古 | 7056 | 1.99 | 6 | 11134 | 1.79 | 5 | 12533 | 1.36 | 10 |
| 辽宁 | 4517 | 1.27 | 9 | 7487 | 1.20 | 11 | 10001 | 1.08 | 16 |
| 吉林 | 5237 | 1.48 | 8 | 9801 | 1.57 | 7 | 13876 | 1.50 | 7 |
| 黑龙江 | 3777 | 1.06 | 16 | 6411 | 1.03 | 16 | 12128 | 1.32 | 11 |
| 上海 | 12944 | 3.65 | 2 | 17342 | 2.79 | 2 | 21926 | 2.38 | 3 |
| 江苏 | 7362 | 2.07 | 4 | 12925 | 2.08 | 4 | 16999 | 1.84 | 5 |
| 浙江 | 7195 | 2.03 | 5 | 10675 | 1.72 | 6 | 15153 | 1.64 | 6 |
| 安徽 | 2577 | 0.73 | 27 | 5647 | 0.91 | 24 | 8689 | 0.94 | 23 |
| 福建 | 4202 | 1.18 | 13 | 8562 | 1.38 | 9 | 11784 | 1.28 | 12 |
| 江西 | 2380 | 0.67 | 28 | 4683 | 0.75 | 27 | 6276 | 0.68 | 31 |
| 山东 | 4265 | 1.20 | 10 | 7007 | 1.13 | 12 | 10704 | 1.16 | 15 |
| 河南 | 2210 | 0.62 | 30 | 3487 | 0.56 | 31 | 4602 | 0.50 | 32 |
| 湖北 | 3214 | 0.91 | 21 | 6364 | 1.02 | 17 | 13157 | 1.43 | 8 |
| 湖南 | 3568 | 1.01 | 18 | 6190 | 0.99 | 19 | 8605 | 0.93 | 24 |
| 广东 | 2095 | 0.59 | 31 | 4407 | 0.71 | 29 | 8845 | 0.96 | 22 |
| 广西 | 3054 | 0.86 | 23 | 4638 | 0.75 | 28 | 6629 | 0.72 | 30 |
| 海南 | 3951 | 1.11 | 15 | 5979 | 0.96 | 22 | 9655 | 1.05 | 18 |
| 重庆 | 2744 | 0.77 | 26 | 5072 | 0.81 | 25 | 8339 | 0.90 | 25 |
| 四川 | 2952 | 0.83 | 24 | 6030 | 0.97 | 21 | 9255 | 1.00 | 19 |

| 区域 | 2010 年 | | | 2013 年 | | | 2016 年 | | |
|---|---|---|---|---|---|---|---|---|---|
| | 事业费个人部分（元） | 相对水平 | 相对水平排名 | 事业费个人部分（元） | 相对水平 | 相对水平排名 | 事业费个人部分（元） | 相对水平 | 相对水平排名 |
| 贵州 | 2252 | 0.63 | 29 | 4193 | 0.67 | 30 | 7537 | 0.82 | 28 |
| 云南 | 3186 | 0.90 | 22 | 4931 | 0.79 | 26 | 7973 | 0.86 | 27 |
| 西藏 | — | — | — | — | — | — | 17493 | 1.90 | 4 |
| 陕西 | 4106 | 1.16 | 14 | 8522 | 1.37 | 10 | 10732 | 1.16 | 14 |
| 甘肃 | 2844 | 0.80 | 25 | 5790 | 0.93 | 23 | 9112 | 0.99 | 21 |
| 青海 | 4211 | 1.19 | 12 | 6993 | 1.12 | 13 | 11671 | 1.27 | 13 |
| 宁夏 | 3565 | 1.00 | 19 | 6654 | 1.07 | 14 | 8187 | 0.89 | 26 |
| 新疆 | 5283 | 1.49 | 7 | 9770 | 1.57 | 8 | 13069 | 1.42 | 9 |
| 极差率 | 7.18 | | | 6.79 | | | 8.05 | | |
| 变异系数 | 0.63 | | | 0.53 | | | 0.51 | | |
| 基尼系数 | 0.25 | | | 0.25 | | | 0.23 | | |

资料来源：根据《中国教育经费统计年鉴（2011）》之表 6 - 38 "分地区地方农村初中生均公共财政预算教育经费支出"、《中国教育经费统计年鉴（2014）》之表 6 - 40 "生均公共财政预算教育经费支出（地方农村初中）" 和《中国教育经费统计年鉴（2017）》之表 7 - 40 "生均公共财政预算教育经费支出（地方农村初中）" 数据整理计算而得。

注：（1）在计算标准差时，因西藏农村数据缺失，故 $N$ 取 30，其余指标下 $N$ 取 31。（2）"—" 表示此项无数据。

广东（2010 年）和河南（2013 年和 2016 年）是该项支出最少的省份，其变化趋势是：广东 2095 ↗ 4407 ↗ 8845，河南 2210 ↗ 3487 ↗ 4602。北京（2010 年、2013 年和 2016 年）是投入最多的省份，其变化趋势是 15043 ↗ 23663 ↗ 37045。全国农村初中生均公共财政预算教育事业费个人部分极差率的变化趋势是 7.18 ↘ 6.79 ↗ 8.05，变异系数的变化趋势是 0.63 ↘ 0.53 ↘ 0.51，基尼系数的变化趋势是 0.25→0.25 ↘ 0.23。极差率呈现先下降后上升的趋势，变异系数持续下降，基尼系数整体小幅下降。以上分析说明总体上全国农村初中生均公共财政预算教育事业费个人部分省级区域间差距在这六年间呈减小的趋势，但降幅不大。

2. 城镇情况分析

由表 5 - 27 可知，全国城镇初中生均公共财政预算教育事业费个人部分从 2010 年的 4230 元逐年增长到 2016 年的 10848 元，年均增长 17%。由相对水平值及其排名可以发现，表 5-27 中所示三年全国分别有 13 个、14 个、13 个省份高于全国平均水平。2016 年，最高的五个省份由高至低依次是北京、西藏、天津、上海和江苏；最低的五个省份由低至高依次是河南、广西、宁夏、江西和重庆。

表 5-27　　各省份城镇初中生均公共财政预算教育事业费个人部分变化

| 区域 | 2010 年 | | | 2013 年 | | | 2016 年 | | |
|---|---|---|---|---|---|---|---|---|---|
| | 事业费个人部分（元） | 相对水平 | 相对水平排名 | 事业费个人部分（元） | 相对水平 | 相对水平排名 | 事业费个人部分（元） | 相对水平 | 相对水平排名 |
| 全国 | 4230 | 1.00 | 14 | 6315 | 1.00 | 15 | 10848 | 1.00 | 14 |
| 北京 | 10518 | 2.49 | 3 | 17213 | 2.73 | 2 | 25855 | 2.38 | 1 |
| 天津 | 15132 | 3.58 | 2 | 20314 | 3.22 | 1 | 24571 | 2.27 | 3 |
| 河北 | 3519 | 0.83 | 17 | 4725 | 0.75 | 21 | 9740 | 0.90 | 16 |
| 山西 | 3066 | 0.72 | 22 | 4511 | 0.71 | 23 | 8531 | 0.79 | 20 |
| 内蒙古 | 4935 | 1.17 | 8 | 7509 | 1.19 | 8 | 10391 | 0.96 | 15 |
| 辽宁 | 5384 | 1.27 | 7 | 7560 | 1.20 | 7 | 11991 | 1.11 | 9 |
| 吉林 | 4586 | 1.08 | 9 | 7329 | 1.16 | 9 | 11422 | 1.05 | 11 |
| 黑龙江 | 4495 | 1.06 | 11 | 7010 | 1.11 | 11 | 11433 | 1.05 | 10 |
| 上海 | 15240 | 3.60 | 1 | 16955 | 2.68 | 3 | 20729 | 1.91 | 4 |
| 江苏 | 7113 | 1.68 | 4 | 10701 | 1.69 | 4 | 16963 | 1.56 | 5 |
| 浙江 | 7099 | 1.68 | 5 | 10182 | 1.61 | 5 | 14542 | 1.34 | 6 |
| 安徽 | 2758 | 0.65 | 28 | 4368 | 0.69 | 26 | 7115 | 0.66 | 26 |
| 福建 | 4400 | 1.04 | 12 | 6802 | 1.08 | 12 | 9446 | 0.87 | 17 |
| 江西 | 2174 | 0.51 | 31 | 3348 | 0.53 | 30 | 6792 | 0.63 | 29 |
| 山东 | 4586 | 1.08 | 10 | 6457 | 1.02 | 13 | 11406 | 1.05 | 12 |
| 河南 | 2276 | 0.54 | 30 | 3263 | 0.52 | 31 | 4870 | 0.45 | 32 |
| 湖北 | 3749 | 0.89 | 16 | 6003 | 0.95 | 16 | 13231 | 1.22 | 7 |
| 湖南 | 2962 | 0.70 | 25 | 4406 | 0.70 | 24 | 8687 | 0.80 | 19 |
| 广东 | 4327 | 1.02 | 13 | 7165 | 1.13 | 10 | 11171 | 1.03 | 13 |
| 广西 | 3436 | 0.81 | 19 | 4269 | 0.68 | 27 | 6083 | 0.56 | 31 |
| 海南 | 3513 | 0.83 | 18 | 4740 | 0.75 | 20 | 7080 | 0.65 | 27 |
| 重庆 | 2667 | 0.63 | 29 | 4149 | 0.66 | 29 | 6881 | 0.63 | 28 |

续表

| 区域 | 2010 年 | | | 2013 年 | | | 2016 年 | | |
|---|---|---|---|---|---|---|---|---|---|
| | 事业费个人部分（元） | 相对水平 | 相对水平排名 | 事业费个人部分（元） | 相对水平 | 相对水平排名 | 事业费个人部分（元） | 相对水平 | 相对水平排名 |
| 四川 | 3265 | 0.77 | 20 | 5427 | 0.86 | 18 | 8526 | 0.79 | 21 |
| 贵州 | 2777 | 0.66 | 27 | 4392 | 0.70 | 25 | 7829 | 0.72 | 24 |
| 云南 | 3187 | 0.75 | 21 | 5382 | 0.85 | 19 | 7673 | 0.71 | 25 |
| 西藏 | — | — | — | — | — | — | 25084 | 2.31 | 2 |
| 陕西 | 3034 | 0.72 | 23 | 5739 | 0.91 | 17 | 8197 | 0.76 | 22 |
| 甘肃 | 2821 | 0.67 | 26 | 4179 | 0.66 | 28 | 8070 | 0.74 | 23 |
| 青海 | 3841 | 0.91 | 15 | 6392 | 1.01 | 14 | 8810 | 0.81 | 18 |
| 宁夏 | 2974 | 0.70 | 24 | 4584 | 0.73 | 22 | 6344 | 0.58 | 30 |
| 新疆 | 5402 | 1.28 | 6 | 8776 | 1.39 | 6 | 12720 | 1.17 | 8 |
| 极差率 | 7.01 | | | 6.23 | | | 5.31 | | |
| 变异系数 | 0.67 | | | 0.58 | | | 0.49 | | |
| 基尼系数 | 0.34 | | | 0.31 | | | 0.31 | | |

资料来源：根据表5-20中"我国各省份初中生均公共财政预算教育事业费"数据、表5-21中"我国各省份农村初中生均公共财政预算教育事业费"数据以及2011年、2014年和2017年《中国教育经费统计年鉴》之表"分地区地方普通初中公共财政预算教育事业费和基本建设支出明细"和表"分地区地方农村初中公共财政预算教育事业费和基本建设支出明细"数据计算得到，具体计算方法为：（地方普通初中公共财政预算事业费个人部分 - 地方农村初中公共财政预算事业费个人部分）/（地方普通初中公共财政预算事业费支出/地方普通初中生均公共财政预算事业费支出 - 地方农村初中公共财政预算事业费支出/地方农村初中生均公共财政预算事业费支出）。

注：（1）在计算标准差时，因2010年和2013年西藏数据缺失，故 N 取30。（2）"—"表示此项无数据。

　　江西（2010年）和河南（2013年和2016年）是城镇初中生均公共财政预算教育事业费个人部分最少的省份，其变化趋势是：江西2174 ↗ 3348 ↗ 6792，河南2276 ↗ 3263 ↗ 4870。上海（2010年）、天津（2013年）和北京（2016年）是该项投入最大的省份，其变化趋势是：上海15240 ↗ 16955 ↗ 20729，天津15132 ↗ 20314 ↗ 24571，北京10518 ↗ 17213 ↗ 25855。全国城镇初中生均公共财政预算教育事业费个人部分省级区域间极差率的变化趋势是7.01 ↘ 6.23 ↘ 5.31，变异系数的变化趋势是0.67 ↘ 0.58 ↘ 0.49，基尼系数的变化趋势是0.34 ↘ 0.31 → 0.31。以上三项指标的变化态势说明，全国城镇初中生均公共财政预算教育事业费个人部分省级区域间的差距总体呈缩小趋势。

3. 城乡差异分析

由表 5－28 可知，2010 年，全国初中生均公共财政预算教育事业费个人部分的平均城乡比为 1.19，低于全国平均水平的省份有 28 个；高于全国平均水平的省份有 3 个。城乡差距最大的 5 个省份按差距由大到小排序是广东、天津、贵州、辽宁和黑龙江。2016 年，全国平均城乡比为 1.18，低于全国平均水平的省份有 27 个，高于全国平均水平的省份有 4 个，城乡差距最大的 5 个省份按差距由大到小排序是西藏、河北、广东、辽宁和天津。2010～2016 年，城乡差距扩大的省份有 9 个，扩大程度最大的 5 个省份是河北、湖南、江西、内蒙古和河南；城乡差距缩小的省份有 20 个，缩小程度最大的 5 个省份由高到低依次为广东、天津、安徽、福建和黑龙江。总的来说，全国各省份初中生均公共财政预算教育事业费个人部分城乡间的差距呈缩小趋势，但城乡间的差距依然存在。

表 5－28　　各省份初中生均公共财政预算教育事业费个人部分城乡差距比值

| 区域 | 2010 年 | 2013 年 | 2016 年 | 区域 | 2010 年 | 2013 年 | 2016 年 |
|------|---------|---------|---------|------|---------|---------|---------|
| 全国 | 1.19 | 1.01 | 1.18 | 河南 | 1.03 | 0.94 | 1.06 |
| 北京 | 0.70 | 0.73 | 0.70 | 湖北 | 1.17 | 0.94 | 1.01 |
| 天津 | 1.58 | 1.42 | 1.12 | 湖南 | 0.83 | 0.71 | 1.01 |
| 河北 | 0.83 | 0.77 | 1.37 | 广东 | 2.07 | 1.63 | 1.26 |
| 山西 | 0.86 | 0.70 | 0.87 | 广西 | 1.13 | 0.92 | 0.92 |
| 内蒙古 | 0.70 | 0.67 | 0.83 | 海南 | 0.89 | 0.79 | 0.73 |
| 辽宁 | 1.19 | 1.01 | 1.20 | 重庆 | 0.97 | 0.82 | 0.83 |
| 吉林 | 0.88 | 0.75 | 0.82 | 四川 | 1.11 | 0.90 | 0.92 |
| 黑龙江 | 1.19 | 1.09 | 0.94 | 贵州 | 1.23 | 1.05 | 1.04 |
| 上海 | 1.18 | 0.98 | 0.95 | 云南 | 1.00 | 1.09 | 0.96 |
| 江苏 | 0.97 | 0.83 | 1.00 | 西藏 | — | — | 1.43 |
| 浙江 | 0.99 | 0.95 | 0.96 | 陕西 | 0.74 | 0.67 | 0.76 |
| 安徽 | 1.07 | 0.77 | 0.82 | 甘肃 | 0.99 | 0.72 | 0.89 |
| 福建 | 1.05 | 0.79 | 0.80 | 青海 | 0.91 | 0.91 | 0.75 |
| 江西 | 0.91 | 0.71 | 1.08 | 宁夏 | 0.83 | 0.69 | 0.77 |
| 山东 | 1.08 | 0.92 | 1.07 | 新疆 | 1.02 | 0.90 | 0.97 |

资料来源：（1）根据表 5－26 中"各省份农村初中生均公共财政预算教育事业费个人部分"数据和表 5－27 中"各省份城镇初中生均公共财政预算教育事业费个人部分"数据计算而得。（2）"—"表示此项无数据。

### 5.4.2.3　生均教育事业费中个人部分区域差异分析

2010 年，我国初中生均公共财政预算教育事业费个人部分的第一梯队省份是西藏、北京、天津、江苏、上海和浙江，最后梯队省份是河南、安徽、江西、甘肃、重庆、贵州和广东七省份。2013 年处于第一梯队的省份是新疆、北京、天津、江苏、上海和浙江六省份，处于最后梯队的有河南、安徽、江西、重庆、贵州、广西、云南七省份。与 2010 年相比，新疆进入第一梯队，西藏退出第一梯队，广西和云南跌落到最后梯队，广东和甘肃退出最后梯队。2016 年处于第一梯队的省份有西藏、北京、天津、江苏、上海和浙江六省份，处于最后梯队的省份有河北、河南、宁夏、江西、贵州、广西和云南七省份。与 2013 年相比，西藏重回第一梯队，新疆退出第一梯队，安徽、重庆退出最后梯队，宁夏、河北加入最后梯队。

综合来看，初中生均公共财政预算教育事业费个人部分投入较多的省份为北京、天津、江苏、上海和浙江，投入相对较少的省份为河南、江西和贵州。从区域分布来看，初中生均公共财政预算教育事业费个人部分投入高的省份多分布在长江三角洲地区、京津地区以及西部的边疆省份，投入低的省份多分布在华北地区和西南的内陆省份。这种空间分布特征与小学的类似。

下面用泰尔指数分析全国省级区域初中生均公共财政预算教育事业费个人部分的区域差距。计算的泰尔指数及其组间和组内差距构成见表 5 - 29 列示。从总的差距（泰尔指数 T）来看，全国省级区域间的初中生均公共财政预算教育事业费差距在 2010～2016 年呈逐年缩小趋势，农村差距最大，城乡合计次之，城镇差距最小。城乡合计、城镇和农村层面的泰尔指数分别从 2010 年的 0.77、0.54 和 1.01 减小到 2016 年的 0.62、0.50 和 0.94。

表 5 - 29　　全国分地区初中生均公共财政预算教育事业费中个人部分差距的泰尔指数

| 泰尔指数 | 2010 年 | | | 2013 年 | | | 2016 年 | | |
|---|---|---|---|---|---|---|---|---|---|
| | 合计 | 城镇 | 农村 | 合计 | 城镇 | 农村 | 合计 | 城镇 | 农村 |
| T | 0.77 | 0.54 | 1.01 | 0.65 | 0.48 | 0.89 | 0.62 | 0.50 | 0.94 |
| Tb | 0.17 | 0.10 | 0.32 | 0.16 | 0.10 | 0.32 | 0.14 | 0.12 | 0.18 |
| Tw | 0.60 | 0.44 | 0.69 | 0.49 | 0.38 | 0.57 | 0.48 | 0.38 | 0.76 |

| 泰尔指数 | 2010 年 | | | 2013 年 | | | 2016 年 | | |
|---|---|---|---|---|---|---|---|---|---|
| | 合计 | 城镇 | 农村 | 合计 | 城镇 | 农村 | 合计 | 城镇 | 农村 |
| Tb（%） | 22 | 19 | 32 | 25 | 21 | 36 | 22 | 24 | 19 |
| Tw（%） | 78 | 81 | 68 | 75 | 79 | 64 | 78 | 76 | 81 |
| 华北 T1 | 0.89 | 0.92 | 1.11 | 0.85 | 0.91 | 1.03 | 0.84 | 0.36 | 1.60 |
| 东北 T2 | 0.03 | 0.03 | 0.04 | 0.05 | 0.03 | 0.07 | 0.05 | 0.04 | 0.05 |
| 华东 T3 | 0.71 | 0.47 | 0.87 | 0.47 | 0.33 | 0.68 | 0.36 | 0.17 | 0.69 |
| 华中南 T4 | 0.36 | 0.24 | 0.46 | 0.32 | 0.24 | 0.41 | 0.36 | 0.26 | 0.47 |
| 西南 T5 | 0.78 | — | — | 0.70 | — | — | 0.85 | 1.27 | 0.80 |
| 西北 T6 | 0.31 | 0.17 | 0.49 | 0.21 | 0.13 | 0.37 | 0.16 | 0.12 | 0.18 |

注：（1）表中 T 表示总体差距的泰尔指数，Tb 表示组间差距，Tw 表示组内差距，Tb（%）表示组间差距贡献率，Tw（%）表示组内差距贡献率，T1~T6 分别表示华北、东北、华东、华中南、西南、西北地区总体差距的泰尔指数。（2）"—"表示此项指标由于数据缺失无法计算得出。

从组内组间差距看，呈现农村差距大于城乡合计、城乡合计差距大于城镇的特征，且组内不平等大于组间不平等。组内差距在城乡合计和城镇层面为下降趋势，在农村层面为上升趋势；组间差距除城镇呈上升趋势外，合计和农村层面呈下降趋势。组间差距贡献率和组内差距贡献率是此消彼长的关系，只分析其一即可。由于组内差距贡献占主体地位，因此这里只分析组内差距贡献率。2010 年和 2013 年城镇组内差距贡献率大于城乡合计和农村，2016 年小于城乡合计和农村。城乡合计层面的组内差距贡献率不变，农村层面呈上升趋势，城镇呈现下降趋势，城乡合计、城镇和农村层面的组内差距贡献率分别从 2010 年的 78%、81% 和 68% 变为 2016 年的 78%、76% 和 81%。以上结果与初中生均公共财政预算教育事业费的结果类似。

从组内泰尔指数来看，也基本有农村不平等程度大于合计、合计大于城镇的特征。各组内的不平等程度最大的三个地区为华北地区、华东地区和西南地区。华北地区合计和城镇层面差距有所缩小，农村层面差距有扩大趋势，合计和城镇从 2010 年的 0.89 和 0.92 下降到 2016 年的 0.84 和 0.36，农村从 1.11 上升到 1.60；华东地区各个层面均呈现下降趋势，合计、城镇和农村分别从 2010 年的 0.71、0.47 和 0.87 下降到 2016 年的 0.36、0.17 和 0.69。西南地区仅可以计算合计层面差距，从 2010 年的 0.78 上升到 2016 年的 0.85。差距最小的为东北地区，但整体差距呈上升趋势，合计、城镇和农村分别由 2010 年的 0.03、0.03 和 0.04 上升到 2016 年的 0.05、0.04 和 0.05。处于中间位置的是华中南地区和西北地区，华中南地区合计差距保持稳定，城镇和农村差距上升，合计、城镇和农村泰尔指数分别从 2010 年的 0.36、0.24 和 0.46 变化为 2016 年的 0.36、0.26 和 0.47。西北地区各个层面差距均趋于下降，合计、城镇和农村分别从 2010 年的 0.31、0.17 和 0.49 下降到 2016 年的 0.16、0.12 和 0.18。以上分析也与初中生均公共财政预算教育事业费分析类似。

## 5.4.3 生均教育事业费中公用部分分析

### 5.4.3.1 生均教育事业费中公用部分总体分析

由表 5-30 可知，初中生均公共财政预算教育事业费公用部分全国合计从 2010 年的 1414 元持续增长到 2016 年的 3561 元，年均增长 16.64%。由相对水平值及其排名可以发现，表 5-30 中所示三年全国分别有 18 个、18 个、20 个省份高于全国平均水平。2016 年，最高的五个省份由高至低依次是北京、上海、西藏、海南和天津，最低的五个省份由低至高依次是贵州、辽宁、河北、山西和甘肃。

**表 5-30　各省份初中生均公共财政预算教育事业费公用部分变化**

| 区域 | 2010 年 | | | 2013 年 | | | 2016 年 | | |
|---|---|---|---|---|---|---|---|---|---|
| | 事业费公用部分（元） | 相对水平 | 相对水平排名 | 事业费公用部分（元） | 相对水平 | 相对水平排名 | 事业费公用部分（元） | 相对水平 | 相对水平排名 |
| 全国 | 1414 | 1.00 | 19 | 2984 | 1.00 | 19 | 3561 | 1.00 | 21 |
| 北京 | 8248 | 5.83 | 1 | 13747 | 4.61 | 1 | 16708 | 4.69 | 1 |
| 天津 | 2521 | 1.78 | 5 | 5380 | 1.80 | 3 | 5791 | 1.63 | 5 |
| 河北 | 1306 | 0.92 | 21 | 2084 | 0.70 | 30 | 2695 | 0.76 | 30 |

续表

| 区域 | 2010 年 | | | 2013 年 | | | 2016 年 | | |
|---|---|---|---|---|---|---|---|---|---|
| | 事业费公用部分（元） | 相对水平 | 相对水平排名 | 事业费公用部分（元） | 相对水平 | 相对水平排名 | 事业费公用部分（元） | 相对水平 | 相对水平排名 |
| 山西 | 1415 | 1.00 | 18 | 2403 | 0.81 | 24 | 2822 | 0.79 | 29 |
| 内蒙古 | 2209 | 1.56 | 7 | 3168 | 1.06 | 17 | 4546 | 1.28 | 6 |
| 辽宁 | 2041 | 1.44 | 8 | 3937 | 1.32 | 7 | 2689 | 0.76 | 31 |
| 吉林 | 1906 | 1.35 | 10 | 2975 | 1.00 | 20 | 4031 | 1.13 | 14 |
| 黑龙江 | 1418 | 1.00 | 17 | 3564 | 1.19 | 12 | 3679 | 1.03 | 18 |
| 上海 | 5298 | 3.75 | 2 | 8333 | 2.79 | 2 | 9042 | 2.54 | 2 |
| 江苏 | 1089 | 0.77 | 28 | 3368 | 1.13 | 13 | 4076 | 1.14 | 11 |
| 浙江 | 1210 | 0.86 | 23 | 2133 | 0.71 | 28 | 3851 | 1.08 | 17 |
| 安徽 | 1339 | 0.95 | 20 | 3618 | 1.21 | 11 | 4073 | 1.14 | 12 |
| 福建 | 1454 | 1.03 | 15 | 2581 | 0.86 | 22 | 3677 | 1.03 | 19 |
| 江西 | 1074 | 0.76 | 29 | 3770 | 1.26 | 9 | 4065 | 1.14 | 13 |
| 山东 | 1782 | 1.26 | 11 | 3333 | 1.12 | 14 | 3602 | 1.01 | 20 |
| 河南 | 1175 | 0.83 | 24 | 3047 | 1.02 | 18 | 3082 | 0.87 | 24 |
| 湖北 | 1130 | 0.80 | 26 | 2320 | 0.78 | 25 | 4083 | 1.15 | 10 |
| 湖南 | 1545 | 1.09 | 13 | 3265 | 1.09 | 15 | 3216 | 0.90 | 23 |
| 广东 | 974 | 0.69 | 31 | 1867 | 0.63 | 32 | 3278 | 0.92 | 22 |
| 广西 | 1127 | 0.80 | 27 | 2239 | 0.75 | 27 | 2864 | 0.80 | 26 |
| 海南 | 2037 | 1.44 | 9 | 4702 | 1.58 | 5 | 5939 | 1.67 | 4 |
| 重庆 | 1567 | 1.11 | 12 | 2887 | 0.97 | 21 | 3906 | 1.10 | 16 |
| 四川 | 1034 | 0.73 | 30 | 2508 | 0.84 | 23 | 2906 | 0.82 | 25 |
| 贵州 | 827 | 0.58 | 32 | 1887 | 0.63 | 31 | 2499 | 0.70 | 32 |
| 云南 | 1162 | 0.82 | 25 | 2120 | 0.71 | 29 | 2841 | 0.80 | 27 |
| 西藏 | 1432 | 1.01 | 16 | 3727 | 1.25 | 10 | 5981 | 1.68 | 3 |
| 陕西 | 1517 | 1.07 | 14 | 4082 | 1.37 | 6 | 4094 | 1.15 | 9 |
| 甘肃 | 1293 | 0.91 | 22 | 2272 | 0.76 | 26 | 2828 | 0.79 | 28 |

续表

| 区域 | 2010 年 | | | 2013 年 | | | 2016 年 | | |
| --- | --- | --- | --- | --- | --- | --- | --- | --- | --- |
| | 事业费公用部分（元） | 相对水平 | 相对水平排名 | 事业费公用部分（元） | 相对水平 | 相对水平排名 | 事业费公用部分（元） | 相对水平 | 相对水平排名 |
| 青海 | 3448 | 2.44 | 3 | 3915 | 1.31 | 8 | 3907 | 1.10 | 15 |
| 宁夏 | 2778 | 1.96 | 4 | 3182 | 1.07 | 16 | 4359 | 1.22 | 7 |
| 新疆 | 2447 | 1.73 | 6 | 5293 | 1.77 | 4 | 4253 | 1.19 | 8 |
| 极差率 | 9.97 | | | 7.36 | | | 6.69 | | |
| 变异系数 | 0.75 | | | 0.61 | | | 0.59 | | |
| 基尼系数 | 0.30 | | | 0.26 | | | 0.22 | | |

资料来源：根据《中国教育经费统计年鉴（2011）》之表 6 - 36 "分地区地方普通初中生均公共财政预算教育经费支出"、《中国教育经费统计年鉴（2014）》之表 6 - 38 "生均公共财政预算教育经费支出（地方普通初中）"和《中国教育经费统计年鉴（2017）》之表 7 - 38 "生均公共财政预算教育经费支出（地方普通初中）"数据整理计算而得。

贵州（2010 年和 2016 年）和广东（2013 年）是该项投入最少的省份，其变化趋势是：贵州 827 ↗ 1887 ↗ 2499，广东 974 ↗ 1867 ↗ 3278。北京（2010 年、2013 年和 2016 年）是总计最大的省份，其变化趋势是 8248 ↗ 13747 ↗ 16708。总体看，初中生均公共财政预算教育事业费公用部分省级区域间极差率的变化趋势是 9.97 ↘ 7.36 ↘ 6.69；变异系数的变化趋势是 0.75 ↘ 0.61 ↘ 0.59，基尼系数的变化趋势是 0.30 ↘ 0.26 ↘ 0.22。说明这几年初中生均公共财政预算教育事业费公用部分省级区域间的总体差距在逐渐缩小。

### 5.4.3.2 生均教育事业费中公用部分城乡差异分析

1. 农村情况分析

由表 5-31 可知，全国农村初中生均公共财政预算教育事业费公用部分从 2010 年的 1348 元持续增长到 2016 年的 3257 元，年均增长 15.84%。由相对水平值及其排名可以发现，表 5-31 中所示三年全国分别有 16 个、18 个、18 个省份高于全国平均水平。2016 年，最高的五个省份由高至低依次是北京、上海、海南、内蒙古和西藏；最低的五个省份由低至高依次是辽宁、贵州、广西、云南和天津。

表 5 –31　　各省份农村初中生均公共财政预算教育事业费公用部分变化

| 区域 | 2010 年 | | | 2013 年 | | | 2016 年 | | |
| --- | --- | --- | --- | --- | --- | --- | --- | --- | --- |
| | 事业费公用部分（元） | 相对水平 | 相对水平排名 | 事业费公用部分（元） | 相对水平 | 相对水平排名 | 事业费公用部分（元） | 相对水平 | 相对水平排名 |
| 全国 | 1348 | 1.00 | 17 | 2970 | 1.00 | 19 | 3257 | 1.00 | 19 |
| 北京 | 11281 | 8.37 | 1 | 21524 | 7.25 | 1 | 19319 | 5.93 | 1 |
| 天津 | 2333 | 1.73 | 5 | 5873 | 1.98 | 2 | 2733 | 0.84 | 28 |
| 河北 | 1341 | 0.99 | 19 | 2206 | 0.74 | 26 | 2760 | 0.85 | 27 |
| 山西 | 1538 | 1.14 | 13 | 2858 | 0.96 | 21 | 2799 | 0.86 | 26 |
| 内蒙古 | 1984 | 1.47 | 9 | 3296 | 1.11 | 15 | 4661 | 1.43 | 4 |
| 辽宁 | 2068 | 1.53 | 8 | 3785 | 1.27 | 11 | 2270 | 0.70 | 32 |
| 吉林 | 2243 | 1.66 | 7 | 3573 | 1.20 | 14 | 4309 | 1.32 | 7 |
| 黑龙江 | 1233 | 0.91 | 21 | 4050 | 1.36 | 9 | 4395 | 1.35 | 6 |
| 上海 | 4807 | 3.57 | 2 | 5263 | 1.77 | 4 | 6229 | 1.91 | 2 |
| 江苏 | 1076 | 0.80 | 28 | 3970 | 1.34 | 10 | 3539 | 1.09 | 15 |
| 浙江 | 1220 | 0.91 | 23 | 2102 | 0.71 | 28 | 3370 | 1.03 | 18 |
| 安徽 | 1426 | 1.06 | 16 | 4078 | 1.37 | 8 | 4229 | 1.30 | 8 |
| 福建 | 1528 | 1.13 | 14 | 2888 | 0.97 | 20 | 3652 | 1.12 | 14 |
| 江西 | 1115 | 0.83 | 26 | 3652 | 1.23 | 13 | 4065 | 1.25 | 9 |
| 山东 | 1766 | 1.31 | 10 | 3256 | 1.10 | 17 | 3779 | 1.16 | 13 |
| 河南 | 1221 | 0.91 | 22 | 3138 | 1.06 | 18 | 3020 | 0.93 | 21 |
| 湖北 | 1156 | 0.86 | 24 | 2351 | 0.79 | 24 | 3804 | 1.17 | 11 |
| 湖南 | 1488 | 1.10 | 15 | 3279 | 1.10 | 16 | 2950 | 0.91 | 23 |
| 广东 | 819 | 0.61 | 31 | 1723 | 0.58 | 31 | 3203 | 0.98 | 20 |
| 广西 | 1143 | 0.85 | 25 | 2081 | 0.70 | 29 | 2385 | 0.73 | 30 |
| 海南 | 1600 | 1.19 | 11 | 4839 | 1.63 | 6 | 6146 | 1.89 | 3 |
| 重庆 | 1347 | 1.00 | 18 | 2759 | 0.93 | 22 | 3787 | 1.16 | 12 |
| 四川 | 1015 | 0.75 | 29 | 2621 | 0.88 | 23 | 2874 | 0.88 | 24 |
| 贵州 | 863 | 0.64 | 30 | 2018 | 0.68 | 30 | 2368 | 0.73 | 31 |

续表

| 区域 | 2010 年 | | | 2013 年 | | | 2016 年 | | |
|------|---------|---|---|---------|---|---|---------|---|---|
| | 事业费公用部分（元） | 相对水平 | 相对水平排名 | 事业费公用部分（元） | 相对水平 | 相对水平排名 | 事业费公用部分（元） | 相对水平 | 相对水平排名 |
| 云南 | 1085 | 0.80 | 27 | 2162 | 0.73 | 27 | 2433 | 0.75 | 29 |
| 西藏 | — | — | — | — | — | — | 4505 | 1.38 | 5 |
| 陕西 | 1574 | 1.17 | 12 | 4331 | 1.46 | 7 | 3985 | 1.22 | 10 |
| 甘肃 | 1299 | 0.96 | 20 | 2309 | 0.78 | 25 | 2806 | 0.86 | 25 |
| 青海 | 2330 | 1.73 | 6 | 3673 | 1.24 | 12 | 3494 | 1.07 | 17 |
| 宁夏 | 3088 | 2.29 | 3 | 4850 | 1.63 | 5 | 3520 | 1.08 | 16 |
| 新疆 | 2788 | 2.07 | 4 | 5317 | 1.79 | 3 | 2979 | 0.91 | 22 |
| 极差率 | 13.77 | | | 12.49 | | | 8.51 | | |
| 变异系数 | 0.95 | | | 0.86 | | | 0.72 | | |
| 基尼系数 | 0.31 | | | 0.27 | | | 0.25 | | |

资料来源：根据《中国教育经费统计年鉴（2011）》之表 6 - 38 "分地区地方农村初中生均公共财政预算教育经费支出"、《中国教育经费统计年鉴（2014）》之表 6 - 40 "生均公共财政预算教育经费支出（地方农村初中）"和《中国教育经费统计年鉴（2017）》之表 7 - 40 "生均公共财政预算教育经费支出（地方农村初中）"数据整理计算而得。

注：（1）在计算标准差时，因西藏农村数据缺失，故 $N$ 取 30，其余指标下 $N$ 取 31。（2）"—"表示此项无数据。

广东（2010 年和 2013 年）和辽宁（2016 年）是该项投入最少的省份，其变化趋势是：广东 819 ↗ 1723 ↗ 3203，辽宁 2068 ↗ 3785 ↗ 2270。北京（2010 年、2013 年和 2016 年）是城乡总计最大的省份，其变化趋势是 11281 ↗ 21524 ↘ 19319。全国农村初中生均公共财政预算教育事业费公用部分省级区域间极差率的变化趋势是 13.77 ↘ 12.49 ↘ 8.51，变异系数的变化趋势是 0.95 ↘ 0.86 ↘ 0.72，基尼系数的变化趋势是 0.31 ↘ 0.27 ↘ 0.25。极差率、变异系数和基尼系数表征的差距均呈下降趋势，说明这几年农村初中生均公共财政预算教育事业费公用部分省级区域间的差距总体呈缩小趋势。

2. 城镇情况分析

由表 5 - 32 可知，全国城镇初中生均公共财政预算教育事业费公用部分从 2010 年的 1548 元逐年增长到 2016 年的 4188 元，年均增长 18.04%。由相对水平值及其排名可以发现，表 5-32 中所示三年全国分别有 14 个、14 个、16 个省份高于全国平均水平。2016 年，最高的五个省份由高至低依次是北京、西藏、上海、天津和新疆；最低的五个省份由低至高依次是河北、黑龙江、甘肃、山西和四川。

**表 5-32　　各省份城镇初中生均公共财政预算教育事业费公用部分变化**

| 区域 | 2010 年 | | | 2013 年 | | | 2016 年 | | |
|---|---|---|---|---|---|---|---|---|---|
| | 事业费公用部分（元） | 相对水平 | 相对水平排名 | 事业费公用部分（元） | 相对水平 | 相对水平排名 | 事业费公用部分（元） | 相对水平 | 相对水平排名 |
| 全国 | 1548 | 1.00 | 15 | 3026 | 1.00 | 15 | 4188 | 1.00 | 17 |
| 北京 | 7130 | 4.61 | 1 | 11227 | 3.71 | 1 | 15446 | 3.69 | 1 |
| 天津 | 2717 | 1.76 | 4 | 4928 | 1.63 | 4 | 7351 | 1.76 | 4 |
| 河北 | 1262 | 0.82 | 22 | 1975 | 0.65 | 30 | 2566 | 0.61 | 32 |
| 山西 | 1292 | 0.83 | 18 | 2079 | 0.69 | 28 | 2926 | 0.70 | 29 |
| 内蒙古 | 2288 | 1.48 | 7 | 3146 | 1.04 | 13 | 4333 | 1.03 | 14 |
| 辽宁 | 2013 | 1.30 | 10 | 4072 | 1.35 | 6 | 3092 | 0.74 | 27 |
| 吉林 | 1557 | 1.01 | 14 | 2460 | 0.81 | 20 | 3695 | 0.88 | 20 |
| 黑龙江 | 1570 | 1.01 | 13 | 3245 | 1.07 | 12 | 2771 | 0.66 | 31 |
| 上海 | 5665 | 3.66 | 2 | 9557 | 3.16 | 2 | 9771 | 2.33 | 3 |
| 江苏 | 1207 | 0.78 | 24 | 2915 | 0.96 | 16 | 4741 | 1.13 | 9 |
| 浙江 | 1232 | 0.80 | 23 | 2219 | 0.73 | 24 | 4539 | 1.08 | 11 |
| 安徽 | 1093 | 0.71 | 26 | 2768 | 0.91 | 18 | 3556 | 0.85 | 22 |
| 福建 | 1282 | 0.83 | 19 | 2096 | 0.69 | 27 | 3631 | 0.87 | 21 |
| 江西 | 987 | 0.64 | 30 | 3907 | 1.29 | 8 | 3961 | 0.95 | 18 |
| 山东 | 1876 | 1.21 | 11 | 3502 | 1.16 | 10 | 3383 | 0.81 | 24 |
| 河南 | 1086 | 0.70 | 27 | 2907 | 0.96 | 17 | 3176 | 0.76 | 26 |
| 湖北 | 1077 | 0.70 | 29 | 2264 | 0.75 | 23 | 4534 | 1.08 | 12 |
| 湖南 | 1694 | 1.09 | 12 | 3257 | 1.08 | 11 | 4270 | 1.02 | 16 |
| 广东 | 1277 | 0.82 | 21 | 2172 | 0.72 | 26 | 3422 | 0.82 | 23 |
| 广西 | 1097 | 0.71 | 25 | 2542 | 0.84 | 19 | 4406 | 1.05 | 13 |
| 海南 | 2608 | 1.68 | 5 | 4559 | 1.51 | 5 | 5577 | 1.33 | 6 |
| 重庆 | 2085 | 1.35 | 8 | 3117 | 1.03 | 14 | 3919 | 0.94 | 19 |

续表

| 区域 | 2010 年 | | | 2013 年 | | | 2016 年 | | |
|---|---|---|---|---|---|---|---|---|---|
| | 事业费公用部分（元） | 相对水平 | 相对水平排名 | 事业费公用部分（元） | 相对水平 | 相对水平排名 | 事业费公用部分（元） | 相对水平 | 相对水平排名 |
| 四川 | 1081 | 0.70 | 28 | 2358 | 0.78 | 21 | 3043 | 0.73 | 28 |
| 贵州 | 717 | 0.46 | 31 | 1561 | 0.52 | 31 | 3251 | 0.78 | 25 |
| 云南 | 1386 | 0.90 | 17 | 2033 | 0.67 | 29 | 5159 | 1.23 | 8 |
| 西藏 | — | — | — | — | — | — | 13822 | 3.30 | 2 |
| 陕西 | 1437 | 0.93 | 16 | 3807 | 1.26 | 9 | 4291 | 1.02 | 15 |
| 甘肃 | 1278 | 0.83 | 20 | 2209 | 0.73 | 25 | 2903 | 0.69 | 30 |
| 青海 | 4093 | 2.64 | 3 | 4026 | 1.33 | 7 | 4624 | 1.10 | 10 |
| 宁夏 | 2532 | 1.64 | 6 | 2308 | 0.76 | 22 | 5530 | 1.32 | 7 |
| 新疆 | 2075 | 1.34 | 9 | 5272 | 1.74 | 3 | 6944 | 1.66 | 5 |
| 极差率 | 9.94 | | | 7.19 | | | 6.02 | | |
| 变异系数 | 0.71 | | | 0.59 | | | 0.59 | | |
| 基尼系数 | 0.34 | | | 0.31 | | | 0.28 | | |

资料来源：根据表 5－20 中"我国各省份初中生均公共财政预算教育事业费"数据、表 5－21 中"我国各省份农村初中生均公共财政预算教育事业费"数据以及 2011 年、2014 年和 2017 年《中国教育经费统计年鉴》之表"分地区地方普通初中公共财政预算教育事业费和基本建设支出明细"和表"分地区地方农村初中公共财政预算教育事业费和基本建设支出明细"数据计算得到，具体计算方法为：（地方普通初中公共财政预算事业费公用部分－地方农村初中公共财政预算事业费公用部分）/（地方普通初中公共财政预算事业费支出/地方普通初中生均公共财政预算事业费支出－地方农村初中公共财政预算事业费支出/地方农村初中生均公共财政预算事业费支出）。

注：（1）在计算标准差时，因 2010 年和 2013 年西藏城镇数据缺失，故 N 取 30。（2）"—"表示此项无数据。

贵州（2010 年和 2013 年）和河北（2016 年）是该项投入最少的省份，其变化趋势是：贵州 717 ↗1561 ↗3251，河北 1262 ↗1975 ↗2566。北京（2010 年、2013 年和 2016 年）是投入最多的省份，其变化趋势是 7130 ↗11227 ↗15446。全国城镇初中生均公共财政预算教育事业费公用部分省级区域间极差率的变化趋势是 9.94 ↘7.19 ↘6.02，变异系数的变化趋势是 0.71 ↘0.59→0.59，基尼系数的变化趋势是 0.34 ↘0.31 ↘0.28。极差率、变异系数及基尼系数三个指标表征的整体差距整体呈现下降的趋势，说明这几年城镇初中生均公共财政预算教育事业费公用部分省级区域间的差距在逐渐缩小。

### 3. 城乡差异分析

由表 5-33 可知，2010 年，全国初中生均公共财政预算教育事业费公用部分的平均城乡投入比为 1.15，低于全国平均水平的省份有 22 个，高于全国平均水平的省份有 9 个，城乡差距最大的五个省份按差距由大到小排序是青海、海南、广东、重庆和云南。2016 年，全国的平均城乡比为 1.29，低于全国平均水平的省份有 18 个，高于全国平均水平的省份有 13 个，城乡差距最大的五个省份按差距由大到小排序是西藏、天津、新疆、云南和广西。六年间，城乡投入差距扩大的省份有 22 个，扩大幅度最大的 5 个省份分别是新疆、天津、广西、云南和宁夏；城乡差距缩小的省份有 9 个，缩小幅度最大的 5 个省份由高到低依次为海南、黑龙江、重庆、广东和青海。总的来说，全国各省份初中生均公共财政预算教育事业费公用部分城乡间的差距呈扩大趋势。

**表 5-33　各省份初中生均公共财政预算教育事业费公用部分城乡差距比值**

| 区域 | 2010 年 | 2013 年 | 2016 年 | 区域 | 2010 年 | 2013 年 | 2016 年 |
|---|---|---|---|---|---|---|---|
| 全国 | 1.15 | 1.02 | 1.29 | 河南 | 0.89 | 0.93 | 1.05 |
| 北京 | 0.63 | 0.52 | 0.80 | 湖北 | 0.93 | 0.96 | 1.19 |
| 天津 | 1.16 | 0.84 | 2.69 | 湖南 | 1.14 | 0.99 | 1.45 |
| 河北 | 0.94 | 0.90 | 0.93 | 广东 | 1.56 | 1.26 | 1.07 |
| 山西 | 0.84 | 0.73 | 1.05 | 广西 | 0.96 | 1.22 | 1.85 |
| 内蒙古 | 1.15 | 0.95 | 0.93 | 海南 | 1.63 | 0.94 | 0.91 |
| 辽宁 | 0.97 | 1.08 | 1.36 | 重庆 | 1.55 | 1.13 | 1.03 |
| 吉林 | 0.69 | 0.69 | 0.86 | 四川 | 1.07 | 0.90 | 1.06 |
| 黑龙江 | 1.27 | 0.80 | 0.63 | 贵州 | 0.83 | 0.77 | 1.37 |
| 上海 | 1.18 | 1.82 | 1.57 | 云南 | 1.28 | 0.94 | 2.12 |
| 江苏 | 1.12 | 0.73 | 1.34 | 西藏 | — | — | 3.07 |
| 浙江 | 1.01 | 1.06 | 1.35 | 陕西 | 0.91 | 0.88 | 1.08 |
| 安徽 | 0.77 | 0.68 | 0.84 | 甘肃 | 0.98 | 0.96 | 1.03 |
| 福建 | 0.84 | 0.73 | 0.99 | 青海 | 1.76 | 1.10 | 1.32 |
| 江西 | 0.89 | 1.07 | 0.97 | 宁夏 | 0.82 | 0.48 | 1.57 |
| 山东 | 1.06 | 1.08 | 0.90 | 新疆 | 0.74 | 0.99 | 2.33 |

资料来源：根据表 5-31 中"各省份农村初中生均公共财政预算教育事业费公用部分"数据和表 5-32 中"各省份城镇初中生均公共财政预算教育事业费公用部分"数据计算而得。

注："—"表示此项无数据。

### 5.4.3.3 生均教育事业费中公用部分区域差异分析

2010 年，我国初中生均公共财政预算教育事业费公用部分的第一梯队省份是新疆、青海、宁夏、北京、天津和上海，最后梯队的省份是江苏、湖北、江西、广东、广西、贵州和四川。2013 年处于第一梯队的省份是新疆、山西、北京、天津、上海和海南六省份，处于最后梯队的有河北、甘肃、浙江、广东、广西、贵州和云南七省份。与 2010 年相比，陕西和海南进入第一梯队，宁夏和青海退出第一梯队，甘肃、河北、云南和浙江跌落到最后梯队，四川、湖北、江西、江苏退出最后梯队。2016 年处于第一梯队的省份有西藏、内蒙古、北京、天津、上海和海南六省份，处于最后梯队的省份有辽宁、河北、山西、甘肃、贵州、云南和广西。与 2013 年相比，西藏和内蒙古加入第一梯队，新疆和陕西退出第一梯队，浙江和广东退出最后梯队，辽宁和山西加入最后梯队。

初中生均公共财政预算教育事业费公用部分投入相对较多的省份为北京、天津、上海，投入相对较少的省份为贵州等。从区域分布来看，初中生均公共财政预算教育事业费公用部分投入高的省份多分布在西北地区省份和直辖市，投入较低的省份多分布在华北地区和西南地区。

从总的差距（泰尔指数 T）来看，全国省级区域间初中生均公共财政预算教育事业费公用部分差距总体呈下降趋势（见表 5-34）。分城乡看，农村在 2010~2016 年也呈逐年下降趋势，城镇差距有波动。从差距大小看，农村差距最大，合计次之，城镇差距最小。合计、城镇和农村层面的泰尔指数分别从 2010 年的 0.92、0.65 和 1.31 变化为 2016 年的 0.70、0.68 和 1.01。

表 5-34　分地区初中生均公共财政预算教育事业费中公用部分差距的泰尔指数

| 泰尔指数 | 2010 年 | | | 2013 年 | | | 2016 年 | | |
|---|---|---|---|---|---|---|---|---|---|
| | 合计 | 城镇 | 农村 | 合计 | 城镇 | 农村 | 合计 | 城镇 | 农村 |
| T | 0.92 | 0.65 | 1.31 | 0.72 | 0.49 | 1.12 | 0.70 | 0.68 | 1.01 |
| Tb | 0.23 | 0.12 | 0.41 | 0.16 | 0.08 | 0.38 | 0.13 | 0.15 | 0.17 |
| Tw | 0.70 | 0.53 | 0.91 | 0.56 | 0.40 | 0.73 | 0.57 | 0.54 | 0.84 |
| Tb（%） | 24 | 18 | 31 | 22 | 17 | 34 | 19 | 21 | 17 |

| 泰尔指数 | 2010 年 | | | 2013 年 | | | 2016 年 | | |
|---|---|---|---|---|---|---|---|---|---|
| | 合计 | 城镇 | 农村 | 合计 | 城镇 | 农村 | 合计 | 城镇 | 农村 |
| Tw（%） | 76 | 82 | 69 | 78 | 83 | 66 | 81 | 79 | 83 |
| 华北 T1 | 1.06 | 0.83 | 1.62 | 1.05 | 0.88 | 1.56 | 1.03 | 0.51 | 1.95 |
| 东北 T2 | 0.04 | 0.02 | 0.06 | 0.01 | 0.01 | 0.02 | 0.08 | 0.08 | 0.08 |
| 华东 T3 | 0.80 | 0.61 | 0.95 | 0.47 | 0.39 | 0.44 | 0.42 | 0.28 | 0.51 |
| 华中南 T4 | 0.48 | 0.51 | 0.42 | 0.51 | 0.44 | 0.57 | 0.49 | 0.42 | 0.60 |
| 西南 T5 | 0.54 | — | — | 0.65 | — | — | 0.79 | 1.41 | 0.67 |
| 西北 T6 | 0.61 | 0.45 | 0.72 | 0.26 | 0.14 | 0.50 | 0.22 | 0.18 | 0.23 |

注：（1）表中 T 表示总体差距的泰尔指数，Tb 表示组间差距，Tw 表示组内差距，Tb（%）表示组间差距贡献率，Tw（%）表示组内差距贡献率，T1～T6 分别表示华北、东北、华东、华中南、西南、西北地区总体差距的泰尔指数。（2）"—"表示此项指标由于数据缺失无法计算得出。

从组内组间差距看，除了 2016 年组间差距外，也有农村差距大于合计、合计差距大于城镇的特征，且组内不平等大于组间不平等。组内组间差距在合计和农村层面均为下降趋势，在城镇层面有所上升。组间差距贡献率和组内差距贡献率是此消彼长的关系，只分析其一即可。由于组内差距贡献占主体地位，因此这里只分析组内差距贡献率。2010 年和 2013 年城镇组内差距贡献率大于合计和农村，2016 年小于合计和农村。合计、农村层面的组内差距贡献率呈上升趋势，城镇呈现下降趋势，合计、农村层面的组内差距贡献率从 2010 年的 76% 和 69% 上升到 2016 年的 81% 和 83%，城镇差距贡献率从 2010 年的 82% 下降到 2016 年的 79%，这与初中生均公共财政预算教育事业费的情况类似。

从各个区域的泰尔指数来看，也基本有农村不平等程度大于合计、合计大于城镇的特征。各组内的不平等程度最大的三个地区为华北地区、华东地区和西南地区，华北地区合计和城镇层面差距有缩小趋势，农村层面差距有扩大趋势，合计和城镇从 2010 年的 1.06 和 0.83 下降到 2016 年的 1.03 和 0.51，农村从 1.62 上升到 1.95；华东地区各个层面均呈现下降趋势，合计、城镇和农村分别从 2010 年的 0.80、0.61 和 0.95 下降到 2016 年的 0.42、0.28 和 0.51。西南地区仅可以计算合计层面差距指数，从 2010 年的 0.54 上升到 2016 年的 0.79。差距最小的为东北地区，但整体差距呈上升趋势，合计、城镇和农村分别由 2010 年的 0.04、0.02 和 0.06 上升到 2016 年的 0.08、0.08 和 0.08。处于中间位置的是华中南地区和西北地区，华中南地区合计和农村差距上升，城镇差距下降，合计、城镇和农村泰尔指数分别从 2010 年的 0.48、0.51 和 0.42 变化为 2016 年的 0.49、0.42 和 0.60；西北地区各个层面差距均趋于下降，合计、城镇和农村分别从 2010 年的 0.61、0.45 和 0.72 下降到 2016 年的 0.22、0.18 和 0.23。

## 5.5　初中生均公共财政预算教育基建费分析

"基本建设支出"部分的数据在不同年份和各省份之间的差异较大，本节只对其进行概括分析，包括基本建设支出总体情况分析和省份差异分析。

### 5.5.1　生均基本建设支出总体情况分析

表 5 - 35 反映了全国各省份在 2010 ~ 2016 年间全国合计、城镇、农村的初中生均公共财政预算基本建设支出情况。

表 5 - 35　　　　　初中生均公共财政预算基本建设支出情况　　　　单位：元

| 区域 | 2010 年 | | | 2013 年 | | | 2016 年 | | |
|---|---|---|---|---|---|---|---|---|---|
| | 合计 | 城镇 | 农村 | 合计 | 城镇 | 农村 | 合计 | 城镇 | 农村 |
| 全国 | 201 | 264 | 165 | 287 | 306 | 269 | 228 | 341 | 167 |
| 北京 | 4180 | 4655 | 2897 | 2538 | 2530 | 2559 | 2257 | 1860 | 3712 |
| 天津 | 95 | 0 | 187 | 1316 | 0 | 2751 | 637 | 966 | — |
| 河北 | 117 | 86 | 142 | 190 | 91 | 304 | 102 | 87 | 107 |
| 山西 | 150 | 130 | 170 | 243 | 228 | 258 | 94 | 79 | 101 |
| 内蒙古 | 476 | 521 | 341 | 566 | 617 | 357 | 246 | 249 | 241 |
| 辽宁 | 139 | 32 | 239 | 539 | 543 | 534 | 41 | 26 | 57 |
| 吉林 | 105 | 53 | 155 | 143 | 24 | 280 | 48 | 29 | 62 |
| 黑龙江 | 195 | 144 | 249 | 311 | 269 | 370 | 176 | 25 | 296 |
| 上海 | 466 | — | — | 1151 | — | — | 234 | 285 | — |

续表

| 区域 | 2010 年 | | | 2013 年 | | | 2016 年 | | |
|---|---|---|---|---|---|---|---|---|---|
| | 合计 | 城镇 | 农村 | 合计 | 城镇 | 农村 | 合计 | 城镇 | 农村 |
| 江苏 | 199 | 305 | 113 | 1 | 0 | 2 | 82 | 152 | 11 |
| 浙江 | 73 | 75 | 71 | 75 | 20 | 115 | 206 | 41 | 348 |
| 安徽 | 146 | 99 | 163 | 229 | 137 | 276 | 184 | 75 | 214 |
| 福建 | 186 | 339 | 122 | 139 | 92 | 164 | 237 | 403 | 129 |
| 江西 | 102 | 111 | 96 | 245 | 207 | 271 | 291 | 301 | 284 |
| 山东 | 19 | 25 | 16 | 13 | 0 | 19 | 56 | 75 | 42 |
| 河南 | 61 | 102 | 42 | 196 | 144 | 224 | 141 | 362 | 63 |
| 湖北 | 128 | 53 | 162 | 489 | 318 | 593 | — | — | — |
| 湖南 | 135 | 149 | 127 | 347 | 556 | 231 | 129 | 88 | 140 |
| 广东 | 191 | 332 | 102 | 246 | 536 | 16 | 466 | 834 | 32 |
| 广西 | 119 | 121 | 119 | 329 | 339 | 322 | 326 | 899 | 164 |
| 海南 | 221 | 356 | 115 | 286 | 268 | 302 | 119 | 149 | 97 |
| 重庆 | 248 | 330 | 207 | 274 | 110 | 379 | 435 | 722 | 259 |
| 四川 | 232 | 261 | 221 | 246 | 230 | 253 | 229 | 277 | 210 |
| 贵州 | 76 | 18 | 93 | 248 | 238 | 251 | 186 | 329 | 159 |
| 云南 | 300 | 435 | 252 | 158 | 148 | 161 | 135 | 282 | 107 |
| 西藏 | 75 | — | — | 775 | — | — | 1034 | — | 1240 |
| 陕西 | 265 | 283 | 256 | 300 | 222 | 360 | 174 | 374 | 83 |
| 甘肃 | 446 | 442 | 447 | 352 | 244 | 410 | 177 | 46 | 214 |
| 青海 | 1105 | 772 | 1678 | 1177 | 1060 | 1431 | 1818 | 825 | 2201 |
| 宁夏 | 355 | 225 | 518 | 641 | 255 | 1368 | 211 | 412 | 79 |
| 新疆 | 669 | 563 | 765 | 928 | 612 | 1266 | 803 | 959 | 716 |
| 极差率 | 220 | 259 | 181 | 2538 | 127 | 1376 | 55 | 74 | 338 |
| 变异系数 | 2.00 | 2.14 | 1.65 | 1.06 | 1.26 | 1.24 | 1.33 | 1.06 | 1.91 |
| 基尼系数 | 0.45 | 0.52 | 0.40 | 0.35 | 0.53 | 0.31 | 0.40 | 0.44 | 0.42 |

资料来源：2010 年"合计"和"农村"数据分别来自《中国教育经费统计年鉴（2011）》之表6-36"分地区地方普通初中生均公共财政预算教育经费支出"和表6-38"分地区地方农村初中生均公共财政预算教育经费支出"；其中"城镇"数据根据"合计"数据和"农村"数据以及《中国教育经费统计年鉴（2011）》之表5-49"分地区地方普通初中公共财政预算教育事业费和基本建设支出明细"和表5-52"分地区地方农村初中公共财政预算教育事业费和基本建设支出明细"数据计算得到，具体计算方法为：（地方普通初中公共财政预算基本建设支出-地方农村初中公共财政预算基本建设支出）/（地方普通初中公共财政预算事业费支出/地方普通初中生均公共财政预算事业费支出-地方农村初中公共财政预算事业费支出/地方农村初中生均公共财政预算事业费支出），2013 年和2016 年数据来源及计算方法与2010 年类似。

注：（1）由于生均基本建设支出数据统计不完整，表中极差率等数据是在不考虑 0 和缺失数据的情况下计算出来的。（2）"—"表示此项无数据。

全国合计的初中生均公共财政预算基本建设支出从 2010 年的 201 元增加到 2013 年的 287 元，而后又减少到 2016 年的 228 元，六年间总体上是增加的，增幅为 13%。全国城镇的初中生均公共财政预算基本建设支出从 2010 年的 264 元增加到 2016 年的 341 元，增幅为 29%。全国农村的初中生均公共财政预算基本建设支出从 2010 年的 165 元增加到 2013 年的 269 元，然后又减少到 2016 年的 167 元，六年间生均投入基本持平。从基本建设支出绝对量来说，是城镇高于合计，合计高于农村；从六年间的增幅来说，也是城镇高于合计，合计高于农村。这将进一步拉大城乡间基础教育的差距。

由于基本建设自身规律的作用，基本建设支出呈现出年度数据的不稳定性。从极差率看，合计和农村的极差率波动非常大，都经历了先急剧上升后下降的过程，分别从 2010 年的 220 和 181 上升到 2013 年的 2538 和 1376，又下降到 2016 年的 55 和 338。城镇的极差率相对稳定，呈持续减小趋势，从 2010 年的 259 减小至 2016 年的 74，即各省级区城镇初中生均公共财政预算基本建设支出是相对均衡的。从变异系数看，六年间，合计从 2.00 下降到 1.33，城镇从 2.14 下降到 1.06，农村从 1.65 上升到 1.91，即省级区域间合计和城镇层面的差距在总体上是缩小的，农村层面的差距在增大。最后，六年间基尼系数的变化趋势是，合计和城镇均有缩小趋势，分别从 2010 年的 0.45 和 0.52 下降到 2016 年的 0.40 和 0.44，农村有扩大趋势，从 2010 年的 0.40 上升到 2016 年的 0.42。

总之，以上分析说明六年间初中生均公共财政预算基本建设支出省级区域间差距在合计和城镇层面基本上呈现缩小趋势，城镇的不平等程度尤其突出，在农村层面有扩大趋势。

## 5.5.2 生均基本建设支出空间差异分析

2010 年，我国初中生均公共财政预算基建经费的第一梯队省份是新疆、甘肃、青海、内蒙古、北京和上海，最后梯队的省份是天津、山东、河南、浙江、江西、贵州和西藏 7 个省份。2013 年处于第一梯队的省份是西藏、新疆、青海、北京、天津和上海六省份，处于最后梯队的有吉林、河北、山东、江苏、浙江、福建和云南 7 个省份。与 2010 年相比，西藏和天津进入第一梯队，甘肃和内蒙古退出第一梯队，吉林、河北、江苏、福建和云南跌落到最后梯队，河南、贵州、天津、江西、西藏移出最后梯队。2016 年处于第一梯队的省份有西藏、新疆、青海、北京、天津和广东 6 个省份，处于最后梯队的省份有吉林、辽宁、河北、山西、山东和江苏 6 个省份。与 2013 年相比，上海退出第一梯队，山东进入第一梯队，浙江、福建、云南退出最后梯队，辽宁、山西进入最后梯队。

初中生均公共财政预算基建经费投入相对较多的有新疆、青海和北京等省份，投入相对较少有山东等省份。从区域分布来看，初中生均公共财政预算基建经费投入较高的省份多分布在西北部内陆省份和直辖市，投入较低的省份多分布在华北地区、环渤海地区和东部沿海地区，这种空间分布规律与生均公共财政预算教育事业费是非常不同的。由于东部沿海省份由于经济发展水平较高，教育基建已基本完成，西部地区发展滞后，现阶段随着我国对西部地区的重视，其初中教育基建等投入开始增加。

从总的差距（泰尔指数 T）来看，全国省级区域间初中生均公共财政预算基本建设支出合计和城镇差距在 2010 ~ 2016 年呈下降趋势，农村则为上升趋势（见表 5 - 36）。而且农村差距最大，合计次之，城镇差距最小。合计、城镇层面的泰尔指数分别从 2010 年的 1.86 和 1.58 减小到 2016 年的 1.54 和 0.91，农村从 2.19 增加到 2.59。从组内组间差距看，也有农村差距大于合计、合计差距大于城镇的特征，且组内不平等大于组间不平等。组内差距在合计和城镇层面均呈下降趋势，在农村层面为上升趋势；组间差距在各个层面均呈下降趋势。组间差距贡献率和组内差距贡献率是此消彼长的关系，只分析其一即可。由于组内差距贡献占主体地位，因此这里只分析组内差距贡献率。2010 年、2013 年和 2016 年三年城镇组内差距贡献率在合计、城镇和农村三者间分别排名第一、第二和第三。合计、城镇和农村层面的组内差距贡献率分别从 2010 年的 65%、70% 和 60% 变为 2016 年的 73%、60% 和 77%。

**表 5 - 36    全国分地区初中生均公共财政预算基本建设支出差距的泰尔指数**

| 泰尔指数 | 2010 年 | | | 2013 年 | | | 2016 年 | | |
|---|---|---|---|---|---|---|---|---|---|
| | 合计 | 城镇 | 农村 | 合计 | 城镇 | 农村 | 合计 | 城镇 | 农村 |
| T | 1.86 | 1.58 | 2.19 | 1.34 | 1.05 | 1.87 | 1.54 | 0.91 | 2.59 |
| Tb | 0.64 | 0.48 | 0.88 | 0.37 | 0.32 | 0.84 | 0.42 | 0.36 | 0.60 |

| 泰尔指数 | 2010 年 | | | 2013 年 | | | 2016 年 | | |
|---|---|---|---|---|---|---|---|---|---|
| | 合计 | 城镇 | 农村 | 合计 | 城镇 | 农村 | 合计 | 城镇 | 农村 |
| Tw | 1.21 | 1.10 | 1.31 | 0.97 | 0.73 | 1.03 | 1.11 | 0.55 | 1.98 |
| Tb（%） | 35 | 30 | 40 | 27 | 31 | 45 | 27 | 40 | 23 |
| Tw（%） | 65 | 70 | 60 | 73 | 69 | 55 | 73 | 60 | 77 |
| 华北 T1 | 2.00 | — | 2.22 | 1.31 | — | 1.58 | 1.63 | 0.92 | — |
| 东北 T2 | 0.01 | 0.15 | 0.01 | 0.05 | 0.23 | 0.00 | 0.20 | 0.06 | 0.23 |
| 华东 T3 | 0.93 | — | — | 1.65 | — | — | 0.39 | 0.52 | — |
| 华中南 T4 | 0.49 | 0.55 | 0.42 | 0.36 | 0.26 | 0.68 | — | — | — |
| 西南 T5 | 0.21 | — | — | 1.24 | — | — | 1.53 | — | 1.93 |
| 西北 T6 | 0.68 | 0.32 | 1.19 | 0.61 | 0.53 | 0.96 | 0.97 | 0.47 | 1.25 |

注：（1）表中 T 表示总体差距的泰尔指数，Tb 表示组间差距，Tw 表示组内差距，Tb（%）表示组间差距贡献率，Tw（%）表示组内差距贡献率，T1～T6 分别表示华北、东北、华东、华中南、西南、西北地区总体差距的泰尔指数。（2）表中总体泰尔指数（T）和组内（Tw）组间（Tb）泰尔指数数据均是在有缺失数据的情况下计算出来的，虽然数据的代表性和准确性降低了，但是对于我们作对比分析和趋势分析还是能起到一定作用的，故在此我们保留这部分数据；然而，对于各个地区来说，在有缺失数据的情况下，由于组内省区数量有限，故计算出的泰尔指数会有较大误差，会失去比较的意义，因此此处不考虑有数据有缺失地区的泰尔指数，用"—"表示。

从各个区域的泰尔指数来看，初中生均公共财政预算基本建设支出省级区域间差距的变化规律不明显，东北地区是各个区域中不平等程度最小的地区，其他五个地区的不平等程度都较大。由于城镇和农村的泰尔指数数据不完整，仅从各个地区的合计层面进行分析，华北、华东和华中南地区整体上为下降趋势，例如华北地区合计部分从 2010 年的 2.0 减小到 2016 年的 1.63，华中南从 2010 年的 0.49 下降到 2013 年的 0.36（2016 年数据缺失）。西南地区和西北地区整体上为上升趋势，如西北地区的合计部分从 2010 年的 0.68 上升到 2016 年的 0.97，西南地区的合计部分从 2010 年的 0.21 上升到 2016 年的 1.53。

从以上分析可以看出初中生均公共财政预算基建经费支出合计和城镇层面的区域差距都有缩小趋势，农村有扩大趋势，农村层面的差距最大。

# 5.6 高中生均公共财政预算教育事业费分析

高中生均公共财政预算教育事业费主要包括个人部分和公用部分，个人部分是指用于教职人员的工资福利支出以及用于学生个人的和家庭的补助支出，公用部分包括教学过程中的商品和服务支出以及一些基金项目的资本性的支出。下面分别从高中生均公共财政预算教育事业费的总体、个人部分以及公用部分三个层面对其支出情况进行分析。

## 5.6.1 生均教育事业费总体情况分析

### 5.6.1.1 生均教育事业费总体分析

由表 5-37 可知，高中生均公共财政预算教育事业费全国平均从 2010 年的 4504 元持续增长到 2016 年的 12298 元，年均增长 18.22%。由相对水平值及其排名可以发现，表 5-37 中所示三年全国分别有 16 个、15 个、14 个省份高于全国平均水平。2016 年，最高的 5 个省份由高至低依次是北京、上海、天津、西藏、浙江；最低的 5 个省份由低至高依次是河南、安徽、广西、四川和贵州。

**表 5-37**　　　　　各省份高中生均公共财政预算教育事业费变化

| 区域 | 2010 年 | | | 2013 年 | | | 2016 年 | | |
|---|---|---|---|---|---|---|---|---|---|
| | 事业费（元） | 相对水平 | 相对水平排名 | 事业费（元） | 相对水平 | 相对水平排名 | 事业费（元） | 相对水平 | 相对水平排名 |
| 全国 | 4504 | 1.00 | 17 | 8423 | 1.00 | 16 | 12298 | 1.00 | 15 |
| 北京 | 20620 | 4.58 | 1 | 36763 | 4.36 | 1 | 50803 | 4.13 | 1 |
| 天津 | 13234 | 2.94 | 3 | 21104 | 2.51 | 3 | 31425 | 2.56 | 3 |
| 河北 | 3998 | 0.89 | 22 | 7105 | 0.84 | 24 | 10859 | 0.88 | 22 |
| 山西 | 4245 | 0.94 | 21 | 7121 | 0.85 | 23 | 10653 | 0.87 | 24 |

续表

| 区域 | 2010 年 | | | 2013 年 | | | 2016 年 | | |
|---|---|---|---|---|---|---|---|---|---|
| | 事业费（元） | 相对水平 | 相对水平排名 | 事业费（元） | 相对水平 | 相对水平排名 | 事业费（元） | 相对水平 | 相对水平排名 |
| 内蒙古 | 5612 | 1.25 | 10 | 10671 | 1.27 | 9 | 14334 | 1.17 | 9 |
| 辽宁 | 5335 | 1.18 | 12 | 8960 | 1.06 | 12 | 11403 | 0.93 | 19 |
| 吉林 | 5104 | 1.13 | 15 | 7882 | 0.94 | 20 | 11761 | 0.96 | 16 |
| 黑龙江 | 4411 | 0.98 | 19 | 8217 | 0.98 | 18 | 11495 | 0.93 | 18 |
| 上海 | 20347 | 4.52 | 2 | 30594 | 3.63 | 2 | 37769 | 3.07 | 2 |
| 江苏 | 5595 | 1.24 | 11 | 12788 | 1.52 | 5 | 21134 | 1.72 | 6 |
| 浙江 | 6415 | 1.42 | 9 | 12193 | 1.45 | 6 | 21742 | 1.77 | 5 |
| 安徽 | 2817 | 0.63 | 29 | 7040 | 0.84 | 25 | 8924 | 0.73 | 31 |
| 福建 | 5222 | 1.16 | 14 | 8718 | 1.04 | 13 | 12947 | 1.05 | 13 |
| 江西 | 3016 | 0.67 | 28 | 8587 | 1.02 | 14 | 10820 | 0.88 | 23 |
| 山东 | 5077 | 1.13 | 16 | 8973 | 1.07 | 11 | 12546 | 1.02 | 14 |
| 河南 | 2458 | 0.55 | 32 | 5618 | 0.67 | 32 | 6398 | 0.52 | 32 |
| 湖北 | 2563 | 0.57 | 31 | 6278 | 0.75 | 30 | 14174 | 1.15 | 10 |
| 湖南 | 3288 | 0.73 | 27 | 6544 | 0.78 | 28 | 9740 | 0.79 | 27 |
| 广东 | 5313 | 1.18 | 13 | 8028 | 0.95 | 19 | 13479 | 1.10 | 12 |
| 广西 | 3428 | 0.76 | 25 | 6713 | 0.80 | 27 | 9327 | 0.76 | 30 |
| 海南 | 6421 | 1.43 | 8 | 10306 | 1.22 | 10 | 15630 | 1.27 | 7 |
| 重庆 | 3607 | 0.80 | 24 | 7418 | 0.88 | 21 | 10932 | 0.89 | 20 |
| 四川 | 2591 | 0.58 | 30 | 6253 | 0.74 | 31 | 9588 | 0.78 | 29 |
| 贵州 | 3317 | 0.74 | 26 | 6313 | 0.75 | 29 | 9638 | 0.78 | 28 |
| 云南 | 4316 | 0.96 | 20 | 6803 | 0.81 | 26 | 10370 | 0.84 | 25 |
| 西藏 | 7246 | 1.61 | 6 | 15316 | 1.82 | 4 | 27454 | 2.23 | 4 |
| 陕西 | 4491 | 1.00 | 18 | 8577 | 1.02 | 15 | 11740 | 0.95 | 17 |
| 甘肃 | 3798 | 0.84 | 23 | 7306 | 0.87 | 22 | 9840 | 0.80 | 26 |
| 青海 | 7984 | 1.77 | 4 | 11674 | 1.39 | 8 | 14063 | 1.14 | 11 |
| 宁夏 | 6672 | 1.48 | 7 | 8408 | 1.00 | 17 | 10899 | 0.89 | 21 |

| 区域 | 2010 年 | | | 2013 年 | | | 2016 年 | | |
|---|---|---|---|---|---|---|---|---|---|
| | 事业费（元） | 相对水平 | 相对水平排名 | 事业费（元） | 相对水平 | 相对水平排名 | 事业费（元） | 相对水平 | 相对水平排名 |
| 新疆 | 7249 | 1.61 | 5 | 11772 | 1.40 | 7 | 14772 | 1.20 | 8 |
| 极差率 | 8.39 | | | 6.54 | | | 7.94 | | |
| 变异系数 | 0.72 | | | 0.64 | | | 0.61 | | |
| 基尼系数 | 0.25 | | | 0.30 | | | 0.30 | | |

资料来源：根据《中国教育经费统计年鉴（2011）》之表 6 - 32 "分地区地方普通高中生均公共财政预算教育经费支出"、《中国教育经费统计年鉴（2014）》之表 6 - 34 "生均公共财政预算教育经费支出（地方普通高中）"和《中国教育经费统计年鉴（2017）》之表 7 - 34 "生均公共财政预算教育经费支出（地方普通高中）"数据整理计算而得。

表 5 - 37 所示三年，河南是高中生均公共财政预算教育事业费投入最少的地区，其变化趋势是 2458 ↗5618 ↗6398；北京是投入最多的地区，其变化趋势是 20620 ↗36763 ↗50803。表明区域间投入差距的指标表现是：极差率的变化趋势是 8.39 ↘6.54 ↗7.94；变异系数的变化趋势是 0.72 ↘0.64 ↘0.61；基尼系数的变化趋势是 0.25 ↗0.30→0.30。极差率在 2013 年下降，2016 年又有所回升，但比 2010 年是下降的。基尼系数则呈上升趋势，由于基尼系数对中等投入水平的变化特别敏感，说明这几年高中生均公共财政预算教育事业费在平均值附近的变化比较大。

### 5.6.1.2 生均教育事业费城乡差异分析

1. 农村情况分析

由表 5 - 38 可知，全国农村从 2010 年的 3731 元持续增长到 2016 年的 10156 元，年均增长 18.16%。由相对水平值及其排名可以发现，表 5 - 38 中所示三年全国分别有 18 个、17 个、15 个省份高于全国平均水平。2016 年，最高 5 个省份由高至低依次是北京、上海、西藏、天津和浙江；低于全国平均水平的 5 个省份由低至高依次是河南、广西、辽宁、安徽和湖南。

表 5 – 38　　　　　　各省份农村高中生均公共财政预算教育事业费变化

| 区域 | 2010 年 | | | 2013 年 | | | 2016 年 | | |
|---|---|---|---|---|---|---|---|---|---|
| | 事业费（元） | 相对水平 | 相对水平排名 | 事业费（元） | 相对水平 | 相对水平排名 | 事业费（元） | 相对水平 | 相对水平排名 |
| 全国 | 3731 | 1.00 | 19 | 7490 | 1.00 | 18 | 10156 | 1.00 | 16 |
| 北京 | 18891 | 5.06 | 1 | 39036 | 5.21 | 1 | 49743 | 4.90 | 1 |
| 天津 | 7534 | 2.02 | 4 | 20163 | 2.69 | 3 | 23392 | 2.30 | 4 |
| 河北 | 4540 | 1.22 | 12 | 7189 | 0.96 | 19 | 10141 | 1.00 | 17 |
| 山西 | 2919 | 0.78 | 25 | 5782 | 0.77 | 24 | 9622 | 0.95 | 22 |
| 内蒙古 | 5204 | 1.39 | 7 | 9721 | 1.30 | 10 | 14226 | 1.40 | 7 |
| 辽宁 | 6112 | 1.64 | 6 | 7527 | 1.00 | 17 | 8244 | 0.81 | 30 |
| 吉林 | 4408 | 1.18 | 14 | 9841 | 1.31 | 8 | 12192 | 1.20 | 12 |
| 黑龙江 | 4209 | 1.13 | 17 | 5841 | 0.78 | 23 | 10370 | 1.02 | 15 |
| 上海 | 16190 | 4.34 | 2 | 26593 | 3.55 | 2 | 32095 | 3.16 | 2 |
| 江苏 | 4429 | 1.19 | 13 | 10834 | 1.45 | 6 | 17523 | 1.73 | 6 |
| 浙江 | 5037 | 1.35 | 9 | 9185 | 1.23 | 12 | 19268 | 1.90 | 5 |
| 安徽 | 2724 | 0.73 | 27 | 7913 | 1.06 | 16 | 8816 | 0.87 | 29 |
| 福建 | 4796 | 1.29 | 11 | 8408 | 1.12 | 14 | 12564 | 1.24 | 11 |
| 江西 | 2640 | 0.71 | 28 | 5087 | 0.68 | 29 | 9777 | 0.96 | 19 |
| 山东 | 5019 | 1.35 | 10 | 10948 | 1.46 | 5 | 9623 | 0.95 | 21 |
| 河南 | 2639 | 0.71 | 29 | 4913 | 0.66 | 30 | 5752 | 0.57 | 32 |
| 湖北 | 2059 | 0.55 | 31 | 5126 | 0.68 | 28 | 11017 | 1.08 | 14 |
| 湖南 | 2766 | 0.74 | 26 | 4847 | 0.65 | 31 | 8843 | 0.87 | 28 |
| 广东 | 3618 | 0.97 | 20 | 5975 | 0.80 | 22 | 9809 | 0.97 | 18 |
| 广西 | 2999 | 0.80 | 24 | 5229 | 0.70 | 27 | 8091 | 0.80 | 31 |
| 海南 | 4348 | 1.17 | 16 | 8927 | 1.19 | 13 | 14175 | 1.40 | 8 |
| 重庆 | 3086 | 0.83 | 23 | 6538 | 0.87 | 20 | 9692 | 0.95 | 20 |
| 四川 | 2258 | 0.61 | 30 | 5699 | 0.76 | 25 | 8942 | 0.88 | 26 |
| 贵州 | 3177 | 0.85 | 22 | 5646 | 0.75 | 26 | 8856 | 0.87 | 27 |
| 云南 | 4079 | 1.09 | 18 | 6111 | 0.82 | 21 | 9353 | 0.92 | 24 |

| 区域 | 2010 年 | | | 2013 年 | | | 2016 年 | | |
|---|---|---|---|---|---|---|---|---|---|
| | 事业费（元） | 相对水平 | 相对水平排名 | 事业费（元） | 相对水平 | 相对水平排名 | 事业费（元） | 相对水平 | 相对水平排名 |
| 西藏 | — | — | — | — | — | — | 25935 | 2.55 | 3 |
| 陕西 | 5104 | 1.37 | 8 | 8153 | 1.09 | 15 | 11724 | 1.15 | 13 |
| 甘肃 | 3536 | 0.95 | 21 | 9434 | 1.26 | 11 | 9179 | 0.90 | 25 |
| 青海 | 4350 | 1.17 | 15 | 12456 | 1.66 | 4 | 13384 | 1.32 | 9 |
| 宁夏 | 6742 | 1.81 | 5 | 10555 | 1.41 | 7 | 9391 | 0.92 | 23 |
| 新疆 | 9877 | 2.65 | 3 | 9781 | 1.38 | 6 | 13237 | 1.30 | 10 |
| 极差率 | 9.17 | | | 8.05 | | | 8.65 | | |
| 变异系数 | 0.72 | | | 0.72 | | | 0.63 | | |
| 基尼系数 | 0.28 | | | 0.29 | | | 0.29 | | |

资料来源：根据《中国教育经费统计年鉴（2011）》之表 6 - 34"分地区地方农村高中生均公共财政预算教育经费支出"、《中国教育经费统计年鉴（2014）》之表 6 - 36"生均公共财政预算教育经费支出（地方农村高中）"和《中国教育经费统计年鉴（2017）》之表 7 - 36"生均公共财政预算教育经费支出（地方农村高中）"数据整理计算而得。

注：（1）在计算标准差时，因 2010 年和 2013 年西藏城镇数据缺失，故 $N$ 取 30。（2）"—"表示此项无数据。

表 5 - 38 中数据说明，湖北（2010 年）、湖南（2013 年）和河南（2016 年）是农村生均投入最少的地区，其变化趋势是 2059 ↗ 4847 ↗ 5752；北京（2010 年、2013 年和 2016 年）是农村生均投入最多的地区，其变化趋势是 18891 ↗ 39036 ↗ 49743。两者间极差率的变化趋势是 9.17 ↘ 8.05 ↗ 8.65；表明区域间投入差距的指标表现是：变异系数的变化趋势是 0.72 → 0.72 ↘ 0.63；基尼系数的变化趋势是 0.28 ↗ 0.29 → 0.29。虽然极差率虽在 2016 年比 2013 年上升，但六年间总体是下降的。基尼系数稍微上升，说明在中等投入水平范围的差距有所扩大，但并不明显。

2. 城镇情况分析

由表 5 - 39 可知，全国城镇高中生均公共财政预算教育事业费投入从 2010 年的 4670 元逐年增长到 2016 年的 14752 元，年均增长 21.13%。由相对水平值及其排名可以发现，表 5 - 39 中所示三个年份全国分别有 15 个、14

个、12 个省份高于全国平均水平。2016 年，最高的 5 个省份由高至低依次是北京、上海、天津、西藏和江苏；低于全国平均水平的 5 个省份由低至高依次是河南、安徽、四川、广西和甘肃。

表 5 - 39　　　　各省份城镇高中生均公共财政预算教育事业费变化

| 区域 | 2010 年 | | | 2013 年 | | | 2016 年 | | |
|---|---|---|---|---|---|---|---|---|---|
| | 事业费（元） | 相对水平 | 相对水平排名 | 事业费（元） | 相对水平 | 相对水平排名 | 事业费（元） | 相对水平 | 相对水平排名 |
| 全国 | 4670 | 1.00 | 16 | 8610 | 1.00 | 15 | 14752 | 1.00 | 13 |
| 北京 | 20798 | 4.45 | 1 | 36531 | 4.24 | 1 | 50932 | 3.45 | 1 |
| 天津 | 15327 | 3.28 | 3 | 21454 | 2.49 | 3 | 33919 | 2.30 | 3 |
| 河北 | 3939 | 0.84 | 21 | 7094 | 0.82 | 23 | 11866 | 0.80 | 22 |
| 山西 | 4356 | 0.93 | 18 | 7221 | 0.84 | 21 | 12058 | 0.82 | 20 |
| 内蒙古 | 5636 | 1.21 | 11 | 10711 | 1.24 | 8 | 14439 | 0.98 | 14 |
| 辽宁 | 5275 | 1.13 | 13 | 9081 | 1.05 | 10 | 13057 | 0.89 | 16 |
| 吉林 | 5150 | 1.10 | 14 | 7790 | 0.90 | 20 | 11556 | 0.78 | 26 |
| 黑龙江 | 4416 | 0.95 | 17 | 8260 | 0.96 | 18 | 12399 | 0.84 | 18 |
| 上海 | 20517 | 4.39 | 2 | 30808 | 3.58 | 2 | 38686 | 2.62 | 2 |
| 江苏 | 6029 | 1.29 | 9 | 13408 | 1.56 | 4 | 23990 | 1.63 | 5 |
| 浙江 | 6967 | 1.49 | 6 | 13368 | 1.55 | 5 | 23811 | 1.61 | 6 |
| 安徽 | 2847 | 0.61 | 28 | 6779 | 0.79 | 26 | 9103 | 0.62 | 31 |
| 福建 | 5495 | 1.18 | 12 | 8902 | 1.03 | 11 | 13408 | 0.91 | 15 |
| 江西 | 3049 | 0.65 | 27 | 8844 | 1.03 | 12 | 12366 | 0.84 | 19 |
| 山东 | 5083 | 1.09 | 15 | 8738 | 1.01 | 13 | 15168 | 1.03 | 12 |
| 河南 | 2433 | 0.52 | 31 | 5693 | 0.66 | 31 | 7602 | 0.52 | 32 |
| 湖北 | 2698 | 0.58 | 30 | 6532 | 0.76 | 28 | 16262 | 1.10 | 9 |
| 湖南 | 3468 | 0.74 | 25 | 7138 | 0.83 | 22 | 11450 | 0.78 | 27 |
| 广东 | 5754 | 1.23 | 10 | 8546 | 0.99 | 16 | 15324 | 1.04 | 11 |
| 广西 | 3480 | 0.75 | 24 | 6911 | 0.80 | 25 | 11257 | 0.76 | 29 |
| 海南 | 6691 | 1.43 | 7 | 10467 | 1.22 | 9 | 16680 | 1.13 | 8 |
| 重庆 | 3863 | 0.83 | 23 | 7839 | 0.91 | 19 | 12051 | 0.82 | 21 |
| 四川 | 2722 | 0.58 | 29 | 6449 | 0.75 | 29 | 10649 | 0.72 | 30 |
| 贵州 | 3342 | 0.72 | 26 | 6440 | 0.75 | 30 | 11672 | 0.79 | 25 |
| 云南 | 4352 | 0.93 | 19 | 6913 | 0.80 | 24 | 12459 | 0.84 | 17 |

| 区域 | 2010 年 | | | 2013 年 | | | 2016 年 | | |
|---|---|---|---|---|---|---|---|---|---|
| | 事业费（元） | 相对水平 | 相对水平排名 | 事业费（元） | 相对水平 | 相对水平排名 | 事业费（元） | 相对水平 | 相对水平排名 |
| 西藏 | — | — | — | — | — | — | 30250 | 2.05 | 4 |
| 陕西 | 4281 | 0.92 | 20 | 8697 | 1.01 | 14 | 11767 | 0.80 | 24 |
| 甘肃 | 3877 | 0.83 | 22 | 6683 | 0.78 | 27 | 11357 | 0.77 | 28 |
| 青海 | 8209 | 1.76 | 4 | 11648 | 1.35 | 7 | 15431 | 1.05 | 10 |
| 宁夏 | 6671 | 1.43 | 8 | 8389 | 0.97 | 17 | 11788 | 0.80 | 23 |
| 新疆 | 7156 | 1.53 | 5 | 11844 | 1.38 | 6 | 16777 | 1.14 | 7 |
| 极差率 | 8.55 | | | 6.42 | | | 6.70 | | |
| 变异系数 | 0.74 | | | 0.65 | | | 0.56 | | |
| 基尼系数 | 0.32 | | | 0.30 | | | 0.33 | | |

资料来源：根据表 5-37 中"各省份高中生均公共财政预算教育事业费"数据、表 5-38 中"各省份农村高中生均公共财政预算教育事业费"数据以及 2011 年、2014 年和 2017 年《中国教育经费统计年鉴》之表"分地区地方普通高中公共财政预算教育事业费和基本建设支出明细"和表"分地区地方农村高中公共财政预算教育事业费和基本建设支出明细"数据计算得到，具体计算方法为：（地方普通高中公共财政预算事业费支出 - 地方农村高中公共财政预算事业费支出）/（地方普通高中公共财政预算事业费支出/地方普通高中生均公共财政预算事业费支出 - 地方农村高中公共财政预算事业费支出/地方农村高中生均公共财政预算事业费支出）。

注：（1）为方便计算和统一数据，高中部分计算历年"城镇"生均数据时使用的城镇学生数都以计算"城镇生均教育事业费"时推出的数据为准，即以公式"地方普通高中公共财政预算事业费支出/地方普通高中生均公共财政预算事业费支出 - 地方农村高中公共财政预算事业费支出/地方农村高中生均公共财政预算事业费支出"计算结果为准。在计算标准差时，因 2010 年和 2013 年西藏数据缺失，故 N 取 30。（2）"—"表示此项无数据。

表 5-39 中所示三个年份，河南是城镇高中生均公共财政预算教育事业费投入最少的地区，其变化趋势是 2433 ↗ 5693 ↗ 7602；北京是城镇高中生均公共财政预算教育事业费投入最多的地区，其变化趋势是 20798 ↗ 36531 ↗ 50932。表明区域间投入差距的指标表现是：极差率的变化趋势是 8.55 ↘ 6.42 ↗ 6.70；变异系数的变化趋势是 0.74 ↘ 0.65 ↘ 0.56；基尼系数的变化趋势是 0.32 ↘ 0.30 ↗ 0.33。说明，除基尼系数显示的中等投入水平范围的差异稍有扩大之外，其他指标显示的差异均有总体缩小的趋势。

就城镇层面差距和农村层面差距的比较来看，农村的极差率在所示三个年份均大于城镇。从变异系数来看，除了 2010 年外，其他两年依然有农村的变异系数大于城镇。从基尼系数来看，三个年份城镇的基尼系数均大于农村。

3. 城乡差异分析

2010 年（见表 5 - 40），全国的平均城乡比为 1.25，低于全国平均水平的省份有 20 个；高于全国平均水平的省份有 11 个，城乡差距最大的 5 个省份按差距由大到小排序是天津、青海、广东、海南、山西。2016 年，全国的平均城乡比为 1.45，低于全国平均水平的省份有 26 个，高于全国平均水平的省份有 5 个，总计城乡差距最大的 5 个省份按差距由大到小排序是山东、辽宁、广东、湖北和天津。六年间，城乡差距扩大的省份有 16 个，扩大程度最大的 5 个省份分别是辽宁、山东、新疆、河南和河北；城乡差距缩小的省份有 14 个，缩小程度最大的 5 个省份由高到低依次为青海、天津、海南、山西和吉林。总的来说，全国层面的比值扩大和城乡差距扩大省份过半数，可以说明全国各省份高中生均公共财政预算教育事业费城乡间差距呈扩大趋势。

表 5 - 40　　　各省份高中生均公共财政预算教育事业费城乡差距比值

| 区域 | 2010 年 | 2013 年 | 2016 年 | 区域 | 2010 年 | 2013 年 | 2016 年 |
|---|---|---|---|---|---|---|---|
| 全国 | 1.25 | 1.15 | 1.45 | 河南 | 0.92 | 1.16 | 1.32 |
| 北京 | 1.10 | 0.94 | 1.02 | 湖北 | 1.31 | 1.27 | 1.48 |
| 天津 | 2.03 | 1.06 | 1.45 | 湖南 | 1.25 | 1.47 | 1.29 |
| 河北 | 0.87 | 0.99 | 1.17 | 广东 | 1.59 | 1.43 | 1.56 |
| 山西 | 1.49 | 1.25 | 1.25 | 广西 | 1.16 | 1.32 | 1.39 |
| 内蒙古 | 1.08 | 1.10 | 1.01 | 海南 | 1.54 | 1.17 | 1.18 |
| 辽宁 | 0.86 | 1.21 | 1.58 | 重庆 | 1.25 | 1.20 | 1.24 |
| 吉林 | 1.17 | 0.79 | 0.95 | 四川 | 1.21 | 1.13 | 1.19 |
| 黑龙江 | 1.05 | 1.41 | 1.20 | 贵州 | 1.05 | 1.14 | 1.32 |
| 上海 | 1.27 | 1.16 | 1.21 | 云南 | 1.07 | 1.13 | 1.33 |
| 江苏 | 1.36 | 1.24 | 1.37 | 西藏 | — | — | 1.17 |
| 浙江 | 1.38 | 1.46 | 1.24 | 陕西 | 0.84 | 1.07 | 1.00 |
| 安徽 | 1.05 | 0.86 | 1.03 | 甘肃 | 1.10 | 0.71 | 1.24 |
| 福建 | 1.15 | 1.06 | 1.07 | 青海 | 1.89 | 0.94 | 1.15 |
| 江西 | 1.15 | 1.74 | 1.26 | 宁夏 | 0.99 | 0.79 | 1.26 |
| 山东 | 1.01 | 0.80 | 1.58 | 新疆 | 0.72 | 1.21 | 1.27 |

注：（1）根据表 5 - 38 中"各省份农村高中生均公共财政预算教育事业费"数据和表 5 - 39 中"各省份城镇高中生均公共财政预算教育事业费"数据计算而得。（2）"—"表示此项无数据。

### 5.6.1.3　生均教育事业费区域差异分析

2010 年，我国高中生均公共财政预算教育事业费的第一梯队省份是新疆、西藏、青海、北京、天津和上海 6 个省份，最后梯队的省份是河南、湖北、安徽、江西、湖南、贵州和四川 7 个省份。2013 年处于第一梯队的省份是西藏、北京、天津、江苏、上海和浙江 6 个省份，处于最后梯队的省份有河南、湖北、湖南、四川、云南、贵州和广西 7 个省份。与 2010 年相比，江苏、浙江进入第一梯队，新疆、青海退出第一梯队，云南、广西跌落到最后梯队，安徽和江西退出最后梯队。2016 年处于第一梯队的省份有西藏、北京、天津、江苏、上海和浙江 6 个省份，处于最后梯队的省份有河南、安徽、四川、贵州、湖南、广西和甘肃 7 个省份。与 2013 年相比，第一梯队的省份不变，湖北和云南退出最后梯队，安徽重回最后梯队，甘肃进入最后梯队。

综合来看，高中生均公共财政预算教育事业费投入最多且相对最稳定的省份为西藏、北京、天津和上海，投入最少且相对投入没有改观的省份为河南、湖南和四川。从概要的分布来看，高中生均公共财政预算教育事业费投入高的省份多分布在长江三角洲地区、京津地区以及西部的边疆省份，投入低的省份多分布在华北平原和华南的内陆省份，这种空间分布格局与小学和初中的教育事业费分布格局类似。

从总的差距（泰尔指数 T）来看，全国省级区域间的高中生均公共财政预算教育事业费差距在 2010 ~ 2016 年呈逐年下降趋势，农村差距最大，合计次之，城镇差距最小（见表 5 – 41）。合计、城镇和农村层面的泰尔指数分别从 2010 年的 0.88、0.80 和 1.38 持续减小到 2016 年的 0.75、0.57 和 1.12。从组内组间差距看，也基本有农村差距大于合计、合计差距大于城镇的特征，且组内不平等大于组间不平等。组内和组间差距在各个层面总体均呈下降趋势。组间差距贡献率和组内差距贡献率是此消彼长的关系，只分析其一即可。由于组内差距贡献占主体地位，因此这里只分析组内差距贡献率。合计、农村层面的组内差距贡献率呈上升趋势，城镇呈现下降趋势，合计、农村层面的组内差距贡献率从 2010 年的 84% 和 73% 上升到 2016 年的 85% 和 88%，城镇差距贡献率从 2010 年的 82% 下降到 2016 年的 81%。

表 5 – 41　全国分地区高中生均公共财政预算教育事业费差距的泰尔指数

| 泰尔指数 | 2010 年 | | | 2013 年 | | | 2016 年 | | |
|---|---|---|---|---|---|---|---|---|---|
| | 合计 | 城镇 | 农村 | 合计 | 城镇 | 农村 | 合计 | 城镇 | 农村 |
| T | 0.88 | 0.80 | 1.38 | 0.79 | 0.69 | 1.30 | 0.75 | 0.57 | 1.12 |
| Tb | 0.15 | 0.15 | 0.37 | 0.13 | 0.13 | 0.39 | 0.12 | 0.11 | 0.13 |
| Tw | 0.74 | 0.65 | 1.00 | 0.66 | 0.55 | 0.92 | 0.63 | 0.46 | 0.98 |
| Tb（%） | 16 | 18 | 27 | 17 | 20 | 30 | 15 | 19 | 12 |
| Tw（%） | 84 | 82 | 73 | 83 | 80 | 70 | 85 | 81 | 88 |
| 华北 T1 | 0.94 | 1.03 | 0.79 | 0.94 | 0.98 | 0.89 | 0.91 | 0.53 | 1.77 |
| 东北 T2 | 0.01 | 0.01 | 0.08 | 0.00 | 0.00 | 0.18 | 0.01 | 0.00 | 0.07 |
| 华东 T3 | 0.90 | 0.83 | 1.50 | 0.70 | 0.67 | 1.10 | 0.60 | 0.39 | 0.98 |
| 华中南 T4 | 0.52 | 0.51 | 0.55 | 0.40 | 0.38 | 0.60 | 0.43 | 0.36 | 0.56 |
| 西南 T5 | 0.95 | — | — | 0.97 | — | — | 1.05 | 1.02 | 1.09 |
| 西北 T6 | 0.52 | 0.43 | 1.62 | 0.39 | 0.32 | 1.61 | 0.28 | 0.24 | 0.33 |

注：（1）表中 T 表示总体差距的泰尔指数，Tb 表示组间差距，Tw 表示组内差距，Tb（%）表示组间差距贡献率，Tw（%）表示组内差距贡献率，T1 ~ T6 分别表示华北、东北、华东、华中南、西南、西北地区总体差距的泰尔指数。（2）"—"表示此项指标由于数据缺失无法计算得出。

从各个区域的泰尔指数来看，除华北地区外，其他地区基本呈现农村不平等程度大于合计、合计大于城镇的特征。各组内的不平等程度最大的三个地区为华北地区、华东地区和西南地区，华北地区合计和城镇层面差距有缩小趋势，农村层面差距有扩大趋势，合计和城镇从 2010 年的 0.94 和 1.03 下降到 2016 年的 0.91 和 0.53，农村从 0.79 上升到 1.77；华东地区各个层面均呈现下降趋势，合计、城镇和农村分别从 2010 年的 0.90、0.83 和 1.50 下降到 2016 年的 0.60、0.39 和 0.98。西南地区仅有合计层面差距指数，从 2010 年的 0.95 上升到 2016 年的 1.05。差距最小的为东北地区，处于中间位置的是华中南地区和西北地区，华中南地区合计和城镇差距趋于下降，农村差距稍有上升，合计、城镇和农村泰尔指数分别从 2010 年的 0.52、0.51 和 0.55 变化为 2016 年的 0.43、0.36 和 0.56；西北地区各个层面差距均趋于下降，合计、城镇和农村分别从 2010 年的 0.52、0.43 和 1.62 下降到 2016 年的 0.28、0.24 和 0.33。

从以上分析可以看出高中生均公共财政预算教育事业费各层面的区域差距都有缩小趋势。从横向比较，在农村层面的差距最大，区域内部省份之间各层面的差距大于区域之间各层面差距，华北地区、华东地区和西南地区是差距最大的三个地区，差距最小的为东北地区，这和初中生均公共财政预算教育事业费的分析结果类似。

## 5.6.2 生均教育事业费中个人部分分析

### 5.6.2.1 生均教育事业费中个人部分总体分析

由表5-42可知，高中生均公共财政预算教育事业费个人部分投入全国合计从2010年的3434元持续增长到2016年的9109元，年均增长17.66%。由相对水平值及其排名可以发现，表5-42中所示三个年份全国分别有17个、13个、14个省份高于全国平均水平。2016年，最高的五个地区由高至低依次是北京、上海、天津、西藏和江苏；最低的五个地区由低至高依次是河南、江西、安徽、广西和重庆。

**表5-42　　各省份高中生均公共财政预算教育事业费个人部分变化**

| 区域 | 2010年 | | | 2013年 | | | 2016年 | | |
|---|---|---|---|---|---|---|---|---|---|
| | 事业费个人部分（元） | 相对水平 | 相对水平排名 | 事业费个人部分（元） | 相对水平 | 相对水平排名 | 事业费个人部分（元） | 相对水平 | 相对水平排名 |
| 全国 | 3434 | 1.00 | 18 | 5688 | 1.00 | 14 | 9109 | 1.00 | 15 |
| 北京 | 11755 | 3.42 | 2 | 20119 | 3.54 | 2 | 32377 | 3.55 | 1 |
| 天津 | 11073 | 3.22 | 3 | 15541 | 2.73 | 3 | 23448 | 2.57 | 3 |
| 河北 | 3138 | 0.91 | 21 | 5030 | 0.88 | 19 | 8431 | 0.93 | 17 |
| 山西 | 3126 | 0.91 | 22 | 4993 | 0.88 | 21 | 8126 | 0.89 | 21 |
| 内蒙古 | 3784 | 1.10 | 14 | 6858 | 1.21 | 9 | 10005 | 1.10 | 12 |
| 辽宁 | 4115 | 1.20 | 10 | 5732 | 1.01 | 13 | 9126 | 1.00 | 14 |
| 吉林 | 3653 | 1.06 | 15 | 5517 | 0.97 | 15 | 8388 | 0.92 | 18 |
| 黑龙江 | 3382 | 0.98 | 19 | 5007 | 0.88 | 20 | 8863 | 0.97 | 16 |
| 上海 | 14861 | 4.33 | 1 | 21439 | 3.77 | 1 | 26708 | 2.93 | 2 |

续表

| 区域 | 2010 年 | | | 2013 年 | | | 2016 年 | | |
|---|---|---|---|---|---|---|---|---|---|
| | 事业费个人部分（元） | 相对水平 | 相对水平排名 | 事业费个人部分（元） | 相对水平 | 相对水平排名 | 事业费个人部分（元） | 相对水平 | 相对水平排名 |
| 江苏 | 4991 | 1.45 | 7 | 9996 | 1.76 | 5 | 17027 | 1.87 | 5 |
| 浙江 | 5088 | 1.48 | 6 | 9476 | 1.67 | 6 | 16971 | 1.86 | 6 |
| 安徽 | 2128 | 0.62 | 30 | 3935 | 0.69 | 30 | 6484 | 0.71 | 30 |
| 福建 | 4238 | 1.23 | 9 | 7059 | 1.24 | 8 | 10414 | 1.14 | 8 |
| 江西 | 2358 | 0.69 | 28 | 3832 | 0.67 | 31 | 6384 | 0.70 | 31 |
| 山东 | 4006 | 1.17 | 11 | 5972 | 1.05 | 12 | 9835 | 1.08 | 13 |
| 河南 | 1862 | 0.54 | 32 | 3043 | 0.53 | 32 | 4093 | 0.45 | 32 |
| 湖北 | 2081 | 0.61 | 31 | 4579 | 0.81 | 27 | 10111 | 1.11 | 11 |
| 湖南 | 2733 | 0.80 | 25 | 4573 | 0.80 | 28 | 7486 | 0.82 | 25 |
| 广东 | 3804 | 1.11 | 13 | 5977 | 1.05 | 11 | 10386 | 1.14 | 9 |
| 广西 | 2692 | 0.78 | 26 | 4646 | 0.82 | 25 | 6591 | 0.72 | 29 |
| 海南 | 3860 | 1.12 | 12 | 5163 | 0.91 | 17 | 8254 | 0.91 | 20 |
| 重庆 | 2367 | 0.69 | 27 | 4175 | 0.73 | 29 | 7121 | 0.78 | 28 |
| 四川 | 2161 | 0.63 | 29 | 4635 | 0.81 | 26 | 7628 | 0.84 | 24 |
| 贵州 | 2815 | 0.82 | 24 | 4705 | 0.83 | 24 | 7300 | 0.80 | 27 |
| 云南 | 3289 | 0.96 | 20 | 4771 | 0.84 | 23 | 7485 | 0.82 | 26 |
| 西藏 | 5932 | 1.73 | 4 | 10942 | 1.92 | 4 | 19157 | 2.10 | 4 |
| 陕西 | 3450 | 1.00 | 16 | 5154 | 0.91 | 18 | 7692 | 0.84 | 23 |
| 甘肃 | 2871 | 0.84 | 23 | 4793 | 0.84 | 22 | 7729 | 0.85 | 22 |
| 青海 | 4430 | 1.29 | 8 | 6812 | 1.20 | 10 | 10247 | 1.12 | 10 |
| 宁夏 | 3438 | 1.00 | 17 | 5445 | 0.96 | 16 | 8285 | 0.91 | 19 |
| 新疆 | 5397 | 1.57 | 5 | 8688 | 1.53 | 7 | 11309 | 1.24 | 7 |
| 极差率 | 7.98 | | | 7.05 | | | 7.91 | | |
| 变异系数 | 0.67 | | | 0.62 | | | 0.57 | | |
| 基尼系数 | 0.30 | | | 0.33 | | | 0.30 | | |

资料来源：根据《中国教育经费统计年鉴（2011）》之表6-32"分地区地方普通高中生均公共财政预算教育经费支出"、《中国教育经费统计年鉴（2014）》之表6-34"生均公共财政预算教育经费支出（地方普通高中）"和《中国教育经费统计年鉴（2017）》之表7-34"生均公共财政预算教育经费支出（地方普通高中）"数据整理计算而得。

表 5 - 42 中所示三个年份，河南是高中生均公共财政预算教育事业费个人部分总计投入最少的地区，其变化趋势是 1862 ↗ 3043 ↗ 4093；上海（2010 年和 2013 年）和北京（2016 年）是总计投入最多的地区，其变化趋势是 14861 ↗ 21439 ↗ 32377。表明区域间投入差距的指标表现是：极差率的变化趋势是 7.98 ↘ 7.05 ↗ 7.91；变异系数的变化趋势是 0.67 ↘ 0.62 ↘ 0.57；基尼系数的变化趋势是 0.30 ↗ 0.33 ↘ 0.30。由极差率总体基本不变，变异系数持续下降以及基尼系数基本不变，可以判断这几年高中生均公共财政预算教育事业费个人部分最大与最小地区之间及各地区间的差距在这六年间总体上保持稳定缩小的趋势。

### 5.6.2.2 生均教育事业费中个人部分城乡差异分析

#### 1. 农村情况分析

由表 5 - 43 可知，全国农村从 2010 年的 3024 元持续增长到 2016 年的 7643 元，年均增长 16.71%。由相对水平值及其排名可以发现，表 5 - 43 中所示三年全国分别有 18 个、14 个、16 个省份高于全国平均水平。2016 年，最高的 5 个省份由高至低依次是北京、上海、天津、西藏和浙江；低于全国平均水平的 5 个省份由低至高依次是河南、江西、广西、安徽和重庆。

**表 5 - 43    各省份农村高中生均公共财政预算教育事业费个人部分变化**

| 区域 | 2010 年 | | | 2013 年 | | | 2016 年 | | |
|---|---|---|---|---|---|---|---|---|---|
| | 事业费个人部分（元） | 相对水平 | 相对水平排名 | 事业费个人部分（元） | 相对水平 | 相对水平排名 | 事业费个人部分（元） | 相对水平 | 相对水平排名 |
| 全国 | 3024 | 1.00 | 19 | 5251 | 1.00 | 15 | 7643 | 1.00 | 17 |
| 北京 | 12135 | 4.01 | 2 | 20509 | 3.91 | 2 | 31550 | 4.13 | 1 |
| 天津 | 6650 | 2.20 | 3 | 10217 | 1.95 | 3 | 18670 | 2.44 | 3 |
| 河北 | 3752 | 1.24 | 15 | 5834 | 1.11 | 12 | 7551 | 0.99 | 21 |
| 山西 | 2532 | 0.84 | 24 | 4541 | 0.86 | 20 | 7590 | 0.99 | 19 |
| 内蒙古 | 3844 | 1.27 | 12 | 7035 | 1.34 | 9 | 9686 | 1.27 | 10 |
| 辽宁 | 3757 | 1.24 | 14 | 5205 | 0.99 | 16 | 6878 | 0.90 | 25 |

续表

| 区域 | 2010 年 | | | 2013 年 | | | 2016 年 | | |
|---|---|---|---|---|---|---|---|---|---|
| | 事业费个人部分（元） | 相对水平 | 相对水平排名 | 事业费个人部分（元） | 相对水平 | 相对水平排名 | 事业费个人部分（元） | 相对水平 | 相对水平排名 |
| 吉林 | 3844 | 1.27 | 13 | 7637 | 1.45 | 8 | 8830 | 1.16 | 11 |
| 黑龙江 | 3481 | 1.15 | 16 | 4072 | 0.78 | 26 | 7695 | 1.01 | 16 |
| 上海 | 12730 | 4.21 | 1 | 22490 | 4.28 | 1 | 26205 | 3.43 | 2 |
| 江苏 | 4042 | 1.34 | 9 | 8716 | 1.66 | 4 | 14698 | 1.92 | 6 |
| 浙江 | 4193 | 1.39 | 8 | 7829 | 1.49 | 6 | 16220 | 2.12 | 5 |
| 安徽 | 1973 | 0.65 | 29 | 3991 | 0.76 | 28 | 6306 | 0.83 | 29 |
| 福建 | 3890 | 1.29 | 11 | 6738 | 1.28 | 10 | 10283 | 1.35 | 9 |
| 江西 | 2211 | 0.73 | 26 | 3236 | 0.62 | 30 | 5798 | 0.76 | 31 |
| 山东 | 4363 | 1.44 | 7 | 6392 | 1.22 | 11 | 7796 | 1.02 | 15 |
| 河南 | 2108 | 0.70 | 28 | 3053 | 0.58 | 31 | 3638 | 0.48 | 32 |
| 湖北 | 1714 | 0.57 | 31 | 4135 | 0.79 | 25 | 8168 | 1.07 | 12 |
| 湖南 | 2332 | 0.77 | 25 | 3870 | 0.74 | 29 | 6765 | 0.89 | 26 |
| 广东 | 2602 | 0.86 | 22 | 4271 | 0.81 | 24 | 7591 | 0.99 | 18 |
| 广西 | 2622 | 0.87 | 21 | 4274 | 0.81 | 23 | 6171 | 0.81 | 30 |
| 海南 | 3467 | 1.15 | 17 | 5006 | 0.95 | 17 | 8126 | 1.06 | 13 |
| 重庆 | 2210 | 0.73 | 27 | 4056 | 0.77 | 27 | 6492 | 0.85 | 28 |
| 四川 | 1842 | 0.61 | 30 | 4327 | 0.82 | 21 | 7188 | 0.94 | 23 |
| 贵州 | 2592 | 0.86 | 23 | 4280 | 0.82 | 22 | 6747 | 0.88 | 27 |
| 云南 | 3159 | 1.04 | 18 | 4555 | 0.87 | 19 | 7146 | 0.93 | 24 |
| 西藏 | — | — | — | — | — | — | 18545 | 2.43 | 4 |
| 陕西 | 4609 | 1.52 | 6 | 5462 | 1.04 | 13 | 7574 | 0.99 | 20 |
| 甘肃 | 2714 | 0.90 | 20 | 4866 | 0.93 | 18 | 7330 | 0.96 | 22 |
| 青海 | 3968 | 1.31 | 10 | 8509 | 1.62 | 5 | 10286 | 1.35 | 8 |
| 宁夏 | 5850 | 1.93 | 5 | 5281 | 1.01 | 14 | 7995 | 1.05 | 14 |
| 新疆 | 6353 | 2.10 | 4 | 7667 | 1.46 | 7 | 10651 | 1.39 | 7 |

续表

| 区域 | 2010 年 | | | 2013 年 | | | 2016 年 | | |
|---|---|---|---|---|---|---|---|---|---|
| | 事业费个人部分（元） | 相对水平 | 相对水平排名 | 事业费个人部分（元） | 相对水平 | 相对水平排名 | 事业费个人部分（元） | 相对水平 | 相对水平排名 |
| 极差率 | 7.43 | | | 7.37 | | | 8.67 | | |
| 变异系数 | 0.63 | | | 0.66 | | | 0.59 | | |
| 基尼系数 | 0.26 | | | 0.32 | | | 0.27 | | |

资料来源：根据《中国教育经费统计年鉴（2011）》之表 6－34"分地区地方农村高中生均公共财政预算教育经费支出"、《中国教育经费统计年鉴（2014）》之表 6－36"生均公共财政预算教育经费支出（地方农村高中）"和《中国教育经费统计年鉴（2017）》之表 7－36"生均公共财政预算教育经费支出（地方农村高中）"数据整理计算而得。

注：（1）在计算标准差时，因 2010 年和 2013 年西藏数据缺失，故 $N$ 取 30。（2）"—"表示此项无数据。

　　表 5－43 中所示的三个年份，湖北（2010 年）和河南（2013 年和 2016 年）是农村高中生均公共财政预算教育事业费个人部分投入最少的地区，其变化趋势是 1714 ↗ 3053 ↗ 3638；上海（2010 年和 2013 年）和北京（2016 年）是总计投入最多的地区，其变化趋势是 12730 ↗ 22490 ↗ 31550。表明区域间投入差距的指标表现是：极差率的变化趋势是 7.43 ↘ 7.37 ↗ 8.67；变异系数的变化趋势是 0.63 ↗ 0.66 ↘ 0.59；基尼系数的变化趋势是 0.26 ↗ 0.32 ↘ 0.27。极差率总体变大，变异系数总体变小，基尼系数基本稳定，表明这几年农村高中生均公共财政预算教育事业费个人部分最大与最小地区之间及各地区间的差距变化不明显，保持基本稳定。

　　2. 城镇情况分析

　　由表 5－44 可知，高中生均公共财政预算教育事业费个人部分中城镇部分从 2010 年的 3520 元持续增长到 2016 年的 10494 元，年均增长 19.97%。由相对水平值及其排名可以发现，表 5－44 中所示三个年份全国分别有 14 个、11 个、11 个省份高于全国平均水平。2016 年，最高的 5 个省份由高至低依次是北京、上海、天津、西藏和江苏；最低的 5 个省份由低至高依次是河南、安徽、广西、江西和重庆。

表 5-44　各省份城镇高中生均公共财政预算教育事业费个人部分变化

| 区域 | 2010 年 | | | 2013 年 | | | 2016 年 | | |
|---|---|---|---|---|---|---|---|---|---|
| | 事业费个人部分（元） | 相对水平 | 相对水平排名 | 事业费个人部分（元） | 相对水平 | 相对水平排名 | 事业费个人部分（元） | 相对水平 | 相对水平排名 |
| 全国 | 3520 | 1.00 | 15 | 5770 | 1.00 | 12 | 10494 | 1.00 | 12 |
| 北京 | 11713 | 3.33 | 3 | 20079 | 3.48 | 2 | 28521 | 2.72 | 1 |
| 天津 | 12698 | 3.61 | 2 | 17521 | 3.04 | 3 | 24922 | 2.37 | 3 |
| 河北 | 3070 | 0.87 | 20 | 4930 | 0.85 | 20 | 9628 | 0.92 | 17 |
| 山西 | 3181 | 0.90 | 19 | 5028 | 0.87 | 18 | 8828 | 0.84 | 18 |
| 内蒙古 | 3779 | 1.07 | 13 | 6847 | 1.19 | 8 | 9785 | 0.93 | 14 |
| 辽宁 | 4142 | 1.18 | 9 | 5659 | 0.98 | 13 | 10305 | 0.98 | 13 |
| 吉林 | 3641 | 1.03 | 14 | 5417 | 0.94 | 15 | 7886 | 0.75 | 24 |
| 黑龙江 | 3379 | 0.96 | 17 | 5025 | 0.87 | 19 | 9772 | 0.93 | 15 |
| 上海 | 14920 | 4.24 | 1 | 21371 | 3.70 | 1 | 25171 | 2.40 | 2 |
| 江苏 | 5319 | 1.51 | 6 | 10385 | 1.80 | 4 | 18669 | 1.78 | 5 |
| 浙江 | 5425 | 1.54 | 4 | 10124 | 1.75 | 5 | 17351 | 1.65 | 6 |
| 安徽 | 2179 | 0.62 | 29 | 3924 | 0.68 | 29 | 5869 | 0.56 | 31 |
| 福建 | 4464 | 1.27 | 7 | 7231 | 1.25 | 7 | 10535 | 1.00 | 11 |
| 江西 | 2376 | 0.68 | 27 | 3911 | 0.68 | 30 | 7030 | 0.67 | 29 |
| 山东 | 3975 | 1.13 | 11 | 5937 | 1.03 | 11 | 11630 | 1.11 | 8 |
| 河南 | 1821 | 0.52 | 31 | 3034 | 0.53 | 31 | 4820 | 0.46 | 32 |
| 湖北 | 2179 | 0.62 | 30 | 4682 | 0.81 | 27 | 11400 | 1.09 | 10 |
| 湖南 | 2866 | 0.81 | 23 | 4818 | 0.84 | 21 | 8787 | 0.84 | 19 |
| 广东 | 4103 | 1.17 | 10 | 6389 | 1.11 | 10 | 11527 | 1.10 | 9 |
| 广西 | 2697 | 0.77 | 25 | 4691 | 0.81 | 26 | 6826 | 0.65 | 30 |
| 海南 | 3904 | 1.11 | 12 | 5182 | 0.90 | 16 | 8159 | 0.78 | 23 |
| 重庆 | 2441 | 0.69 | 26 | 4227 | 0.73 | 28 | 7437 | 0.71 | 28 |
| 四川 | 2288 | 0.65 | 28 | 4724 | 0.82 | 25 | 8174 | 0.78 | 22 |
| 贵州 | 2848 | 0.81 | 24 | 4786 | 0.83 | 23 | 8650 | 0.82 | 20 |
| 云南 | 3311 | 0.94 | 18 | 4806 | 0.83 | 22 | 7865 | 0.75 | 25 |
| 西藏 | — | | | — | | | 20332 | 1.94 | 4 |
| 陕西 | 3049 | 0.87 | 21 | 5063 | 0.88 | 17 | 7616 | 0.73 | 27 |
| 甘肃 | 2920 | 0.83 | 22 | 4778 | 0.83 | 24 | 8310 | 0.79 | 21 |
| 青海 | 4463 | 1.27 | 8 | 6753 | 1.17 | 9 | 9748 | 0.93 | 16 |

续表

| 区域 | 2010 年 | | | 2013 年 | | | 2016 年 | | |
|---|---|---|---|---|---|---|---|---|---|
| | 事业费个人部分（元） | 相对水平 | 相对水平排名 | 事业费个人部分（元） | 相对水平 | 相对水平排名 | 事业费个人部分（元） | 相对水平 | 相对水平排名 |
| 宁夏 | 3407 | 0.97 | 16 | 5451 | 0.94 | 14 | 7672 | 0.73 | 26 |
| 新疆 | 5361 | 1.52 | 5 | 8725 | 1.51 | 6 | 11662 | 1.11 | 7 |
| 极差率 | 8.19 | | | 7.04 | | | 5.92 | | |
| 变异系数 | 0.70 | | | 0.64 | | | 0.52 | | |
| 基尼系数 | 0.32 | | | 0.36 | | | 0.34 | | |

资料来源：根据表 5-37"各省份高中生均公共财政预算教育事业费"数据、表 5-38"各省份农村高中生均公共财政预算教育事业费"数据以及 2011 年、2014 年和 2017 年《中国教育经费统计年鉴》之表"分地区地方普通高中公共财政预算教育事业费和基本建设支出明细"和表"分地区地方农村高中公共财政预算教育事业费和基本建设支出明细"数据计算得到，具体计算方法为：（地方普通高中公共财政预算事业费个人部分－地方农村高中公共财政预算事业费个人部分）／（地方普通高中公共财政预算事业费支出／地方普通高中生均公共财政预算事业费支出－地方农村高中公共财政预算事业费支出／地方农村高中生均公共财政预算事业费支出）。

注：（1）在计算标准差时，因 2010 年和 2013 年西藏数据缺失，故 N 取 30。（2）"—"表示此项无数据。

表 5-44 中所示的三个年份，河南是城镇高中生均公共财政预算教育事业费个人部分投入最少的地区，其变化趋势是 1821 ↗ 3034 ↗ 4820；上海（2010 年和 2013 年）和北京（2016 年）是城镇层面投入最大的地区，其变化趋势是 14920 ↗ 21371 ↗ 28521。表明区域间投入差距的指标表现是：极差率的变化趋势是 8.19 ↘ 7.04 ↘ 5.92；变异系数的变化趋势是 0.70 ↘ 0.64 ↘ 0.52；基尼系数的变化趋势是 0.32 ↗ 0.36 ↘ 0.34。虽然极差率和变异系数都在缩小，但基尼系数呈扩大的趋势表明，这几年城镇高中生均公共财政预算教育事业费个人部分中等投入水平之间的差距稍微有所扩大。

就城镇层面差距和农村层面差距的比较来看，农村的极差率除了 2010 年外，另外两年均为农村大于城镇。从变异系数来看，除了 2010 年外，其他两年依然有农村的变异系数大于城镇，从基尼系数来看，则有三年城镇的基尼系数均大于农村，说明农村和城镇地区的内部差距特点不同。

3. 城乡差异分析

2010 年（见表 5-45），全国高中生均公共财政预算教育事业费个人部分投入平均城乡比为 1.16，低于全国平均水平的省份有 22 个；高于全国平均水平的省份有 9 个，城乡差距最大的 5 个省份按差距由大到小排序是天津、广东、江苏、浙江和湖北。2016 年，全国的平均城乡比为 1.37，低于全国平均水平的省份有 27 个，高于全国平均水平的省份有 4 个，总计城乡差距最大的 5 个省份按差距由大到小排序是广东、辽宁、山东、湖北和天津。六年间，城乡差距扩大的省份有 18 个，扩大幅度最大的 5 个省份分别为山东、河南、河北、辽宁和宁夏；城乡差距缩小的省份有 13 个，缩小程度最大的 5 个省份由高到低依次为天津、浙江、上海、青海和安徽。总的来说，全国层面的比值扩大和城乡差距扩大省份过半数，说明全国各省份高中生均公共财政预算教育事业费个人部分城乡间差距呈扩大趋势。

表 5－45　　各省份高中生均公共财政预算教育事业费个人部分城乡差距比值

| 区域 | 2010 年 | 2013 年 | 2016 年 | 区域 | 2010 年 | 2013 年 | 2016 年 |
|---|---|---|---|---|---|---|---|
| 全国 | 1.16 | 1.10 | 1.37 | 河南 | 0.86 | 0.99 | 1.32 |
| 北京 | 0.97 | 0.98 | 0.90 | 湖北 | 1.27 | 1.13 | 1.40 |
| 天津 | 1.91 | 1.71 | 1.33 | 湖南 | 1.23 | 1.24 | 1.30 |
| 河北 | 0.82 | 0.85 | 1.28 | 广东 | 1.58 | 1.50 | 1.52 |
| 山西 | 1.26 | 1.11 | 1.16 | 广西 | 1.03 | 1.10 | 1.11 |
| 内蒙古 | 0.98 | 0.97 | 1.01 | 海南 | 1.13 | 1.04 | 1.00 |
| 辽宁 | 1.10 | 1.09 | 1.50 | 重庆 | 1.10 | 1.04 | 1.15 |
| 吉林 | 0.95 | 0.71 | 0.89 | 四川 | 1.24 | 1.09 | 1.14 |
| 黑龙江 | 0.97 | 1.23 | 1.27 | 贵州 | 1.10 | 1.12 | 1.28 |
| 上海 | 1.17 | 0.95 | 0.96 | 云南 | 1.05 | 1.06 | 1.10 |
| 江苏 | 1.32 | 1.19 | 1.27 | 西藏 | — | — | 1.10 |
| 浙江 | 1.29 | 1.29 | 1.07 | 陕西 | 0.66 | 0.93 | 1.01 |
| 安徽 | 1.10 | 0.98 | 0.93 | 甘肃 | 1.08 | 0.98 | 1.13 |
| 福建 | 1.15 | 1.07 | 1.02 | 青海 | 1.12 | 0.79 | 0.95 |
| 江西 | 1.07 | 1.21 | 1.21 | 宁夏 | 0.58 | 1.03 | 0.96 |
| 山东 | 0.91 | 0.93 | 1.49 | 新疆 | 0.84 | 1.14 | 1.09 |

资料来源：根据表 5－43 中"各省份农村高中生均公共财政预算教育事业费个人部分"数据和表 5－44 中"各省份城镇高中生均公共财政预算教育事业费个人部分"数据计算而得。

注：（1）其中西藏因 2010 年和 2013 年数据缺失，因此无法计算城乡差距比值。（2）"—"表示此项无数据。

### 5.6.2.3 生均教育事业费中个人部分区域差异分析

2010年，我国高中生均公共财政预算教育事业费个人部分由高到低第一梯队的省份是西藏、新疆、北京、天津、上海和浙江6个省份，最后梯队的省份是河南、湖北、安徽、江西、四川、重庆和广西7个省份。2013年处于第一梯队的省份是西藏、北京、天津、江苏、上海和浙江6个省份，处于最后梯队的省份有河南、湖北、安徽、江西、湖南、重庆和四川7个省份。与2010年相比，江苏进入第一梯队，新疆退出第一梯队，湖南跌落到最后梯队，广西退出最后梯队。2016年处于第一梯队的省份有西藏、北京、天津、江苏、上海和浙江6个省份，处于最后梯队的省份有河南、安徽、江西、重庆、贵州、云南和广西7个省份。与2013年相比，第一梯队没有变化，湖北、湖南和四川退出最后梯队，贵州、广西和云南加入最后梯队。

综合来看，高中生均公共财政预算教育事业费个人部分投入最多且相对最稳定的省份为北京、天津、上海、浙江和西藏，投入较少的省份为河南、安徽、江西和重庆。从概要的分布来看，高中生均公共财政预算教育事业费个人部分投入高的省份多分布在长江三角洲地区、京津地区以及西部的边疆省份，投入低的省份多分布在华北平原和华南的内陆省份，这种空间分异规律与高中教育事业费总体情况类似。

从总的差距（泰尔指数 T）来看，全国省级区域间的高中生均公共财政预算教育事业费差距在2010~2016年呈逐年下降趋势，农村差距最大，总体合计次之，城镇差距最小（见表5-46）。总体合计、城镇和农村层面的泰尔指数分别从2010年的0.80、0.72和1.31持续减小到2016年的0.70、0.52和1.08。从组内组间差距看，也基本有农村差距大于总体合计、总体合计差距大于城镇差距的特征，且组内不平等大于组间不平等。组内和组间差距在各个层面总体均呈下降趋势。组间差距贡献率和组内差距贡献率是此消彼长的关系，只分析其一即可。由于组内差距贡献占主体地位，因此这里只分析组内差距贡献率。总体合计和城镇层面的组内差距贡献率下降，农村层面呈上升。总体合计、城镇和农村层面的组内差距贡献率分别从2010年的84%、82%和73%变为2016年的83%、79%和88%。

**表5-46    分地区高中生均公共财政预算教育事业费中个人部分差距的泰尔指数**

| 泰尔指数 | 2010 年 | | | 2013 年 | | | 2016 年 | | |
|---|---|---|---|---|---|---|---|---|---|
| | 合计 | 城镇 | 农村 | 合计 | 城镇 | 农村 | 合计 | 城镇 | 农村 |
| T | 0.80 | 0.72 | 1.31 | 0.77 | 0.68 | 1.24 | 0.70 | 0.52 | 1.08 |
| Tb | 0.13 | 0.13 | 0.35 | 0.13 | 0.14 | 0.33 | 0.12 | 0.11 | 0.13 |
| Tw | 0.67 | 0.59 | 0.96 | 0.64 | 0.54 | 0.91 | 0.58 | 0.41 | 0.95 |
| Tb（%） | 16 | 18 | 27 | 16 | 20 | 26 | 17 | 21 | 12 |
| Tw（%） | 84 | 82 | 73 | 84 | 80 | 74 | 83 | 79 | 88 |
| 华北 T1 | 0.88 | 0.99 | 0.64 | 0.86 | 0.95 | 0.72 | 0.84 | 0.45 | 1.66 |
| 东北 T2 | 0.01 | 0.01 | 0.13 | 0.01 | 0.01 | 0.20 | 0.01 | 0.00 | 0.06 |
| 华东 T3 | 0.82 | 0.76 | 1.43 | 0.74 | 0.71 | 1.28 | 0.58 | 0.35 | 1.04 |
| 华中南 T4 | 0.40 | 0.39 | 0.57 | 0.30 | 0.29 | 0.47 | 0.33 | 0.26 | 0.47 |
| 西南 T5 | 0.99 | — | — | 0.99 | — | — | 1.00 | 0.99 | 1.03 |
| 西北 T6 | 0.38 | 0.32 | 1.58 | 0.37 | 0.29 | 1.61 | 0.29 | 0.22 | 0.37 |

注：（1）表中 T 表示总体差距的泰尔指数，Tb 表示组间差距，Tw 表示组内差距，Tb（%）表示组间差距贡献率，Tw（%）表示组内差距贡献率，T1～T6 分别表示华北、东北、华东、华中南、西南、西北地区总体差距的泰尔指数。（2）"—"表示此项指标由于数据缺失无法计算得出。

从各个区域内的情况看，除华北地区外，其他地区也基本有农村不平等程度大于总体合计、总体合计大于城镇的特征。各组内的不平等程度最大的三个地区为华北地区、华东地区和西南地区，华北地区合计和城镇层面差距有缩小趋势，农村层面差距有扩大趋势，总体合计和城镇从 2010 年的 0.88 和 0.99 下降到 2016 年的 0.84 和 0.45，农村则从 0.64 上升到 1.66；华东地区各个层面均呈现下降趋势，总体合计、城镇和农村分别从 2010 年的 0.82、0.76 和 1.43 下降到 2016 年的 0.58、0.35 和 1.04。西南地区仅有总体合计层面差距指数，从 2010 年的 0.99 上升到 2016 年的 1.00。差距最小的为东北地区，处于中间位置的是华中南地区和西北地区，两个地区各个层面的差距均为下降趋势，华中南地区差距分别从 2010 年的 0.40、0.39 和 0.57 下降为 2016 年的 0.33、0.26 和 0.47；西北地区各个层面差距均趋于下降，合计、城镇和农村分别从 2010 年的 0.38、0.32 和 1.58 下降到 2016 年的 0.29、0.22 和 0.37。

从以上分析可以看出高中生均公共财政预算教育事业费个人部分各层面

的区域差距都有缩小趋势，在农村层面的差距最大，地区内部省份之间各层面的差距大于地区之间各层面差距，华北、华东和西南是差距最大的三个地区，差距最小的为东北地区，各地区整体上内部差距都有缩小趋势。

## 5.6.3　生均教育事业费中公用部分分析

### 5.6.3.1　生均教育事业费中公用部分总体分析

由表 5-47 可知，高中生均公共财政预算教育事业费公用部分全国合计从 2010 年的 1069 元持续增长到 2016 年的 3189 元，年均增长 19.98%。由相对水平值及其排名可以发现，表 5-47 中所示三个年份全国分别有 16 个、17 个、15 个省份高于全国平均水平。2016 年，高中生均公共财政预算教育事业费公用部分最高的 5 个省份由高至低依次是北京、上海、西藏、天津和海南；最低的 5 个省份由低至高依次是四川、甘肃、湖南、辽宁和河南。

表 5-47　　　各省份高中生均公共财政预算教育事业费公用部分变化

| 区域 | 2010 年 | | | 2013 年 | | | 2016 年 | | |
|---|---|---|---|---|---|---|---|---|---|
| | 事业费共用部分（元） | 相对水平 | 相对水平排名 | 事业费共用部分（元） | 相对水平 | 相对水平排名 | 事业费共用部分（元） | 相对水平 | 相对水平排名 |
| 全国 | 1069 | 1.00 | 17 | 2734 | 1.00 | 18 | 3189 | 1.00 | 16 |
| 北京 | 8865 | 8.29 | 1 | 16644 | 6.09 | 1 | 18425 | 5.78 | 1 |
| 天津 | 2161 | 2.02 | 6 | 5563 | 2.03 | 3 | 7977 | 2.50 | 4 |
| 河北 | 860 | 0.80 | 23 | 2075 | 0.76 | 24 | 2428 | 0.76 | 26 |
| 山西 | 1119 | 1.05 | 15 | 2128 | 0.78 | 23 | 2527 | 0.79 | 24 |
| 内蒙古 | 1827 | 1.71 | 8 | 3812 | 1.39 | 8 | 4329 | 1.36 | 8 |
| 辽宁 | 1220 | 1.14 | 14 | 3228 | 1.18 | 11 | 2276 | 0.71 | 29 |
| 吉林 | 1451 | 1.36 | 10 | 2365 | 0.87 | 22 | 3373 | 1.06 | 15 |
| 黑龙江 | 1029 | 0.96 | 19 | 3211 | 1.17 | 12 | 2631 | 0.83 | 21 |
| 上海 | 5486 | 5.13 | 2 | 9155 | 3.35 | 2 | 11061 | 3.47 | 2 |

| 区域 | 2010 年 | | | 2013 年 | | | 2016 年 | | |
|---|---|---|---|---|---|---|---|---|---|
| | 事业费共用部分（元） | 相对水平 | 相对水平排名 | 事业费共用部分（元） | 相对水平 | 相对水平排名 | 事业费共用部分（元） | 相对水平 | 相对水平排名 |
| 江苏 | 605 | 0.57 | 27 | 2792 | 1.02 | 17 | 4108 | 1.29 | 9 |
| 浙江 | 1327 | 1.24 | 11 | 2717 | 0.99 | 19 | 4772 | 1.50 | 6 |
| 安徽 | 690 | 0.65 | 25 | 3105 | 1.14 | 13 | 2440 | 0.77 | 25 |
| 福建 | 983 | 0.92 | 21 | 1659 | 0.61 | 30 | 2533 | 0.79 | 23 |
| 江西 | 659 | 0.62 | 26 | 4755 | 1.74 | 6 | 4436 | 1.39 | 7 |
| 山东 | 1071 | 1.00 | 16 | 3000 | 1.10 | 15 | 2711 | 0.85 | 20 |
| 河南 | 596 | 0.56 | 28 | 2574 | 0.94 | 20 | 2304 | 0.72 | 28 |
| 湖北 | 482 | 0.45 | 31 | 1699 | 0.62 | 29 | 4063 | 1.27 | 10 |
| 湖南 | 555 | 0.52 | 29 | 1971 | 0.72 | 28 | 2254 | 0.71 | 30 |
| 广东 | 1509 | 1.41 | 9 | 2051 | 0.75 | 26 | 3093 | 0.97 | 17 |
| 广西 | 736 | 0.69 | 24 | 2066 | 0.76 | 25 | 2735 | 0.86 | 19 |
| 海南 | 2561 | 2.40 | 5 | 5143 | 1.88 | 4 | 7376 | 2.31 | 5 |
| 重庆 | 1239 | 1.16 | 13 | 3243 | 1.19 | 10 | 3811 | 1.20 | 13 |
| 四川 | 430 | 0.40 | 32 | 1618 | 0.59 | 31 | 1960 | 0.61 | 32 |
| 贵州 | 502 | 0.47 | 30 | 1608 | 0.59 | 32 | 2338 | 0.73 | 27 |
| 云南 | 1027 | 0.96 | 20 | 2032 | 0.74 | 27 | 2885 | 0.90 | 18 |
| 西藏 | 1313 | 1.23 | 12 | 4373 | 1.60 | 7 | 8298 | 2.60 | 3 |
| 陕西 | 1041 | 0.97 | 18 | 3424 | 1.25 | 9 | 4048 | 1.27 | 11 |
| 甘肃 | 927 | 0.87 | 22 | 2513 | 0.92 | 21 | 2111 | 0.66 | 31 |
| 青海 | 3553 | 3.32 | 3 | 4862 | 1.78 | 5 | 3816 | 1.20 | 12 |
| 宁夏 | 3234 | 3.03 | 4 | 2963 | 1.08 | 16 | 2614 | 0.82 | 22 |
| 新疆 | 1852 | 1.73 | 7 | 3084 | 1.13 | 14 | 3463 | 1.09 | 14 |
| 极差率 | 20.62 | | | 10.35 | | | 9.40 | | |
| 变异系数 | 1.03 | | | 0.79 | | | 0.77 | | |
| 基尼系数 | 0.30 | | | 0.30 | | | 0.33 | | |

资料来源：根据《中国教育经费统计年鉴（2011）》之表 6 - 32"分地区地方普通高中生均公共财政预算教育经费支出"、《中国教育经费统计年鉴（2014）》之表 6 - 34"生均公共财政预算教育经费支出（地方普通高中）"和《中国教育经费统计年鉴（2017）》之表 7 - 34"生均公共财政预算教育经费支出（地方普通高中）"数据整理计算而得。

表 5-47 中所示三个年份，四川（2010 年和 2016 年）、贵州（2013）是高中生均公共财政预算教育事业费公用部分总体合计最小的地区，其变化趋势是 430 ↗ 1608 ↗ 1960；北京是总体合计最大的地区，其变化趋势是 8865 ↗ 16644 ↗ 18425。表明区域间投入差距的指标表现是：极差率的变化趋势是 20.62 ↘ 10.35 ↘ 9.40；变异系数的变化趋势是 1.03 ↘ 0.79 ↘ 0.77；基尼系数的变化趋势是 0.30→0.30 ↗ 0.33。极差率和变异系数均呈持续下降趋势，基尼系数的上升态势说明，在投入居中间水平的各省份差异有稍微扩大趋势。

### 5.6.3.2　生均教育事业费中公用部分城乡差异分析

**1. 农村情况分析**

由表 5-48 可知，全国农村从 2010 年的 707 元持续增长到 2016 年的 2513 元，年均增长 23.54%。由相对水平值及其排名可以发现，表 5-48 中所示三个年份全国分别有 17 个、13 个、17 个省份高于全国平均水平。2016 年，最高的 5 个省份由高至低依次是北京、西藏、海南、上海和天津；最低的 5 个省份由低至高依次是辽宁、宁夏、四川、山东和甘肃。

**表 5-48　各省份农村高中生均公共财政预算教育事业费公用部分变化**

| 区域 | 2010 年 | | | 2013 年 | | | 2016 年 | | |
|---|---|---|---|---|---|---|---|---|---|
| | 事业费公用部分（元） | 相对水平 | 相对水平排名 | 事业费公用部分（元） | 相对水平 | 相对水平排名 | 事业费公用部分（元） | 相对水平 | 相对水平排名 |
| 全国 | 707 | 1.00 | 18 | 2240 | 1.00 | 14 | 2513 | 1.00 | 18 |
| 北京 | 6755 | 9.55 | 1 | 18527 | 8.27 | 1 | 18193 | 7.24 | 1 |
| 天津 | 884 | 1.25 | 10 | 9946 | 4.44 | 2 | 4722 | 1.88 | 5 |
| 河北 | 787 | 1.11 | 15 | 1355 | 0.60 | 27 | 2590 | 1.03 | 16 |
| 山西 | 387 | 0.55 | 27 | 1241 | 0.55 | 28 | 2032 | 0.81 | 26 |
| 内蒙古 | 1361 | 1.93 | 5 | 2687 | 1.20 | 11 | 4540 | 1.81 | 6 |
| 辽宁 | 2355 | 3.33 | 4 | 2322 | 1.04 | 13 | 1367 | 0.54 | 32 |
| 吉林 | 564 | 0.80 | 21 | 2204 | 0.98 | 15 | 3362 | 1.34 | 9 |
| 黑龙江 | 727 | 1.03 | 17 | 1769 | 0.79 | 20 | 2675 | 1.06 | 15 |
| 上海 | 3460 | 4.89 | 3 | 4104 | 1.83 | 6 | 5890 | 2.34 | 4 |
| 江苏 | 387 | 0.55 | 28 | 2119 | 0.95 | 16 | 2824 | 1.12 | 14 |

续表

| 区域 | 2010 年 | | | 2013 年 | | | 2016 年 | | |
|------|---------|------|------|---------|------|------|---------|------|------|
| | 事业费公用部分（元） | 相对水平 | 相对水平排名 | 事业费公用部分（元） | 相对水平 | 相对水平排名 | 事业费公用部分（元） | 相对水平 | 相对水平排名 |
| 浙江 | 843 | 1.19 | 13 | 1356 | 0.61 | 26 | 3048 | 1.21 | 12 |
| 安徽 | 751 | 1.06 | 16 | 3922 | 1.75 | 8 | 2510 | 1.00 | 19 |
| 福建 | 905 | 1.28 | 8 | 1670 | 0.75 | 22 | 2281 | 0.91 | 20 |
| 江西 | 429 | 0.61 | 25 | 1851 | 0.83 | 19 | 3979 | 1.58 | 8 |
| 山东 | 656 | 0.93 | 19 | 4557 | 2.03 | 5 | 1827 | 0.73 | 29 |
| 河南 | 531 | 0.75 | 22 | 1860 | 0.83 | 18 | 2114 | 0.84 | 23 |
| 湖北 | 345 | 0.49 | 31 | 991 | 0.44 | 29 | 2850 | 1.13 | 13 |
| 湖南 | 434 | 0.61 | 24 | 977 | 0.44 | 30 | 2078 | 0.83 | 25 |
| 广东 | 1015 | 1.44 | 6 | 1704 | 0.76 | 21 | 2218 | 0.88 | 21 |
| 广西 | 377 | 0.53 | 30 | 954 | 0.43 | 31 | 1920 | 0.76 | 27 |
| 海南 | 882 | 1.25 | 11 | 3921 | 1.75 | 9 | 6049 | 2.41 | 3 |
| 重庆 | 875 | 1.24 | 12 | 2482 | 1.11 | 12 | 3200 | 1.27 | 10 |
| 四川 | 415 | 0.59 | 26 | 1372 | 0.61 | 24 | 1754 | 0.70 | 30 |
| 贵州 | 585 | 0.83 | 20 | 1367 | 0.61 | 25 | 2109 | 0.84 | 24 |
| 云南 | 920 | 1.30 | 7 | 1556 | 0.69 | 23 | 2207 | 0.88 | 22 |
| 西藏 | — | — | — | — | — | — | 7390 | 2.94 | 2 |
| 陕西 | 494 | 0.70 | 23 | 2690 | 1.20 | 10 | 4151 | 1.65 | 7 |
| 甘肃 | 822 | 1.16 | 14 | 4567 | 2.04 | 4 | 1848 | 0.74 | 28 |
| 青海 | 382 | 0.54 | 29 | 3947 | 1.76 | 7 | 3098 | 1.23 | 11 |
| 宁夏 | 892 | 1.26 | 9 | 5274 | 2.35 | 3 | 1395 | 0.56 | 31 |
| 新疆 | 3524 | 4.98 | 2 | 2114 | 0.94 | 17 | 2585 | 1.03 | 17 |
| 极差率 | 19.58 | | | 19.42 | | | 13.31 | | |
| 变异系数 | 1.16 | | | 1.06 | | | 0.86 | | |
| 基尼系数 | 0.36 | | | 0.38 | | | 0.31 | | |

资料来源：根据《中国教育经费统计年鉴（2011）》之表6-34"分地区地方农村高中生均公共财政预算教育经费支出"、《中国教育经费统计年鉴（2014）》之表6-36"生均公共财政预算教育经费支出（地方农村高中）"和《中国教育经费统计年鉴（2017）》之表7-36"生均公共财政预算教育经费支出（地方农村高中）"数据整理计算而得。

注：（1）在计算标准差时，因2010年和2013年西藏城镇数据缺失，故 N 取30。（2）"—"表示此项无数据。

　　表5-48中所示三个年份，湖北（2010年345元）、广西（2013年954元）和辽宁（2016年1367元）是农村高中生均公共财政预算教育事业费公用部分最小的地区；北京是该项投入最大的地区，其变化趋势是6755↗18527↘18193。表明区域间投入差距的指标表现是：两者间极差率的变化趋势是19.58↘19.42↘13.31；变异系数的变化趋势是1.16↘1.06↘0.86；基尼系数的变化趋势是0.36↗0.38↘0.31。极差率和变异系数为持续下降趋势，基尼系数总体为下降趋势，说明这几年农村高中生均公共财政预算教育事业费公用部分最大与最小地区之间以及各地区间的差距有所减小。

　　2. 城镇情况分析

　　由表5-49可知，城镇高中生均公共财政预算教育事业费公用部分从2010年的1150元持续增长到2016年的3871元，年均增长22.42%。由相对水平值及其排名可以发现，表5-49中所示三个年份全国分别有14个、16个、14个省份高于全国平均水平。2016年，最高的5个省份由高至低依次是北京、上海、西藏、天津和海南；最低的5个省份由低至高依次是安徽、河北、四川、湖南和黑龙江。

表5-49　　各省份城镇高中生均公共财政预算教育事业费公用部分变化

| 区域 | 2010年 | | | 2013年 | | | 2016年 | | |
|---|---|---|---|---|---|---|---|---|---|
| | 事业费公用部分（元） | 相对水平 | 相对水平排名 | 事业费公用部分（元） | 相对水平 | 相对水平排名 | 事业费公用部分（元） | 相对水平 | 相对水平排名 |
| 全国 | 1150 | 1.00 | 15 | 2839 | 1.00 | 17 | 3871 | 1.00 | 15 |
| 北京 | 9085 | 7.90 | 1 | 16452 | 5.79 | 1 | 16205 | 4.19 | 1 |
| 天津 | 2630 | 2.29 | 6 | 3933 | 1.39 | 6 | 8986 | 2.32 | 4 |
| 河北 | 870 | 0.76 | 22 | 2164 | 0.76 | 24 | 2209 | 0.57 | 31 |
| 山西 | 1175 | 1.02 | 14 | 2194 | 0.77 | 23 | 3201 | 0.83 | 21 |
| 内蒙古 | 1857 | 1.61 | 7 | 3864 | 1.36 | 7 | 3925 | 1.01 | 14 |
| 辽宁 | 1133 | 0.99 | 16 | 3421 | 1.21 | 10 | 2749 | 0.71 | 25 |
| 吉林 | 1510 | 1.31 | 11 | 2373 | 0.84 | 20 | 3264 | 0.84 | 20 |
| 黑龙江 | 1037 | 0.90 | 19 | 3235 | 1.14 | 12 | 2594 | 0.67 | 28 |
| 上海 | 5596 | 4.87 | 2 | 9437 | 3.32 | 2 | 11247 | 2.91 | 2 |
| 江苏 | 710 | 0.62 | 24 | 3023 | 1.06 | 14 | 5178 | 1.34 | 7 |

续表

| 区域 | 2010 年 | | | 2013 年 | | | 2016 年 | | |
|------|---------|------|------|---------|------|------|---------|------|------|
| | 事业费公用部分（元） | 相对水平 | 相对水平排名 | 事业费公用部分（元） | 相对水平 | 相对水平排名 | 事业费公用部分（元） | 相对水平 | 相对水平排名 |
| 浙江 | 1542 | 1.34 | 10 | 3244 | 1.14 | 11 | 6152 | 1.59 | 6 |
| 安徽 | 668 | 0.58 | 26 | 2855 | 1.01 | 16 | 1991 | 0.51 | 32 |
| 福建 | 1031 | 0.90 | 20 | 1671 | 0.59 | 30 | 2862 | 0.74 | 24 |
| 江西 | 673 | 0.59 | 25 | 4933 | 1.74 | 4 | 4926 | 1.27 | 9 |
| 山东 | 1108 | 0.96 | 17 | 2801 | 0.99 | 18 | 3522 | 0.91 | 18 |
| 河南 | 612 | 0.53 | 27 | 2659 | 0.94 | 19 | 2596 | 0.67 | 27 |
| 湖北 | 519 | 0.45 | 29 | 1850 | 0.65 | 28 | 4862 | 1.26 | 10 |
| 湖南 | 602 | 0.52 | 28 | 2320 | 0.82 | 21 | 2589 | 0.67 | 29 |
| 广东 | 1651 | 1.44 | 9 | 2157 | 0.76 | 25 | 3429 | 0.89 | 19 |
| 广西 | 783 | 0.68 | 23 | 2220 | 0.78 | 22 | 3788 | 0.98 | 16 |
| 海南 | 2787 | 2.42 | 5 | 5285 | 1.86 | 3 | 8141 | 2.10 | 5 |
| 重庆 | 1423 | 1.24 | 12 | 3611 | 1.27 | 9 | 4241 | 1.10 | 12 |
| 四川 | 434 | 0.38 | 31 | 1726 | 0.61 | 29 | 2298 | 0.59 | 30 |
| 贵州 | 494 | 0.43 | 30 | 1655 | 0.58 | 31 | 2940 | 0.76 | 23 |
| 云南 | 1041 | 0.91 | 18 | 2107 | 0.74 | 26 | 4211 | 1.09 | 13 |
| 西藏 | — | — | — | — | — | — | 9896 | 2.56 | 3 |
| 陕西 | 1232 | 1.07 | 13 | 3633 | 1.28 | 8 | 3788 | 0.98 | 17 |
| 甘肃 | 957 | 0.83 | 21 | 1905 | 0.67 | 27 | 2598 | 0.67 | 26 |
| 青海 | 3746 | 3.26 | 3 | 4895 | 1.72 | 5 | 4964 | 1.28 | 8 |
| 宁夏 | 3264 | 2.84 | 4 | 2938 | 1.03 | 15 | 3075 | 0.79 | 22 |
| 新疆 | 1794 | 1.56 | 8 | 3119 | 1.10 | 13 | 4445 | 1.15 | 11 |
| 极差率 | 20.93 | | | 9.94 | | | 8.14 | | |
| 变异系数 | 1.02 | | | 0.79 | | | 0.65 | | |
| 基尼系数 | 0.37 | | | 0.31 | | | 0.33 | | |

资料来源：根据表 5-37 中"各省份高中生均公共财政预算教育事业费"数据、表 5-38 中"各省份农村高中生均公共财政预算教育事业费"数据以及 2011 年、2014 年和 2017 年《中国教育经费统计年鉴》之表"分地区地方普通高中公共财政预算教育事业费和基本建设支出明细"和表"分地区地方农村高中公共财政预算教育事业费和基本建设支出明细"数据计算得到，具体计算方法为：（地方普通高中公共财政预算事业费公用部分 - 地方农村高中公共财政预算事业费公用部分）/（地方普通高中公共财政预算事业费支出/地方普通高中生均公共财政预算事业费支出 - 地方农村高中公共财政预算事业费支出/地方农村高中生均公共财政预算事业费支出）。

注：（1）在计算标准差时，因 2010 年和 2013 年西藏数据缺失，故 N 取 30。（2）"—"表示此项无数据。

表 5 - 49 中所示三个年份，四川（2010 年 434 元）、贵州（2013 年 1655 元）和安徽（2016 年 1991 元）是城镇高中生均公共财政预算教育事业费公用部分最小的地区；北京是该项投入最大的地区，其变化趋势是 9085 ↗ 16452 ↘ 16205。表明区域间投入差距的指标表现是：极差率的变化趋势是 20.93 ↘ 9.94 ↘ 8.14；变异系数的变化趋势是 1.02 ↘ 0.79 ↘ 0.65；基尼系数的变化趋势是 0.37 ↘ 0.31 ↗ 0.33。极差率、变异系数和基尼系数均呈缩小趋势，说明这几年城镇高中生均公共财政预算教育事业费公用部分最大与最小地区之间及各地区间的差距有减小趋势。

就城镇层面差距和农村层面差距的比较来看，农村的极差率有两年（2010 年除外）大于城镇。变异系数均为农村大于城镇，基尼系数有两年（2013 年除外）城镇大于农村。说明除表现为城乡差距总体缩小的趋势外，在城镇层面中等投入水平省区间的差距有所扩大。

3. 城乡差异分析

2010 年（见表 5 - 50），全国的高中生均公共财政预算教育事业费公用部分平均城乡投入比为 1.63，低于全国平均水平的省份有 19 个；高于全国平均水平的省份有 12 个，城乡差距最大的 5 个省份按差距由大到小排序是青海、宁夏、海南、上海和天津。2016 年，全国的城乡投入比降为 1.54，低于全国平均水平的省份有 17 个，高于全国平均水平的省份有 14 个，城乡差距最大的 5 个省份按差距由大到小排序是宁夏、浙江、辽宁、广西和山东。六年间，城乡差距扩大的省份有 12 个，城乡差距扩大幅度最大的 5 个省份分别为辽宁、新疆、云南、贵州和上海；城乡差距缩小的省份有 17 个，缩小程度最大的 5 个省份由高到低依次为青海、海南、吉林、陕西和山西。总的来说，从全国层面的比值缩小和城乡差距缩小省份过半数可以说明，全国各省份高中生均公共财政预算教育事业费公用部分城乡间的差距呈缩小趋势，但是大部分省份城乡差距缩小程度较小，城乡间的差距依然存在。

表 5 – 50　　　各省份高中生均公共财政预算教育事业费公用部分城乡差距比值

| 区域 | 2010 年 | 2013 年 | 2016 年 | 区域 | 2010 年 | 2013 年 | 2016 年 |
|------|---------|---------|---------|------|---------|---------|---------|
| 全国 | 1.63 | 1.27 | 1.54 | 河南 | 1.15 | 1.43 | 1.23 |
| 北京 | 1.34 | 0.89 | 0.89 | 湖北 | 1.50 | 1.87 | 1.71 |
| 天津 | 2.98 | 0.40 | 1.90 | 湖南 | 1.39 | 2.37 | 1.25 |
| 河北 | 1.11 | 1.60 | 0.85 | 广东 | 1.63 | 1.27 | 1.55 |
| 山西 | 3.04 | 1.77 | 1.58 | 广西 | 2.08 | 2.33 | 1.97 |
| 内蒙古 | 1.36 | 1.44 | 0.86 | 海南 | 3.16 | 1.35 | 1.35 |
| 辽宁 | 0.48 | 1.47 | 2.01 | 重庆 | 1.63 | 1.45 | 1.33 |
| 吉林 | 2.68 | 1.08 | 0.97 | 四川 | 1.05 | 1.26 | 1.31 |
| 黑龙江 | 1.43 | 1.83 | 0.97 | 贵州 | 0.84 | 1.21 | 1.39 |
| 上海 | 1.62 | 2.30 | 1.91 | 云南 | 1.13 | 1.35 | 1.91 |
| 江苏 | 1.83 | 1.43 | 1.83 | 西藏 | — | — | 1.34 |
| 浙江 | 1.83 | 2.39 | 2.02 | 陕西 | 2.49 | 1.35 | 0.91 |
| 安徽 | 0.89 | 0.73 | 0.79 | 甘肃 | 1.16 | 0.42 | 1.41 |
| 福建 | 1.14 | 1.00 | 1.25 | 青海 | 9.81 | 1.24 | 1.60 |
| 江西 | 1.57 | 2.67 | 1.24 | 宁夏 | 3.66 | 0.56 | 2.20 |
| 山东 | 1.69 | 0.61 | 1.93 | 新疆 | 0.51 | 1.48 | 1.72 |

　　资料来源：根据表 5 – 48 中"各省份农村高中生均公共财政预算教育事业费公用部分"数据和表 5 – 49 中"各省份城镇高中生均公共财政预算教育事业费公用部分"数据计算而得。

　　注：（1）其中西藏因 2010 年和 2013 年数据缺失，因此无法计算城乡差距比值。（2）"—"表示此项无数据。

### 5.6.3.3　生均教育事业费中公用部分区域差异分析

　　2010 年，我国高中生均公共财政预算教育事业费公用部分的第一梯队省份是青海、宁夏、北京、天津、上海和海南，最后梯队的省份是河南、湖北、江苏、四川、贵州、湖南和江西 7 个省份。2013 年处于第一梯队的省份是青海、北京、天津、上海、江西和海南 6 个省份，处于最后梯队的有湖北、湖南、福建、广东、四川、云南、贵州 7 个省份。与 2010 年相比，江西进入第一梯队，宁夏退出第一梯队，云南、广东、福建跌落到最后梯队，河南、江苏和江西退出最后梯队。2016 年处于第一梯队的省份有西藏、北京、天津、上海、浙江、海南6个省份，处于最后梯队的省份有甘肃、四川、贵州、湖南、河南、河北和辽宁。与2013年相比，浙江和西藏加入第一梯队，青海和江西退出第一梯队，湖北、福建、云南和广东退出最后梯队，甘肃、河南、河北、辽宁加入最后梯队。

综合来看，高中生均公共财政预算教育事业费公用部分投入最多且相对最稳定的省份为北京、天津、上海和海南，投入较少的省份为湖南、贵州、四川。从概要的分布来看，高中生均公共财政预算教育事业费公用部分投入高的省份多分布在长江三角洲地区、京津地区以及西部的内陆省份，投入低的省份多分布在华中南地区和西南的内陆省份，这种空间分布规律与高中教育事业费总体的分布规律稍有差别。

从总的差距（泰尔指数 T）来看，全国省级区域间的高中生均公共财政预算教育事业费公用部分差距在2010~2016年呈逐年下降趋势；同一年份横向看，农村差距最大，总体合计次之，城镇差距最小（见表5-51）。总体合计、城镇和农村层面的泰尔指数分别从2010年的1.19、1.10和1.74减小到2016年的0.90、0.70和1.29。从组内组间差距看，也基本有农村差距大于总体合计、总体合计差距大于城镇的特征，且组内不平等大于组间不平等。组内和组间差距在各个层面总体均呈下降趋势。组间差距贡献率和组内差距贡献率是此消彼长的关系，只分析其一即可。由于组内差距贡献占主体地位，因此这里只分析组内差距贡献率。总体合计、城镇和农村层面的组内差距贡献率均呈上升趋势，分别从2010年的82%、81%和72%上升到2016年的87%、85%和88%。

表5-51　　分地区高中生均公共财政预算教育事业费中公用部分差距的泰尔指数

| 泰尔指数 | 2010 年 | | | 2013 年 | | | 2016 年 | | |
|---|---|---|---|---|---|---|---|---|---|
| | 合计 | 城镇 | 农村 | 合计 | 城镇 | 农村 | 合计 | 城镇 | 农村 |
| T | 1.19 | 1.10 | 1.74 | 0.88 | 0.76 | 1.56 | 0.90 | 0.70 | 1.29 |
| Tb | 0.22 | 0.21 | 0.48 | 0.15 | 0.13 | 0.54 | 0.12 | 0.10 | 0.16 |
| Tw | 0.97 | 0.89 | 1.25 | 0.73 | 0.63 | 1.02 | 0.78 | 0.60 | 1.14 |
| Tb（%） | 18 | 19 | 28 | 17 | 17 | 34 | 13 | 15 | 12 |
| Tw（%） | 82 | 81 | 72 | 83 | 83 | 66 | 87 | 85 | 88 |

| 泰尔指数 | 2010 年 | | | 2013 年 | | | 2016 年 | | |
|---|---|---|---|---|---|---|---|---|---|
| | 合计 | 城镇 | 农村 | 合计 | 城镇 | 农村 | 合计 | 城镇 | 农村 |
| 华北 T1 | 1.19 | 1.21 | 1.32 | 1.12 | 1.12 | 1.20 | 1.08 | 0.64 | 2.07 |
| 东北 T2 | 0.03 | 0.04 | 0.08 | 0.00 | 0.00 | 0.15 | 0.05 | 0.02 | 0.14 |
| 华东 T3 | 1.20 | 1.09 | 1.84 | 0.68 | 0.64 | 0.68 | 0.70 | 0.46 | 0.81 |
| 华中南 T4 | 0.89 | 0.88 | 0.53 | 0.65 | 0.60 | 0.99 | 0.72 | 0.64 | 0.83 |
| 西南 T5 | 0.86 | — | — | 0.94 | | | 1.19 | 1.16 | 1.26 |
| 西北 T6 | 0.85 | 0.71 | 1.95 | 0.43 | 0.39 | 1.68 | 0.26 | 0.28 | 0.24 |

注：（1）表中 T 表示总体差距的泰尔指数，Tb 表示组间差距，Tw 表示组内差距，Tb（%）表示组间差距贡献率，Tw（%）表示组内差距贡献率，T1～T6 分别表示华北、东北、华东、华中南、西南、西北地区总体差距的泰尔指数。（2）"—"表示此项指标由于数据缺失无法计算得出。（3）"—"表示此项无数据。

从各个区域内部情况看，除了西南地区外，其他地区也基本有农村不平等程度大于城镇的特征。各组内的不平等程度最大的三个地区为华北地区、华东地区和西南地区，华北地区总体合计和城镇层面差距有缩小趋势，农村层面差距有扩大趋势，总体合计和城镇从 2010 年的 1.19 和 1.21 下降到 2016 年的 1.08 和 0.64，农村从 1.32 上升到 2.07；华东地区各个层面均呈现下降趋势，总体合计、城镇和农村分别从 2010 年的 1.20、1.09 和 1.84 下降到 2016 年的 0.70、0.46 和 0.81。西南地区仅有合计层面差距指数，从 2010 年的 0.86 上升到 2016 年的 1.19。差距最小的为东北地区，处于中间位置的是华中南地区和西北地区，华中南地区合计和城镇差距趋于下降，农村差距趋于上升，总体合计、城镇和农村泰尔指数分别从 2010 年的 0.89、0.88 和 0.53 变化为 2016 年的 0.72、0.64 和 0.83；西北地区各个层面差距均趋于下降，合计、城镇和农村分别从 2010 年的 0.85、0.71 和 1.95 下降到 2016 年的 0.26、0.28 和 0.24。

从以上分析可以看出高中生均公共财政预算教育事业费公用部分各层面的区域差距都有缩小趋势，在农村层面的差距最大，地区内部省份之间各层面的差距大于地区之间各层面差距，华北、华东和西南是差距最大的三个地区，差距最小的为东北地区，这和高中生均公共财政预算教育事业费的分析结果类似。

## 5.7 高中生均公共财政预算基建经费分析

"基本建设支出"部分的数据在不同年份和各省份之间的差异较大,本节只对其进行概括分析,包括基本建设支出总体情况分析和省份差异分析。

### 5.7.1 生均基本建设支出总体情况分析

表 5-52 反映了全国各省份在 2010~2016 年间全国合计、城镇、农村的高中生均公共财政预算基本建设支出情况。

表 5-52　　　　　　　　高中生均公共财政预算基本建设支出情况　　　　单位:元

| 区域 | 2010 年 | | | 2013 年 | | | 2016 年 | | |
|---|---|---|---|---|---|---|---|---|---|
| | 合计 | 城镇 | 农村 | 合计 | 城镇 | 农村 | 合计 | 城镇 | 农村 |
| 全国 | 273 | 310 | 90 | 299 | 322 | 175 | 286 | 387 | 185 |
| 北京 | 5593 | 6070 | 953 | 3810 | 4078 | 1187 | 6487 | 6206 | 2121 |
| 天津 | 157 | — | 584 | 716 | — | 2643 | 8 | 10 | — |
| 河北 | 51 | — | — | 67 | 71 | 41 | 104 | 29 | 157 |
| 山西 | 344 | 367 | 9 | 376 | 344 | 696 | 160 | 29 | 257 |
| 内蒙古 | 598 | 629 | 18 | 404 | — | — | 418 | 728 | 72 |
| 辽宁 | 280 | 192 | 1422 | 315 | 332 | 42 | 57 | 3 | 162 |
| 吉林 | — | | | 44 | | | 304 | 405 | 66 |
| 黑龙江 | 79 | — | | 563 | 568 | 179 | 103 | 33 | 191 |
| 上海 | 479 | | | 937 | — | | 2060 | 2268 | — |
| 江苏 | 498 | 663 | 33 | 22 | | | 81 | 143 | |
| 浙江 | 165 | — | | 41 | | | 380 | 308 | 453 |
| 安徽 | 89 | 103 | 41 | 210 | 220 | 172 | 542 | 1243 | 57 |
| 福建 | 156 | 219 | 57 | 164 | 180 | 136 | 66 | 11 | 112 |
| 江西 | 150 | — | | 121 | 123 | 69 | 274 | 410 | 171 |
| 山东 | 8 | | | — | | | 48 | 16 | 84 |

续表

| 区域 | 2010 年 | | | 2013 年 | | | 2016 年 | | |
|------|------|------|------|------|------|------|------|------|------|
| | 合计 | 城镇 | 农村 | 合计 | 城镇 | 农村 | 合计 | 城镇 | 农村 |
| 河南 | 77 | 86 | 1 | 272 | 207 | 843 | 139 | 186 | 110 |
| 湖北 | 81 | 100 | 10 | 312 | 320 | 271 | — | — | — |
| 湖南 | 118 | 155 | 8 | 66 | 79 | 26 | 90 | 74 | 99 |
| 广东 | 512 | 641 | 1 | 247 | 306 | 4 | 274 | 368 | 59 |
| 广西 | 53 | 59 | 1 | 270 | 305 | 2 | 495 | 643 | 375 |
| 海南 | 1385 | 1514 | 364 | 138 | — | — | 362 | 379 | 324 |
| 重庆 | 433 | 612 | 66 | 864 | 1184 | 189 | 231 | 373 | 61 |
| 四川 | 211 | 278 | 40 | 142 | 169 | 60 | 136 | 177 | 108 |
| 贵州 | 22 | 17 | 50 | 520 | 585 | 160 | 368 | 82 | 484 |
| 云南 | 164 | 178 | 56 | 416 | 476 | 7 | 213 | 383 | 123 |
| 西藏 | 2848 | — | — | 4446 | — | — | 1364 | 21 | 2162 |
| 陕西 | 87 | 59 | 167 | 339 | 427 | 8 | 474 | 364 | 526 |
| 甘肃 | 412 | 344 | 630 | 368 | 332 | 488 | 247 | 449 | 152 |
| 青海 | 1679 | 1633 | 2367 | 853 | 783 | 2901 | 1053 | 718 | 1207 |
| 宁夏 | 41 | — | — | 151 | — | — | 700 | 1041 | — |
| 新疆 | 658 | 635 | 1299 | 1157 | 1090 | 2958 | 453 | 670 | 268 |
| 极差率 | 699 | 357 | 2367 | 202 | 57 | 1479 | 811 | 2069 | 38 |
| 变异系数 | 1.89 | 1.84 | 1.63 | 1.61 | 1.44 | 1.58 | 1.99 | 1.93 | 1.46 |
| 基尼系数 | 0.42 | 0.39 | 0.30 | 0.39 | 0.40 | 0.33 | 0.43 | 0.50 | 0.40 |

资料来源：2010 年"合计"数据和"农村"数据分别来自《中国教育经费统计年鉴（2011）》之6－32"分地区地方普通高中生均公共财政预算教育经费支出"和表 6－34"分地区地方农村高中生均公共财政预算教育经费支出"；其中"城镇"数据根据"合计"数据和"农村"数据以及《中国教育经费统计年鉴（2011）》之表 5－43"分地区地方普通高中公共财政预算教育事业费和基本建设支出明细"和表 5－46"分地区地方农村高中公共财政预算教育事业费和基本建设支出明细"数据计算得到，具体计算方法为：（地方普通高中公共财政预算基本建设支出－地方农村高中公共财政预算基本建设支出）/（地方普通高中公共财政预算事业费支出/地方普通高中生均公共财政预算事业费支出－地方农村高中公共财政预算事业费支出/地方农村高中生均公共财政预算事业费支出），2013 年和 2016 年数据来源及计算方法与 2010 类似。

注：（1）由于生均基本建设支出数据统计不完整，表中极差率等数据是在不考虑 0 和缺失数据的情况下计算出来的。（2）"—"表示此项无数据。

由表 5-52 可知，全国合计的高中生均公共财政预算基本建设支出从 2010 年的 273 元先增加到 2013 年的 299 元，然后减小到 2016 年的 286 元，六年间总体上是增加的，增幅为 4.76% 。全国城镇和农村的高中生均公共财政预算基本建设支出分别从 2010 年的 310 元和 90 元持续增加至 2016 年的 387 元和 185 元，增幅分别为 25% 和 106% 。可见，从基本建设支出绝对量来说，是城镇高于合计，合计高于农村的；从六年的增幅来说，是农村高于城镇，城镇高于合计。可见虽然农村高中生均公共财政预算基本建设支出最少，但是其增长较快，这与小学和初中的情况相反，说明近年来农村高中的基本建设受到越来越多的重视。

相比生均事业费等其他支出数据，高中生均公共财政预算基本建设支出各个地区间的差距变化剧烈且不稳定，从极差率来看，总体合计和城镇波动较大，总体合计从 2010 年的 699 减小到 2013 年的 202，又增加至 2016 年的 811；城镇从 2010 年的 357 减小到 2013 年的 57，又增加到 2016 年的 2069；农村从 2010 年的 2367 持续减小到 2016 年的 38，农村极差率的大幅度减小表明农村高低地区间的差距迅速缩小。从变异系数来看，总体合计从 2010 年的 1.89 增加到 1.99，城镇从 1.84 增加到 1.93，农村从 1.63 减小到 1.46，可以看出总体合计和城镇区域间的差距在总体上是扩大的，农村区域间差距是缩小的。最后，六年间基尼系数在各个层面的变化趋势都是增加的，总体合计、城镇和农村三个层面分别从 2010 年的 0.42、0.39 和 0.30 上升到 2016 年的 0.43、0.50 和 0.40，鉴于基尼系数的敏感范围可以看出，基建经费在各地区间的不平等程度在各个层面的中等投入水平范围内是有所扩大的。综合以上分析可知，高中生均公共财政预算基本建设支出的区域差距总体在时间维度波动较大，横向看城镇间的差距大于农村间的差距。

## 5.7.2 生均基本建设支出空间差异分析

2010 年，我国高中生均公共财政预算基建经费的第一梯队省份是新疆、西藏、青海、内蒙古、北京、海南，最后梯队省份是河北、山东、河南、宁夏、贵州、广西 6 个省份。2013 年处于第一梯队的省份是西藏、新疆、青海、北京、上海、重庆 6 个省份，处于最后梯队的有吉林、河北、江苏、浙江、湖南 5 个省份。与 2010 年相比，上海、重庆进入第一梯队，内蒙古、海南退出第一梯队，江苏、浙江、湖南跌落到最后梯队，辽宁加入最后梯队，宁夏、河南、贵州、广西退出最后梯队。2016 年处于第一梯队的省份有西藏、青海、宁夏、北京、安徽、上海 6 个省份，处于最后梯队的省份有辽宁、天津、山东 3 个省份。与 2013 年相比，宁夏和安徽加入第一梯队，新疆和重庆退出第一梯队，吉林、河北、江苏、浙江、湖南退出最后梯队，辽宁、天津、山东加入最后梯队。

综合来看，高中生均公共财政预算基建经费支出最多且相对最稳定的省份为北京、青海和西藏。从概要的分布来看，高中生均公共财政预算基建经费支出高的省份多分布在西北边疆和西北内陆省份、投入低的省份多分布在东北地区、东部沿海地区和西南地区。这种空间分布规律与生均公共财政预算教育事业费是非常不同的，相对来说，东部沿海省份由于经济发展水平较高，教育基建已基本完成，西部地区发展相对滞后，其高中教育基建等支出增加是正常的。

从总的差距（泰尔指数 T）来看，全国省级区域间的高中生均公共财政预算基本建设支出总体合计、城镇层面和农村层面的差距在 2010 ~ 2016 年呈下降趋势（见表 5 – 53）。横向看农村间差距最大，总体合计次之，城镇差距最小。总体合计、城镇和农村层面的泰尔指数分别从 2010 年的 2.25、2.14 和 3.15 减小到 2016 年的 2.02、1.56 和 2.19。从组内组间差距看，除 2016 年外，均有农村差距大于城镇的特征，且组内不平等大于组间不平等。组内差距在总体合计和城镇层面均呈下降趋势，在农村层面为上升趋势，组间差距在各个层面均呈下降趋势。组间差距贡献率和组内差距贡献率是此消彼长的关系，只分析其一即可。由于组内差距贡献占主体地位，因此这里只分析组内差距贡献率。总体合计和城镇层面的差距贡献率均为下降趋势，农村为上升趋势，总体合计、城镇和农村层面的组内差距贡献率分别从 2010 年的 83%、77% 和 58% 变为 2016 年的 81%、74% 和 87%。

表 5 – 53　　分地区高中生均公共财政预算基本建设支出差距的泰尔指数

| 泰尔指数 | 2010 年 | | | 2013 年 | | | 2016 年 | | |
|---|---|---|---|---|---|---|---|---|---|
| | 合计 | 城镇 | 农村 | 合计 | 城镇 | 农村 | 合计 | 城镇 | 农村 |
| T | 2.25 | 2.14 | 3.15 | 2.02 | 1.57 | 3.01 | 2.02 | 1.56 | 2.19 |
| Tb | 0.39 | 0.50 | 1.32 | 0.41 | 0.44 | 1.14 | 0.39 | 0.41 | 0.28 |

| 泰尔指数 | 2010 年 | | | 2013 年 | | | 2016 年 | | |
|---|---|---|---|---|---|---|---|---|---|
| | 合计 | 城镇 | 农村 | 合计 | 城镇 | 农村 | 合计 | 城镇 | 农村 |
| Tw | 1.87 | 1.64 | 1.83 | 1.61 | 1.12 | 1.87 | 1.63 | 1.15 | 1.91 |
| Tb（%） | 17 | 23 | 42 | 20 | 28 | 38 | 19 | 26 | 13 |
| Tw（%） | 83 | 77 | 58 | 80 | 72 | 62 | 81 | 74 | 87 |
| 华北 T1 | 1.91 | — | — | 1.60 | — | — | 2.19 | 1.66 | — |
| 东北 T2 | — | — | — | 0.24 | — | — | 0.35 | 0.94 | 0.01 |
| 华东 T3 | 0.78 | — | — | — | — | — | 1.65 | 1.28 | — |
| 华中南 T4 | 1.78 | 1.64 | 3.79 | 0.21 | — | — | — | — | — |
| 西南 T5 | 2.90 | — | — | 2.50 | — | — | 1.83 | 0.22 | 2.53 |
| 西北 T6 | 1.26 | — | — | 0.60 | — | — | 0.64 | 0.39 | — |

注：（1）表中 T 表示总体差距的泰尔指数，Tb 表示组间差距，Tw 表示组内差距，Tb（%）表示组间差距贡献率，Tw（%）表示组内差距贡献率，T1～T6 分别表示华北、东北、华东、华中南、西南、西北地区总体差距的泰尔指数。（2）表中总体泰尔指数（T）和组内（Tw）组间（Tb）泰尔指数数据均是在有缺失数据的情况下计算出来的，虽然数据的代表性和准确性降低了，但是对于我们作对比分析和趋势分析还是能起到一定作用的，故在此我们保留这部分数据；然而，对于各个地区来说，在有缺失数据的情况下，由于组内省区数量有限，故计算出的泰尔指数会有较大误差，会失去比较的意义，因此此处不考虑有数据有缺失地区的泰尔指数，用"—"表示。

从各个区域内部来看，由于城镇和农村的数据不完整，不便于比较，故只从总体合计数据来分析。根据总体合计的泰尔指数，2010～2016 年华中南、西南、西北地区的不平等程度都有减小趋势，如华中南地区泰尔指数从2010 年的 1.78 下降到 2013 年的 0.21。不平等程度上升的地区为华北、东北和华东地区，如华北和华东分别从 2010 年的 1.91 和 0.78 上升到 2016 年的2.19 和 1.65。

从以上分析可以看出高中生均公共财政预算基建经费各层面的区域差距都有缩小趋势。从横向看，在农村层面的差距最大，地区内部省份之间各层面的差距大于地区之间各层面差距。华北、华东和西南是差距最大的三个地区，差距最小的为东北地区，值得一提的是，高中生均基建经费差距的泰尔指数普遍高于教育事业费的泰尔指数，说明在高中基建经费的支出方面地区间的差距比较大，在现阶段的缩差任务比较繁重。

# 5.8 本章小结

按照我国的教育经费管理体制，发展基础教育的责任属于地方，但由于不同地方的经济基础和教育发展不平衡，国家还要帮助一些地区加速发展教育事业。

1. 全国基础教育财政性教育经费投入情况

全国用于基础教育的财政性教育经费在 2010～2016 年之间处于持续增长状态，由 2010 年的 9361 亿元增加到 2016 年的 20985 亿元，累计增加了 124.2%，平均每年增长 14.4%。同期预算内财政性教育经费也处于不断增长状态，从 2010 年的 8721 亿元上升至 2016 年的 20860 亿元，累计增加了 139.2%，年均增长 15.6%。按年度看，全国基础教育财政性教育经费和预算内教育经费在 2011 年和 2012 年增幅较大，均超过 20%，2015 年次之，其余年份增幅较小。

从来源结构看，中央基础教育财政性教育经费只占全国基础教育财政性教育经费来源的很小一部分，地方基础教育财政性教育经费投入是全国基础教育财政性教育经费来源的主要组成部分。

从运用结构看，对普通初中和普通小学的投入是基础教育财政性教育经费投入的主体部分。在基础教育财政性教育经费投入中，普通初中和普通小学所占份额之和均在 8 成左右，其中每年对于普通小学的投入在全国和地方更是达到了基础教育财政性教育经费总投入的一半左右。而处于基础教育两端的普通高中和幼儿园，财政性教育经费的投入占比相对较小。在地方层面，财政性教育经费在基础教育各个层次的分配上更注重初中教育和小学教育投入；在中央层面，财政性教育经费的分布相对均衡一些，如对于高中和幼儿园的投入比例比地方层面更高。

2. 生均公共财政预算教育事业费运用情况

小学、初中和高中生均公共财政预算教育事业费全国合计从 2010～2016 年持续增长，年均增长都超过 14.0%。在不考虑空间分布特征的情况下，数据表征的小学、初中和高中生均公共财政预算教育事业费的省份间差异在逐步缩小，无论在农村层面还是城镇层面都呈缩小态势。在空间分布方面，呈现典型的"中部塌陷"现象。我国小学生均公共财政预算教育事业费投入最多且相对最稳定的为北京、天津、上海和西藏等省份，投入最少的为河南、江西和湖南等省份。投入高的省份多分布在长江三角洲地区、京津地区以及部分边疆省份，投入低的省份多分布在华北、华中、华南或西南的部分省份。

城乡之间差异的变化相对复杂。

在小学层面，一是小学生均公共财政预算教育事业费的城乡差异总体呈缩小趋势。2010 年全国的平均城乡比为 1.19，低于全国平均水平的省份有 26 个，高于全国平均水平的省份有 5 个；2016 年，全国的平均城乡比下降为 1.11，低于全国平均水平的省份有 26 个，高于全国平均水平的省份有 5 个。二是小学生均公共财政预算教育事业费中的个人部分城乡差异总体呈缩小趋势。2010 年，全国小学生均教育事业费中个人部分的城乡比值平均为 1.16，低于全国平均水平的省份有 24 个，高于全国平均水平的省份有 7 个；2016 年，全国该比值降为 1.02，低于全国平均水平的省份有 25 个，高于全国平均水平的省份有 6 个。三是小学生均公共财政预算教育事业费中的公共部分城乡差异总体呈基本稳定趋势。2010 年，全国小学生均公共财政预算教育事业费公用部分城乡支出比值平均为 1.28，低于全国平均水平的省份有 25 个，高于全国平均水平的省份有 6 个；2016 年，该项比值平均为 1.27，低于全国平均水平的省份有 20 个，高于全国平均水平的省份有 11 个。

在初中层面，一是初中生均公共财政预算教育事业费的城乡差异总体呈扩大趋势。2010 年，该项支出的全国平均城乡比为 1.18，高于全国平均水平的省份有 4 个，低于全国平均水平的省份有 27 个；到 2016 年，全国平均城乡比扩大到 1.23，高于全国平均水平的省份有 8 个，低于全国平均水平的省份有 23 个。二是初中生均公共财政预算教育事业费中的个人部分城乡差异基本稳定。2010 年该项指标的全国平均城乡比为 1.19，低于全国平均水平的省份有 28 个，高于全国平均水平的省份有 3 个；2016 年全国平均城乡比为 1.18，低于全国平均水平的省份有 27 个，高于全国平均水平的省份有 4 个。三是初中生均公共财政预算教育事业费中的公共部分城乡差异总体呈扩大态势。2010 年，全国初中生均公共财政预算教育事业费公用部分的平均城乡投入比为 1.15，低于全国平均水平的省份有 22 个，高于全国平均水平的省份有 9 个；2016 年全国的平均城乡比上升为 1.29，低于全国平均水平的省份有 18 个，高于全国平均水平的省份有 13 个。

在高中层面,一是高中生均公共财政预算教育事业费的城乡差异总体基本呈现扩大态势。2010 年全国的平均城乡比为 1.25,低于全国平均水平的省份 20 个,高于全国平均水平的省份有 11 个;2016 年全国的平均城乡比上升为 1.45,但低于全国平均水平的省份有 26 个,高于全国平均水平的省份有 5 个。二是高中生均公共财政预算教育事业费中的个人部分城乡差异总体基本呈现扩大态势。2010 年全国高中生均公共财政预算教育事业费个人部分投入平均城乡比为 1.16,低于全国平均水平的省份有 22 个,高于全国平均水平的省份有 9 个;2016 年全国的平均城乡比上升为 1.37,但低于全国平均水平的省份有 27 个,高于全国平均水平的省份有 4 个。三是高中生均公共财政预算教育事业费中的公共部分城乡差异总体呈缩小态势。2010 年全国的高中生均公共财政预算教育事业费公用部分平均城乡投入比为 1.63,低于全国平均水平的省份有 19 个,高于全国平均水平的省份有 12 个;2016 年全国的城乡投入比降为 1.54,低于全国平均水平的省份有 17 个,高于全国平均水平的省份有 14 个。

3. 生均公共财政预算教育基建费运用情况

由于基本建设自身规律的作用,基本建设支出呈现出区域和年度数据的不平衡性。

(1) 小学层面。全国合计的小学生均公共财政预算基本建设支出从 2010 年的 86 元持续增加到 2016 年的 129 元,六年间增幅为 50%。全国城镇小学生均公共财政预算基本建设支出从 2010 年的 115 元持续增加到 2016 年的 183 元,六年间增幅为 59%。全国农村小学生均公共财政预算基本建设支出从 2010 年的 73 元增加到 2013 年的 119 元,又减少到 2016 年 102 元,六年间增幅为 40%。可见,我国农村地区小学不仅生均公共财政预算基本建设支出少,而且增长也慢于城镇,按照这样的趋势,将进一步拉大城乡间基本建设支出差距。

另外,从极差率、变异系数和基尼系数表征的城镇内部和农村内部之间的差异都呈扩大态势。

基本建设支出区域差异呈现出不同的格局。从区域分布来看,小学生均公共财政预算基建经费投入较高的省份多分布在西北和西南省份,如西藏、青海、重庆等,投入低的省份多分布在环渤海省份和华北地区。这种空间分布格局与生均公共财政预算教育事业费是非常不同的,相对来说,东部沿海省份由于经济发展水平较高，教育基本建设已基本完成，西部地区发展相对滞后，现阶段随着我国对西部地区的重视，其小学教育基建等投入开始增加。

（2）初中层面。全国合计的初中生均公共财政预算基本建设支出从 2010 年的 201 元增加到 2013 年的 287 元，而后又减少到 2016 年 228 元，六年间总体上是增加的，增幅为 13%。全国城镇的初中生均公共财政预算基本建设支出从 2010 年的 264 元增加到 2016 年的 341 元，增幅为 29%。全国农村的初中生均公共财政预算基本建设支出从 2010 年的 165 元增加到 2013 年的 269 元，然后又减少到 2016 年 167 元，六年间生均投入基本持平。可见，从基本建设支出绝对量来说是城镇高于农村，从六年间的增幅来说也是城镇高于农村。这将进一步拉大城乡间基础教育的差距。

另外，从极差率、变异系数和基尼系数表征的农村内部之间的差异都呈扩大态势。从极差率、变异系数和基尼系数表征的城镇内部之间的差异都呈缩小态势。

基本建设支出区域差异呈现出不同的格局。从区域分布来看，初中生均公共财政预算基建经费投入较高的省份多分布在西北部内陆省份和直辖市，投入较低的省份多分布在华北地区、环渤海地区和东部沿海地区，这种空间分布规律与生均公共财政预算教育事业费是非常不同的。由于东部沿海省份由于经济发展水平较高，教育基建已基本完成，西部地区发展滞后，现阶段随着我国对西部地区的重视，其初中教育基建等投入开始增加。

（3）高中层面。相比生均事业费等其他支出数据，高中生均公共财政预算基本建设支出各省区间的差异变化剧烈且不稳定。

全国合计的高中生均公共财政预算基本建设支出从 2010 年的 273 元先增加到 2013 年的 299 元，然后减小到 2016 年 286 元，六年间总体上是增加的，增幅为 4.76%。全国城镇和农村的高中生均公共财政预算基本建设支出分别从 2010 年的 310 元和 90 元持续增加至 2016 年的 387 元和 185 元，增幅分别为 25% 和 106%。可见，从基本建设支出绝对量来说，是城镇高于农村的；从六年的增幅来说，是农村高于城镇。这与小学和初中的情况相反，说明近年来农村高中的基本建设受到越来越多的重视。

另外，农村间极值差率有大幅下降，农村间变异系数呈下降趋势，但基尼系数在农村层面却呈上升态势，说明农村间的差异在一定程度上缩小，但结构性差异依然存在。城镇间极差率有大幅上升，城镇间变异系数呈上升趋势，基尼系数也呈较大幅度上升趋势。

基本建设支出区域差异呈现出不同的格局。从区域分布来看，高中生均公共财政预算基建经费支出较高的省份多分布在西北边疆和西北内陆省份，投入偏低的省份多分布在东北地区、东部沿海地区和西南地区。这种空间分布规律与生均公共财政预算教育事业费是非常不同的，相对来说，东部沿海省份由于经济发展水平较高，高中学校基本建设已基本完成，西部地区发展则相对滞后，其高中教育基建等支出增加是正常的。

值得注意的是，以上分析数据表征的差异大小及部分差异扩大的趋势，并不完全反映为相应城乡间的基建物量差异，原因是城乡间的建筑成本有较大差别。

| 6 |

# 我国基础教育人力资源配置现状分析

本章分析了我国基础教育人力资源配置现状，包括全国各省级区域小学人力资源配置情况分析、全国各省级区域初中人力资源配置差异分析、全国各省级区域高中人力资源配置差异分析和全国各省级区域每十万人口中普通中小学在校生人数差异分析共四部分内容。本章的数据期为 2010~2017 年。

## 6.1 全国各省级区域小学人力资源配置情况分析

本节首先分析全国各省级区域小学专任教师生师比、学历和职称情况，最后分析全国各省级区域小学代课教师及兼任教师情况。

### 6.1.1 全国各省级区域小学专任教师生师比分析

#### 6.1.1.1 普通小学专任教师生师比总体分析

从表 6-1 可以看出，七年中全国普通小学专任教师生师比整体呈小幅下降趋势，从 2010 年的 17.70 先下降到 2013 年的 16.76，再微升至 2016 年的 16.98，表中列示的三个年份小学专任教师生师比不低于全国平均水平的省份个数分别为 13、16 和 15 个，生师比的逐年缩小说明每个学生可得到的教师资源数量的增加，高于全国水平的省份数上升则意味着全国普通小学专任教师资源配置的相对不足。

表6-1　　　　全国分地区小学（普通小学）专任教师生师比

| 区域 | 2010 年 | | | 2013 年 | | | 2017 年 | | |
|------|------|------|------|------|------|------|------|------|------|
| | 合计 | 城镇 | 农村 | 合计 | 城镇 | 农村 | 合计 | 城镇 | 农村 |
| 全国 | 17.70 | 18.92 | 16.77 | 16.76 | 18.14 | 14.63 | 16.98 | 18.17 | 14.47 |
| 北京 | 13.20 | 13.85 | 10.28 | 14.36 | 14.72 | 11.22 | 13.58 | 14.00 | 9.84 |
| 天津 | 13.56 | 13.73 | 12.99 | 14.42 | 14.28 | 15.01 | 15.06 | 15.17 | 14.53 |
| 河北 | 16.04 | 18.24 | 14.87 | 17.13 | 18.53 | 15.51 | 17.42 | 18.64 | 15.66 |
| 山西 | 15.28 | 18.57 | 13.12 | 12.72 | 15.72 | 8.28 | 13.49 | 16.07 | 8.36 |
| 内蒙古 | 12.60 | 15.50 | 8.38 | 11.85 | 13.59 | 6.80 | 13.30 | 14.51 | 8.48 |
| 辽宁 | 14.85 | 17.07 | 13.26 | 14.33 | 15.48 | 11.22 | 13.88 | 14.97 | 10.11 |
| 吉林 | 11.60 | 15.25 | 8.61 | 11.83 | 14.56 | 7.93 | 11.33 | 13.54 | 7.08 |
| 黑龙江 | 12.42 | 15.79 | 10.00 | 11.28 | 13.74 | 6.68 | 12.02 | 13.67 | 6.89 |
| 上海 | 15.51 | 15.38 | 22.82 | 15.92 | 15.80 | 17.93 | 14.35 | 14.39 | 13.28 |
| 江苏 | 15.98 | 16.75 | 14.80 | 16.86 | 17.11 | 15.35 | 17.99 | 18.00 | 17.97 |
| 浙江 | 19.39 | 19.72 | 18.44 | 19.05 | 19.43 | 17.46 | 17.26 | 17.61 | 15.38 |
| 安徽 | 18.74 | 20.38 | 17.84 | 17.18 | 19.37 | 14.87 | 17.98 | 19.71 | 15.37 |
| 福建 | 15.25 | 17.67 | 11.53 | 16.82 | 19.19 | 12.46 | 18.19 | 19.62 | 14.10 |
| 江西 | 21.00 | 23.09 | 20.13 | 19.70 | 21.89 | 17.00 | 18.63 | 20.61 | 15.15 |
| 山东 | 16.24 | 17.52 | 15.36 | 16.16 | 16.87 | 14.94 | 16.79 | 17.40 | 15.27 |
| 河南 | 21.83 | 22.81 | 21.43 | 19.01 | 20.87 | 17.18 | 18.63 | 20.47 | 16.29 |
| 湖北 | 18.64 | 19.77 | 17.77 | 16.70 | 17.94 | 14.55 | 17.44 | 18.82 | 13.94 |
| 湖南 | 19.16 | 20.30 | 18.26 | 19.00 | 20.62 | 16.68 | 19.24 | 20.44 | 16.48 |
| 广东 | 19.70 | 20.39 | 18.76 | 18.47 | 19.82 | 14.64 | 18.55 | 19.47 | 15.22 |
| 广西 | 19.53 | 19.94 | 19.32 | 19.77 | 20.91 | 18.80 | 18.77 | 20.03 | 17.24 |
| 海南 | 14.99 | 19.06 | 11.97 | 14.67 | 17.20 | 9.78 | 16.26 | 18.78 | 10.42 |
| 重庆 | 17.23 | 18.89 | 15.27 | 17.27 | 18.71 | 13.79 | 16.76 | 18.14 | 12.18 |
| 四川 | 19.37 | 19.59 | 19.13 | 17.21 | 18.36 | 15.43 | 16.98 | 18.12 | 14.53 |
| 贵州 | 21.90 | 22.49 | 21.64 | 18.43 | 20.80 | 16.66 | 17.92 | 19.57 | 15.45 |
| 云南 | 18.32 | 19.08 | 18.04 | 17.03 | 18.08 | 16.42 | 16.51 | 17.90 | 15.48 |
| 西藏 | 15.84 | 14.66 | 16.50 | 15.65 | 14.85 | 16.25 | 15.43 | 15.17 | 15.64 |

续表

| 区域 | 2010 年 | | | 2013 年 | | | 2017 年 | | |
|---|---|---|---|---|---|---|---|---|---|
| | 合计 | 城镇 | 农村 | 合计 | 城镇 | 农村 | 合计 | 城镇 | 农村 |
| 陕西 | 14.90 | 19.85 | 12.89 | 13.96 | 15.82 | 9.62 | 15.86 | 17.28 | 10.66 |
| 甘肃 | 16.89 | 18.66 | 16.06 | 13.30 | 16.57 | 11.16 | 13.07 | 15.98 | 10.00 |
| 青海 | 19.52 | 20.95 | 18.42 | 17.60 | 19.13 | 15.73 | 17.02 | 18.47 | 14.79 |
| 宁夏 | 19.68 | 20.78 | 18.75 | 17.70 | 19.49 | 15.36 | 16.98 | 18.77 | 14.05 |
| 新疆 | 14.45 | 17.28 | 13.11 | 13.48 | 15.18 | 11.92 | 14.91 | 15.87 | 14.01 |
| 极差率 | 1.89 | 1.68 | 2.72 | 1.75 | 1.61 | 2.81 | 1.70 | 1.52 | 2.61 |
| 变异系数 | 0.17 | 0.13 | 0.24 | 0.15 | 0.13 | 0.24 | 0.13 | 0.12 | 0.23 |

资料来源：2010 年数据根据《中国教育统计年鉴（2010）》第一部分第八节"各级各类学校分布情况"之表"小学专任教师学历、职称情况（总计）""小学专任教师学历、职称情况（城市）""小学专任教师学历、职称情况（县镇）""小学专任教师学历、职称情况（农村）""小学学生数（总计）""小学学生数（城市）""小学学生数（县镇）""小学学生数（农村）"数据计算而得；2013 年和 2017 年数据根据 2013 年和 2017 年《中国教育统计年鉴》第一部分第八节"各级各类学校分布情况"之表"小学专任教师学历、职称情况（总计）""小学专任教师学历、职称情况（城区）""小学专任教师学历、职称情况（镇区）""小学专任教师学历、职称情况（乡村）""小学学生数（总计）""小学学生数（城区）""小学学生数（镇区）"和"小学学生数（乡村）"数据计算而得。

注：表中小学（普通小学）生师比 = 当年小学在校学生总数/当年小学专任教师数；经过对《中国教育统计年鉴》的梳理并将其与《中国统计年鉴》中"教育"一章的数据作对比可知，《中国教育统计年鉴》中的小学在校人数即为普通小学在校生人数，小学专任教师数即为普通小学专任教师数，本节下同。

根据表 6-1，2010 年小学专任教师生师比最高的五个地区由高到低排列依次为贵州（21.90/4.20）[1]、河南（21.83/4.13）、江西（21.00/3.30）、广东（19.70/2.00）和宁夏（19.68/1.98）；生师比最低的五个地区由低到高排列为吉林（11.60/-6.1）、黑龙江（12.42/-5.28）、内蒙古（12.60/-5.10）、北京（13.20/-4.50）和天津（13.56/-4.14）。2017 年，小学专任教师生师比最高的 5 个地区由高到低依次是湖南（19.24/2.26）、广西（18.77/1.79）、河南（18.63/1.65）、江西（18.63/1.65）和广东（18.55/1.57）；最低的 5 个地区由低到高依次是吉林（11.33/-5.65）、黑龙江（12.02/-4.96）、甘肃（13.07/-3.91）、内蒙古（13.30/-3.68）和山西（13.49/-3.49）。从表 6-1 中也可以

---

[1] 括号内数字斜杠前的是生师比数据，斜杠后的是本省的生师比减全国水平的差额，后文如无特别说明，括号内数字含义同此。

清晰地表明，小学专任教师生师比高的省份向我国华中和华南地区省份集聚，生师比低的地区大多在东北和西北地区省份。

表 6-1 中所列的三个年份，吉林（2010 年 11.60 和 2017 年 11.33）和黑龙江（2013 年 11.28）是生师比最小的地区；贵州（2010 年 21.90）、广西（2013 年 19.77）和湖南（2017 年 19.24）是生师比最大的地区。表明区域间投入差距的指标表现是：极差率变化趋势是 1.89 ↘ 1.75 ↘ 1.70，为持续下降趋势，说明最大值与最小值地区之间的差距在逐年缩小；变异系数的变化趋势是 0.17 ↘ 0.15 ↘ 0.13，说明从总体合计层面来看，各地区之间小学专任教师生师比差距也呈逐年缩小趋势。

分省份看，七年中有 20 个省份的生师比处于下降之中（见表 6-2），其中降幅最大的地区是贵州（-3.98，该数字用 2017 年数值减去 2010 年数值得到，生师比下降为负值，上升为正值，下同），其次是甘肃（-3.82）；生师比上升的省份有 11 个，上升程度最大的省份是福建（2.94），其次是江苏（2.01）。

表 6-2　　　　　　　　2010～2017 年普通小学专任教师生师比变化

| 区域 | 合计 | 城镇 | 农村 | 区域 | 合计 | 城镇 | 农村 |
|------|------|------|------|------|------|------|------|
| 全国 | -0.72 | -0.75 | -2.30 | 河南 | -3.20 | -2.34 | -5.14 |
| 北京 | 0.38 | 0.15 | -0.44 | 湖北 | -1.20 | -0.95 | -3.83 |
| 天津 | 1.50 | 1.44 | 1.54 | 湖南 | 0.08 | 0.14 | -1.78 |
| 河北 | 1.38 | 0.40 | 0.79 | 广东 | -1.15 | -0.92 | -3.54 |
| 山西 | -1.79 | -2.50 | -4.76 | 广西 | -0.76 | 0.09 | -2.08 |
| 内蒙古 | 0.70 | -0.99 | 0.10 | 海南 | 1.27 | -0.28 | -1.55 |
| 辽宁 | -0.97 | -2.10 | -3.15 | 重庆 | -0.47 | -0.75 | -3.09 |
| 吉林 | -0.27 | -1.71 | -1.53 | 四川 | -2.39 | -1.47 | -4.60 |
| 黑龙江 | -0.40 | -2.12 | -3.11 | 贵州 | -3.98 | -2.92 | -6.19 |
| 上海 | -1.16 | -0.99 | -9.54 | 云南 | -1.81 | -1.18 | -2.56 |
| 江苏 | 2.01 | 1.25 | 3.17 | 西藏 | -0.41 | 0.51 | -0.86 |
| 浙江 | -2.13 | -2.11 | -3.06 | 陕西 | 0.96 | -2.57 | -2.23 |
| 安徽 | -0.76 | -0.67 | -2.47 | 甘肃 | -3.82 | -2.68 | -6.06 |
| 福建 | 2.94 | 1.95 | 2.57 | 青海 | -2.50 | -2.48 | -3.63 |
| 江西 | -2.37 | -2.48 | -4.98 | 宁夏 | -2.70 | -2.01 | -4.70 |
| 山东 | 0.55 | -0.12 | -0.09 | 新疆 | 0.46 | -1.41 | 0.90 |

注：根据表 6-1 "全国分地区小学（普通小学）专任教师生师比"数据计算而得。

### 6.1.1.2　城镇普通小学专任教师生师比分析

由表 6 – 1 可知，全国城镇专任教师生师比从 2010 年的 18.92 减小到 2013 年的 18.14，而后微升到 2017 年的 18.17，整体上有所下降，表中所示三个年份中城镇专任教师生师比高于全国平均水平的省份个数分别为 15、14 和 13 个。以上数据说明考察期间内城镇普通小学生师配比状况有所改善。

根据表 6 – 1，2010 年城镇普通小学专任教师生师比最高的五个地区由高到低排列依次为江西（23.09/4.17）、河南（22.81/3.89）、贵州（22.49/3.57）、青海（20.95/2.03）和宁夏（20.78/1.86）；生师比最低的五个地区由低到高排列为天津（13.73/ – 5.19）、北京（13.85/ – 5.07）、西藏（14.66/ – 4.26）、吉林（15.25/ – 3.67）和上海（15.38/ – 3.54）。2017 年城镇普通小学专任教师生师比最高的五个地区由高到低排列为江西（20.61/2.44）、河南（20.47/2.30）、湖南（20.44/2.27）、广西（20.03/1.86）和安徽（19.71/1.54）；城镇专任教师生师比最低的五个地区由低到高排列为吉林（13.54/ – 4.63）、黑龙江（13.67/ – 4.50）、北京（14.00/ – 4.17）、上海（14.39/ – 3.78）和内蒙古（14.51/ – 3.66）。与总体合计类似，城镇普通小学专任教师生师比高的省份向我国中部地区省区集聚，生师比低的地区大多在东北和西北地区省份。

表 6 – 1 所列的三个年份中，天津（2010 年 13.73）、内蒙古（2013 年 13.59）和吉林（2017 年 13.54）是城镇普通小学专任教师生师比最小的地区；江西在三个年份中都是生师比最大的地区，其变化趋势是 23.09 ↘ 21.89 ↘ 20.61。最大与最小生师比省级区域间的极差率变化趋势是 1.68 ↘ 1.61 ↘ 1.52；总体变异系数的变化趋势是 0.13→0.13 ↘ 0.12，基本上保持不变，仅 2017 年稍有下降。以上表明差异的统计指标的变化趋势说明，城镇普通小学专任教师生师比差异总体上是下降趋势。

根据表 6 – 2，分省份看，七年中城镇普通小学专任教师生师比有 23 个省份处于下降中，降幅最大的地区是贵州（ – 2.92），其次是甘肃（ – 2.68）；生师比上升的省份有 8 个，上升幅度最大的省份是福建（1.95），其次是天津（1.44）。

### 6.1.1.3　农村普通小学专任教师生师比分析

由表 6 – 1 可知，全国农村的专任教师生师比从 2010 年的 16.77 持续减小到 2017 年的 14.47，处于持续下降之中。表中所示三个年份中，农村专任教师生师比高于全国平均水平的省份个数分别为 14、18 和 16 个。农村专任教师生师比的缩小说明每个学生可得到的教师资源数量的增加，高于全国水平则意味着普通农村小学专任教师资源配置的相对不足。

根据表 6-1，2010 年农村普通小学专任教师生师比最高的五个地区由高到低排列依次为上海（22.82/6.05）、贵州（21.64/4.87）、河南（21.43/4.66）、江西（20.13/3.36）和广西（19.32/2.55）；农村专任教师生师比最低的五个地区由低到高排列为内蒙古（8.38/-8.39）、吉林（8.61/-8.16）、黑龙江（10.00/-6.77）、北京（10.28/-6.49）和福建（11.53/-5.24）。2017 年农村专任教师生师比最高的五个地区由高到低排列为江苏省（17.99/3.50）、广西（17.24/2.77）、湖南（16.48/2.01）、河南（16.29/1.82）和河北（15.66/1.19）；农村专任教师生师比最低的五个地区由低到高排列为黑龙江（6.89/-7.58）、吉林（7.08/-7.39）、山西（8.36/-6.11）、内蒙古（8.48/-5.99）和北京（9.84/-4.63）。不同于总体合计和城镇，农村小学专任教师生师比高的省份在我国华北、华中、华东和西南地区省份集聚，生师比低的地区大多仍在东北地区和西北地区北部特定省份。

表 6-1 中所列的三个年份中，内蒙古（2010 年 8.38）和黑龙江（2013 年 6.68 和 2017 年 6.89）是农村专任教师生师比最小的地区；上海（2010 年 22.82）、广西（2013 年 18.80）和江苏（2017 年 17.97）是农村专任教师生师比最大的地区。三个年份极差率变化趋势是 2.72 ↗ 2.81 ↘ 2.61，为先上升后下降的趋势，总体上为下降趋势，说明这几年最大与最小地区之间的差距有减小趋势；变异系数的变化趋势是 0.24→0.24 ↘ 0.23，基本上保持不变，说明七年间各省份之间的差距基本保持不变。从变异系数来看，各省份之间农村的差距最大，合计差距次之，城镇差距最小。

根据表 6-2，分省份看，七年中农村普通小学专任教师生师比有 25 个省份处于下降中，降幅最大的省份是上海（-9.54），其次是贵州（-6.19）；上升的省份有 6 个，上升幅度最大的省份是江苏（3.17），其次是福建（2.57）。

6.1.1.4　普通小学专任教师生师比的城乡差异分析

这里用城镇生师比减去农村生师比的差额来对我国小学专任教师生师比的城乡差距进行分析。如表 6-3 所示，2010 年小学专任教师生师比城乡差距的全国平均水平为 2.15，生师比城镇大于农村的省份有 29 个。其中城镇大于农村的省份中城乡差距最大的是内蒙古（7.12，数字是指城镇生师比高于农村的数值，下同），其次是海南（7.09）和陕西（6.96）。全国仅有上海（-7.44，"-"表示生师比城镇比农村小，下同）和西藏（-1.84）两个省份的城镇生师比比农村生师比小。

表 6 - 3　　　　　　　　　小学专任教师生师比城乡差距

| | 2010 年 | | | 2017 年 | | |
|---|---|---|---|---|---|---|
| 全国 | 2.15 | 河南 | 1.38 | 全国 | 3.70 | 河南 | 4.18 |
| 北京 | 3.57 | 湖北 | 2.00 | 北京 | 4.16 | 湖北 | 4.88 |
| 天津 | 0.74 | 湖南 | 2.04 | 天津 | 0.64 | 湖南 | 3.96 |
| 河北 | 3.37 | 广东 | 1.63 | 河北 | 2.98 | 广东 | 4.25 |
| 山西 | 5.45 | 广西 | 0.62 | 山西 | 7.71 | 广西 | 2.79 |
| 内蒙古 | 7.12 | 海南 | 7.09 | 内蒙古 | 6.03 | 海南 | 8.36 |
| 辽宁 | 3.81 | 重庆 | 3.62 | 辽宁 | 4.86 | 重庆 | 5.96 |
| 吉林 | 6.64 | 四川 | 0.46 | 吉林 | 6.46 | 四川 | 3.59 |
| 黑龙江 | 5.79 | 贵州 | 0.85 | 黑龙江 | 6.78 | 贵州 | 4.12 |
| 上海 | -7.44 | 云南 | 1.04 | 上海 | 1.11 | 云南 | 2.42 |
| 江苏 | 1.95 | 西藏 | -1.84 | 江苏 | 0.03 | 西藏 | -0.47 |
| 浙江 | 1.28 | 陕西 | 6.96 | 浙江 | 2.23 | 陕西 | 6.62 |
| 安徽 | 2.54 | 甘肃 | 2.60 | 安徽 | 4.34 | 甘肃 | 5.98 |
| 福建 | 6.14 | 青海 | 2.53 | 福建 | 5.52 | 青海 | 3.68 |
| 江西 | 2.96 | 宁夏 | 2.03 | 江西 | 5.46 | 宁夏 | 4.72 |
| 山东 | 2.16 | 新疆 | 4.17 | 山东 | 2.13 | 新疆 | 1.86 |

注：根据表 6-1 "全国分地区小学（普通小学）专任教师生师比" 数据计算而得。

2017 年普通小学专任教师生师比城乡差的全国平均水平为 3.70，生师比城镇大于农村的省份有 30 个。城乡差异最大的是海南（8.36），其次是山西（7.71），最后是黑龙江（6.78）。全国仅有西藏（-0.47）城镇生师比小于农村。由此可见，在不考虑教师资质量的情况下，我国普通小学生教师资源的配比状况基本上是农村的生均师资力量大于城镇，这显然是源于我国城镇化过程中城镇人口的不断增多和农村人口普遍减少，进而城镇小学生的增加和农村小学生的减少。

## 6.1.2 全国各省级区域小学专任教师学历情况分析

### 6.1.2.1 小学专任教师学历达标率分析

表6-4反映了全国各省份在2010～2017年七年间三个年份的小学专任教师学历达标情况。从表6-4的数据可知，全国小学专任教师学历达标率在2010年总体合计为99.52%、城镇为99.84%、农村为99.28%；2013年总体合计为99.83%、城镇为99.93%、农村为99.67%；2017年总体合计为99.96%、城镇为99.98%、农村为99.92%，可见从2010年以来，我国小学专任教师学历达标率都在99%以上，且呈逐年提升态势。

表6-4　　　　全国分地区小学（普通小学）专任教师学历达标率　　　　单位：%

| 区域 | 2010 年 | | | 2013 年 | | | 2017 年 | | |
|---|---|---|---|---|---|---|---|---|---|
| | 合计 | 城镇 | 农村 | 合计 | 城镇 | 农村 | 合计 | 城镇 | 农村 |
| 全国 | 99.52 | 99.84 | 99.28 | 99.83 | 99.93 | 99.67 | 99.96 | 99.98 | 99.92 |
| 北京 | 99.88 | 99.89 | 99.83 | 99.94 | 99.96 | 99.75 | 99.98 | 99.99 | 99.91 |
| 天津 | 99.78 | 99.79 | 99.74 | 99.88 | 99.92 | 99.74 | 99.99 | 99.98 | 100.00 |
| 河北 | 99.84 | 99.93 | 99.79 | 99.94 | 99.96 | 99.92 | 99.99 | 99.99 | 99.99 |
| 山西 | 99.71 | 99.95 | 99.55 | 99.95 | 99.99 | 99.90 | 99.98 | 99.98 | 99.97 |
| 内蒙古 | 99.66 | 99.74 | 99.55 | 99.91 | 99.94 | 99.81 | 100.00 | 100.00 | 100.00 |
| 辽宁 | 99.79 | 99.92 | 99.70 | 99.82 | 99.87 | 99.70 | 99.92 | 99.93 | 99.88 |
| 吉林 | 99.67 | 99.86 | 99.52 | 99.88 | 99.94 | 99.78 | 100.00 | 100.00 | 99.99 |
| 黑龙江 | 99.64 | 99.90 | 99.46 | 99.88 | 99.93 | 99.79 | 99.97 | 99.98 | 99.92 |
| 上海 | 99.80 | 99.82 | 98.64 | 99.97 | 99.97 | 100.00 | 100.00 | 100.00 | 100.00 |
| 江苏 | 99.81 | 99.93 | 99.62 | 100.00 | 100.00 | 100.00 | 100.00 | 100.00 | 100.00 |
| 浙江 | 99.78 | 99.82 | 99.66 | 99.96 | 99.96 | 99.93 | 100.00 | 100.00 | 99.99 |

续表

| 区域 | 2010 年 | | | 2013 年 | | | 2017 年 | | |
|---|---|---|---|---|---|---|---|---|---|
| | 合计 | 城镇 | 农村 | 合计 | 城镇 | 农村 | 合计 | 城镇 | 农村 |
| 安徽 | 99.89 | 99.94 | 99.87 | 99.99 | 99.99 | 99.99 | 100.00 | 100.00 | 100.00 |
| 福建 | 99.52 | 99.83 | 99.04 | 99.91 | 99.97 | 99.81 | 99.98 | 99.99 | 99.94 |
| 江西 | 98.99 | 99.81 | 98.65 | 99.65 | 99.85 | 99.41 | 99.94 | 99.98 | 99.87 |
| 山东 | 99.80 | 99.90 | 99.74 | 99.95 | 99.96 | 99.92 | 99.99 | 99.99 | 99.97 |
| 河南 | 99.64 | 99.93 | 99.53 | 100.00 | 100.00 | 100.00 | 100.00 | 100.00 | 100.00 |
| 湖北 | 99.35 | 99.72 | 99.07 | 99.87 | 99.92 | 99.78 | 99.95 | 99.96 | 99.92 |
| 湖南 | 99.60 | 99.81 | 99.43 | 99.59 | 99.78 | 99.31 | 99.96 | 99.97 | 99.94 |
| 广东 | 99.74 | 99.87 | 99.55 | 99.87 | 99.90 | 99.77 | 99.99 | 99.99 | 99.98 |
| 广西 | 99.16 | 99.80 | 98.82 | 99.81 | 99.90 | 99.73 | 99.90 | 99.95 | 99.83 |
| 海南 | 99.49 | 99.59 | 99.42 | 99.87 | 99.92 | 99.77 | 99.94 | 99.97 | 99.83 |
| 重庆 | 99.55 | 99.85 | 99.18 | 99.88 | 99.93 | 99.74 | 99.98 | 99.98 | 99.96 |
| 四川 | 99.63 | 99.84 | 99.41 | 99.97 | 99.97 | 99.97 | 100.00 | 100.00 | 99.99 |
| 贵州 | 98.04 | 99.49 | 97.39 | 98.99 | 99.66 | 98.49 | 99.81 | 99.93 | 99.61 |
| 云南 | 98.64 | 99.60 | 98.29 | 99.21 | 99.78 | 98.88 | 99.70 | 99.89 | 99.57 |
| 西藏 | 98.42 | 98.95 | 98.13 | 99.37 | 99.48 | 99.29 | 99.90 | 99.87 | 99.92 |
| 陕西 | 99.55 | 99.92 | 99.40 | 99.91 | 99.95 | 99.81 | 99.99 | 100.00 | 99.98 |
| 甘肃 | 98.90 | 99.71 | 98.53 | 99.65 | 99.92 | 99.47 | 99.96 | 99.99 | 99.92 |
| 青海 | 99.64 | 99.79 | 99.51 | 99.86 | 99.97 | 99.73 | 99.95 | 99.96 | 99.92 |
| 宁夏 | 99.45 | 99.94 | 99.03 | 99.80 | 99.95 | 99.60 | 99.99 | 99.99 | 99.99 |
| 新疆 | 99.70 | 99.86 | 99.62 | 99.84 | 99.94 | 99.76 | 99.99 | 99.99 | 99.99 |

资料来源：2010 年数据根据《中国教育统计年鉴（2010）》第一部分第八节"各级各类学校分布情况"之表"小学专任教师学历、职称情况（总计）""小学专任教师学历、职称情况（城市）""小学专任教师学历、职称情况（县镇）""小学专任教师学历、职称情况（农村）"数据计算而得。2013 年和 2017 年数据根据 2013 年和 2017 年《中国教育统计年鉴》第一部分第八节"各级各类学校分布情况"之表"小学专任教师学历、职称情况（总计）""小学专任教师学历、职称情况（城区）""小学专任教师学历、职称情况（镇区）""小学专任教师学历、职称情况（乡村）"数据计算而得。

注：学历合格专任教师比例是指某一级教育具有国家规定的最低学历要求的专任教师数占该级教育专任教师总数比例，小学专任教师学历达标率是指小学专任教师中学历在高中（中专）及以上教师数占总专任教师数的比例。

分省份看，各省份学历达标率无论是总体合计、城镇还是农村，均在98%以上，基本上是城镇高于总体合计，总体合计高于农村，各省份之间差距不大，且呈现逐年改善趋势。如2010年总体合计最高为安徽的99.89%，最低为贵州的98.04%，有21省份高于全国平均水平99.52%；城镇最高为山西的99.95%，最低为西藏的98.95%，有15个省份高于当年全国平均水平99.84%；农村最高为安徽99.87%，最低为贵州97.39%，有20个省份高于当年全国平均水平99.28%。2017年总体合计最高为内蒙古、上海、江苏、安徽、河南、吉林、浙江和四川等八个省份，专任教师学历达标率均为100%，最低为云南的99.7%，有20个省份高于当年全国平均水平的99.96%；城镇最高仍为前述八个省份，专任教师学历达标率均为100%，最低为西藏的99.87%，有22个省份高于当年全国平均水平的99.98%；农村最高的是内蒙古、上海、江苏、安徽和河南，均为100%，最低为云南省的99.57%，有21个省份高于当年全国平均水平的99.67%。

综上可知，我国小学专任教师学历达标率超过99%，并且总体合计、城镇和农村的专任教师学历达标率在所列年份都处于不断上升状态，虽然城镇的达标率高于农村，但两者差异并不大。

### 6.1.2.2 小学专任教师专科以上学历比例分析

表6-5反映了全国各省份在2010年、2013年和2017年间的地方普通小学专任教师专科以上学历教师所占比例的情况。全国小学专任教师专科以上学历教师占专任教师总数的比例在2010年总体合计为78.29%、城镇为87.66%、农村为71.15%，2017年总体合计为95.26%、城镇为96.97%、农村为91.68%。即小学专科以上学历教师占专任教师总数的比例，在整体合计、城镇和农村层面都呈持续上升趋势，反映出我国小学专任教师整体学历水平的不断提高。

表6-5　全国分地区小学（普通小学）专任教师专科以上学历教师比例　　单位:%

| 区域 | 2010年 | | | 2013年 | | | 2017年 | | |
|------|------|------|------|------|------|------|------|------|------|
| | 合计 | 城镇 | 农村 | 合计 | 城镇 | 农村 | 合计 | 城镇 | 农村 |
| 全国 | 78.29 | 87.66 | 71.15 | 87.33 | 92.79 | 80.20 | 95.26 | 96.97 | 91.68 |
| 北京 | 95.24 | 96.12 | 91.26 | 98.06 | 98.49 | 94.33 | 99.49 | 99.54 | 99.10 |

续表

| 区域 | 2010 年 | | | 2013 年 | | | 2017 年 | | |
|---|---|---|---|---|---|---|---|---|---|
| | 合计 | 城镇 | 农村 | 合计 | 城镇 | 农村 | 合计 | 城镇 | 农村 |
| 天津 | 84.91 | 87.19 | 77.47 | 92.23 | 93.84 | 85.51 | 97.62 | 98.11 | 95.14 |
| 河北 | 82.28 | 89.47 | 78.46 | 90.16 | 93.59 | 86.19 | 97.09 | 97.99 | 95.81 |
| 山西 | 81.29 | 90.31 | 75.39 | 89.73 | 93.70 | 83.86 | 95.78 | 97.34 | 92.66 |
| 内蒙古 | 85.39 | 90.18 | 78.43 | 91.75 | 94.08 | 84.94 | 97.81 | 98.34 | 95.68 |
| 辽宁 | 81.76 | 90.95 | 75.13 | 89.58 | 92.26 | 82.33 | 96.47 | 97.15 | 94.10 |
| 吉林 | 85.48 | 90.54 | 81.33 | 91.19 | 93.72 | 87.59 | 94.89 | 96.84 | 91.14 |
| 黑龙江 | 81.38 | 89.77 | 75.36 | 88.81 | 92.46 | 81.95 | 95.40 | 96.34 | 92.47 |
| 上海 | 93.35 | 93.55 | 82.30 | 97.60 | 97.77 | 94.79 | 99.32 | 99.34 | 98.92 |
| 江苏 | 84.34 | 89.39 | 76.71 | 92.97 | 94.06 | 86.24 | 98.43 | 98.67 | 96.73 |
| 浙江 | 86.85 | 89.26 | 79.84 | 94.65 | 95.48 | 91.12 | 98.60 | 98.83 | 97.37 |
| 安徽 | 71.19 | 83.06 | 64.71 | 83.02 | 88.80 | 76.88 | 95.65 | 96.79 | 93.93 |
| 福建 | 74.16 | 82.07 | 61.96 | 83.44 | 89.15 | 72.93 | 91.90 | 94.48 | 84.57 |
| 江西 | 65.82 | 84.52 | 58.11 | 78.82 | 87.64 | 67.91 | 92.20 | 95.21 | 86.90 |
| 山东 | 75.69 | 87.57 | 67.55 | 85.74 | 90.81 | 76.97 | 94.41 | 96.43 | 89.33 |
| 河南 | 75.91 | 89.92 | 70.24 | 86.19 | 92.03 | 80.44 | 94.55 | 96.52 | 92.04 |
| 湖北 | 73.48 | 84.75 | 64.80 | 83.12 | 88.34 | 74.04 | 92.77 | 94.88 | 87.43 |
| 湖南 | 74.21 | 84.01 | 66.41 | 83.92 | 89.72 | 75.64 | 94.77 | 96.43 | 90.93 |
| 广东 | 83.51 | 90.55 | 73.98 | 90.06 | 93.16 | 81.34 | 97.41 | 98.27 | 94.32 |
| 广西 | 73.75 | 85.38 | 67.52 | 84.03 | 90.65 | 78.34 | 91.70 | 95.04 | 87.65 |
| 海南 | 73.48 | 83.34 | 66.14 | 83.33 | 87.76 | 74.77 | 90.77 | 93.25 | 85.04 |
| 重庆 | 81.71 | 87.99 | 74.31 | 90.70 | 93.20 | 84.72 | 97.02 | 97.76 | 94.54 |
| 四川 | 77.27 | 83.41 | 70.78 | 86.83 | 90.32 | 81.45 | 95.27 | 96.60 | 92.41 |
| 贵州 | 73.50 | 81.51 | 69.85 | 84.84 | 88.84 | 81.84 | 93.28 | 94.78 | 91.03 |
| 云南 | 76.36 | 84.68 | 73.29 | 84.64 | 89.62 | 81.73 | 92.81 | 95.47 | 90.84 |
| 西藏 | 83.18 | 84.32 | 82.54 | 92.26 | 91.54 | 92.79 | 97.73 | 97.40 | 98.01 |
| 陕西 | 80.93 | 91.44 | 76.66 | 89.60 | 93.05 | 81.56 | 97.98 | 98.64 | 95.55 |
| 甘肃 | 71.25 | 83.85 | 65.38 | 81.90 | 91.21 | 75.81 | 91.74 | 95.82 | 87.43 |

续表

| 区域 | 2010 年 | | | 2013 年 | | | 2017 年 | | |
|---|---|---|---|---|---|---|---|---|---|
| | 合计 | 城镇 | 农村 | 合计 | 城镇 | 农村 | 合计 | 城镇 | 农村 |
| 青海 | 86.48 | 89.54 | 84.11 | 91.20 | 94.24 | 87.50 | 96.50 | 98.13 | 93.99 |
| 宁夏 | 76.50 | 88.16 | 66.66 | 86.86 | 93.43 | 78.25 | 96.15 | 97.75 | 93.53 |
| 新疆 | 80.95 | 89.84 | 76.74 | 88.45 | 93.85 | 83.50 | 94.31 | 97.10 | 91.72 |

资料来源：2010 年数据根据《中国教育统计年鉴（2010）》第一部分第八节"各级各类学校分布情况"之表"小学专任教师学历、职称情况（总计）""小学专任教师学历、职称情况（城市）""小学专任教师学历、职称情况（县镇）""小学专任教师学历、职称情况（农村）"数据计算而得。2013年和 2017 年数据根据 2013 年和 2017 年《中国教育统计年鉴》第一部分第八节"各级各类学校分布情况"之表"小学专任教师学历、职称情况（总计）""小学专任教师学历、职称情况（城区）""小学专任教师学历、职称情况（镇区）""小学专任教师学历、职称情况（乡村）"数据计算而得。

注：小学专任教师专科以上学历比例是指专科、本科及以上学历专任教师数占总计专任教师数的比例。

城乡比较，是城镇高于农村，城乡差距[①]从 2010 年的 16.51 个百分点下降到 2017 年的 5.29 个百分点，表明我国小学专任教师专科以上学历教师占比存在城乡差距，但是这一差距在不断缩小。

各省份之间比较，2010 年总体合计最高为北京的 95.24%，最低为江西的 65.82%，最高最低之间的差距为 29.42 个百分点，2010 年有 17 个省份高于当年全国平均水平 78.29%；城镇最高为北京的 96.12%，最低为贵州的 81.51%，最高最低之间的差距为 14.61 个百分点，有 17 个省份高于全国平均水平 87.66%；农村最高为北京的 91.26%，最低为江西的 58.11%，最高最低之间的差距为 33.15 个百分点，有 18 个省份高于全国平均水平 71.15%。2017 年总体合计最高为北京市的 99.49%，最低为海南的 90.77%，最高最低之间的差距为 8.72 个百分点，有 18 个省份高于当年全国平均水平的 95.26%；城镇最高仍为北京的 99.54%，最低为海南的 93.25%，最高最低之间的差距为 6.29 个百分点，有 16 个省份高于当年全国平均水平的 96.97%；农村最高为北京的 99.10%，最低为福建的 84.57%，最高和最低之间的差距为 14.53 个百分点，有 20 个省份高于当年全国平均水平的

---

① 指城镇小学专科以上学历教师比例减去农村小学专科以上学历教师比例，如无特别说明，下文同此。

91.68% 。

从各省份内城乡差距看，小学专任教师专科以上学历比例在 2010 年均为城镇高于农村，2017 年（除西藏外）也是城镇高于农村，但全国各省份的小学专任教师专科以上学历比例城乡差距在 2010～2017 年间均有较大幅度的缩小。

### 6.1.3 全国各省级区域小学专任教师职称情况分析

#### 6.1.3.1 小学专任教师中小学一级以上职称教师比例分析

表 6-6 反映了全国各省份在 2010～2017 年间的小学专任教师中小学一级以上职称教师所占比例情况。

**表 6-6　全国分地区小学（普通小学）专任教师中小学一级以上职称教师比例**

单位：%

| 区域 | 2010 年 | | | 2013 年 | | | 2017 年 | | |
|---|---|---|---|---|---|---|---|---|---|
| | 合计 | 城镇 | 农村 | 合计 | 城镇 | 农村 | 合计 | 城镇 | 农村 |
| 全国 | 89.23 | 90.37 | 88.37 | 88.01 | 88.81 | 86.77 | 82.17 | 83.01 | 80.42 |
| 北京 | 93.03 | 93.32 | 91.74 | 86.08 | 86.28 | 84.33 | 84.43 | 84.40 | 84.66 |
| 天津 | 97.10 | 96.70 | 98.39 | 95.79 | 95.84 | 95.56 | 90.90 | 90.78 | 91.48 |
| 河北 | 93.06 | 91.27 | 94.01 | 90.25 | 89.24 | 91.42 | 82.34 | 82.91 | 81.53 |
| 山西 | 85.45 | 84.80 | 85.87 | 86.01 | 86.65 | 85.07 | 84.36 | 84.75 | 83.59 |
| 内蒙古 | 92.05 | 91.92 | 92.22 | 90.36 | 90.48 | 90.00 | 87.57 | 88.17 | 85.20 |
| 辽宁 | 94.55 | 94.85 | 94.33 | 94.95 | 95.39 | 93.76 | 92.67 | 93.12 | 91.12 |
| 吉林 | 94.88 | 95.23 | 94.60 | 90.58 | 91.35 | 89.49 | 89.22 | 90.45 | 86.86 |
| 黑龙江 | 96.22 | 95.92 | 96.43 | 96.68 | 96.40 | 97.21 | 95.32 | 95.53 | 94.66 |
| 上海 | 87.34 | 88.42 | 27.85 | 85.48 | 87.01 | 59.60 | 87.27 | 87.89 | 68.53 |
| 江苏 | 93.53 | 93.92 | 92.95 | 93.11 | 93.24 | 92.09 | 85.35 | 85.53 | 84.02 |
| 浙江 | 89.63 | 90.27 | 87.76 | 88.45 | 88.64 | 87.61 | 87.32 | 87.27 | 87.60 |
| 安徽 | 91.17 | 91.71 | 90.87 | 89.28 | 89.18 | 89.38 | 79.85 | 80.90 | 78.25 |

| 区域 | 2010 年 | | | 2013 年 | | | 2017 年 | | |
|---|---|---|---|---|---|---|---|---|---|
| | 合计 | 城镇 | 农村 | 合计 | 城镇 | 农村 | 合计 | 城镇 | 农村 |
| 福建 | 92.04 | 91.82 | 92.39 | 89.52 | 89.13 | 90.24 | 84.03 | 83.76 | 84.81 |
| 江西 | 85.32 | 89.38 | 83.64 | 83.48 | 86.55 | 79.68 | 76.47 | 80.97 | 68.56 |
| 山东 | 92.41 | 91.25 | 93.20 | 90.28 | 89.70 | 91.29 | 81.11 | 80.62 | 82.36 |
| 河南 | 89.02 | 86.96 | 89.86 | 85.66 | 84.86 | 86.45 | 79.59 | 79.57 | 79.60 |
| 湖北 | 95.97 | 95.44 | 96.38 | 92.06 | 92.62 | 91.11 | 85.96 | 87.02 | 83.25 |
| 湖南 | 93.67 | 94.06 | 93.36 | 88.18 | 89.60 | 86.15 | 80.71 | 81.97 | 77.78 |
| 广东 | 80.88 | 80.99 | 80.72 | 80.49 | 79.18 | 84.18 | 71.31 | 68.81 | 80.35 |
| 广西 | 90.08 | 90.54 | 89.84 | 90.52 | 90.33 | 90.68 | 81.76 | 81.22 | 82.41 |
| 海南 | 82.84 | 82.23 | 83.29 | 87.69 | 86.98 | 89.06 | 85.13 | 83.27 | 89.43 |
| 重庆 | 89.20 | 93.76 | 83.81 | 91.01 | 92.89 | 86.50 | 89.41 | 90.85 | 84.63 |
| 四川 | 91.56 | 94.43 | 88.52 | 91.29 | 93.76 | 87.48 | 85.84 | 88.71 | 79.67 |
| 贵州 | 80.17 | 87.25 | 76.96 | 79.68 | 82.66 | 77.45 | 80.79 | 81.85 | 79.20 |
| 云南 | 85.68 | 90.52 | 83.89 | 86.98 | 91.95 | 84.06 | 83.78 | 87.49 | 81.01 |
| 西藏 | 69.23 | 81.19 | 62.54 | 80.99 | 86.39 | 77.00 | 74.27 | 80.05 | 69.40 |
| 陕西 | 85.94 | 88.50 | 84.90 | 88.85 | 88.59 | 89.45 | 81.91 | 81.81 | 82.29 |
| 甘肃 | 80.69 | 88.11 | 77.23 | 85.93 | 91.22 | 82.48 | 86.41 | 91.38 | 81.16 |
| 青海 | 91.86 | 92.60 | 91.28 | 89.64 | 89.75 | 89.51 | 83.46 | 85.15 | 80.84 |
| 宁夏 | 91.25 | 92.64 | 90.08 | 79.47 | 82.32 | 75.72 | 81.65 | 84.16 | 77.53 |
| 新疆 | 82.66 | 88.26 | 80.00 | 81.46 | 87.21 | 76.21 | 71.34 | 77.71 | 65.41 |

资料来源: 2010 年数据根据《中国教育统计年鉴 (2010)》第一部分第八节"各级各类学校分布情况"之表"小学专任教师学历、职称情况 (总计)""小学专任教师学历、职称情况 (城市)""小学专任教师学历、职称情况 (县镇)""小学专任教师学历、职称情况 (农村)"数据计算而得。2013年和 2017 年数据根据 2013 年和 2017 年《中国教育统计年鉴》第一部分第八节"各级各类学校分布情况"之表"小学专任教师学历、职称情况 (总计)""小学专任教师学历、职称情况 (城区)""小学专任教师学历、职称情况 (镇区)""小学专任教师学历、职称情况 (乡村)"数据计算而得。

注: 小学专任教师小学一级以上职称比例为小学一级、小学高级及以上职称专任教师数占总计专任教师数的比例。

由表 6-6 可知,全国小学专任教师中小学一级以上职称教师占专任教师总数的比例,2010 年总体合计为 89.23%、城镇为 90.37%、农村为

88.37%，2017 年总体合计为 82.17%、城镇为 83.01%、农村为 80.42%。可以看出，不论是总体合计、城镇还是农村，小学专任教师一级以上职称教师占比都在逐年下降。从全国整体来看，小学专任教师中一级以上职称教师占比呈现城镇高于农村现象，城乡差距从 2010 年的 2.00 个百分点上升到 2017 年的 2.59 个百分点，表明我国小学专任教师一级以上职称教师占比存在城乡差距，且这一差距有扩大趋势。这一趋势主要是受教师队伍扩大较快，年轻教师占比扩大所致。

从各个省份间的比较来看，主要表现为农村间的差距高于城镇间的差距。2010 年小学专任教师中小学一级以上职称教师占专任教师总数的比例总体合计最高为天津的 97.10%，最低为西藏的 69.23%，差距是 27.87 个百分点，有 18 个省份高于全国平均水平的 89.23%；城镇最高是天津的 96.70%，最低为广东的 80.99%，差距是 15.71 个百分点，有 19 个省份高于全国平均水平的 90.37%；农村最高是天津的 98.39%，最低为上海的 27.85%，差距为 70.54 个百分点，有 18 个省份高于全国平均水平的 88.37%。2017 年总体合计最高为黑龙江的 95.32%，最低为广东的 71.31%，差距为 24.01 个百分点，有 19 个省份高于全国平均水平的 82.17%；城镇最高仍为黑龙江的 95.53%，最低为广东的 68.81%，差距为 26.72 个百分点，有 19 个省份高于全国平均水平的 83.01%；农村最高为黑龙江的 94.66%，最低为新疆的 65.41%，差距为 29.25 个百分点，有 20 个省份高于全国平均水平的 80.42%。

从各省份内城乡差距看，2010～2017 年，各省份城乡差距变化态势比较复杂。2010 年城镇比例高于农村的省份有 21 个，城乡差距（城镇比例减去农村比例）最大的五个省份按差距从大到小依次是上海（60.57）、西藏（18.65）、甘肃（10.88）、贵州（10.29）和重庆（9.95），值得注意的是作为国际化大都市的上海，其小学专任教师一级以上职称教师占比的城乡差距非常大，为 60.57 个百分点，远远大于差距第二的西藏。城镇比例低于农村的省份有 10 个，幅度最大的两个省份是河南（-2.90）和河北（-2.74）。2017 年城镇高于农村的省份依然有 21 个，差距最大的五个省份按差距从大到小依次是上海（19.36）、江西（12.41）、新疆（12.30）、西藏（10.65）和甘肃（10.22）。城镇比例低于农村的省份有 10 个，幅度较大的两个省份是广东（-11.54）和海南（-6.16）。

### 6.1.3.2 小学专任教师中小学高级以上职称比例分析

表6-7反映了全国各省份在2010～2017年间三个年份的小学专任教师中小学高级以上职称教师所占比例情况。全国小学专任教师中小学高级以上职称教师占专任教师总数的比例，在2010年总体合计为53.09%、城镇为56.94%、农村为50.16%，2017年总体合计为50.17%、城镇为51.63%、农村为47.10%。即小学高级以上职称教师占专任教师总数的比例，在整体合计、城镇和农村层面都呈持续下降趋势。小学专任教师中小学高级以上职称教师占比情况总体是城镇高于农村，但城乡差距呈缩小趋势。城乡差距从2010年的6.78个百分点下降到2017年的4.53个百分点。

表6-7　　全国分地区小学（普通小学）专任教师中小学高级以上职称教师比例

单位：%

| 区域 | 2010 年 | | | 2013 年 | | | 2017 年 | | |
|---|---|---|---|---|---|---|---|---|---|
| | 合计 | 城镇 | 农村 | 合计 | 城镇 | 农村 | 合计 | 城镇 | 农村 |
| 全国 | 53.09 | 56.94 | 50.16 | 54.34 | 56.67 | 50.76 | 50.17 | 51.63 | 47.10 |
| 北京 | 56.36 | 56.67 | 54.96 | 54.03 | 54.15 | 52.99 | 50.45 | 50.49 | 50.07 |
| 天津 | 80.54 | 79.99 | 82.33 | 79.50 | 78.61 | 83.19 | 68.71 | 68.28 | 70.91 |
| 河北 | 51.71 | 56.38 | 49.23 | 51.37 | 52.63 | 49.91 | 45.67 | 47.12 | 43.59 |
| 山西 | 36.88 | 38.78 | 35.63 | 38.19 | 39.27 | 36.60 | 37.73 | 39.00 | 35.18 |
| 内蒙古 | 67.70 | 66.41 | 69.58 | 70.89 | 71.24 | 69.87 | 69.20 | 70.14 | 65.47 |
| 辽宁 | 76.74 | 75.98 | 77.29 | 79.25 | 80.14 | 76.84 | 80.83 | 82.08 | 76.52 |
| 吉林 | 55.45 | 56.68 | 54.44 | 52.60 | 53.85 | 50.81 | 57.99 | 60.12 | 53.91 |
| 黑龙江 | 58.94 | 63.50 | 55.67 | 63.74 | 65.98 | 59.53 | 64.98 | 66.63 | 59.80 |
| 上海 | 56.00 | 56.69 | 17.95 | 51.26 | 52.36 | 32.51 | 47.79 | 48.28 | 33.01 |
| 江苏 | 63.94 | 65.31 | 61.85 | 67.73 | 67.98 | 66.15 | 59.32 | 59.52 | 57.87 |
| 浙江 | 54.54 | 56.05 | 50.13 | 56.65 | 57.76 | 51.93 | 54.45 | 55.39 | 49.39 |
| 安徽 | 59.83 | 61.30 | 59.03 | 56.85 | 57.73 | 55.92 | 48.72 | 49.60 | 47.39 |
| 福建 | 57.89 | 58.56 | 56.87 | 60.88 | 60.37 | 61.83 | 55.86 | 54.89 | 58.62 |
| 江西 | 50.82 | 53.75 | 49.62 | 52.39 | 53.46 | 51.06 | 47.66 | 51.38 | 41.11 |

续表

| 区域 | 2010 年 | | | 2013 年 | | | 2017 年 | | |
|------|------|------|------|------|------|------|------|------|------|
| | 合计 | 城镇 | 农村 | 合计 | 城镇 | 农村 | 合计 | 城镇 | 农村 |
| 山东 | 56.16 | 52.63 | 58.59 | 51.60 | 50.04 | 54.28 | 42.48 | 41.85 | 44.04 |
| 河南 | 45.55 | 46.52 | 45.16 | 48.20 | 47.93 | 48.47 | 45.02 | 45.07 | 44.96 |
| 湖北 | 69.74 | 70.47 | 69.17 | 68.23 | 69.11 | 66.70 | 61.48 | 62.77 | 58.19 |
| 湖南 | 66.22 | 66.08 | 66.32 | 62.07 | 62.61 | 61.29 | 50.52 | 51.72 | 47.72 |
| 广东 | 60.03 | 59.98 | 60.08 | 62.97 | 62.29 | 64.89 | 48.96 | 46.92 | 56.32 |
| 广西 | 52.86 | 63.12 | 47.38 | 60.78 | 66.49 | 55.89 | 57.20 | 58.53 | 55.59 |
| 海南 | 42.61 | 44.88 | 40.93 | 47.79 | 49.87 | 43.78 | 46.87 | 47.93 | 44.45 |
| 重庆 | 39.65 | 43.54 | 35.08 | 42.83 | 45.60 | 36.17 | 48.26 | 49.19 | 45.20 |
| 四川 | 45.91 | 50.17 | 41.40 | 46.83 | 50.04 | 41.88 | 45.35 | 47.48 | 40.78 |
| 贵州 | 39.31 | 50.43 | 34.25 | 43.74 | 49.11 | 39.73 | 53.21 | 55.16 | 50.29 |
| 云南 | 46.81 | 58.00 | 42.68 | 51.88 | 60.08 | 47.09 | 51.47 | 57.10 | 47.28 |
| 西藏 | 22.51 | 38.19 | 13.74 | 33.92 | 45.12 | 25.64 | 39.55 | 46.13 | 33.99 |
| 陕西 | 33.96 | 40.31 | 31.39 | 37.93 | 38.35 | 36.94 | 38.35 | 38.47 | 37.90 |
| 甘肃 | 38.06 | 44.43 | 35.09 | 38.21 | 43.44 | 34.79 | 39.41 | 43.04 | 35.59 |
| 青海 | 65.22 | 68.80 | 62.44 | 64.23 | 64.00 | 64.51 | 59.27 | 59.08 | 59.55 |
| 宁夏 | 52.63 | 55.55 | 50.16 | 44.47 | 47.54 | 40.44 | 48.46 | 49.17 | 47.31 |
| 新疆 | 40.01 | 51.49 | 34.57 | 38.53 | 47.20 | 30.61 | 34.44 | 42.15 | 27.27 |

资料来源：2010 年数据根据《中国教育统计年鉴（2010）》第一部分第八节"各级各类学校分布情况"之表"小学专任教师学历、职称情况（总计）""小学专任教师学历、职称情况（城市）""小学专任教师学历、职称情况（县镇）""小学专任教师学历、职称情况（农村）"数据计算而得。2013年和 2017 年数据根据 2013 年和 2017 年《中国教育统计年鉴》第一部分第八节"各级各类学校分布情况"之表"小学专任教师学历、职称情况（总计）""小学专任教师学历、职称情况（城区）""小学专任教师学历、职称情况（镇区）""小学专任教师学历、职称情况（乡村）"数据计算而得。

注：小学专任教师小学高级以上职称比例为小学高级及以上职称专任教师数占总计专任教师数的比例。

　　在省份间比较，2010 年小学专任教师中小学高级以上职称比例总体合计最高为天津的 80.54%，最低为西藏的 22.51%，最高和最低差距为 58.03 个百分点，有 16 个省份高于当年全国平均水平的 53.09%；城镇最高为天津的 79.99%，最低为西藏的 38.19%，最高和最低的差距为 41.80 个百分点，有

13 个省份高于当年全国平均水平的 56.94%；农村最高为天津的 82.33%，最低为西藏的 13.74%，最高和最低的差距为 68.59 个百分点，有 14 个省份高于当年全国平均水平的 50.16%。2017 年总体合计最高为辽宁省的 80.83%，最低为新疆的 34.44%，最高和最低差距为 46.39 个百分点，有 15 个省份高于当年全国平均水平 50.17%；城镇最高为辽宁的 82.08%，最低为陕西的 38.47%，最高和最低差距为 43.61 个百分点，有 14 个省份高于当年全国平均水平的 51.63%；农村最高为辽宁的 76.52%，最低为新疆的 27.27%，最高和最低差距为 49.25 个百分点，有 18 个省份高于当年全国平均水平的 47.10%。从以上各省份占比的极差来看，各省份城镇间的差距有所增大，总体合计和农村间的差距有所缩小。

在各省份内部比较，2010～2017 年间，大部分省份的城乡差距有所缩小。2010 年城镇比例高于农村的省份有 25 个，高出幅度最大的五个省份按差距从大到小依次是上海（38.74）、西藏（24.45）、新疆（16.92）、贵州（16.18）和广西（15.74），值得注意的是除了上海，其他四个城乡差距较大的省份均为西部或西南地区的省份；城镇比例低于农村的省份有 6 个，差距较大的两个省份是山东（-5.96）和内蒙古（-3.17）。2017 年城镇高于农村的省份有 26 个，高出幅度最大的五个省份按差距从大到小依次是上海（15.27）、新疆（14.88）、西藏（12.14）、江西（10.27）和云南（9.82），与 2010 年的情况类似，也是除了上海，其他都为西部和西南省份。城镇比例低于农村的省份有 5 个，差距较大的两个省份是广东（-9.40）和福建（-3.73）。可见广东和福建的农村地区小学师资质量提升较快。

综合以上分析可知，虽然大部分省份小学专任教师小学高级以上职称比例的城乡间差距在缩小，但是缩小城乡差距的任务依然艰巨。

## 6.1.4 全国各省级区域小学代课教师及兼任教师分析

除了专任教师以外，全国的小学还存在一定数量的代课教师和兼任教师，其数量占总计教师数（教职工数与代课教师及兼任教师数之和）的比例情况如表 6-8 所示。

表 6 - 8　　全国分地区小学（普通小学）代课教师及兼任教师占总计教师数的比例

单位：%

| 区域 | 2010 年 | | | 2013 年 | | | 2017 年 | | |
|------|------|------|------|------|------|------|------|------|------|
| | 合计 | 城镇 | 农村 | 合计 | 城镇 | 农村 | 合计 | 城镇 | 农村 |
| 全国 | 3.60 | 2.39 | 4.56 | 3.51 | 2.64 | 4.84 | 3.38 | 2.79 | 4.55 |
| 北京 | 1.13 | 1.22 | 0.74 | 1.83 | 1.99 | 0.56 | 1.67 | 1.86 | 0.19 |
| 天津 | 0.43 | 0.46 | 0.34 | 1.22 | 1.08 | 1.84 | 1.78 | 1.55 | 2.92 |
| 河北 | 4.59 | 3.15 | 5.39 | 6.32 | 4.67 | 8.18 | 3.12 | 2.32 | 4.22 |
| 山西 | 8.92 | 7.36 | 9.99 | 9.45 | 8.03 | 11.54 | 5.75 | 5.05 | 7.07 |
| 内蒙古 | 2.64 | 2.84 | 2.36 | 2.50 | 2.53 | 2.42 | 1.41 | 1.52 | 1.01 |
| 辽宁 | 1.37 | 0.65 | 1.92 | 0.54 | 0.25 | 1.33 | 0.35 | 0.12 | 1.15 |
| 吉林 | 0.99 | 1.20 | 0.81 | 0.99 | 0.83 | 1.25 | 0.65 | 0.55 | 0.85 |
| 黑龙江 | 0.54 | 0.67 | 0.44 | 0.82 | 0.67 | 1.10 | 1.31 | 1.17 | 1.77 |
| 上海 | 1.12 | 1.08 | 2.93 | 1.37 | 1.35 | 1.68 | 1.14 | 1.14 | 1.24 |
| 江苏 | 1.30 | 1.44 | 1.08 | 2.21 | 1.69 | 5.29 | 4.34 | 4.22 | 5.14 |
| 浙江 | 0.66 | 0.63 | 0.72 | 0.77 | 0.61 | 1.46 | 0.17 | 0.19 | 0.08 |
| 安徽 | 3.27 | 2.97 | 3.45 | 3.07 | 3.41 | 2.73 | 2.99 | 2.87 | 3.17 |
| 福建 | 3.23 | 3.50 | 2.81 | 4.10 | 4.03 | 4.22 | 7.54 | 7.25 | 8.38 |
| 江西 | 4.74 | 2.85 | 5.55 | 5.13 | 3.53 | 7.05 | 1.96 | 1.09 | 3.41 |
| 山东 | 1.27 | 1.28 | 1.27 | 1.14 | 1.10 | 1.20 | 1.86 | 1.88 | 1.82 |
| 河南 | 3.10 | 3.74 | 2.82 | 3.95 | 4.66 | 3.28 | 7.04 | 7.29 | 6.75 |
| 湖北 | 6.35 | 4.46 | 7.84 | 5.06 | 3.72 | 7.35 | 5.58 | 4.99 | 7.00 |
| 湖南 | 2.42 | 1.90 | 2.84 | 3.35 | 2.86 | 4.07 | 4.62 | 3.87 | 6.38 |
| 广东 | 4.30 | 2.74 | 6.51 | 1.02 | 1.24 | 0.49 | 0.36 | 0.40 | 0.25 |
| 广西 | 6.36 | 2.14 | 8.68 | 6.28 | 3.68 | 8.46 | 4.35 | 2.77 | 6.20 |
| 海南 | 2.05 | 1.43 | 2.55 | 2.07 | 2.28 | 1.69 | 5.79 | 6.51 | 4.30 |

续表

| 区域 | 2010 年 | | | 2013 年 | | | 2017 年 | | |
|------|------|------|------|------|------|------|------|------|------|
| | 合计 | 城镇 | 农村 | 合计 | 城镇 | 农村 | 合计 | 城镇 | 农村 |
| 重庆 | 1.56 | 1.45 | 1.70 | 2.76 | 2.35 | 3.78 | 2.79 | 2.54 | 3.61 |
| 四川 | 5.27 | 2.56 | 8.22 | 6.24 | 3.70 | 10.53 | 6.05 | 3.82 | 11.16 |
| 贵州 | 4.01 | 1.28 | 5.29 | 3.01 | 1.60 | 4.05 | 1.31 | 0.79 | 2.05 |
| 云南 | 3.35 | 0.49 | 4.45 | 3.35 | 0.73 | 4.88 | 1.61 | 0.62 | 2.32 |
| 西藏 | 2.09 | 0.63 | 2.94 | 3.21 | 0.57 | 5.15 | 1.93 | 1.25 | 2.49 |
| 陕西 | 3.06 | 2.40 | 3.34 | 3.18 | 2.82 | 4.00 | 1.56 | 1.21 | 2.74 |
| 甘肃 | 8.58 | 2.56 | 11.48 | 6.61 | 1.93 | 9.73 | 6.24 | 2.15 | 10.52 |
| 青海 | 13.78 | 10.39 | 16.44 | 13.58 | 8.62 | 19.20 | 9.57 | 6.61 | 13.81 |
| 宁夏 | 5.38 | 2.93 | 7.46 | 5.01 | 4.11 | 6.21 | 4.56 | 3.68 | 6.10 |
| 新疆 | 5.47 | 5.17 | 5.61 | 1.82 | 2.45 | 1.36 | 3.71 | 4.05 | 3.45 |

资料来源：2010 年数据根据《中国教育统计年鉴（2010）》第一部分第八节"各级各类学校分布情况"之表"小学教职工数（总计）""小学教职工数（城市）""小学教职工数（县镇）""小学教职工数（农村）"数据计算而得；2013 年和 2017 年数据根据 2013 年和 2017 年《中国教育统计年鉴》第一部分第八节"各级各类学校分布情况"之表"小学教职工数（总计）""小学教职工数（城区）""小学教职工数（镇区）""小学教职工数（乡村）"数据计算而得。

全国小学代课教师和兼任教师数占比（见表 6 - 8）2010 年总体合计为 3.60%、城镇为 2.39%、农村为 4.56%，2017 年总体合计为 3.38%、城镇为 2.79%、农村为 4.55%。总体合计和农村的代课教师和兼任教师比例有所下降，城镇有所上升，这至少说明教师资源方面还存在着一定程度的短缺。

从各省份比较来看，表 6 - 8 中所示三个年份大部分省份代课教师和兼任教师数占总计教师数的比例均是农村高于城镇。2010 年总体合计最高为青海的 13.78%，最低为天津的 0.43%，最高减去最低的差值为 13.35 个百分点，有 12 个省份高于当年全国平均水平的 3.60%；城镇最高为青海的 10.39%，最低为天津的 0.46%，最高减去最低的差值为 9.93 个百分点，有 15 个省份高于当年全国平均水平的 2.39%；农村最高为青海的 16.44%，最低为天津的 0.34%，最高减去最低的差值为 16.10 个百分点，有 12 个省份高于当年全国平均水平的 4.56%。2017 年全国总体合计最高为青海的 9.57%，最低为浙江的 0.17%，最高减去最低的差值为 9.40 个百分点，有 13 个省份高于当年全国平均水平的 3.38%；城镇最高为河南的 7.29%，最低为辽宁的 0.12%，最高减去最低的差值为 7.17 个百分点，有 12 个省份高于当年全国平均水平 2.79%；农村最高为青海的 13.81%，最低为浙江的 0.08%，最高减去最低的差值为 13.73 个百分点，有 11 个省份高于当年全国平均水平的 4.55%。

可见最高值省份与低值省份之间的差值在总体合计、城镇和农村层面均有所减小。

## 6.2　全国各省级区域初中人力资源配置差异分析

本节分析全国各省级区域初中专任教师生师比情况、全国各省级区域普通初中专任教师学历情况和全国各省级区域普通初中专任教师职称情况。

### 6.2.1　全国各省级区域初中专任教师生师比分析

#### 6.2.1.1　普通初中专任教师生师比总体分析

表 6-9 反映了全国各省份在 2010~2017 年间主要年份普通初中专任教师的生师比情况。数据表明，全国合计普通初中专任教师生师比处于逐年下降趋势，从 2010 年的 14.97 持续下降到 2017 年的 12.52。在表中列示三个年份，高于当年全国平均水平的省份数分别为 14、12 和 13 个。生师比的逐年降低和高于全国当年平均水平省份数的减少都说明每个学生可得到的教师资源数量的增加。

表 6 - 9　　　　　　　　全国分地区普通初中专任教师生师比

| 区域 | 2010 年 | | | 2013 年 | | | 2017 年 | | |
|---|---|---|---|---|---|---|---|---|---|
| | 合计 | 城镇 | 农村 | 合计 | 城镇 | 农村 | 合计 | 城镇 | 农村 |
| 全国 | 14.97 | 15.50 | 14.03 | 12.76 | 13.18 | 11.14 | 12.52 | 12.77 | 11.19 |
| 北京 | 10.24 | 10.64 | 8.19 | 9.75 | 10.01 | 6.70 | 7.73 | 7.91 | 5.72 |
| 天津 | 10.56 | 11.08 | 9.29 | 10.04 | 10.16 | 9.29 | 9.76 | 9.80 | 9.39 |
| 河北 | 12.45 | 13.50 | 10.55 | 12.67 | 13.40 | 10.02 | 13.87 | 14.20 | 12.41 |
| 山西 | 14.37 | 15.78 | 12.42 | 11.00 | 11.84 | 8.20 | 10.00 | 10.58 | 7.29 |
| 内蒙古 | 12.73 | 13.47 | 9.09 | 11.12 | 11.52 | 6.51 | 10.74 | 10.89 | 8.46 |
| 辽宁 | 12.64 | 12.77 | 12.49 | 10.64 | 10.87 | 9.10 | 9.68 | 9.81 | 8.74 |
| 吉林 | 12.19 | 13.26 | 9.96 | 9.65 | 10.37 | 7.26 | 9.57 | 10.14 | 7.42 |
| 黑龙江 | 12.73 | 13.29 | 11.97 | 9.60 | 10.27 | 6.85 | 10.08 | 10.42 | 8.20 |
| 上海 | 12.51 | 12.51 | 9.56 | 12.11 | 12.15 | 10.83 | 10.48 | 10.52 | 9.07 |
| 江苏 | 12.50 | 12.75 | 11.90 | 10.50 | 10.64 | 8.12 | 11.48 | 11.56 | 9.68 |
| 浙江 | 13.87 | 14.05 | 12.53 | 12.58 | 12.74 | 11.09 | 12.50 | 12.61 | 11.37 |
| 安徽 | 17.10 | 17.96 | 16.06 | 12.63 | 13.73 | 10.04 | 13.00 | 13.56 | 11.17 |
| 福建 | 12.84 | 13.39 | 11.33 | 11.43 | 12.34 | 8.71 | 12.17 | 12.78 | 9.46 |
| 江西 | 16.61 | 17.95 | 15.51 | 14.44 | 15.11 | 12.63 | 15.85 | 16.38 | 13.91 |
| 山东 | 13.37 | 13.80 | 12.51 | 12.08 | 12.24 | 11.12 | 11.94 | 12.04 | 10.96 |
| 河南 | 16.97 | 17.40 | 16.50 | 13.75 | 14.78 | 11.18 | 14.35 | 14.87 | 12.58 |
| 湖北 | 13.91 | 14.12 | 13.62 | 10.94 | 11.13 | 10.17 | 11.53 | 11.71 | 10.37 |
| 湖南 | 12.45 | 13.62 | 10.90 | 12.68 | 13.73 | 10.29 | 13.38 | 13.97 | 11.27 |
| 广东 | 18.77 | 18.36 | 20.40 | 14.63 | 14.72 | 13.91 | 12.73 | 12.90 | 11.19 |
| 广西 | 16.88 | 17.30 | 15.13 | 16.68 | 17.11 | 15.02 | 15.68 | 15.74 | 15.34 |
| 海南 | 16.82 | 17.74 | 13.81 | 13.73 | 13.99 | 9.92 | 12.85 | 13.06 | 10.56 |
| 重庆 | 16.63 | 16.79 | 15.99 | 13.36 | 13.53 | 12.00 | 13.00 | 13.06 | 12.26 |
| 四川 | 16.80 | 17.09 | 16.09 | 13.41 | 14.04 | 11.27 | 12.37 | 12.73 | 10.69 |
| 贵州 | 19.52 | 19.75 | 19.18 | 18.23 | 18.52 | 17.64 | 14.35 | 14.49 | 13.67 |
| 云南 | 17.31 | 17.38 | 17.20 | 15.38 | 15.82 | 14.63 | 14.52 | 14.75 | 13.99 |
| 西藏 | 15.66 | 15.61 | 24.24 | 13.92 | 13.56 | 15.62 | 12.40 | 12.14 | 13.69 |

续表

| 区域 | 2010 年 | | | 2013 年 | | | 2017 年 | | |
|---|---|---|---|---|---|---|---|---|---|
| | 合计 | 城镇 | 农村 | 合计 | 城镇 | 农村 | 合计 | 城镇 | 农村 |
| 陕西 | 14.10 | 17.28 | 12.40 | 10.88 | 11.35 | 7.52 | 10.50 | 10.82 | 7.39 |
| 甘肃 | 16.64 | 17.04 | 16.25 | 12.28 | 13.31 | 10.90 | 10.57 | 11.23 | 8.77 |
| 青海 | 15.32 | 16.51 | 13.29 | 13.34 | 14.16 | 11.03 | 12.80 | 13.18 | 11.38 |
| 宁夏 | 16.47 | 17.78 | 13.72 | 14.68 | 15.61 | 10.98 | 13.84 | 14.37 | 11.20 |
| 新疆 | 11.98 | 13.47 | 10.90 | 10.67 | 11.44 | 9.38 | 10.49 | 11.15 | 9.29 |
| 极差率 | 1.91 | 1.86 | 2.96 | 1.90 | 1.85 | 2.71 | 2.05 | 2.07 | 2.68 |
| 变异系数 | 0.16 | 0.15 | 0.26 | 0.16 | 0.16 | 0.25 | 0.16 | 0.16 | 0.21 |

资料来源：2010 年数据根据《中国教育统计年鉴（2010）》第一部分第八节"各级各类学校分布情况"之表"普通初中专任教师学历、职称情况（总计）""普通初中专任教师学历、职称情况（城市）""普通初中专任教师学历、职称情况（县镇）""普通初中专任教师学历、职称情况（农村）""普通初中学生数（总计）""普通初中学生数（城市）""普通初中学生数（县镇）""普通初中学生数（农村）"数据计算而得。2013 年和 2017 年数据根据 2013 年和 2017 年《中国教育统计年鉴》第一部分第八节"各级各类学校分布情况"之表"初中专任教师学历、职称情况（总计）""初中专任教师学历、职称情况（城区）""初中专任教师学历、职称情况（镇区）""初中专任教师学历、职称情况（乡村）""初中学生数（总计）""初中学生数（城区）""初中学生数（镇区）""初中学生数（乡村）"数据计算而得。

注：表中普通初中专任教师生师比＝当年普通初中在校生总数/当年普通初中专任教师数；经过对《中国教育统计年鉴》的梳理并将其与《中国统计年鉴》中"教育"一章的数据作对比，可知，2013 年和 2017 年，"初中专任教师学历、职称情况"数据和"初中学生数"数据均为普通初中的数据，本节下同。

各省份间比较（见表 6 - 9），2010 年普通初中专任教师生师比合计最高的五个省份由高到低排列依次为贵州（19.52）、广东（18.77）、云南（17.31）、安徽（17.10）和河南（16.97）；生师比最低的五个省份由低到高排列为北京（10.24）、天津（10.56）、新疆（11.98）、吉林（12.19）和湖南（12.45）。2017 年，普通初中专任教师生师比合计最高的 5 个省份由高到低依次是江西（15.85）、广西（15.68）、云南（14.52）、河南（14.35）和贵州（14.35）；最低的 5 个省份由低到高依次是北京（7.73）、吉林（9.57）、辽宁（9.68）、天津（9.76）和山西（10.00）。从区域分布看，合计初中专任教师生师比高的省份在我国西南、华中和华东省份集聚，生师比低的地区大多在华东和西北地区省份。

从时间层面变化来看，表 6 - 9 中所列示的三个年份中，北京（2010 年

10.24 和 2017 年 7.73）和黑龙江（2013 年 9.60）是普通初中专任教师生师比合计最低的地区；贵州在 2010 年（19.52）和 2013 年（18.23）两个年份是普通初中专任教师生师合计比最高的省份，江西在 2017 年（15.85）是普通初中专任教师生师比合计最高的省份。最高值和最低值的极差率变化趋势是 1.91 ↘1.90 ↗2.05，总体上呈上升态势；总体合计的变异系数三个年份均为 0.16，说明这几年各省份之间的差距基本保持稳定。在所分析的三个年份中，总体合计普通初中专任教师生师比有 29 个省份处于下降之中（见表 6－10），下降程度最大的五个省份是甘肃（－6.07）、广东（－6.04）、贵州（－5.17）、四川（－4.43）和山西（－4.37），生师比上升的省份仅有湖南（0.93）和河北（1.42）两个地区。

表 6－10 初中专任教师生师比变化

| 区域 | 合计 | 城镇 | 农村 | 区域 | 合计 | 城镇 | 农村 |
|---|---|---|---|---|---|---|---|
| 全国 | －2.45 | －2.73 | －2.84 | 河南 | －2.62 | －2.53 | －3.92 |
| 北京 | －2.51 | －2.73 | －2.47 | 湖北 | －2.38 | －2.41 | －3.25 |
| 天津 | －0.80 | －1.28 | 0.10 | 湖南 | 0.93 | 0.35 | 0.37 |
| 河北 | 1.42 | 0.70 | 1.86 | 广东 | －6.04 | －5.46 | －9.21 |
| 山西 | －4.37 | －5.20 | －5.13 | 广西 | －1.20 | －1.56 | 0.21 |
| 内蒙古 | －1.99 | －2.58 | －0.63 | 海南 | －3.97 | －4.68 | －3.25 |
| 辽宁 | －2.96 | －2.96 | －3.75 | 重庆 | －3.63 | －3.73 | －3.73 |
| 吉林 | －2.62 | －3.12 | －2.54 | 四川 | －4.43 | －4.36 | －5.40 |
| 黑龙江 | －2.65 | －2.87 | －3.77 | 贵州 | －5.17 | －5.26 | －5.51 |
| 上海 | －2.03 | －1.99 | －0.49 | 云南 | －2.79 | －2.63 | －3.21 |
| 江苏 | －1.02 | －1.19 | －2.22 | 西藏 | －3.26 | －3.47 | －10.55 |
| 浙江 | －1.37 | －1.44 | －1.16 | 陕西 | －3.60 | －6.46 | －5.01 |
| 安徽 | －4.10 | －4.40 | －4.89 | 甘肃 | －6.07 | －5.81 | －7.48 |
| 福建 | －0.67 | －0.61 | －1.87 | 青海 | －2.52 | －3.33 | －1.91 |
| 江西 | －0.76 | －1.57 | －1.60 | 宁夏 | －2.63 | －3.41 | －2.52 |
| 山东 | －1.43 | －1.76 | －1.55 | 新疆 | －1.49 | －2.32 | －1.61 |

资料来源：根据表 6－9 中"全国分地区普通初中专任教师生师比"数据计算而得。

### 6.2.1.2　城镇普通初中专任教师生师比分析

由表6-9可知,全国城镇普通初中专任教师生师比处于持续下降过程,从2010年的15.50减小到2017年的12.77,下降幅度为17.61%。表中所列示三个年份中,生师比高于全国平均水平的省份个数分别为16、16和14个。

省份间比较(见表6-9),2010年生师比最高的五个省份由高到低排列依次为贵州(19.75)、广东(18.36)、安徽(17.96)、江西(17.95)和宁夏(17.78);生师比最低的五个省份由低到高排列为北京(10.64)、天津(11.08)、上海(12.51)、江苏(12.75)和辽宁(12.77)。2017年生师比最高的五个省份由高到低排列为江西(16.38)、广西(15.74)、河南(14.87)、云南(14.75)和贵州(14.49);生师比最低的五个省份由低到高排列为北京(7.91)、天津(9.80)、辽宁(9.81)、吉林(10.14)和黑龙江(10.42)。以上前五省份与后五省份的分布及其变化与总体合计类似,城镇初中专任教师生师比高的省份多在我国西南、华中和华东省份集聚,生师比低的省份多在东北和西北地区省份。最高和最低之间的极差率变化趋势是1.86↘1.85↗2.07,整体为上升趋势,说明最高与最低地区之间生师比差距扩大;变异系数稳中有降说明各省份之间的差距基本保持稳定。在全部省份中,城镇普通初中专任教师生师比有29个省区处于下降之中(见表6-10),降幅最大的五个省份是陕西(-6.46)、甘肃(-5.81)、广东(-5.46)、贵州(-5.26)和山西(-5.20);生师比上升的省份仅有湖南(0.35)和河北(0.70)。

### 6.2.1.3　农村专任教师生师比分析

由表6-9可知,全国普通初中农村专任教师生师比整体呈下降趋势,从2010年的14.03下降到2013年的11.14,又小幅回升到2017年的11.19,但总体是下降的,降幅为20.24%。表6-9中所示三个年份中,生师比高于全国平均水平的省区个数分别为11、9和12个。

省份间比较,2010年生师比最高的五个省份由高到低排列依次为西藏(24.24)、广东(20.40)、贵州(19.18)、云南(17.20)和河南(16.50);生师比最低的五个省份由低到高排列为北京(8.19)、内蒙古(9.09)、天津(9.29)、上海(9.56)和吉林(9.96)。2017年生师比最高的五个省份由高到低排列为广西（15.34）、云南（13.99）、江西（13.91）、西藏（13.69）和贵州（13.67）；生师比最低的五个省份由低到高排列为北京（5.72）、山西（7.29）、陕西（7.39）、吉林（7.42）和黑龙江（8.20）。不同于总体合计和城镇，农村初中专任教师生师比高的省份主要在我国西北南部和西南地区省份集聚，生师比低的省份大多仍在东北地区和华北地区省份。

从纵向时间层面变化来看，表6－9中所列示的三个年份中，北京2010年（8.19）和2017年（5.72）和内蒙古2013年（6.51）是生师比最低的地区；西藏2010年（24.24）、贵州2013年（17.64）和广西2017年（15.34）是生师比最高的省份。最高和最低间的极差率变化趋势是2.96↘2.71↘2.68，呈现持续下降趋势；变异系数的变化趋势是0.26↘0.25↘0.21，也为持续下降趋势，说明各省份之间农村初中生师比的差距在逐渐缩小。按照变异系数大小比较，各省间的生师比差距农村大城镇小。在全部省份中（见表6－10），农村普通初中专任教师生师比有27个省份生师比都处于下降之中，降幅最大五个省份是西藏（－10.55）、广东（－9.21）、甘肃（－7.48）、贵州（－5.51）和四川（－5.40）；生师比上升的省份有河北（1.86）、湖南（0.37）、广西（0.21）和天津（0.10）。

### 6.2.1.4 初中专任教师生师比的城乡差异分析

2010年初中专任教师生师比城乡差异的全国平均水平为1.47，城镇高于农村的省份有29个，城乡差异幅度最大的是陕西（4.88），其次是内蒙古（4.38）和宁夏（4.06）。全国仅有西藏（－8.63）和广东（－2.04）两个省份的城镇生师比低于农村生师比（见表6－11）。

表6－11　　　　　　　　初中专任教师生师比城乡差距

| 2010 年 | | | 2017 年 | | |
|---|---|---|---|---|---|
| 全国 | 1.47 | 河南 | 0.90 | 全国 | 1.58 | 河南省 | 2.29 |
| 北京 | 2.45 | 湖北 | 0.50 | 北京 | 2.19 | 湖北省 | 1.34 |
| 天津 | 1.79 | 湖南 | 2.72 | 天津 | 0.41 | 湖南 | 2.70 |
| 河北 | 2.95 | 广东 | -2.04 | 河北 | 1.79 | 广东 | 1.71 |
| 山西 | 3.36 | 广西 | 2.17 | 山西 | 3.29 | 广西 | 0.40 |

| 2010 年 | | | | 2017 年 | | | |
|---|---|---|---|---|---|---|---|
| 内蒙古 | 4.38 | 海南 | 3.93 | 内蒙古 | 2.43 | 海南 | 2.50 |
| 辽宁 | 0.28 | 重庆 | 0.80 | 辽宁 | 1.07 | 重庆 | 0.80 |
| 吉林 | 3.30 | 四川 | 1.00 | 吉林 | 2.72 | 四川 | 2.04 |
| 黑龙江 | 1.32 | 贵州 | 0.57 | 黑龙江 | 2.22 | 贵州 | 0.82 |
| 上海 | 2.95 | 云南 | 0.18 | 上海 | 1.45 | 云南 | 0.76 |
| 江苏 | 0.85 | 西藏 | -8.63 | 江苏 | 1.88 | 西藏 | -1.55 |
| 浙江 | 1.52 | 陕西 | 4.88 | 浙江 | 1.24 | 陕西 | 3.43 |
| 安徽 | 1.90 | 甘肃 | 0.79 | 安徽 | 2.39 | 甘肃 | 2.46 |
| 福建 | 2.06 | 青海 | 3.22 | 福建 | 3.32 | 青海 | 1.80 |
| 江西 | 2.44 | 宁夏 | 4.06 | 江西 | 2.47 | 宁夏 | 3.17 |
| 山东 | 1.29 | 新疆 | 2.57 | 山东 | 1.08 | 新疆 | 1.86 |

资料来源：根据表 6-9 "全国分地区普通初中专任教师生师比" 数据计算而得。

2017 年，初中专任教师生师比城乡差异的全国平均水平为 1.58，城镇高于农村的省份有 30 个，城乡差异幅度最大的是陕西（3.43），其次是福建（3.32）和山西（3.29）。全国仅有西藏（-1.55）一个省份的城镇生师比低于农村生师比。

## 6.2.2　全国各省级区域普通初中专任教师学历分析

### 6.2.2.1　初中专任教师学历达标率分析

表 6-12 反映了全国各省份在 2010~2017 年间普通初中专任教师学历达标情况。全国普通初中专任教师学历达标率在 2010 年总体合计为 99.65%、城镇为 98.99%、农村为 98.05%。2017 年总体合计为 99.83%、城镇为 99.85%、农村为 99.71%，不论是总体层面，还是城镇和农村层面均有所上升，表明初中专任教师学历达标情况在不断改善。

表 6－12　　　　　　全国分地区普通初中专任教师学历达标率　　　　单位：%

| 区域 | 2010 年 | | | 2013 年 | | | 2017 年 | | |
|------|------|------|------|------|------|------|------|------|------|
| | 合计 | 城镇 | 农村 | 合计 | 城镇 | 农村 | 合计 | 城镇 | 农村 |
| 全国 | 98.65 | 98.99 | 98.05 | 99.28 | 99.41 | 98.82 | 99.83 | 99.85 | 99.71 |
| 北京 | 99.77 | 99.79 | 99.64 | 99.89 | 99.89 | 99.92 | 99.98 | 99.98 | 100.00 |
| 天津 | 98.23 | 98.70 | 97.12 | 99.24 | 99.33 | 98.68 | 99.84 | 99.87 | 99.61 |
| 河北 | 98.93 | 99.16 | 98.53 | 99.45 | 99.55 | 99.10 | 99.93 | 99.93 | 99.92 |
| 山西 | 98.51 | 99.10 | 97.69 | 99.30 | 99.38 | 99.01 | 99.66 | 99.77 | 99.13 |
| 内蒙古 | 98.84 | 99.08 | 97.67 | 99.38 | 99.55 | 97.53 | 99.99 | 99.99 | 100.00 |
| 辽宁 | 99.04 | 99.53 | 98.51 | 99.45 | 99.51 | 99.02 | 99.83 | 99.84 | 99.72 |
| 吉林 | 99.45 | 99.59 | 99.14 | 99.55 | 99.60 | 99.38 | 99.92 | 99.94 | 99.85 |
| 黑龙江 | 98.68 | 99.20 | 97.99 | 99.18 | 99.46 | 98.03 | 99.85 | 99.89 | 99.65 |
| 上海 | 99.90 | 99.90 | 98.25 | 99.97 | 99.97 | 99.90 | 99.99 | 99.99 | 100.00 |
| 江苏 | 99.06 | 99.15 | 98.86 | 99.72 | 99.71 | 99.79 | 99.96 | 99.96 | 99.91 |
| 浙江 | 99.44 | 99.49 | 99.08 | 99.80 | 99.81 | 99.66 | 99.95 | 99.96 | 99.91 |
| 安徽 | 98.89 | 99.15 | 98.58 | 99.44 | 99.55 | 99.17 | 99.97 | 99.98 | 99.94 |
| 福建 | 99.06 | 99.19 | 98.70 | 99.49 | 99.57 | 99.25 | 99.89 | 99.90 | 99.86 |
| 江西 | 98.02 | 98.60 | 97.55 | 98.93 | 99.12 | 98.41 | 99.84 | 99.85 | 99.82 |
| 山东 | 98.92 | 99.05 | 98.66 | 99.35 | 99.39 | 99.12 | 99.84 | 99.86 | 99.72 |
| 河南 | 98.65 | 99.00 | 98.27 | 99.05 | 99.28 | 98.47 | 99.60 | 99.66 | 99.39 |
| 湖北 | 96.98 | 97.63 | 96.12 | 99.14 | 99.14 | 99.16 | 99.52 | 99.54 | 99.41 |
| 湖南 | 98.24 | 98.96 | 97.30 | 98.17 | 98.50 | 97.45 | 99.80 | 99.83 | 99.71 |
| 广东 | 98.70 | 98.96 | 97.68 | 99.35 | 99.43 | 98.74 | 99.96 | 99.96 | 99.97 |
| 广西 | 98.35 | 98.48 | 97.81 | 99.08 | 99.14 | 98.86 | 99.64 | 99.67 | 99.45 |
| 海南 | 98.54 | 98.78 | 97.75 | 99.30 | 99.34 | 98.73 | 99.71 | 99.73 | 99.48 |
| 重庆 | 98.79 | 98.96 | 98.11 | 99.46 | 99.53 | 98.97 | 99.79 | 99.83 | 99.37 |
| 四川 | 98.30 | 98.57 | 97.62 | 99.66 | 99.68 | 99.56 | 99.97 | 99.97 | 99.98 |
| 贵州 | 98.79 | 98.97 | 98.50 | 99.16 | 99.25 | 98.96 | 99.76 | 99.78 | 99.71 |
| 云南 | 98.73 | 98.99 | 98.33 | 99.08 | 99.18 | 98.92 | 99.62 | 99.66 | 99.52 |
| 西藏 | 98.34 | 98.33 | 100.00 | 99.01 | 98.93 | 99.37 | 99.73 | 99.70 | 99.88 |

续表

| 区域 | 2010 年 | | | 2013 年 | | | 2017 年 | | |
|---|---|---|---|---|---|---|---|---|---|
| | 合计 | 城镇 | 农村 | 合计 | 城镇 | 农村 | 合计 | 城镇 | 农村 |
| 陕西 | 98.35 | 99.16 | 97.93 | 99.04 | 99.14 | 98.34 | 99.92 | 99.93 | 99.92 |
| 甘肃 | 97.53 | 98.51 | 96.57 | 98.84 | 99.25 | 98.29 | 99.77 | 99.82 | 99.62 |
| 青海 | 98.94 | 99.00 | 98.83 | 99.28 | 99.38 | 99.02 | 99.92 | 99.90 | 100.00 |
| 宁夏 | 99.18 | 99.50 | 98.51 | 99.55 | 99.79 | 98.59 | 99.94 | 99.95 | 99.88 |
| 新疆 | 99.33 | 99.61 | 99.13 | 99.65 | 99.79 | 99.43 | 99.93 | 99.96 | 99.89 |

资料来源：2010 年数据根据《中国教育统计年鉴（2010）》第一部分第八节"各级各类学校分布情况"之表"普通初中专任教师学历、职称情况（总计）""普通初中专任教师学历、职称情况（城市）""普通初中专任教师学历、职称情况（县镇）""普通初中专任教师学历、职称情况（农村）"数据计算而得。2013 年和 2017 年数据根据 2013 年和 2017 年《中国教育统计年鉴》第一部分第八节"各级各类学校分布情况"之表"初中专任教师学历、职称情况（总计）""初中专任教师学历、职称情况（城区）""初中专任教师学历、职称情况（镇区）""初中专任教师学历、职称情况（乡村）"数据计算而得。

注：普通初中专任教师学历达标率为初中专任教师中学历在专科及以上教师数占总专任教师数的比例。

各省份比较，表 6 - 12 中列示的三个年份，我国绝大部分省份普通初中专任教师学历达标率无论是总体、城镇还是农村，均在 96% 以上，并且有城镇达标率高于农村的特征，各省份之间达标率差距不大，呈现逐年上升趋势。如 2010 年总体最高为上海的 99.90%，最低为湖北的 96.98%，极差为 2.92 个百分点，有 19 个省份高于当年全国总体平均水平的 98.65%；城镇最高为上海的 99.90%，最低为湖北的 97.63%，极差为 2.27 个百分点，有 18 个省份高于当年全国城镇平均水平的 98.99%；农村最高为西藏的 100.00%，最低为湖北的 96.12%，极差为 3.88 个百分点，有 18 个省份高于当年全国农村平均水平的 98.05%。2017 年总体合计最高为内蒙古的 99.99%，最低为湖北的 99.52%，极差为 0.47 个百分点，有 19 个省份高于当年全国主体平均水平的 99.83%；城镇最高为上海和内蒙古的 99.99%，最低为湖北的 99.54%，极差为 0.45 个百分点，有 18 个省份高于当年全国城镇平均水平的 99.85%；农村最高为内蒙古、上海、北京和青海的 100%，最低为山西省的 99.13%，有 19 个省份高于当年全国农村平均水平的 99.71%。

### 6.2.2.2 普通初中专任教师本科以上学历比例分析

表6-13反映了全国及各省份的总体合计、城镇和农村在2010～2017年间三个年份的普通初中专任教师中本科以上学历教师所占比例的情况。

表6-13　　　全国分地区普通初中专任教师本科以上学历教师比例　　　单位：%

| 区域 | 2010 年 | | | 2013 年 | | | 2017 年 | | |
|---|---|---|---|---|---|---|---|---|---|
| | 合计 | 城镇 | 农村 | 合计 | 城镇 | 农村 | 合计 | 城镇 | 农村 |
| 全国 | 64.05 | 69.27 | 54.82 | 74.87 | 77.21 | 66.06 | 84.63 | 85.83 | 78.38 |
| 北京 | 94.31 | 94.29 | 94.36 | 97.30 | 97.46 | 95.54 | 99.13 | 99.19 | 98.45 |
| 天津 | 85.04 | 86.85 | 80.71 | 91.27 | 91.94 | 87.14 | 96.39 | 96.72 | 93.59 |
| 河北 | 65.68 | 69.09 | 59.55 | 77.01 | 78.70 | 70.91 | 86.34 | 86.93 | 83.73 |
| 山西 | 56.65 | 62.51 | 48.49 | 68.88 | 71.39 | 60.59 | 80.85 | 82.03 | 75.47 |
| 内蒙古 | 69.92 | 71.67 | 61.29 | 77.69 | 78.63 | 67.04 | 89.04 | 89.15 | 87.31 |
| 辽宁 | 69.45 | 78.46 | 59.72 | 79.59 | 80.96 | 70.11 | 88.36 | 88.93 | 84.00 |
| 吉林 | 75.70 | 78.36 | 70.10 | 81.48 | 82.87 | 76.83 | 88.09 | 89.03 | 84.50 |
| 黑龙江 | 67.31 | 72.05 | 60.97 | 75.79 | 78.06 | 66.54 | 85.46 | 86.33 | 80.59 |
| 上海 | 94.49 | 94.52 | 77.19 | 97.32 | 97.35 | 96.26 | 98.86 | 98.87 | 98.77 |
| 江苏 | 76.34 | 79.70 | 68.34 | 89.67 | 90.02 | 83.76 | 95.99 | 96.09 | 93.83 |
| 浙江 | 83.80 | 84.48 | 78.66 | 92.42 | 92.56 | 91.13 | 95.44 | 95.61 | 93.81 |
| 安徽 | 60.59 | 64.41 | 56.00 | 72.41 | 73.70 | 69.40 | 83.09 | 84.19 | 79.48 |
| 福建 | 74.70 | 76.76 | 68.93 | 82.70 | 83.77 | 79.50 | 88.09 | 88.75 | 85.14 |
| 江西 | 53.69 | 61.09 | 47.63 | 64.56 | 66.72 | 58.72 | 74.39 | 75.60 | 70.00 |
| 山东 | 70.72 | 73.83 | 64.42 | 80.45 | 81.37 | 74.98 | 88.13 | 88.45 | 85.07 |
| 河南 | 50.75 | 57.51 | 43.45 | 64.75 | 67.36 | 58.19 | 77.43 | 78.51 | 73.78 |
| 湖北 | 53.60 | 58.56 | 47.01 | 66.20 | 67.17 | 62.13 | 75.75 | 76.62 | 70.36 |
| 湖南 | 56.55 | 60.60 | 51.21 | 68.24 | 71.82 | 60.18 | 78.27 | 80.23 | 71.29 |
| 广东 | 60.87 | 64.57 | 46.24 | 71.39 | 73.00 | 59.08 | 86.95 | 87.52 | 81.90 |
| 广西 | 61.90 | 63.08 | 56.95 | 72.85 | 74.26 | 67.39 | 80.72 | 81.74 | 74.55 |
| 海南 | 58.82 | 63.13 | 44.76 | 72.48 | 73.31 | 60.56 | 80.56 | 80.83 | 77.41 |

| 区域 | 2010 年 | | | 2013 年 | | | 2017 年 | | |
|---|---|---|---|---|---|---|---|---|---|
| | 合计 | 城镇 | 农村 | 合计 | 城镇 | 农村 | 合计 | 城镇 | 农村 |
| 重庆 | 73.16 | 76.27 | 60.76 | 83.13 | 83.96 | 76.41 | 90.96 | 91.29 | 87.37 |
| 四川 | 59.52 | 64.18 | 47.89 | 68.61 | 72.19 | 56.58 | 78.77 | 80.72 | 69.68 |
| 贵州 | 53.20 | 56.93 | 47.37 | 67.18 | 68.89 | 63.70 | 80.75 | 81.15 | 78.79 |
| 云南 | 66.19 | 71.34 | 58.39 | 76.38 | 78.53 | 72.76 | 85.63 | 86.35 | 83.93 |
| 西藏 | 75.78 | 75.79 | 74.14 | 82.87 | 82.44 | 84.92 | 88.26 | 88.92 | 84.98 |
| 陕西 | 64.60 | 74.68 | 59.21 | 76.97 | 78.03 | 69.34 | 90.06 | 90.33 | 87.43 |
| 甘肃 | 58.40 | 63.77 | 53.11 | 73.91 | 76.50 | 70.42 | 83.21 | 84.18 | 80.58 |
| 青海 | 63.99 | 66.78 | 59.22 | 73.96 | 75.85 | 68.64 | 83.40 | 84.29 | 80.05 |
| 宁夏 | 79.12 | 81.89 | 73.29 | 85.39 | 86.97 | 79.12 | 91.77 | 92.31 | 89.08 |
| 新疆 | 57.35 | 70.27 | 48.00 | 66.32 | 73.91 | 53.75 | 77.14 | 82.90 | 66.66 |

资料来源：2010 年数据根据《中国教育统计年鉴（2010）》第一部分第八节"各级各类学校分布情况"之表"普通初中专任教师学历、职称情况（总计）""普通初中专任教师学历、职称情况（城市）""普通初中专任教师学历、职称情况（县镇）""普通初中专任教师学历、职称情况（农村）"数据计算而得。2013 年和 2017 年数据根据 2013 年和 2017 年《中国教育统计年鉴》第一部分第八节"各级各类学校分布情况"之表"初中专任教师学历、职称情况（总计）""初中专任教师学历、职称情况（城区）""初中专任教师学历、职称情况（镇区）""初中专任教师学历、职称情况（乡村）"数据计算而得。

注：普通初中专任教师本科以上学历为初中专任教师中学历在本科及以上教师数占总专任教师数的比例。

全国普通初中专任教师中本科以上学历教师占教师总数的比例，不论是总体合计数据，还是城镇和农村数据，在 2010～2017 年之间的三个年份均呈现明显上升态势。2010 年全国总体合计占比为 64.05%、城镇为 69.27%、农村为 54.82%；2017 年全国总体合计占比为 84.63%，比 2010 年提升 20.58 个百分点，城镇为 85.83%，比 2010 年提升 16.56 个百分点，农村为 78.38%，比 2010 年提升 23.56 个百分点。由此可见，我国普通初中专任教师整体学历水平在不断提高。另外，从城乡差距来看，2010 年全国整体层面的城乡差异为 14.45 个百分点，2017 年为 7.45 个百分点，全国层面的城乡差异有缩小趋势。

各省份比较，全国绝大部分省区在表 6-13 中列示的三年的情况是，普通初中专任教师中本科以上学历教师占总教师数的比例呈现出城镇大于农村的特征，各省份之间及城乡之间都有较大差距，但这种差距在所研究年份有降低趋势。

2010 年总体合计最高省份为上海的 94.49%，最低为河南的 50.75%，极差为 43.74 个百分点，有 17 个省份高于当年全国总体平均水平的 64.05%；城镇最高为上海的 94.52%，最低为贵州的 56.93%，极差为 37.59 个百分点，有 17 个省份高于当年全国城镇平均水平的 69.27%；农村最高为北京的 94.36%，最低为河南的 43.45%，极差为 50.91 个百分点，有 20 个省份高于当年全国农村平均水平的 54.82%。可见 2010 年上海（合计和城镇）和北京（农村）是普通初中专任教师中本科以上学历教师占比最高的省份，河南（合计和农村）和贵州（城镇）是占比最低的省份。

2017 年总体合计数据中最高的为北京的 99.13%，最低为江西的 74.39%，极差为 24.74 个百分点，高于当年全国总体平均值 84.63% 的省份有 18 个；城镇最高的为北京的 99.19%，最低为江西的 75.60%，极差为 23.59 个百分点，高于当年全国城镇平均值 85.83% 的省份有 18 个；农村最高的为上海的 98.77%，最低为新疆的 66.66%，极差为 32.11 个百分点，高于当年全国农村平均值 78.38% 的省份有 22 个。

### 6.2.2.3 初中专任教师本科以上学历比例城乡差异分析

对比发现，初中专任教师本科以上学历比例城乡差异在 2010 年和 2017 年均为城镇高于农村。对比 2017 年和 2010 年的数据可知，全国各个省份的初中专任教师本科以上学历比例城乡差异在 2010～2017 年间均有较大幅度的缩小，表明初中专任教师质量的城乡差距在不断缩小，城乡之间的教育均等化在逐渐实现。

以上对比可以看出北京（合计和城镇）和上海（农村）的普通初中专任教师中本科以上学历教师占比是最高的，而江西（合计和城镇）和新疆（农村）的是最低的。另外，从 2010～2017 年，总体合计、城镇和农村层面的最大值省份与最小值省份之差的都在缩小，间接说明我国初中专任教师本科以上学历比例城乡间的差距总体趋于缩小。

### 6.2.3 全国各省级区域普通初中专任教师职称分析

#### 6.2.3.1 普通初中专任教师中中学一级以上职称教师比例分析

表 6 – 14 反映了全国各省份在 2010 ～ 2017 年间的三个年份普通初中专任教师中中学一级以上职称教师所占比例情况。

**表 6 – 14 全国分地区普通初中专任教师中中学一级以上职称教师比例** 单位：%

| 区域 | 2010 年 | | | 2013 年 | | | 2017 年 | | |
|------|------|------|------|------|------|------|------|------|------|
| | 合计 | 城镇 | 农村 | 合计 | 城镇 | 农村 | 合计 | 城镇 | 农村 |
| 全国 | 54.80 | 58.10 | 48.94 | 59.17 | 61.10 | 51.93 | 61.13 | 62.18 | 55.67 |
| 北京 | 58.69 | 59.79 | 53.07 | 58.72 | 59.03 | 55.08 | 60.95 | 61.41 | 55.70 |
| 天津 | 76.86 | 76.83 | 76.92 | 82.10 | 81.63 | 85.04 | 80.87 | 80.26 | 86.02 |
| 河北 | 56.76 | 59.86 | 51.20 | 62.39 | 63.36 | 58.89 | 62.59 | 63.17 | 60.03 |
| 山西 | 39.04 | 43.75 | 32.49 | 41.41 | 44.05 | 32.68 | 43.31 | 44.95 | 35.76 |
| 内蒙古 | 65.42 | 66.13 | 61.94 | 70.15 | 70.43 | 67.04 | 72.91 | 73.54 | 63.23 |
| 辽宁 | 75.72 | 76.91 | 74.43 | 78.76 | 79.73 | 72.13 | 83.53 | 83.94 | 80.47 |
| 吉林 | 61.63 | 63.94 | 56.76 | 60.71 | 62.66 | 54.21 | 61.64 | 63.24 | 55.62 |
| 黑龙江 | 67.06 | 71.54 | 61.09 | 71.82 | 73.56 | 64.76 | 73.92 | 75.07 | 67.50 |
| 上海 | 65.73 | 65.71 | 80.70 | 64.49 | 64.68 | 57.80 | 63.00 | 63.32 | 52.12 |
| 江苏 | 62.97 | 65.04 | 58.03 | 71.59 | 71.97 | 65.21 | 73.60 | 73.71 | 71.52 |
| 浙江 | 61.10 | 62.38 | 51.52 | 68.94 | 69.65 | 62.43 | 68.96 | 69.39 | 64.78 |
| 安徽 | 53.06 | 55.04 | 50.69 | 54.77 | 54.85 | 54.58 | 54.66 | 54.12 | 56.40 |
| 福建 | 56.60 | 58.10 | 52.41 | 62.04 | 62.34 | 61.15 | 63.99 | 63.78 | 64.94 |
| 江西 | 57.08 | 62.99 | 52.24 | 62.96 | 65.74 | 55.45 | 65.49 | 67.64 | 57.71 |
| 山东 | 58.43 | 59.64 | 56.00 | 60.66 | 60.89 | 59.27 | 57.93 | 58.13 | 56.06 |
| 河南 | 49.86 | 52.92 | 46.57 | 55.74 | 56.64 | 53.47 | 55.27 | 55.50 | 54.52 |
| 湖北 | 69.42 | 71.83 | 66.21 | 72.52 | 73.64 | 67.77 | 72.32 | 72.77 | 69.49 |
| 湖南 | 62.76 | 63.91 | 61.25 | 63.48 | 65.27 | 59.46 | 60.11 | 60.71 | 57.97 |

续表

| 区域 | 2010 年 | | | 2013 年 | | | 2017 年 | | |
|------|------|------|------|------|------|------|------|------|------|
| | 合计 | 城镇 | 农村 | 合计 | 城镇 | 农村 | 合计 | 城镇 | 农村 |
| 广东 | 54.00 | 56.21 | 45.26 | 58.99 | 59.76 | 53.06 | 60.83 | 61.27 | 56.94 |
| 广西 | 54.80 | 56.05 | 49.60 | 63.41 | 63.81 | 61.85 | 64.06 | 64.84 | 59.34 |
| 海南 | 46.59 | 47.01 | 45.20 | 52.52 | 52.89 | 47.27 | 56.32 | 56.97 | 48.98 |
| 重庆 | 45.90 | 48.22 | 36.61 | 48.42 | 49.91 | 36.30 | 57.03 | 57.97 | 46.96 |
| 四川 | 49.58 | 52.99 | 41.07 | 54.67 | 56.75 | 47.64 | 57.93 | 58.81 | 53.81 |
| 贵州 | 36.19 | 41.35 | 28.14 | 42.33 | 46.30 | 34.22 | 53.26 | 55.20 | 43.65 |
| 云南 | 47.92 | 54.27 | 38.27 | 55.02 | 59.74 | 47.04 | 64.37 | 67.28 | 57.55 |
| 西藏 | 24.97 | 25.04 | 15.52 | 39.92 | 39.88 | 40.11 | 51.25 | 51.26 | 51.21 |
| 陕西 | 37.45 | 47.23 | 32.21 | 45.11 | 45.81 | 7.35 | 51.76 | 51.79 | 51.55 |
| 甘肃 | 35.02 | 41.23 | 28.88 | 39.40 | 44.67 | 32.31 | 48.53 | 50.97 | 41.89 |
| 青海 | 65.58 | 67.48 | 62.33 | 64.63 | 65.12 | 63.24 | 59.85 | 60.37 | 57.91 |
| 宁夏 | 53.00 | 59.37 | 39.60 | 49.05 | 53.25 | 32.33 | 52.85 | 55.12 | 41.52 |
| 新疆 | 44.21 | 55.74 | 35.88 | 46.10 | 52.35 | 35.74 | 48.35 | 52.92 | 40.03 |

资料来源：2010 年数据根据《中国教育统计年鉴（2010）》第一部分第八节"各级各类学校分布情况"之表"普通初中专任教师学历、职称情况（总计）""普通初中专任教师学历、职称情况（城市）""普通初中专任教师学历、职称情况（县镇）""普通初中专任教师学历、职称情况（农村）"数据计算而得。2013 年和 2017 年数据根据 2013 年和 2017 年《中国教育统计年鉴》第一部分第八节"各级各类学校分布情况"之表"初中专任教师学历、职称情况（总计）""初中专任教师学历、职称情况（城区）""初中专任教师学历、职称情况（镇区）""初中专任教师学历、职称情况（乡村）"数据计算而得。

注：普通初中专任教师中中学一级以上职称教师比例是指初中专任教师中职称在中学一级及以上教师数占总专任教师数的比例。

全国普通初中专任教师中中学一级以上职称教师占专任教师总数的比例，不论是总体合计数据，还是城镇和农村数据，在 2010~2017 年之间的三个年份均呈现明显上升态势。2010 年全国总体合计占比为 54.80%、城镇为 58.10%、农村为 48.94%。2017 年全国总体合计占比为 61.13%，比 2010 年增长 6.33 个百分点；城镇为 62.18%，比 2010 年增长 4.08 个百分点；农村为 55.67%，比 2010 年增长 6.73 个百分点。可见我国普通初中教师资源的质量在三个年份间为不断上升趋势。

另外，从全国层面城乡差距看，2010 年城镇占比比农村高 9.16 个百分点，2017 年为城镇占比比农村高 6.51 个百分点，城乡间的差距呈缩小趋势。

各省份比较，2010 年总体合计最高为天津的 76.86%，最低为西藏的 24.97%，极差为 51.89 个百分点，有 16 个省份高于当年全国总体平均水平的 54.80%；城镇最高为辽宁的 76.91%，最低为西藏的 25.04%，极差为 51.87 个百分点，有 16 个省份高于当年全国城镇平均水平的 58.10%；农村最高为上海的 80.70%，最低为西藏的 15.52%，极差为 65.18 个百分点，有 18 省份高于当年全国农村平均水平的 48.94%。

2017 年总体合计最高为辽宁的 83.53%，最低为山西的 43.31%，极差为 40.22 个百分点，有 14 个省份高于当年全国总体平均水平的 61.13%；城镇最高为辽宁的 83.94%，最低为山西的 44.95%，极差为 38.99 个百分点，有 14 个省份高于当年全国城镇平均水平的 62.18%；农村最高为天津的 86.02%，最低为山西的 35.76%，极差为 50.26 个百分点，有 18 个省份高于当年全国农村平均水平的 55.67%。

按照城镇高出农村的幅度看，2010~2017 年，全国各省份城乡差距变化总体上趋于平稳且有缩小趋势。值得注意的是，2010 年上海农村初中专任教师中中学一级以上职称比例高出城镇 15 个百分点左右，2017 年天津农村初中专任教师中中学一级以上职称比例高出城镇 5 个百分点左右，其次还有福建和安徽也是农村比例大于城镇，这一现象值得关注。

按城镇和农村内部的极差看，虽然农村的省份间极差大于城镇的省份间极差，但是城镇和农村内部极差的缩小趋势表明地区间优质教师资源的配置情况有所改善。

### 6.2.3.2 普通初中专任教师中中学高级以上职称比例分析

表 6-15 反映了全国各省份在 2010~2017 年间的普通初中专任教师中中学高级以上职称教师所占比例情况。

表 6-15　　全国分地区普通初中专任教师中中学高级以上职称教师比例　　单位：%

| 区域 | 2010 年 | | | 2013 年 | | | 2017 年 | | |
|---|---|---|---|---|---|---|---|---|---|
| | 合计 | 城镇 | 农村 | 合计 | 城镇 | 农村 | 合计 | 城镇 | 农村 |
| 全国 | 12.48 | 14.48 | 8.92 | 16.00 | 17.22 | 11.40 | 18.99 | 19.56 | 16.07 |
| 北京 | 16.79 | 17.71 | 12.06 | 19.61 | 19.90 | 16.22 | 25.06 | 25.34 | 21.88 |
| 天津 | 28.84 | 31.33 | 22.88 | 31.86 | 32.55 | 27.59 | 32.92 | 33.18 | 30.70 |
| 河北 | 10.74 | 12.98 | 6.70 | 15.52 | 16.62 | 11.54 | 18.48 | 18.96 | 16.40 |
| 山西 | 6.35 | 9.11 | 2.51 | 8.26 | 9.68 | 3.56 | 10.55 | 11.47 | 6.29 |
| 内蒙古 | 23.98 | 25.42 | 16.89 | 31.04 | 31.61 | 24.63 | 32.20 | 32.63 | 25.74 |
| 辽宁 | 35.86 | 35.78 | 35.95 | 41.62 | 41.98 | 39.17 | 47.75 | 48.01 | 45.77 |
| 吉林 | 11.47 | 14.12 | 5.90 | 13.07 | 14.62 | 7.90 | 18.81 | 20.04 | 14.18 |
| 黑龙江 | 19.14 | 24.06 | 12.57 | 22.71 | 24.70 | 14.63 | 25.48 | 26.72 | 18.59 |
| 上海 | 11.16 | 11.17 | 5.26 | 11.83 | 11.89 | 9.56 | 11.60 | 11.65 | 9.96 |
| 江苏 | 14.73 | 17.29 | 8.64 | 22.35 | 22.83 | 14.25 | 25.97 | 26.22 | 21.00 |
| 浙江 | 14.34 | 15.36 | 6.72 | 20.66 | 21.51 | 12.88 | 24.16 | 24.88 | 17.23 |
| 安徽 | 13.77 | 15.97 | 11.11 | 16.28 | 17.20 | 14.13 | 17.18 | 17.42 | 16.42 |
| 福建 | 13.80 | 15.20 | 9.88 | 18.28 | 19.17 | 15.64 | 20.94 | 20.95 | 20.89 |
| 江西 | 19.62 | 23.72 | 16.26 | 25.29 | 26.80 | 21.21 | 29.51 | 30.70 | 25.22 |
| 山东 | 13.28 | 14.91 | 9.97 | 14.51 | 14.81 | 12.71 | 14.21 | 14.43 | 12.11 |
| 河南 | 12.30 | 14.86 | 9.53 | 16.27 | 17.31 | 13.65 | 17.14 | 17.58 | 15.66 |
| 湖北 | 13.92 | 18.12 | 8.35 | 17.97 | 19.26 | 12.51 | 20.26 | 21.00 | 15.67 |
| 湖南 | 8.46 | 10.50 | 5.76 | 10.46 | 11.84 | 7.35 | 12.79 | 13.01 | 12.01 |
| 广东 | 6.49 | 7.67 | 1.79 | 9.18 | 9.83 | 4.18 | 11.65 | 12.18 | 6.98 |
| 广西 | 6.32 | 7.28 | 2.34 | 9.69 | 10.49 | 6.61 | 12.55 | 13.04 | 9.54 |
| 海南 | 11.00 | 11.95 | 7.90 | 15.43 | 15.60 | 13.05 | 18.38 | 18.71 | 14.60 |
| 重庆 | 8.97 | 10.07 | 4.60 | 11.28 | 11.83 | 6.84 | 14.90 | 15.29 | 10.69 |
| 四川 | 10.59 | 12.56 | 5.66 | 13.99 | 15.07 | 10.35 | 17.15 | 17.52 | 15.39 |
| 贵州 | 6.61 | 9.17 | 2.63 | 8.82 | 11.06 | 4.25 | 15.81 | 16.58 | 11.98 |
| 云南 | 11.71 | 14.65 | 7.25 | 16.57 | 18.98 | 12.49 | 31.12 | 32.70 | 27.43 |
| 西藏 | 1.93 | 1.94 | 0.00 | 4.03 | 4.44 | 2.09 | 8.59 | 9.10 | 6.09 |

续表

| 区域 | 2010 年 | | | 2013 年 | | | 2017 年 | | |
|------|------|------|------|------|------|------|------|------|------|
| | 合计 | 城镇 | 农村 | 合计 | 城镇 | 农村 | 合计 | 城镇 | 农村 |
| 陕西 | 7.42 | 12.70 | 4.59 | 10.68 | 11.15 | 7.35 | 12.91 | 13.12 | 10.91 |
| 甘肃 | 5.11 | 7.53 | 2.72 | 7.43 | 9.61 | 4.50 | 10.99 | 12.11 | 7.92 |
| 青海 | 20.77 | 23.92 | 15.39 | 24.20 | 25.52 | 20.49 | 22.06 | 22.19 | 21.58 |
| 宁夏 | 16.92 | 19.31 | 11.88 | 17.15 | 18.90 | 10.22 | 19.92 | 20.55 | 16.78 |
| 新疆 | 14.16 | 21.06 | 9.16 | 16.29 | 19.10 | 11.64 | 18.10 | 20.25 | 14.19 |

资料来源：2010 年数据根据《中国教育统计年鉴（2010）》第一部分第八节"各级各类学校分布情况"之表"普通初中专任教师学历、职称情况（总计）""普通初中专任教师学历、职称情况（城市）""普通初中专任教师学历、职称情况（县镇）""普通初中专任教师学历、职称情况（农村）"数据计算而得。2013 年和 2017 年数据根据 2013 年和 2017 年《中国教育统计年鉴》第一部分第八节"各级各类学校分布情况"之表"初中专任教师学历、职称情况（总计）""初中专任教师学历、职称情况（城区）""初中专任教师学历、职称情况（镇区）""初中专任教师学历、职称情况（乡村）"数据计算而得。

注：普通初中专任教师中中学高级以上职称教师比例是指初中专任教师中职称在中学高级及以上教师数占总专任教师数的比例。

全国初中专任教师中中学高级以上职称教师占专任教师总数的比例变化特征是，农村增长快于总体合计增长，总体合计增长快于城镇增长。具体表现为，2010 年总体合计为 12.48%、城镇为 14.48%、农村则为 8.92%，2017 年总体合计为 18.99%、城镇为 19.56%、农村为 16.07%，分别比 2010年提升 6.51 个百分点、5.08 个百分点和 7.15 个百分点。即从数据看，不管是城镇还是农村，在 2010～2017 年之间初中专任教师中优质教师资源的比例在不断上升。另外，从全面平均的城乡差距来看，2010 年城乡差距为 5.56个百分点，2017 年城乡差距为 3.49 个百分点，表明城乡之间优质教师资源的配置不平等情况有所改善。

各省份比较看，绝大部分省份初中专任教师中中学高级以上职称教师占比情况是，城镇高于总体合计，总体合计高于农村，比例总体上呈现上升趋势，各省份之间和城乡之间差距都较大。2010 年总体合计最高为辽宁的35.86%，最低为西藏的 1.93%，极差为 33.93 个百分点，有 16 个省份低于当年全国总体平均水平的 12.48%；城镇最高为辽宁的 35.78%，最低为西藏的 1.94%，极差为 33.84 个百分点，有 15 个省份低于当年全国城镇平均水平

14.48%；农村最高为是辽宁的 35.95%，最低是西藏的 0%，极差为 35.95 个百分点，有 18 个省份低于当年全国农村平均水平的 8.92%。可见辽宁的普通初中专任教师中中学高级以上职称教师占比在总体合计、城镇和农村都是最高的，而西藏则为最低的。

2017 年总体合计最高为辽宁的 47.75%，最低为西藏的 8.59%，极差为 39.16 个百分点，有 18 个省份低于当年全国总体平均水平的 18.99%；城镇最高为辽宁的 48.01%，最低为西藏的 9.10%，极差为 38.91 个百分点，有 16 个省份低于当年全国城镇平均水平的 19.56%；农村最高是辽宁的 45.77%，最低为西藏的 6.09%，极差为 39.68 个百分点，有 17 个省份低于当年全国农村平均水平的 16.07%。与 2010 年一样，辽宁的普通初中专任教师中中学高级以上职称教师占比在合计、城镇和农村都是最高的，而西藏是最低的。总体合计、城镇和农村层面的极差数据均有上升，表明初中教师中最优质的教师资源在省级区域间的分布仍在一定程度上呈现不均衡性。

另外，初中专任教师中学高级以上职称比例城乡差距在 2010 年除辽宁外，均为城镇大于农村，在 2017 年均为城镇大于农村。对比 2017 年和 2010 年的数据可知，全国绝大部分省份的初中专任教师中学高级以上职称比例城乡差距在 2010～2017 年间均有较大幅度的缩小，表明平均来看小学专任教师质量的城乡差距在不断缩小，城乡之间的教育均等化在逐渐实现。

# 6.3　全国各省级区域高中人力资源配置差异分析

本节首先分析全国各省级区域高中专任教师生师比、学历和职称情况，最后分析全国各省级区域普通中学代课教师及兼任教师情况。

## 6.3.1　全国各省级区域高中专任教师生师比分析

### 6.3.1.1　高中专任教师生师比总体分析

全国合计高中专任教师生师比处于逐年下降趋势（见表 6－16），全国总体合计从 2010 年的 15.99 下降到 2017 年的 13.39，下降百分比为 16.26%。

表6-16中所列三个年份，高于当年全国总体平均水平的省份个数分别为14、15和13个。

**表6-16  全国分地区普通高中专任教师生师比**

| 区域 | 2010年 | | | 2013年 | | | 2017年 | | |
|---|---|---|---|---|---|---|---|---|---|
| | 合计 | 城镇 | 农村 | 合计 | 城镇 | 农村 | 合计 | 城镇 | 农村 |
| 全国 | 15.99 | 16.03 | 15.46 | 14.95 | 14.96 | 14.77 | 13.39 | 13.38 | 13.58 |
| 北京 | 10.11 | 10.14 | 9.76 | 9.00 | 9.06 | 7.32 | 7.64 | 7.68 | 6.71 |
| 天津 | 12.49 | 12.32 | 13.76 | 11.24 | 11.18 | 12.99 | 9.91 | 9.90 | 10.81 |
| 河北 | 15.37 | 15.56 | 12.91 | 13.28 | 13.28 | 13.45 | 13.68 | 13.65 | 14.47 |
| 山西 | 15.36 | 15.37 | 15.28 | 14.16 | 14.12 | 14.80 | 11.26 | 11.20 | 12.12 |
| 内蒙古 | 15.81 | 15.83 | 13.45 | 14.94 | 14.95 | 13.32 | 12.22 | 12.19 | 14.47 |
| 辽宁 | 16.01 | 16.06 | 15.26 | 14.10 | 14.07 | 17.08 | 12.26 | 12.24 | 13.06 |
| 吉林 | 17.05 | 17.20 | 10.83 | 16.47 | 16.61 | 6.32 | 13.82 | 13.87 | 10.73 |
| 黑龙江 | 15.15 | 15.25 | 13.99 | 14.03 | 14.06 | 12.85 | 13.11 | 13.10 | 13.42 |
| 上海 | 10.10 | 10.10 | 10.03 | 9.45 | 9.46 | 8.85 | 8.86 | 8.84 | 10.50 |
| 江苏 | 13.81 | 13.78 | 14.14 | 11.41 | 11.40 | 12.34 | 9.96 | 9.94 | 13.14 |
| 浙江 | 14.12 | 14.13 | 13.51 | 12.92 | 12.88 | 13.89 | 11.11 | 11.11 | 11.20 |
| 安徽 | 19.08 | 19.02 | 19.61 | 17.00 | 16.92 | 18.56 | 13.91 | 13.95 | 12.99 |
| 福建 | 13.55 | 13.56 | 13.29 | 12.72 | 12.82 | 11.41 | 12.56 | 12.59 | 11.96 |
| 江西 | 15.78 | 15.85 | 15.12 | 17.62 | 17.57 | 20.71 | 17.35 | 17.26 | 25.03 |
| 山东 | 13.69 | 13.73 | 12.23 | 14.33 | 14.35 | 12.83 | 12.31 | 12.32 | 11.18 |
| 河南 | 18.42 | 18.85 | 12.31 | 17.51 | 17.60 | 13.27 | 16.48 | 16.49 | 16.18 |
| 湖北 | 17.40 | 17.11 | 19.31 | 14.17 | 14.17 | 14.19 | 12.43 | 12.45 | 11.90 |
| 湖南 | 15.02 | 15.23 | 13.48 | 15.44 | 15.44 | 15.51 | 15.12 | 15.06 | 16.86 |
| 广东 | 16.71 | 16.55 | 19.06 | 15.23 | 15.21 | 15.65 | 12.50 | 12.52 | 12.13 |
| 广西 | 17.90 | 17.98 | 11.79 | 17.52 | 17.49 | 17.90 | 17.41 | 17.28 | 19.78 |
| 海南 | 16.89 | 16.86 | 17.43 | 15.65 | 15.64 | 15.69 | 12.84 | 12.84 | 12.74 |
| 重庆 | 19.45 | 19.36 | 21.76 | 17.54 | 17.47 | 20.24 | 15.26 | 15.21 | 16.82 |
| 四川 | 18.21 | 18.19 | 18.67 | 16.85 | 16.92 | 13.85 | 14.50 | 14.54 | 11.98 |

续表

| 区域 | 2010 年 | | | 2013 年 | | | 2017 年 | | |
|---|---|---|---|---|---|---|---|---|---|
| | 合计 | 城镇 | 农村 | 合计 | 城镇 | 农村 | 合计 | 城镇 | 农村 |
| 贵州 | 18.75 | 18.76 | 18.68 | 18.25 | 18.32 | 15.81 | 15.77 | 15.79 | 15.20 |
| 云南 | 15.37 | 15.41 | 14.45 | 15.60 | 15.58 | 15.91 | 14.74 | 14.73 | 15.12 |
| 西藏 | 12.84 | 12.84 | — | 13.72 | 13.87 | 13.24 | 11.33 | 11.37 | 11.27 |
| 陕西 | 17.72 | 18.36 | 15.93 | 15.79 | 15.81 | 15.45 | 13.21 | 13.24 | 11.79 |
| 甘肃 | 17.24 | 17.26 | 17.09 | 15.70 | 15.70 | 15.57 | 12.72 | 12.66 | 14.52 |
| 青海 | 14.27 | 14.52 | 11.83 | 13.64 | 13.60 | 14.55 | 13.62 | 13.53 | 15.33 |
| 宁夏 | 16.07 | 16.04 | 21.48 | 16.51 | 16.57 | 14.97 | 13.65 | 13.65 | — |
| 新疆 | 13.86 | 14.07 | 11.72 | 12.78 | 12.86 | 10.90 | 12.75 | 12.72 | 13.04 |
| 极差率 | 1.93 | 1.92 | 2.23 | 2.03 | 2.02 | 3.28 | 2.28 | 2.25 | 3.73 |
| 变异系数 | 0.15 | 0.15 | 0.22 | 0.16 | 0.16 | 0.22 | 0.17 | 0.17 | 0.24 |

资料来源：2010 年数据根据《中国教育统计年鉴（2010）》第一部分第八节"各级各类学校分布情况"之表"普通高中专任教师学历、职称情况（总计）""普通高中专任教师学历、职称情况（城市）""普通高中专任教师学历、职称情况（县镇）""普通高中专任教师学历、职称情况（农村）""普通高中学生数（总计）""普通高中学生数（城市）""普通高中学生数（县镇）""普通高中学生数（农村）"数据计算而得。2013 年和 2017 年数据根据 2013 年和 2017 年《中国教育统计年鉴》第一部分第八节"各级各类学校分布情况"之表"普通高中专任教师学历、职称情况（总计）""普通高中专任教师学历、职称情况（城区）""普通高中专任教师学历、职称情况（镇区）""普通高中专任教师学历、职称情况（乡村）""普通高中学生数（总计）""普通高中学生数（城区）""普通高中学生数（镇区）""普通高中学生数（乡村）"数据计算而得。

注：（1）表中普通高中专任教师生师比 = 当年普通高中在校生总数/当年普通高中专任教师总数。（2）"—"表示此项无数据。

各省份比较，2010 年总体合计生师比最高的五个省份由高到低排列依次为重庆（19.45/3.46）、安徽（19.08/3.09）、贵州（18.75/2.76）、河南（18.42/2.43）和四川（18.21/2.22）；该项生师比最低的五个省份由低到高排列为上海（10.10/−5.89）、北京（10.11/−5.88）、天津（12.49/−3.50）、西藏（12.84/−3.15）和福建（13.55/−2.44）。2017 年，最高的五个省份由高到低依次是广西（17.41/4.02）、江西（17.35/3.96）、河南（16.48/3.09）、贵州（15.77/2.38）和重庆（15.26/1.87）；最低的五个省份由低到高依次是北京（7.64/−5.75）、上海（8.86/−4.53）、天津（9.91/−3.48）、江苏（9.96/−3.43）和浙江（11.11/−2.28）。总体合计

高中专任教师生师比高的省区倾向在我国西南、华中和华南省份集聚，生师比低的省份大多在华东和西北地区省份。

上海（2010 年）和北京（2013 年和 2017 年）是高中专任教师生师比最低的地区，其变化趋势是 10.10 ↘ 9.00 ↘ 7.64；重庆（2010 年）、贵州（2013）和广西（2017 年）是生师比最高的地区，其变化趋势是 19.45 ↘ 18.25 ↘ 17.41。两者间的极差率变化趋势是 1.93 ↗ 2.03 ↗ 2.28，为上升趋势；变异系数的变化也呈上升趋势 0.15 ↗ 0.16 ↗ 0.17，为持续上升趋势，说明七年间各个省份间的差距总体呈扩大趋势。

### 6.3.1.2　城镇高中专任教师生师比分析

全国城镇普通高中专任教师生师比处于逐年下降趋势（见表 6 - 16），全国城镇从 2010 年的 16.03 持续下降到 2017 年的 13.38，下降幅度为 2.65 个百分点。表 6 - 16 中所示三个年份中，生师比高于全国平均水平的省份个数为 14、15 和 13 个。

各省份比较（见表 6 - 16），2010 年生师比最高的五个省份由高到低排列依次为重庆（19.36/3.33）、安徽（19.02/2.99）、河南（18.85/2.82）、贵州（18.76/2.73）和陕西（18.36/2.33）；生师比最低的五个省份由低到高排列为上海（10.10/ - 5.93）、北京（10.14/ - 5.89）、天津（12.32/ - 3.71）、西藏（12.84/ - 3.19）和福建（13.56/ - 2.47）。2017 年生师比最高的五个省份由高到低排列为广西（17.28/3.90）、江西（17.26/3.88）、河南（16.49/3.11）、贵州（15.79/2.41）和重庆（15.21/1.83）；生师比最低的五个省份由低到高排列为北京（7.68/ - 5.70）、上海（8.84/ - 4.54）、天津（9.90/ - 3.48）、江苏（9.94/ - 3.44）和浙江（11.11/ - 2.27）。城镇高中专任教师生师比高的省份倾向在我国西南、华中和华南省份集聚，生师比低的省份大多在华东和西北地区省份。

表 6 - 16 中所列的三个年份中，上海（2010 年）和北京（2013 年和 2017 年）是生师比最小的省份，其变化趋势是 10.10 ↘ 9.06 ↘ 7.68；重庆（2010 年）、贵州（2013 年）和广西（2017 年）是生师比最大的省份，其变化趋势是 19.36 ↘ 18.32 ↘ 17.28。两者间的极差率变化趋势是 1.92 ↗ 2.02 ↗ 2.25，为持续上升趋势；变异系数的变化趋势是 0.15 ↗ 0.16 ↗ 0.17。表明这几年全国各省份之间的差距稍有扩大。

### 6.3.1.3 农村高中专任教师生师比分析

由表 6－16 可知，全国农村普通高中专任教师生师比处于逐年下降趋势，全国农村从 2010 年的 15.46 下降到 2017 年的 13.58，下降幅度为 1.88 个百分点。表中列示三个年份中，生师比高于全国农村平均水平的省份分别为 10 个、14 个和 11 个。

各省份比较（见表 6－16），2010 年（西藏无数据）农村生师比最高的五个省份由高到低排列依次为重庆（21.76/6.30）、宁夏（21.48/6.02）、安徽（19.61/4.15）、湖北（19.31/3.85）和广东（19.06/3.60）；农村生师比最低的五个省份由低到高排列为北京（9.76/－5.70）、上海（10.03/－5.43）、吉林（10.83/－4.63）、新疆（11.72/－3.74）和广西（11.79/－3.67）。2017 年农村生师比最高的五个省份由高到低排列为江西（25.03/11.45）、广西（19.78/6.20）、湖南（16.86/3.28）、重庆（16.82/3.24）和河南（16.18/2.60）；生师比最低的五个省份由低到高排列为北京（6.71/－6.87）、上海（10.50/－3.08）、吉林（10.73/－2.85）、天津（10.81/－2.77）和山东（11.18/－2.40）。农村高中专任教师生师比高的省份倾向在我国西南、华中省份集聚，生师比低的省份大多出现在华东和东北地区省份。

表 6－16 中所列的三个年份中，北京（2010 年和 2017 年）和吉林（2013 年）是生师比最低的省份，其变化趋势是 9.76 ↘ 6.32 ↗ 6.71；重庆（2010 年）和江西（2013 年和 2017 年）是生师比最高的省份，其变化趋势是 21.76 ↘ 20.71 ↗ 25.03。两者间的极差率变化趋势是 2.23 ↗ 3.28 ↗ 3.73，为持续扩大趋势；变异系数的变化趋势是 0.22→0.22 ↗ 0.24，也呈上升趋势。

分别看各省份生师比变化（表 6－17），在所分析的三个年份中，总体合计普通高中专任教师生师比中，全国有 29 个省份的生师比都处于下降之中，其中七年间下降程度最大的五个省份是安徽（－5.17）、湖北（－4.97）、甘肃（－4.52）、陕西（－4.51）和广东（－4.21），生师比上升的省份有江西（1.57）和湖南（0.10）；城镇普通高中专任教师生师比中，全国有 30 个省份处于下降之中，其中七年间降幅最大的五个省份是陕西（－5.12）、安徽（－5.07）、湖北（－4.66）、甘肃（－4.60）和山西（－4.17），生师比上升的省份仅有江西（1.41）；农村普通高中专任教师生师比中，全国有 19 个

省份的生师比都处于下降之中，其中七年间降幅最大五个省份是湖北
（－7.41）、广东（－6.93）、四川（－6.69）、安徽（－6.62）和重庆
（－4.94），生师比上升的省份有 10 个，其中上升最多的前五个省份是江西
（9.91）、广西（7.99）、河南（3.87）、青海（3.50）和湖南（3.38）。可
见，在总体合计层面和城镇层面大部分省份普通高中生师比状况是处于改善
之中的，而农村层面普通高中专任教师生师比改善程度要相对低得多，农村
高中生师配比状况恶化较严重的省份为江西、广西、河南等省份。

表 6－17　　　　　　　　高中专任教师生师比变化

| 区域 | 合计 | 城镇 | 农村 | 区域 | 合计 | 城镇 | 农村 |
|---|---|---|---|---|---|---|---|
| 全国 | －2.60 | －2.65 | －1.88 | 河南 | －1.94 | －2.36 | 3.87 |
| 北京 | －2.47 | －2.46 | －3.05 | 湖北 | －4.97 | －4.66 | －7.41 |
| 天津 | －2.58 | －2.42 | －2.95 | 湖南 | 0.10 | －0.17 | 3.38 |
| 河北 | －1.69 | －1.91 | 1.56 | 广东 | －4.21 | －4.03 | －6.93 |
| 山西 | －4.10 | －4.17 | －3.16 | 广西 | －0.49 | －0.70 | 7.99 |
| 内蒙古 | －3.59 | －3.64 | 1.02 | 海南 | －4.05 | －4.02 | －4.69 |
| 辽宁 | －3.75 | －3.82 | －2.20 | 重庆 | －4.19 | －4.15 | －4.94 |
| 吉林 | －3.23 | －3.33 | －0.10 | 四川 | －3.71 | －3.65 | －6.69 |
| 黑龙江 | －2.04 | －2.15 | －0.57 | 贵州 | －2.98 | －2.97 | －3.48 |
| 上海 | －1.24 | －1.26 | 0.47 | 云南 | －0.63 | －0.68 | 0.67 |
| 江苏 | －3.85 | －3.84 | －1.00 | 西藏 | －1.51 | －1.47 | — |
| 浙江 | －3.01 | －3.02 | －2.31 | 陕西 | －4.51 | －5.12 | －4.14 |
| 安徽 | －5.17 | －5.07 | －6.62 | 甘肃 | －4.52 | －4.60 | －2.57 |
| 福建 | －0.99 | －0.97 | －1.33 | 青海 | －0.65 | －0.99 | 3.50 |
| 江西 | 1.57 | 1.41 | 9.91 | 宁夏 | －2.42 | －2.39 | — |
| 山东 | －1.38 | －1.41 | －1.05 | 新疆 | －1.11 | －1.35 | 1.32 |

资料来源：根据表 6－16"全国分地区普通高中专任教师生师比"数据计算而得。
注："—"表示此项无数据。

### 6.3.1.4 高中专任教师生师比的城乡差异分析

由表 6-18 可知，2010 年高中专任教师生师比城乡差的全国平均水平为 0.57。分省份看，城镇大于农村的省份有 21 个，其城镇大于农村的省份中城乡差距最大的是河南（6.54），其次是吉林（6.37）和广西（6.19）。全国有宁夏（-5.44）、广东（-2.51）、重庆（-2.40）等 9 个省份的城镇生师比小于农村。

表 6-18                     高中专任教师生师比城乡差距

| | 2010 年 | | | | 2017 年 | | |
|---|---|---|---|---|---|---|---|
| 全国 | 0.57 | 河南 | 6.54 | 全国 | -0.20 | 河南 | 0.31 |
| 北京 | 0.38 | 湖北 | -2.20 | 北京 | 0.97 | 湖北 | 0.55 |
| 天津 | -1.44 | 湖南 | 1.75 | 天津 | -0.91 | 湖南 | -1.80 |
| 河北 | 2.65 | 广东 | -2.51 | 河北 | -0.82 | 广东 | 0.39 |
| 山西 | 0.09 | 广西 | 6.19 | 山西 | -0.92 | 广西 | -2.50 |
| 内蒙古 | 2.38 | 海南 | -0.57 | 内蒙古 | -2.28 | 海南 | 0.10 |
| 辽宁 | 0.80 | 重庆 | -2.40 | 辽宁 | -0.82 | 重庆 | -1.61 |
| 吉林 | 6.37 | 四川 | -0.48 | 吉林 | 3.14 | 四川 | 2.56 |
| 黑龙江 | 1.26 | 贵州 | 0.08 | 黑龙江 | -0.32 | 贵州 | 0.59 |
| 上海 | 0.07 | 云南 | 0.96 | 上海 | -1.66 | 云南 | -0.39 |
| 江苏 | -0.36 | 西藏 | — | 江苏 | -3.20 | 西藏 | 0.10 |
| 浙江 | 0.62 | 陕西 | 2.43 | 浙江 | -0.09 | 陕西 | 1.45 |
| 安徽 | -0.59 | 甘肃 | 0.17 | 安徽 | 0.96 | 甘肃 | -1.86 |
| 福建 | 0.27 | 青海 | 2.69 | 福建 | 0.63 | 青海 | -1.80 |
| 江西 | 0.73 | 宁夏 | -5.44 | 江西 | -7.77 | 宁夏 | — |
| 山东 | 1.50 | 新疆 | 2.35 | 山东 | 1.14 | 新疆 | -0.32 |

资料来源：根据表 6-16 "全国分地区普通高中专任教师生师比" 数据计算而得。
注："—"表示此项无数据。

2017 年普通高中专任教师生师比城乡差的全国平均水平为 -0.20。分省份看，城镇生师比大于农村的省份有 13 个，其中城镇大于农村的省份中城乡差最大的是吉林（3.14），其次是四川（2.56）和陕西（1.45），城镇生师比小于农村的省份有 17 个，其中城镇小于农村的省区中城乡差最大的是江西（−7.77），其次是江苏（−3.20）和广西（−2.50）。和 2010 年相比，各省份总体城乡差由正转负，说明城镇教师资源的配置情况在逐步改善，农村教师资源的配置情况则相对变差。

## 6.3.2　全国各省级区域普通高中专任教师学历分析

表 6−19 反映了全国各省份在 2010～2017 年三个年份的普通高中专任教师学历达标情况。从表 6−19 中数据可知，全国普通高中专任教师学历达标率不论是总体合计数据，还是城镇和农村数据，均处于上升状态中。全国 2010 年总体合计、城镇和农村分别为 94.81%、95.05% 和 91.50%，2017 年合计、城镇和农村分为 98.15%、98.17% 和 97.41%，三个年份三个层面达标率的增长幅度分别为 3.34 个百分点，3.12 个百分点和 5.91 个百分点。另外，从城乡差距角度看，2010 年城乡差距为 3.55 个百分点，2017 年为 0.76 个百分点，可见全国普通高中专任教师学历达标率的城乡差距是不断缩小的。

表 6−19　　　　　全国分地区普通高中专任教师学历达标率　　　　单位：%

| 区域 | 2010 年 | | | 2013 年 | | | 2017 年 | | |
|---|---|---|---|---|---|---|---|---|---|
| | 合计 | 城镇 | 农村 | 合计 | 城镇 | 农村 | 合计 | 城镇 | 农村 |
| 全国 | 94.81 | 95.05 | 91.50 | 96.80 | 96.85 | 95.60 | 98.15 | 98.17 | 97.41 |
| 北京 | 98.91 | 98.88 | 99.48 | 99.44 | 99.43 | 99.72 | 99.89 | 99.89 | 100.00 |
| 天津 | 97.60 | 97.51 | 98.28 | 98.67 | 98.65 | 99.33 | 99.43 | 99.43 | 99.36 |
| 河北 | 94.38 | 94.68 | 90.64 | 96.70 | 96.69 | 97.10 | 97.71 | 97.72 | 97.32 |
| 山西 | 94.04 | 94.50 | 87.51 | 95.91 | 96.12 | 92.48 | 97.72 | 97.84 | 95.91 |
| 内蒙古 | 94.18 | 94.22 | 89.77 | 96.71 | 96.70 | 98.65 | 98.11 | 98.18 | 93.56 |
| 辽宁 | 97.64 | 97.64 | 97.67 | 98.38 | 98.37 | 99.17 | 98.79 | 98.83 | 96.88 |
| 吉林 | 97.55 | 97.62 | 95.04 | 98.11 | 98.15 | 95.66 | 99.08 | 99.11 | 97.19 |
| 黑龙江 | 95.46 | 95.28 | 97.57 | 97.65 | 97.69 | 95.49 | 98.75 | 98.74 | 99.16 |
| 上海 | 99.64 | 99.64 | 97.50 | 99.60 | 99.61 | 99.15 | 99.91 | 99.92 | 99.03 |
| 江苏 | 97.50 | 97.69 | 95.45 | 98.93 | 98.94 | 97.52 | 99.57 | 99.57 | 100.00 |

续表

| 区域 | 2010 年 | | | 2013 年 | | | 2017 年 | | |
|------|------|------|------|------|------|------|------|------|------|
| | 合计 | 城镇 | 农村 | 合计 | 城镇 | 农村 | 合计 | 城镇 | 农村 |
| 浙江 | 98.54 | 98.56 | 97.54 | 99.09 | 99.11 | 98.74 | 99.51 | 99.53 | 99.16 |
| 安徽 | 94.35 | 94.57 | 92.38 | 97.33 | 97.33 | 97.26 | 98.33 | 98.36 | 97.67 |
| 福建 | 94.63 | 94.77 | 92.33 | 96.68 | 96.71 | 96.26 | 97.94 | 97.91 | 98.53 |
| 江西 | 88.29 | 89.33 | 77.32 | 92.29 | 92.45 | 82.80 | 93.91 | 93.93 | 91.65 |
| 山东 | 96.91 | 96.92 | 96.43 | 98.10 | 98.14 | 94.54 | 99.08 | 99.07 | 99.34 |
| 河南 | 94.99 | 95.22 | 91.75 | 96.46 | 96.44 | 97.44 | 97.56 | 97.58 | 96.89 |
| 湖北 | 93.42 | 94.08 | 88.94 | 96.03 | 96.06 | 95.47 | 97.69 | 97.76 | 95.28 |
| 湖南 | 96.02 | 96.19 | 94.75 | 97.35 | 97.32 | 97.92 | 97.78 | 97.79 | 97.44 |
| 广东 | 94.38 | 94.78 | 88.51 | 96.19 | 96.27 | 94.64 | 99.02 | 99.01 | 99.34 |
| 广西 | 93.44 | 93.42 | 95.05 | 96.60 | 96.69 | 95.14 | 97.65 | 97.85 | 93.89 |
| 海南 | 91.96 | 92.29 | 85.49 | 95.61 | 95.53 | 98.65 | 97.31 | 97.16 | 99.41 |
| 重庆 | 95.37 | 95.42 | 94.17 | 97.53 | 97.59 | 95.22 | 98.34 | 98.42 | 95.99 |
| 四川 | 93.54 | 93.68 | 87.44 | 96.22 | 96.29 | 93.08 | 97.77 | 97.79 | 96.89 |
| 贵州 | 92.71 | 92.86 | 88.69 | 95.97 | 95.96 | 96.30 | 97.55 | 97.61 | 95.41 |
| 云南 | 96.13 | 96.19 | 94.65 | 97.22 | 97.24 | 96.65 | 98.28 | 98.26 | 98.75 |
| 西藏 | 95.02 | 95.02 | — | 97.75 | 98.18 | 96.44 | 98.46 | 98.81 | 97.93 |
| 陕西 | 93.59 | 93.97 | 92.52 | 96.48 | 96.44 | 97.32 | 98.96 | 98.95 | 99.23 |
| 甘肃 | 89.15 | 89.41 | 85.65 | 93.57 | 93.59 | 93.10 | 95.68 | 95.66 | 96.29 |
| 青海 | 87.11 | 86.88 | 89.34 | 90.78 | 90.83 | 89.49 | 95.45 | 95.44 | 95.54 |
| 宁夏 | 96.40 | 96.40 | 95.45 | 96.81 | 96.86 | 95.48 | 98.52 | 98.52 | — |
| 新疆 | 89.29 | 89.96 | 82.21 | 93.43 | 93.55 | 90.52 | 97.19 | 97.26 | 96.37 |

资料来源：2010 年数据根据《中国教育统计年鉴（2010）》第一部分第八节"各级各类学校分布情况"之表"普通高中专任教师学历、职称情况（总计）""普通高中专任教师学历、职称情况（城市）""普通高中专任教师学历、职称情况（县镇）""普通高中专任教师学历、职称情况（农村）"数据计算而得。2013 年和 2017 年数据根据 2013 年和 2017 年《中国教育统计年鉴》第一部分第八节"各级各类学校分布情况"之表"普通高中专任教师学历、职称情况（总计）""普通高中专任教师学历、职称情况（城区）""普通高中专任教师学历、职称情况（镇区）""普通高中专任教师学历、职称情况（乡村）"数据计算而得。

注：（1）普通高中专任教师学历达标率是指高中专任教师中学历在本科及其以上教师数占总专任教师数的比例。（2）"—"表示此项无数据。

各省份比较看，普通高中专任教师学历达标率无论是总体合计、城镇还是农村，绝大部分在80%以上，并且城镇高于农村。省份之间差异较大，但省际差距有缩小趋势，城乡差距也有缩小趋势。如2010年总体合计最高为上海的99.64%，最低为青海的87.11%，极差为12.53个百分点，有15个省份高于当年全国总体平均水平的94.81%；城镇最高为上海市的99.64%，最低为青海的86.88%，极差为12.76个百分点，有14个省份高于当年全国城镇平均水平的95.05%；农村（西藏数据缺失）最高为北京的99.48%，最低为江西的77.32%，极差为22.16个百分点，有18个省份高于当年全国农村平均水平的91.50%；城乡差距大于5个百分点的省份有7个，城乡差距最大的为江西的12.01%。2017年总体合计最高为上海的99.91%，最低为江西的93.91%，极差为6.00个百分点，有16个省份高于当年全国总体平均水平的98.15%；城镇最高为上海的99.92%，最低为江西的93.93%，极差为5.99个百分点，有17个省份高于当年全国城镇平均水平的98.17%；农村最高为北京和江苏的100%，最低为江西的91.65%，极差为8.35个百分点，有15个省份高于当年全国农村平均水平的97.41%。即普通高中教师学历达标率在总体合计、城镇和农村层面的省份间差距都在减小，城乡差距也在逐渐缩小。

### 6.3.3　全国各省级区域普通高中专任教师职称分析

#### 6.3.3.1　普通高中专任教师中中学一级以上职称教师比例分析

表6-20反映了全国各省份在2010～2017年间普通高中专任教师中中学一级以上职称教师所占比例情况。

全国普通高中专任教师中中学一级以上职称教师占专任教师总数的比例（见表6-20），不论是总体合计还是城镇和农村数据，在2010～2017年之间的三个年份均呈现持续上升态势。2010年全国总体合计占比为59.37%、城镇为59.90%、农村为52.30%；2017年全国总体合计占比为64.08%、城镇为64.43%、农村为53.68%。七年间总体合计、城镇和农村增幅分别为4.71个百分点、4.53个百分点和1.38个百分点。即我国普通高中专任教师的师资总体质量在不断提高。从总体城乡差距看，2010年全国普通高中专任教师中中学一级以上职称教师占比城乡差距为 7.60 个百分点，2017 年为 10.75 个百分点，可见城乡差距有扩大趋势，即高中优质教师资源配置情况是偏向城镇的。

**表 6-20　全国分地区普通高中专任教师中中学一级以上职称教师比例** 单位：%

| 区域 | 2010 年 | | | 2013 年 | | | 2017 年 | | |
|---|---|---|---|---|---|---|---|---|---|
| | 合计 | 城镇 | 农村 | 合计 | 城镇 | 农村 | 合计 | 城镇 | 农村 |
| 全国 | 59.37 | 59.90 | 52.30 | 62.55 | 62.85 | 53.92 | 64.08 | 64.43 | 53.68 |
| 北京 | 66.02 | 67.12 | 48.45 | 67.78 | 68.12 | 58.23 | 70.38 | 70.44 | 60.17 |
| 天津 | 73.86 | 73.83 | 74.08 | 81.35 | 81.17 | 87.42 | 80.08 | 80.11 | 78.85 |
| 河北 | 56.39 | 56.69 | 52.64 | 62.73 | 63.01 | 55.67 | 66.08 | 66.26 | 60.72 |
| 山西 | 45.42 | 46.38 | 31.97 | 47.68 | 48.12 | 40.72 | 50.50 | 51.34 | 37.67 |
| 内蒙古 | 61.78 | 61.70 | 70.63 | 65.56 | 65.62 | 56.76 | 67.86 | 67.89 | 66.10 |
| 辽宁 | 64.90 | 64.44 | 71.65 | 71.67 | 71.90 | 53.59 | 76.14 | 76.31 | 69.49 |
| 吉林 | 66.07 | 66.05 | 66.92 | 68.55 | 68.50 | 72.09 | 68.80 | 69.00 | 55.27 |
| 黑龙江 | 64.30 | 64.88 | 57.65 | 69.62 | 69.80 | 60.45 | 73.30 | 73.67 | 52.09 |
| 上海 | 76.69 | 76.73 | 62.50 | 79.23 | 79.25 | 78.30 | 74.41 | 74.47 | 69.42 |
| 江苏 | 62.36 | 62.95 | 56.11 | 72.70 | 72.76 | 62.40 | 77.84 | 77.86 | 75.64 |
| 浙江 | 65.67 | 65.87 | 56.33 | 69.34 | 69.58 | 63.51 | 69.55 | 69.91 | 61.90 |
| 安徽 | 58.05 | 58.85 | 50.75 | 61.74 | 62.44 | 46.94 | 64.86 | 65.42 | 49.96 |
| 福建 | 61.94 | 62.58 | 51.39 | 65.55 | 66.06 | 58.89 | 69.51 | 69.87 | 61.56 |
| 江西 | 66.77 | 67.55 | 58.54 | 69.95 | 70.33 | 47.03 | 66.92 | 67.32 | 34.55 |
| 山东 | 53.18 | 53.04 | 57.80 | 57.34 | 57.47 | 47.00 | 58.96 | 59.12 | 45.80 |
| 河南 | 50.38 | 50.48 | 48.98 | 55.14 | 55.33 | 45.79 | 55.41 | 55.61 | 46.79 |
| 湖北 | 65.77 | 66.98 | 57.59 | 70.02 | 70.38 | 62.51 | 74.58 | 74.90 | 64.10 |
| 湖南 | 70.23 | 71.18 | 63.16 | 71.16 | 71.45 | 65.07 | 67.39 | 67.50 | 64.45 |
| 广东 | 58.78 | 59.46 | 48.73 | 61.91 | 62.14 | 57.50 | 64.47 | 64.56 | 62.79 |
| 广西 | 60.59 | 60.75 | 47.24 | 62.99 | 63.63 | 53.40 | 60.17 | 60.30 | 57.77 |
| 海南 | 55.46 | 55.43 | 56.04 | 59.23 | 58.93 | 70.27 | 60.80 | 61.04 | 57.13 |
| 重庆 | 55.74 | 56.10 | 46.28 | 54.04 | 54.40 | 41.17 | 60.51 | 60.84 | 50.67 |

| 区域 | 2010 年 | | | 2013 年 | | | 2017 年 | | |
|---|---|---|---|---|---|---|---|---|---|
| | 合计 | 城镇 | 农村 | 合计 | 城镇 | 农村 | 合计 | 城镇 | 农村 |
| 四川 | 62.68 | 62.79 | 58.08 | 64.33 | 64.25 | 68.04 | 67.70 | 67.73 | 66.03 |
| 贵州 | 56.07 | 56.17 | 53.29 | 50.39 | 50.59 | 43.48 | 50.93 | 51.16 | 41.99 |
| 云南 | 54.84 | 55.37 | 40.94 | 59.03 | 59.18 | 55.75 | 60.85 | 61.61 | 44.67 |
| 西藏 | 41.19 | 41.19 | — | 47.97 | 51.95 | 35.81 | 49.64 | 57.35 | 38.06 |
| 陕西 | 52.05 | 55.90 | 41.43 | 54.88 | 55.08 | 50.66 | 59.92 | 59.89 | 60.94 |
| 甘肃 | 48.56 | 49.40 | 36.95 | 49.94 | 50.34 | 40.61 | 57.79 | 57.90 | 54.81 |
| 青海 | 71.31 | 73.30 | 52.49 | 66.67 | 66.57 | 69.65 | 58.45 | 58.54 | 56.90 |
| 宁夏 | 61.11 | 61.00 | 84.09 | 56.02 | 57.49 | 12.95 | 57.05 | 57.05 | — |
| 新疆 | 58.52 | 59.09 | 52.48 | 53.62 | 54.27 | 38.06 | 46.04 | 47.61 | 27.47 |

资料来源：2010 年数据根据《中国教育统计年鉴（2010）》第一部分第八节"各级各类学校分布情况"之表"普通高中专任教师学历、职称情况（总计）""普通高中专任教师学历、职称情况（城市）""普通高中专任教师学历、职称情况（县镇）""普通高中专任教师学历、职称情况（农村）"数据计算而得。2013 年和 2017 年数据根据 2013 年和 2017 年《中国教育统计年鉴》第一部分第八节"各级各类学校分布情况"之表"普通高中专任教师学历、职称情况（总计）""普通高中专任教师学历、职称情况（城区）""普通高中专任教师学历、职称情况（镇区）""普通高中专任教师学历、职称情况（乡村）"数据计算而得。

注：（1）普通高中专任教师中中学一级以上职称教师比例为高中专任教师中职称在中学一级及其以上教师数占总专任教师数的比例。（2）"—"表示此项无数据。

各省份比较来看，绝大部分省份普通高中专任教师中中学一级以上职称教师占比情况是城镇高于农村，不少省份呈现逐年上升趋势。2010 年城乡差距大于 10 个百分点的省份有 10 个，城乡差距最大的地区是青海，差距为 20.81 个百分点，农村比城镇高的省份仅有 7 个；2010 年总体合计最高为上海的 76.69%，最低为西藏的 41.19%，极差为 35.50 个百分点，有 17 个省份高于全国平均水平 59.37%；城镇最高为上海的 76.73%，最低为西藏的 41.19%，极差为 35.54 个百分点，有 17 个省份高于全国平均水平的 59.90%；农村最高为宁夏的 84.09%，最低为山西的 31.97%，极差为 52.12 个百分点，有 19 个省份高于全国平均水平的 52.30%。

2017 年城乡差距大于 10 个百分点的省份有 10 个，城乡差距最大的地区为江西，差距为 32.77 个百分点，农村比城镇高的地区仅有 1 个；2017 年总体合计最大为天津的 80.08%，最小为新疆的 46.04%，极差为 34.04 个百分点，有 17 个省份高于全国平均水平的 64.08%；城镇最大仍为天津的 80.11%，最小为新疆的 47.61%，极差为 32.50 个百分点，有 17 个省份高于全国平均水平 64.43%；农村最大为天津的 78.85%，最小为新疆的 27.47%，极差为 51.38 个百分点，有 19 个省份高于全国平均水平的 53.68%。

虽然最大值和最小值之间的极差在总体合计、城镇和农村层面都有小幅缩小趋势，但从各省份平均来看大部分省份城乡差距有扩大趋势，城乡差距形势依然严峻。

### 6.3.3.2 普通高中专任教师中中学高级以上职称比例分析

全国高中专任教师中中学高级以上职称教师占专任教师总数的比例（见表 6-21），在表中所示三个年份中都有城镇大于农村的特征，并且在总体合计、城镇和农村层面都有上升趋势。在 2010 年总体合计占比数据为 24.39%、城镇为 24.99%、农村为 16.45%，2017 年总体合计占比数据为 27.68%、城镇为 27.93%、农村为 20.17%，总体合计、城镇和农村的增幅分别为 3.29 个百分点、2.94 个百分点和 3.72 个百分点。表明我国高中优质教师资源的比例在提高，教师资源的整体质量在不断上升。从总体城乡差距来看，2010 年总体城乡差距为 8.54 个百分点，2017 年城乡差距为 7.76 个百分点，城乡间的差距有缩小趋势。

**表 6-21　　全国分地区普通高中专任教师中中学高级以上职称教师比例**　　单位：%

| 区域 | 2010 年 | | | 2013 年 | | | 2017 年 | | |
|---|---|---|---|---|---|---|---|---|---|
| | 合计 | 城镇 | 农村 | 合计 | 城镇 | 农村 | 合计 | 城镇 | 农村 |
| 全国 | 24.39 | 24.99 | 16.45 | 26.41 | 26.70 | 18.23 | 27.68 | 27.93 | 20.17 |
| 北京 | 32.31 | 33.04 | 20.78 | 35.34 | 35.68 | 25.46 | 39.26 | 39.33 | 28.75 |
| 天津 | 36.06 | 37.20 | 27.75 | 37.37 | 37.49 | 33.03 | 37.37 | 37.51 | 30.45 |
| 河北 | 19.05 | 19.53 | 12.96 | 23.36 | 23.46 | 20.72 | 25.13 | 25.31 | 19.84 |
| 山西 | 17.69 | 18.28 | 9.36 | 18.88 | 19.19 | 14.01 | 19.79 | 20.21 | 13.23 |
| 内蒙古 | 30.83 | 30.77 | 36.96 | 33.58 | 33.62 | 27.48 | 32.57 | 32.66 | 26.70 |
| 辽宁 | 33.25 | 33.10 | 35.54 | 37.48 | 37.65 | 24.04 | 40.69 | 40.85 | 34.03 |
| 吉林 | 24.76 | 25.03 | 13.68 | 26.43 | 26.54 | 18.16 | 28.41 | 28.60 | 15.22 |

续表

| 区域 | 2010 年 | | | 2013 年 | | | 2017 年 | | |
|---|---|---|---|---|---|---|---|---|---|
| | 合计 | 城镇 | 农村 | 合计 | 城镇 | 农村 | 合计 | 城镇 | 农村 |
| 黑龙江 | 30.73 | 31.13 | 26.17 | 33.11 | 33.13 | 32.04 | 32.70 | 32.82 | 25.84 |
| 上海 | 31.66 | 31.70 | 17.50 | 32.33 | 32.31 | 33.62 | 30.43 | 30.42 | 31.55 |
| 江苏 | 26.66 | 27.61 | 16.66 | 32.69 | 32.73 | 26.53 | 38.63 | 38.66 | 34.07 |
| 浙江 | 27.25 | 27.44 | 18.42 | 30.93 | 31.27 | 22.81 | 34.14 | 34.49 | 26.65 |
| 安徽 | 27.00 | 27.80 | 19.67 | 28.34 | 28.81 | 18.50 | 30.02 | 30.40 | 19.87 |
| 福建 | 24.86 | 25.45 | 15.23 | 29.24 | 29.99 | 19.37 | 31.31 | 31.69 | 22.70 |
| 江西 | 32.11 | 32.86 | 24.26 | 35.47 | 35.75 | 18.56 | 36.73 | 36.95 | 19.18 |
| 山东 | 20.40 | 20.50 | 17.15 | 21.33 | 21.38 | 17.04 | 21.31 | 21.40 | 14.21 |
| 河南 | 19.10 | 19.73 | 10.15 | 22.35 | 22.45 | 17.49 | 22.17 | 22.27 | 17.77 |
| 湖北 | 28.68 | 30.34 | 17.42 | 31.02 | 31.57 | 19.65 | 33.40 | 33.64 | 25.51 |
| 湖南 | 27.18 | 28.49 | 17.46 | 28.80 | 29.17 | 20.99 | 29.35 | 29.49 | 25.63 |
| 广东 | 20.10 | 20.80 | 9.84 | 21.46 | 21.87 | 13.68 | 22.44 | 22.62 | 19.09 |
| 广西 | 18.54 | 18.69 | 6.86 | 20.57 | 21.10 | 12.56 | 21.17 | 21.22 | 20.24 |
| 海南 | 25.60 | 25.75 | 22.64 | 26.11 | 25.64 | 43.92 | 27.06 | 27.01 | 27.79 |
| 重庆 | 22.47 | 22.69 | 16.64 | 20.78 | 21.05 | 11.32 | 24.73 | 24.83 | 21.92 |
| 四川 | 27.07 | 27.29 | 17.98 | 27.77 | 27.80 | 26.53 | 30.66 | 30.71 | 27.70 |
| 贵州 | 22.94 | 22.90 | 24.10 | 20.57 | 20.70 | 16.23 | 21.73 | 21.80 | 19.15 |
| 云南 | 25.11 | 25.55 | 13.44 | 27.96 | 28.16 | 23.40 | 30.25 | 30.82 | 18.22 |
| 西藏 | 8.17 | 8.17 | — | 10.00 | 11.42 | 5.65 | 14.84 | 18.75 | 8.97 |
| 陕西 | 20.39 | 22.84 | 13.63 | 22.37 | 22.56 | 18.34 | 23.96 | 24.02 | 21.50 |
| 甘肃 | 16.81 | 17.45 | 7.93 | 17.42 | 17.72 | 10.52 | 20.44 | 20.56 | 17.23 |
| 青海 | 33.71 | 35.54 | 16.34 | 32.70 | 33.03 | 22.96 | 26.83 | 27.06 | 22.72 |
| 宁夏 | 29.29 | 29.32 | 22.73 | 27.93 | 28.73 | 4.82 | 27.46 | 27.46 | — |
| 新疆 | 27.85 | 28.55 | 20.38 | 26.52 | 26.96 | 16.04 | 21.75 | 22.63 | 11.34 |

资料来源：2010 年数据根据《中国教育统计年鉴（2010）》第一部分第八节"各级各类学校分布情况"之表"普通高中专任教师学历、职称情况（总计）""普通高中专任教师学历、职称情况（城市）""普通高中专任教师学历、职称情况（县镇）""普通高中专任教师学历、职称情况（农村）"数据计算而得。2013 年和 2017 年数据根据 2013 年和 2017 年《中国教育统计年鉴》第一部分第八节"各级各类学校分布情况"之表"普通高中专任教师学历、职称情况（总计）""普通高中专任教师学历、职称情况（城区）""普通高中专任教师学历、职称情况（镇区）""普通高中专任教师学历、职称情况（乡村）"数据计算而得。

注：（1）普通高中专任教师中中学高级以上职称教师比例是指高中专任教师中职称在中学高级及其以上教师数占总专任教师数的比例。（2）"—"表示此项无数据。

各省份比较看（见表6-21），绝大部分省区高中专任教师中中学高级以上职称教师占比总体比率较低，极少超过40%的。基本是城镇高于农村，比例总体上呈现上升趋势，各省份之间和城乡之间差距都较大。2010年全国（西藏数据缺失）有19个省份高于平均城乡差距（2010年全国城镇比农村高出的8.54个百分点），2010年城乡差距最大的省份为青海，城镇高于农村19.20个百分点，仅有贵州、辽宁和内蒙古的城镇占比低于农村。2010年总体合计最高为天津的36.06%，最低为西藏的8.17%，极差为27.89个百分点，有11个省份低于当年全国总体平均水平的24.39%；城镇最高仍为天津的37.20%，最低仍为西藏的8.17%，极差为29.03个百分点，有11个省份低于当年全国城镇平均水平的24.99%；除去西藏外，农村最高为内蒙古的36.96%，最低为广西的6.86%，极差为30.10个百分点，有11个省份低于当年全国农村平均水平的16.45%。可见天津（总体合计和城镇）和内蒙古（农村）的普通高中专任教师中中学高级以上职称教师占比是最高的，而西藏（总体合计和城镇）和广西（农村）则为最低的。

2017年有28个省份城镇高于农村，有10个省份高于平均城乡差距（2017年全国城镇比农村平均高出7.76个百分点），有6个省份城镇高出农村10个百分点以上，2017年城乡差距最大的省份为江西的17.77%，仅有上海和海南的城镇比率低于农村比率。2017年总体合计最高为辽宁的40.69%，最小为西藏的14.84%，极差为25.85个百分点，有15个省份低于当年全国总体平均水平的27.68%；城镇最高为辽宁的40.85%，最低为西藏的18.75%，极差为22.10个百分点，有15个省份低于当年全国城镇平均水平27.93%；农村最高为江苏的34.07%，最低为西藏的8.97%，极差为25.10个百分点，有13个省份低于当年全国农村平均水平的20.17%。辽宁（合计和城镇）和江苏（农村）的普通高中专任教师中中学高级以上职称教师占比是最高的，而西藏是最低的。

### 6.3.4　全国各省级区域普通中学代课教师及兼任教师分析

除了专任教师以外，全国的普通中学还存在一定数量的代课教师和兼任教师，其数量占总计教师数（教职工数与代课教师及兼任教师数之和）的比例情况如表6-22所示。

表 6 - 22　全国分地区普通中学代课教师及兼任教师数占总计教师数的比例　单位：%

| 区域 | 2010 年 | | | 2013 年 | | | 2017 年 | | |
|---|---|---|---|---|---|---|---|---|---|
| | 合计 | 城镇 | 农村 | 合计 | 城镇 | 农村 | 合计 | 城镇 | 农村 |
| 全国 | 1.88 | 1.91 | 1.81 | 1.60 | 1.57 | 1.78 | 1.25 | 1.23 | 1.43 |
| 北京 | 1.53 | 1.71 | 0.28 | 1.32 | 1.39 | 0.36 | 1.36 | 1.45 | 0.10 |
| 天津 | 1.40 | 1.73 | 0.14 | 1.91 | 1.85 | 2.49 | 1.41 | 1.50 | 0.29 |
| 河北 | 3.25 | 2.93 | 4.15 | 2.75 | 2.45 | 4.43 | 1.04 | 1.08 | 0.79 |
| 山西 | 7.09 | 7.54 | 6.01 | 6.49 | 6.25 | 7.57 | 4.16 | 4.33 | 3.21 |
| 内蒙古 | 2.60 | 2.58 | 2.78 | 2.57 | 2.67 | 1.29 | 0.78 | 0.78 | 0.88 |
| 辽宁 | 0.51 | 0.41 | 0.68 | 0.17 | 0.17 | 0.15 | 0.07 | 0.07 | 0.10 |
| 吉林 | 1.42 | 1.63 | 0.73 | 1.09 | 1.16 | 0.83 | 0.80 | 0.89 | 0.42 |
| 黑龙江 | 1.29 | 1.22 | 1.42 | 0.96 | 0.98 | 0.83 | 1.02 | 0.91 | 1.74 |
| 上海 | 1.61 | 1.61 | 0 | 1.47 | 1.49 | 0.77 | 0.72 | 0.72 | 0.51 |
| 江苏 | 0.65 | 0.73 | 0.41 | 0.44 | 0.45 | 0.20 | 0.78 | 0.81 | 0.24 |
| 浙江 | 0.56 | 0.54 | 0.81 | 0.60 | 0.55 | 1.15 | 0.17 | 0.19 | 0.02 |
| 安徽 | 3.25 | 4.00 | 1.80 | 1.90 | 2.12 | 1.12 | 1.65 | 1.77 | 1.12 |
| 福建 | 0.87 | 0.85 | 0.97 | 0.84 | 0.88 | 0.65 | 1.20 | 1.23 | 1.05 |
| 江西 | 1.44 | 1.49 | 1.38 | 1.23 | 1.19 | 1.43 | 0.71 | 0.73 | 0.59 |
| 山东 | 1.16 | 1.13 | 1.27 | 0.63 | 0.66 | 0.40 | 0.69 | 0.70 | 0.61 |
| 河南 | 2.58 | 3.18 | 1.48 | 3.14 | 3.50 | 1.68 | 3.65 | 3.74 | 3.22 |
| 湖北 | 3.16 | 3.10 | 3.28 | 2.16 | 2.15 | 2.25 | 1.60 | 1.60 | 1.55 |
| 湖南 | 0.93 | 1.05 | 0.67 | 1.23 | 1.31 | 0.98 | 1.18 | 1.12 | 1.49 |
| 广东 | 1.49 | 1.48 | 1.57 | 0.67 | 0.71 | 0.19 | 0.16 | 0.16 | 0.19 |
| 广西 | 1.61 | 1.58 | 1.83 | 1.22 | 1.23 | 1.15 | 1.09 | 1.13 | 0.81 |
| 海南 | 3.27 | 3.66 | 1.55 | 2.47 | 2.47 | 2.47 | 2.67 | 2.69 | 2.51 |
| 重庆 | 1.00 | 0.91 | 1.55 | 0.95 | 0.93 | 1.16 | 0.83 | 0.63 | 3.31 |
| 四川 | 1.38 | 1.32 | 1.62 | 1.29 | 1.08 | 2.08 | 1.31 | 1.14 | 2.14 |
| 贵州 | 0.97 | 0.96 | 0.99 | 2.79 | 2.02 | 5.07 | 0.61 | 0.61 | 0.57 |

续表

| 区域 | 2010 年 | | | 2013 年 | | | 2017 年 | | |
|---|---|---|---|---|---|---|---|---|---|
| | 合计 | 城镇 | 农村 | 合计 | 城镇 | 农村 | 合计 | 城镇 | 农村 |
| 云南 | 0.42 | 0.30 | 0.71 | 0.47 | 0.41 | 0.65 | 0.40 | 0.33 | 0.64 |
| 西藏 | 0.18 | 0.18 | 0 | 0.83 | 1.03 | 0 | 0.05 | 0.07 | 0.00 |
| 陕西 | 1.90 | 1.92 | 1.87 | 2.09 | 2.07 | 2.34 | 0.98 | 1.03 | 0.38 |
| 甘肃 | 2.09 | 1.96 | 2.33 | 1.21 | 1.03 | 1.63 | 1.74 | 1.50 | 2.68 |
| 青海 | 7.96 | 6.97 | 10.78 | 4.99 | 5.00 | 4.97 | 2.51 | 2.52 | 2.44 |
| 宁夏 | 3.91 | 4.65 | 1.15 | 2.02 | 1.96 | 2.38 | 1.81 | 1.78 | 2.05 |
| 新疆 | 2.41 | 2.49 | 2.31 | 1.58 | 1.91 | 0.74 | 2.32 | 2.24 | 2.57 |

资料来源：2010 年数据根据《中国教育统计年鉴（2010）》第一部分第八节"各级各类学校分布情况"之表"普通中学教职工数（总计）""普通中学教职工数（城市）""普通中学教职工数（县镇）""普通中学教职工数（农村）"数据计算而得；2013 年和 2017 年数据根据 2013 年和 2017 年《中国教育统计年鉴》第一部分第八节"各级各类学校分布情况"之表"中学学校教职工数（总计）""中学学校教职工数（城区）""中学学校教职工数（镇区）""中学学校教职工数（乡村）"数据计算而得。

注：经过对《中国教育统计年鉴》的梳理并将其与《中国统计年鉴》中"教育"一章的数据作对比，可知，2013 年和 2017 年，"中学学校教职工数"数据均为普通中学学校教职工数的数据。

全国普通中学的代课教师和兼任教师数占总计教师数的比例情况如下（见表 6-22），2010 年总体合计为 1.88%、城镇为 1.91%、农村为 1.81%；2017 年总体合计为 1.25%、城镇为 1.23%、农村为 1.43%，各个层面都呈下降趋势。尽管近年来国家采取措施降低代课教师比重，但还有相当数量的代课教师与兼任教师存在，从绝对数量来看，根据相应年份的统计年鉴可知，2010 年底有总体合计 110376 人，其中城镇 82175 人，农村 28201 人，绝大部分分布在城镇地区（城镇占比 74.45%）；到 2017 年底还有总体合计 84422 人，其中城镇 72078 人，农村 12344 人，绝大部分分布在城镇地区（城镇占比 85.38%）。这七年中代课和兼任教师的数量总体减少了 25954 人，其中城镇减少了 10097 人，减少了 12.29%，农村减少了 15857 人，减少了 56.23%，可见农村的减少幅度较大。

各省份比较看，代课教师及兼任教师数占总计教师数的比例城乡之间存在一定差距，各省份之间也有较大差距。由于各省份城乡情况复杂，很难从数据判断这一情况优劣及其程度。这里只做数据描述，2010 年城镇比农村低的省份有 16 个（青海程度最大），有 15 个省份城镇比农村高（宁夏程度最大）。2010 年总体合计最高为青海的 7.96%，最低为西藏的 0.18%，极差为 7.78 个百分点，有 12 个省份高于当年全国总体平均水平的 1.88%；城镇最高为山西的 7.54%，最低为西藏的 0.18%，差距为 7.36 个百分点，有 12 个省份高于当年全国平均水平的 1.91%；农村最高为青海的 10.78%，最低为天津的 0.14%（上海和西藏都为 0 值，即农村没有高中，将其值除外），差距为 10.64 个百分点，有 9 个省份高于当年全国农村平均水平 1.81%。

2017 年城镇比农村低的省份有 11 个，城乡差距最大的重庆城镇比农村低 2.68 个百分点；在 20 个城镇比农村高的省份中，北京最高，城镇比农村高出 1.35 个百分点。2017 年全国总体合计最高为山西的 4.16%，最低为西藏的 0.05%，差距为 4.11 个百分点，有 12 个省份高于当年全国总体平均水平的 1.25%；城镇最高为山西的 4.33%，最低为西藏的 0.07%，差距为 4.26 个百分点，有 11 个省份高于当年全国城镇平均水平的 1.23%；农村最高为重庆的 3.31%，最低为浙江的 0.02%（西藏数据为 0，即农村没有高中），差距为 3.29 个百分点，有 12 个省份高于当年全国农村平均水平的 1.43%。

# 6.4 全国各省级区域每十万人口中普通中小学在校生人数差异分析

每十万人口中各阶段在校学生数可以大致反映各省份在基础教育各个阶段的入学情况，可以用来表征各个省份的受教育程度。表 6-23 反映了全国各省份在 2010～2017 年间的三个年份每十万人口中普通教育的中小学阶段在校生数情况。

**表 6-23　　全国分省份每十万人口中普通中小学阶段在校生数**　　单位：人

| 区域 | 普通小学 | | | 普通初中 | | | 普通高中 | | |
|---|---|---|---|---|---|---|---|---|---|
| | 2010 年 | 2013 年 | 2017 年 | 2010 年 | 2013 年 | 2017 年 | 2010 年 | 2013 年 | 2017 年 |
| 全国 | 7413 | 6879 | 7261 | 3935 | 3263 | 3196 | 1810 | 1790 | 1708 |
| 北京 | 3330 | 3732 | 4034 | 1580 | 1468 | 1227 | 1011 | 887 | 755 |
| 天津 | 3894 | 3751 | 4162 | 2105 | 1771 | 1684 | 1425 | 1190 | 1051 |

续表

| 区域 | 普通小学 | | | 普通初中 | | | 普通高中 | | |
|---|---|---|---|---|---|---|---|---|---|
| | 2010 年 | 2013 年 | 2017 年 | 2010 年 | 2013 年 | 2017 年 | 2010 年 | 2013 年 | 2017 年 |
| 河北 | 7111 | 7449 | 8474 | 3075 | 2848 | 3458 | 1773 | 1490 | 1717 |
| 山西 | 8144 | 6326 | 6162 | 4795 | 3558 | 2924 | 2303 | 2337 | 1944 |
| 内蒙古 | 5788 | 5247 | 5241 | 3296 | 2756 | 2446 | 2020 | 1979 | 1723 |
| 辽宁 | 4989 | 4656 | 4454 | 2908 | 2409 | 2205 | 1635 | 1552 | 1441 |
| 吉林 | 5259 | 4950 | 4520 | 2976 | 2345 | 2277 | 1714 | 1647 | 1523 |
| 黑龙江 | 4904 | 4016 | 3633 | 3368 | 2432 | 2386 | 1609 | 1537 | 1469 |
| 上海 | 3046 | 3281 | 3246 | 1847 | 1808 | 1703 | 733 | 649 | 657 |
| 江苏 | 5068 | 5484 | 6728 | 2960 | 2340 | 2599 | 1724 | 1398 | 1175 |
| 浙江 | 6119 | 6358 | 6258 | 3068 | 2697 | 2755 | 1616 | 1527 | 1367 |
| 安徽 | 7729 | 6786 | 7043 | 4683 | 3312 | 3232 | 2142 | 2081 | 1735 |
| 福建 | 6469 | 6885 | 7852 | 3455 | 2936 | 3108 | 1913 | 1740 | 1629 |
| 江西 | 9548 | 9025 | 9150 | 4482 | 3880 | 4133 | 1658 | 1939 | 2092 |
| 山东 | 6563 | 6432 | 7080 | 3635 | 3267 | 3292 | 1591 | 1752 | 1654 |
| 河南 | 11383 | 9986 | 10274 | 4991 | 4091 | 4490 | 2043 | 2010 | 2150 |
| 湖北 | 6382 | 5661 | 6008 | 3808 | 2559 | 2520 | 2160 | 1704 | 1388 |
| 湖南 | 7293 | 6992 | 7459 | 3271 | 3203 | 3347 | 1551 | 1556 | 1671 |
| 广东 | 8127 | 7591 | 8434 | 4790 | 3803 | 3188 | 2001 | 2071 | 1695 |
| 广西 | 9329 | 9033 | 9493 | 4347 | 4134 | 4165 | 1636 | 1735 | 1996 |
| 海南 | 8982 | 8270 | 8742 | 4851 | 3875 | 3600 | 1847 | 2001 | 1847 |
| 重庆 | 6930 | 6697 | 6828 | 4443 | 3426 | 3221 | 2171 | 2227 | 1957 |
| 四川 | 7360 | 6488 | 6647 | 4274 | 3352 | 3001 | 1818 | 1870 | 1702 |
| 贵州 | 12460 | 10152 | 10114 | 6141 | 6005 | 5111 | 1783 | 2447 | 2824 |
| 云南 | 9457 | 8365 | 7815 | 4506 | 3999 | 3901 | 1375 | 1573 | 1737 |
| 西藏 | 9980 | 9449 | 9351 | 4633 | 4042 | 3696 | 1358 | 1702 | 1744 |
| 陕西 | 6989 | 6040 | 6579 | 4400 | 3193 | 2737 | 2559 | 2390 | 1973 |
| 甘肃 | 9259 | 7232 | 7067 | 5406 | 4012 | 3260 | 2527 | 2582 | 2198 |
| 青海 | 9218 | 8212 | 7777 | 3898 | 3600 | 3442 | 1913 | 1886 | 2071 |

| 区域 | 普通小学 | | | 普通初中 | | | 普通高中 | | |
|---|---|---|---|---|---|---|---|---|---|
| | 2010 年 | 2013 年 | 2017 年 | 2010 年 | 2013 年 | 2017 年 | 2010 年 | 2013 年 | 2017 年 |
| 宁夏 | 10327 | 9235 | 8524 | 4846 | 4354 | 4094 | 2249 | 2527 | 2182 |
| 新疆 | 8859 | 8367 | 9351 | 4592 | 4057 | 3688 | 1918 | 1977 | 2319 |
| 极差率 | 4.09 | 3.09 | 3.17 | 3.89 | 4.09 | 4.17 | 3.49 | 3.98 | 4.30 |
| 变异系数 | 0.30 | 0.27 | 0.27 | 0.26 | 0.28 | 0.27 | 0.22 | 0.24 | 0.25 |
| 基尼系数 | 0.22 | 0.19 | 0.20 | 0.18 | 0.17 | 0.17 | 0.15 | 0.16 | 0.14 |

资料来源：根据 2010 年、2013 年和 2017 年《中国教育统计年鉴》之表"小学学生数（总计）"、"初中学生数（总计）"［其中 2010 年为"普通初中学生数（总计）"］、"普通高中学生数（总计）"和《中国统计年鉴（2018）》之表 2-6"分地区年末人口数"数据计算而得。

从全国水平来看（见表 6-23），全国平均每十万人口中普通小学生在校生数从 2010 年到 2017 年先下降后上升，2010 年为 7413 人，2013 年降为 6879 人，2017 年上升为 7261 人，总体为下降，降幅为 2.05%。全国每十万人口中普通初中在校生数从 2010 年到 2017 年呈现持续下降趋势，2010 年为 3935 人，2013 年为 3263 人，2017 年为 3196 人，总下降幅度为 18.78%。全国每十万人口中普通高中在校学生数从 2010 年到 2017 年也呈持续下降的趋势，2010 年为 1810 人，2013 年为 1790 人，2017 年为 1708 人，总体降幅为 5.64%。可见，全国每十万人中普通小学生、普通初中生和高中生数总体均呈下降趋势，其中普通初中下降幅度最大。各省份的变化态势多数也和全国平均水平的情况相同。

各省份比较，2010 年每十万人口中普通小学阶段在校生数最多的五个省份是西藏、宁夏、河南、江西和贵州，2017 年为新疆、西藏、河南、贵州和广西五省份。2010 年每十万人口中普通初中阶段在校生数最多的五个省份是甘肃、宁夏、河南、贵州和海南，2017 年为宁夏、河南、江西、贵州和广西五省份。2010 年每十万人口中普通高中阶段在校生数最多的五个省份是甘肃、宁夏、陕西、山西和重庆，2017 年为新疆、甘肃、宁夏、河南和贵州五省份。即不论是 2010 年还是 2017 年，每十万人口中普通中小学阶段在校生数最多的省份分布在西北、西南或中部地区。这一方面反映了我国基础教育普及率的提升，另一方面也反映出基础教育（尤其是义务教育）发展不均衡状况依然存在。

　　从表征差异的指标看，普通小学、普通初中和普通高中的省份间极差率分别从 2010 年的 4.09 倍、3.09 倍和 3.17 倍变化为到 2017 年的 3.49 倍、3.98 倍和 4.30 倍。说明从极差率指标来看，我国省份间每十万人口中普通中小学生阶段在校生数的差距在小学层面是缩小的，在初中和高中层面是扩大的。普通小学、普通初中和普通高中的省份间变异系数分别从 2010 年的 0.30、0.27 和 0.27 下降到 2017 年的 0.22、0.24 和 0.25，均有小幅下降；从基尼系数来看，普通小学、初中和高中的基尼系数分别从 2010 年的 0.22、0.19 和 0.20 变化为 2017 年的 0.15、0.16 和 0.14，也均为下降态势。说明变异系数和基尼系数反映的普通小学、普通初中和普通高中省份间差异均呈现缩小态势。

# 6.5　本 章 小 结

　　1. 全国各省级区域专任教师生师比情况

　　（1）普通小学。全国普通小学专任教师生师比整体呈小幅下降趋势，从 2010 年的 17.70 下降到 2016 年的 16.98。城镇普通小学专任教师生师比和农村普通小学专任教师生师比都呈下降趋势，并且农村下降幅度远远超过城镇。在区域分布方面，小学专任教师生师比偏高的省份多数向我国中部的华中和华南省份集聚，生师比低的地区大多在东北和西北地区省份。

　　城镇生师比超过农村生师比。这里用城镇生师比减去农村生师比的差额来对我国小学专任教师生师比的城乡差异进行分析：2010 年小学专任教师生师比城乡差异的全国平均水平为 2.15，生师比城镇大于农村的省区有 29 个；2017 年普通小学专任教师生师比城乡差异的全国平均水平为 3.70，生师比城镇大于农村的省份有 30 个。

　　（2）普通初中。全国各省份普通初中专任教师的生师比处于逐年下降趋势。从 2010 年的 14.97 持续下降到 2017 年的 12.52。从区域分布看，总体合计初中专任教师生师比偏高的省份多数在我国西南、华中省份集聚，生师比偏低的地区大多在华东和东北地区省份。

　　城镇生师比超过农村生师比。全国城镇普通初中专任教师生师比处于持续下降过程，从 2010 年的 15.50 减小到 2017 年的 12.77，下降幅度为 17.61%。全国普通初中农村专任教师生师比也整体呈下降趋势，从 2010 年的 14.03 下降到 2017 年的 11.19，降幅超过 20%。不同于总体合计和城镇，农村初中专任教师生师比偏高的省份主要在我国西北南部和西南地区省份集聚，生师比偏低的省份大多仍在东北地区和西北北部地区省份。

（3）普通高中。全国各省份普通高中专任教师的生师比处于逐年下降趋势。全国合计高中专任教师生师比处于逐年下降趋势，从 2010 年的 15.99 下降到 2017 年的 13.39，下降幅度为 16.26%。在区域分布层面，生师比偏高的省份多数倾向在我国西南、华中和华南省份集聚，生师比偏低的省份大多是华东和西北地区省份。

城镇生师比超过农村生师比。全国城镇普通高中专任教师生师比处于逐年下降趋势，从 2010 年的 16.03 持续下降到 2017 年的 13.38，下降幅度为 2.65 个百分点。城镇高中专任教师生师比偏高的省份倾向在我国西南、华中和华南省份集聚，生师比偏低的省份大多是华东和西北地区省份。全国农村普通高中专任教师生师比处于逐年下降趋势，从 2010 年的 15.46 下降到 2017 年的 13.58，下降幅度为 1.88 个百分点。农村高中专任教师生师比偏高的省份倾向在我国西南、华中省份集聚，生师比偏低的地区大多出现在华东和东北地区省份。

2. 全国各省级区域专任教师学历情况

（1）普通小学。全国普通小学专任教师学历达标率在 2010 年总体合计为 99.52%、城镇为 99.84%、农村为 99.28%；2017 年总体合计为 99.96%、城镇为 99.98%、农村为 99.92%（见表 6-24）。可见，从 2010 年以来，全国小学专任教师学历达标率无论是总体合计、城镇还是农村都呈上升趋势，绝大多数在 99% 以上。城乡比较，基本上是城镇高于农村，城乡差异呈缩小趋势。

表 6-24　　　　　　全国小学专任教师学历达标率变化　　　　　单位：%

| 学历达标率 | 2010 年 | 2017 年 | 上升幅度 |
| --- | --- | --- | --- |
| 总体 | 99.52 | 99.96 | 0.44 |
| 城镇 | 99.84 | 99.98 | 0.14 |
| 农村 | 99.28 | 99.92 | 0.64 |
| 城乡差异（"城"-"乡"） | 0.56 | 0.06 | -0.5 |

资料来源：根据表 6-4 "全国分地区小学（普通小学）专任教师学历达标率" 数据整理计算而得。

分省份看，各省份学历达标率无论是总体合计、城镇还是农村，均在98%以上，基本上是城镇高于总体合计，总体合计高于农村，各省份间差异不大，且呈现逐渐改善趋势。

全国小学专任教师专科以上学历教师占专任教师总数的比例在2010年总体合计为78.29%、城镇为87.66%、农村为71.15%，2017年总体合计为95.26%、城镇为96.97%、农村为91.68%。即小学专科以上学历教师占专任教师总数的比例，在整体合计、城镇和农村层面都呈持续上升趋势，反映出我国小学专任教师整体学历水平的不断提高（见表6-25）。城乡比较，是城镇高于农村，城乡差异从2010年的16.51个百分点下降到2017年的5.29个百分点。

表6-25　　　　全国小学专任教师专科以上学历教师占比变化　　　　单位：%

| 专科以上学历教师占比 | 2010年 | 2017年 | 上升幅度 |
|---|---|---|---|
| 总体 | 78.29 | 95.26 | 16.97 |
| 城镇 | 87.66 | 96.97 | 9.31 |
| 农村 | 71.15 | 91.68 | 20.53 |
| 城乡差异（"城"-"乡"） | 16.51 | 5.29 | -11.22 |

资料来源：根据表6-5"全国分地区小学（普通小学）专任教师专科以上学历教师比例"数据整理计算而得。

（2）普通初中。2010~2017年，全国普通初中专任教师学历达标率在2010年总体合计为98.65%、城镇为98.99%、农村为98.05%；2017年总体合计为99.83%、城镇为99.85%、农村为98.71%（见表6-26）。可见，不论是总体层面，还是城镇和农村层面均有所上升，均在96%以上，表明初中专任教师学历达标情况在不断改善。城乡比较，是城镇达标率高于农村达标率，城乡差异有扩大趋势。

表6-26　　　　　全国初中专任教师学历达标率变化　　　　单位：%

| 学历达标率 | 2010年 | 2017年 | 上升幅度 |
|---|---|---|---|
| 总体 | 98.65 | 99.83 | 1.18 |
| 城镇 | 98.99 | 99.85 | 0.86 |
| 农村 | 98.05 | 98.71 | 0.66 |
| 城乡差异（"城"-"乡"） | 0.94 | 1.14 | 0.2 |

资料来源：根据表6-12"全国分地区普通初中专任教师学历达标率"数据计算而得。

分省份看，我国绝大部分省份普通初中专任教师学历达标率无论是总体、城镇还是农村，均在96%以上，并且有城镇达标率高于农村的特征，各省份间达标率差异不大，呈现逐渐改善趋势。

全国普通初中专任教师中本科以上学历教师占教师总数的比例，不论是总体合计数据，还是城镇和农村数据，在2010~2017年之间所选的三个年份均呈现明显上升态势。2010年全国总体合计占比为64.05%、城镇为69.27%、农村为54.82%；2017年全国总体合计占比为84.63%、城镇为85.83%、农村为78.38%（见表6-27）。城乡比较，2010年全国整体层面的城乡差距为14.45个百分点，2017年为7.45个百分点，全国层面的城乡异有缩小趋势。

表6-27　　　　全国初中专任教师中本科以上学历教师占比变化　　　单位：%

| 本科以上学历教师占比 | 2010年 | 2017年 | 上升幅度 |
| --- | --- | --- | --- |
| 总体 | 64.05 | 84.63 | 20.58 |
| 城镇 | 69.27 | 85.83 | 16.56 |
| 农村 | 54.82 | 78.38 | 23.56 |
| 城乡差异（"城"-"乡"） | 14.45 | 7.45 | -7.00 |

资料来源：根据表6-13"全国分地区普通初中专任教师本科以上学历教师比例"数据计算而得。

（3）普通高中。全国普通高中专任教师学历达标率不论是总体合计数据，还是城镇和农村数据，均处于上升状态中。2010年总体合计、城镇和农村分别为94.81%、95.05%和91.50%；2017年合计、城镇和农村分为98.15%、98.17%和97.41%（见表6-28）。七年间三个层面达标率的增长幅度分别为3.34个百分点、3.12个百分点和5.91个百分点。城乡总体比较，2010年城乡差距为3.55个百分点，2017年为0.76个百分点，可见全国普通高中专任教师学历达标率的城乡差异总体上是不断缩小的。

表6-28　　　　　　全国高中专任教师学历达标率变化　　　　单位：%

| 学历达标率 | 2010年 | 2017年 | 上升幅度 |
| --- | --- | --- | --- |
| 总体 | 94.81 | 98.15 | 3.34 |
| 城镇 | 95.05 | 98.17 | 3.12 |
| 农村 | 91.50 | 97.41 | 5.91 |
| 城乡差异（"城"-"乡"） | 3.55 | 0.76 | -2.79 |

资料来源：根据表6-19"全国分地区普通高中专任教师学历达标率"数据计算而得。

分省份看，普通高中专任教师学历达标率无论是总体合计、城镇还是农村，绝大部分在 80% 以上，并且城镇高于农村，但城乡差异有缩小趋势；省份间差异较大，但省际差异有缩小趋势。

3. 全国各省级区域专任教师职称情况

（1）普通小学。全国普通小学专任教师中小学一级以上职称教师占专任教师总数的比例，2010 年总体合计为 89.23%、城镇为 90.37%、农村为 88.37%；2017 年总体合计为 82.17%、城镇为 83.01%、农村为 80.42%（见表 6 - 29）。可以看出，不论是总体合计、城镇还是农村，小学专任教师一级以上职称教师占比都在下降，且农村下降快于城市。城乡比较，也是城镇高于农村，城乡差异从 2010 年的 2.00 个百分点上升到 2017 年的 2.59 个百分点，表明我国小学专任教师一级以上职称教师占比存在城乡差距，且这一差距有扩大趋势。这一趋势主要应是受教师队伍扩大较快，年轻教师占比扩大有关。

表 6 - 29　　　　全国小学专任教师中小学一级以上职称教师占比变化　　　　单位：%

| 小学一级以上职称教师占比 | 2010 年 | 2017 年 | 上升幅度 |
|---|---|---|---|
| 总体 | 89.23 | 82.17 | -7.06 |
| 城镇 | 90.37 | 83.01 | -7.36 |
| 农村 | 88.37 | 80.42 | -7.95 |
| 城乡差异（"城" - "乡"） | 2.00 | 2.59 | 0.59 |

资料来源：根据表 6 - 6 "全国分地区小学（普通小学）专任教师中小学一级以上职称教师比例" 数据计算而得。

省份间比较，主要表现为农村间的差距高于城镇间的差距。省份内城乡比较，各省份城乡差距变化态势表现各异。

全国普通小学专任教师中小学高级以上职称教师占专任教师总数的比例，在 2010 年总体合计为 53.09%、城镇为 56.94%、农村为 50.16%；2017 年总体合计为 50.17%、城镇为 51.63%、农村为 47.10%（见表 6 - 30）。即小学高级以上职称教师占专任教师总数的比例，在总体合计、城镇和农村层面都呈持续下降趋势，且城镇下降快于农村。城乡比较，总体情况是城镇高于农村，城乡差距呈缩小趋势。城乡差距从 2010 年的 6.78 个百分点下降到

2017 年的 4.53 个百分点。

表 6-30　　　全国小学专任教师中小学高级以上职称教师占比变化　　　单位：%

| 小学高级以上职称教师占比 | 2010 年 | 2017 年 | 上升幅度 |
|---|---|---|---|
| 总体 | 53.09 | 50.17 | -2.92 |
| 城镇 | 56.94 | 51.63 | -5.31 |
| 农村 | 50.16 | 47.10 | -3.06 |
| 城乡差异（"城"-"乡"） | 6.78 | 4.53 | -2.25 |

资料来源：根据表 6-7"全国分地区小学（普通小学）专任教师中小学高级以上职称教师比例"数据计算而得。

在省份间比较，各省份城镇间的差距有所增大，农村间的差距有所缩小。在各省份内部进行城乡比较，大部分省份的城乡差距有所缩小。

（2）初中层面。全国普通初中专任教师中中学一级以上职称教师占专任教师总数的比例，不论是总体合计数据，还是城镇和农村数据，均呈现明显上升态势。2010 年全国总体合计占比为 54.80%、城镇为 58.10%、农村为 48.94%；2017 年全国总体合计占比为 61.13%、城镇为 62.18%、农村为 55.67%（见表 6-31）。城乡比较，2010 年城镇占比比农村高 9.16 个百分点，2017 年为城镇占比比农村高 6.51 个百分点，城乡间的差距呈缩小趋势。

表 6-31　　　全国初中专任教师中中学一级以上职称教师占比变化　　　单位：%

| 中学一级以上职称教师占比 | 2010 年 | 2017 年 | 上升幅度 |
|---|---|---|---|
| 总体 | 54.80 | 61.13 | 6.33 |
| 城镇 | 58.10 | 62.18 | 4.08 |
| 农村 | 48.94 | 55.67 | 6.73 |
| 城乡差异（"城"-"乡"） | 9.16 | 6.51 | -2.65 |

资料来源：根据表 6-14"全国分地区普通初中专任教师中中学一级以上职称教师比例"数据计算而得。

按照城镇高出农村的幅度看，2010~2017 年，全国各省份城乡差距变化总体上趋于平稳且有缩小趋势。

　　全国普通初中专任教师中中学高级以上职称教师占专任教师总数的比例特征是，农村增长大于城镇增长。在 2010 年总体合计为 12.48%、城镇为 14.48%、农村为 8.92%；2017 年总体合计为 18.99%、城镇为 19.56%、农村为 16.07%（见表 6-32）。城乡比较，2010 年城乡差距为 5.56 个百分点，2017 年城乡差距为 3.49 个百分点，表明城乡之间优质教师资源的配置不平等情况有所改善。

表 6-32　　　　全国初中专任教师中中学高级以上职称教师占比变化　　　单位：%

| 中学高级以上职称教师占比 | 2010 年 | 2017 年 | 上升幅度 |
|---|---|---|---|
| 总体 | 12.48 | 18.99 | 6.51 |
| 城镇 | 14.48 | 19.56 | 5.08 |
| 农村 | 8.92 | 16.07 | 7.15 |
| 城乡差异（"城"-"乡"） | 5.56 | 3.49 | -2.07 |

资料来源：根据表 6-15 "全国分地区普通初中专任教师中中学高级以上职称教师比例" 数据计算而得。

　　分省份比较，绝大部分省份初中专任教师中中学高级以上职称教师占比情况是，城镇高于农村，比例总体上都呈现上升趋势。尽管各省份城乡之间差距都较大，但是呈现城乡差距在不断缩小态势。

　　（3）高中层面。全国普通高中专任教师中中学一级以上职称教师占专任教师总数的比例，不论是总体合计数据，还是城镇和农村数据，均呈现持续上升态势。2010 年全国总体合计占比为 59.37%、城镇为 59.90%、农村为 52.30%；2017 年全国总体合计占比为 64.08%、城镇为 64.43%、农村为 53.68%（见表 6-33）。从总体城乡差距看，2010 年全国普通高中专任教师中中学一级以上职称教师占比城乡差距为 7.60 个百分点，2017 年为 10.75 个百分点，可见城乡差距有扩大趋势，即高中优质教师资源配置情况是偏向城镇的。

**表 6 - 33**　　　　全国高中专任教师中中学一级以上职称教师占比变化　　　　单位：%

| 中学一级以上职称教师占比 | 2010 年 | 2017 年 | 上升幅度 |
|---|---|---|---|
| 总体 | 59.37 | 64.08 | 4.71 |
| 城镇 | 59.90 | 64.43 | 4.53 |
| 农村 | 52.30 | 53.68 | 1.38 |
| 城乡差异（"城" - "乡"） | 7.60 | 10.75 | 3.15 |

资料来源：根据表 6 - 20 "全国分地区普通高中专任教师中中学一级以上职称教师比例" 数据计算而得。

各省份比较来看，绝大部分省份普通高中专任教师中中学一级以上职称教师占比情况是城镇高于农村。

全国高中专任教师中中学高级以上职称教师占专任教师总数的比例，总体呈现城镇大于农村的特征，并且在总体合计、城镇和农村层面都有上升趋势。在 2010 年总体合计占比数据为 24.39%、城镇为 24.99%、农村为 16.45%；2017 年总体合计占比数据为 27.68%、城镇为 27.93%、农村为 20.17%（见表 6 - 34）。总体合计、城镇和农村的增幅分别为 3.29 个百分点、2.94 个百分点和 3.72 个百分点。表明我国高中优质教师资源的比例在提高，教师资源的整体质量在不断上升。从总体城乡差距来看，2010 年总体城乡差距为 8.54 个百分点，2017 年城乡差距为 7.76 个百分点，城乡间的差距有缩小趋势。

**表 6 - 34**　　　　全国高中专任教师中中学高级以上职称教师占比变化　　　　单位：%

| 中学高级以上职称教师占比 | 2010 年 | 2017 年 | 上升幅度 |
|---|---|---|---|
| 总体 | 24.39 | 27.68 | 3.29 |
| 城镇 | 24.99 | 27.93 | 2.94 |
| 农村 | 16.45 | 20.17 | 3.72 |
| 城乡差异（"城" - "乡"） | 8.54 | 7.76 | - 0.78 |

资料来源：根据表 6 - 21 "全国分地区普通高中专任教师中中学高级以上职称教师比例" 数据计算而得。

分省份比较看，绝大部分省份高中专任教师中中学高级以上职称教师占比总体比率较低，极少超过 40% 的，但比例总体上呈现上升趋势。各省份基本是城镇高于农村，各省份之间的城乡差距都较大。

| 7 |

# 高等教育和职业教育财政性
# 教育经费收支情况

按照《中国教育经费统计年鉴》中的统计口径，高等教育机构包括普通高等学校（包括高等本科学校和高职高专学校）和成人高等学校。而职业教育机构包括高职高专学校和中等职业学校。即职业教育机构既包括高等学校中的"高职高专学校"也包括全部中等职业学校。

## 7.1 高等教育和职业教育发展情况

### 7.1.1 高等教育发展情况

#### 7.1.1.1 高等教育学校（机构）数

如表7-1所示，2010年全国共有各类高等教育学校（机构）4356所，2017年有4528所，七年间增加了172所。

2010年有研究生培养机构797所，其中高校型和科研机构型研究生培养机构各有481所和316所；2017年有研究生培养机构815所，比2010年增加18所，其中高校型和科研机构型研究生培养单位各有578所和237所，普通高校型研究生培养机构增加97所，科研机构型研究生培养单位减少79所。

表 7－1　　　　　　**2010 年和 2017 年高等教育学校（机构）数**　　　单位：所

| 学校类别 | 2010 年 | 2017 年 | 变化（2017 年 - 2010 年） |
|---|---|---|---|
| 研究生培养机构 | 797 | 815 | 18 |
| #普通高校 | 481 | 578 | 97 |
| #科研机构 | 316 | 237 | -79 |
| 普通高校 | 2358 | 2631 | 273 |
| #本科院校 | 1112 | 1243 | 131 |
| #高职（专科）院校 | 1246 | 1388 | 142 |
| 成人高等学校 | 365 | 282 | -83 |
| 民办的其他高等教育机构 | 836 | 800 | -36 |
| 合计 | 4356 | 4528 | 172 |

资料来源：2010 年和 2017 年数据分别来自《中国教育统计年鉴（2010）》和《中国教育统计年鉴（2017）》第一部分第二章"高等教育"之表"高等教育学校（机构）数"。

注："#"表示总条目的细分条目，下同。

2010 年普通高等学校 2358 所，2017 年为 2631 所，比 2010 年增加 273 所。其中 2010 年普通高等学校中本科院校和高职（专科）院校各有 1112 所和 1246 所，2017 年分别有 1243 所和 1388 所，与 2010 年相比分别增加 131 所和 142 所，从学校数及其变化可以看出普通高等学校教育中的高职（专科）教育发展较快。

2010 年我国有成人高等学校 365 所，2017 年有 282 所，比 2010 年少了 83 所。2010 年和 2017 年分别有民办的其他高等教育机构 836 所和 800 所，2017 年与 2010 年相比，减少了 36 所。可见，七年间，成人高等学校和其他高等教育机构的办学机构数量都在缩减。

### 7.1.1.2　高等教育学校（机构）学生数

2010 年，全国各类高等教育在校学生总规模达到 3105 万人，高等教育毛入学率达到 26.5%。2017 年全国各类高等教育在校学生总规模达到 3779 万人，高等教育毛入学率达到 45.7%。[①] 由此可见我国高等教育稳步发展，入学率不断提高，规模不断扩大。

———————

① 数据来自 2010 年和 2017 年的《全国教育事业发展统计公报》。

表 7 - 2　　　　　2010 年和 2017 年主要类别的高等教育（机构）学生数　　　单位：万人

| 学生类别 | 2010 年 | | | 2017 年 | | |
|---|---|---|---|---|---|---|
| | 招生数 | 在校生数 | 毕业生数 | 招生数 | 在校生数 | 毕业生数 |
| 研究生 | 53.82 | 153.84 | 38.36 | 80.61 | 263.96 | 57.80 |
| #博士 | 6.38 | 25.90 | 4.90 | 8.39 | 36.20 | 5.80 |
| #硕士 | 47.44 | 127.95 | 33.46 | 72.22 | 227.76 | 52.00 |
| 普通本科、专科生 | 661.76 | 2231.79 | 575.42 | 761.49 | 2753.59 | 735.83 |
| #本科 | 351.26 | 1265.61 | 259.05 | 410.75 | 1648.63 | 384.18 |
| #专科 | 310.50 | 966.18 | 316.37 | 350.74 | 1104.95 | 351.64 |
| 成人本科、专科生 | 208.43 | 536.04 | 197.29 | 217.53 | 544.14 | 247.04 |
| #本科 | 85.33 | 225.05 | 80.39 | 102.40 | 258.98 | 109.12 |
| #专科 | 123.09 | 310.99 | 116.90 | 115.13 | 285.16 | 137.91 |

资料来源：2010 年和 2017 年数据分别来自《中国教育统计年鉴（2010）》和《中国教育统计年鉴（2017）》第一部分第二章"高等教育"之表"高等教育学校（机构）学生数"。

注：这里只选取了年鉴中的研究生，普通本科、专科生和成人本科、专科生三类学生的学生数进行分析，这三类基本上可以代表高等教育学生数的总体情况。

由表 7 - 2 可知，2017 年全国招收研究生 80.61 万人，比 2010 年的 53.82 万人增加 26.79 万人，增幅为 49.78%；其中招收博士生 8.39 万人，比 2010 年的 6.38 万人增加 2.01 万人，增幅为 31.50%；招收硕士生 72.22 万人，比 2010 年的 47.44 万人增加 69.92%，可见硕士研究生的扩招规模较大，上升较快。

2017 年在校研究生 263.96 万人，比 2010 年的 153.84 万人增加 110.12 万人，增长 71.58%。2017 年在校研究生中博士生有 36.20 万人，比 2010 年的 25.90 万人增加 10.3 万人，增幅为 39.77%。2017 年在校研究生中硕士生有 227.76 万人，比 2010 年的 127.95 万人增加 99.81 万人，增幅为 78.01%。

2017 年毕业研究生 57.80 万人，比 2010 年的 38.36 万人增加 19.44 万人，增幅为 50.68%。2017 年毕业研究生中博士生有 5.8 万人，比 2010 年的 4.9 万人增加 0.9 万人，增幅为 18.37%。2017 年毕业研究生中硕士生有 52 万人，比 2010 年的 33.46 万人增加 18.54 万人，增幅为 55.41%。可见硕士毕业生增长速度要远大于博士毕业生。

2017 年全国普通本科、专科招生数为 761.49 万人，比 2010 年的 661.76

万人增加 99.73 万人，增幅 15.07%。其中 2017 年普通本科招生数为 410.75 万人，比 2010 年的 351.26 万人增加 59.49 万人，增幅 16.94%；2017 年普通专科招生数为 350.74 万人，比 2010 年的 310.50 万人增加 40.24 万人，增幅 12.96%。可见 2010～2017 年间，普通本科招生数占我国高校招生比例最高。

2017 年在校普通本科、专科生 2753.59 万人，比 2010 年的 2231.79 万人多 521.80 万人，增幅为 23.88%；其中 2017 年普通本科在校生有 1648.63 万人，比 2010 年的 1265.61 万人多 383.02 万人，增幅为 30.26%；2017 年普通专科在校生有 1104.95 万人，比 2010 年的 966.18 万人多 138.77 万人，增幅为 14.36%。

2017 年普通本科、专科毕业生数为 735.83 万人，比 2010 年的 575.42 万人增加 160.41 万人，增幅为 27.88%。2017 年普通本科毕业生有 384.18 万人，比 2010 年的 259.05 万人增加 125.13 万人，增幅为 48.30%。2017 年普通专科毕业生有 351.64 万人，比 2010 年的 316.37 万人增加 35.27 万人，增幅为 11.15%。可见从毕业生角度来看，仍是普通本科毕业生的增幅较大，普通专科毕业生增幅远低于本科毕业生，反映出我国本专科学生培养数量结构现状。

2017 年成人本科、专科招生数为 217.53 万人，比 2010 年的 208.43 万人增加了 9.1 万人，增幅 4.37%。其中 2017 年的成人本科招生数为 102.40 万人，比 2010 年的 85.33 增加 17.07 万人，增幅 20%；2017 年成人专科招生数为 115.13 万人，比 2010 年的 123.09 万人下降 7.96 万人，降幅 6.47%。

2017 年成人本科、专科在校生数为 544.14 万人，比 2010 年的 536.04 万人增加了 8.10 万人，增幅 1.51%。其中 2017 年的成人本科在校生数为 258.98 万人，比 2010 年的 225.05 万人增加 33.93 万人，增幅 15.08%；2017 年成人专科在校生数为 285.16 万人，比 2010 年的 310.99 万人下降 25.83 万人，降幅 8.31%。

2017 年成人本科、专科毕业生数为 247.04 万人，比 2010 年的 197.29 万人增加了 49.75 万人，增幅 25.22%。其中 2017 年的成人本科毕业生数为 109.12 万人，比 2010 年的 80.39 万人增加 28.73 万人，增幅 35.74%；2017 年成人专科毕业生数为 137.91 万人，比 2010 年的 116.90 万人增加 21.01 万人，增幅 17.97%。可见，不论是从招生数、在校生数还是毕业生数，成人高等学校中本科教育占比较高。

### 7.1.1.3 高等教育学校（机构）教职工数

由表7-3可知，2010年我国高等教育教职工数和专任教师数总计分别为223.37万人和138.90万人，专任教师数占教职工总数的62.18%。2017年我国高等教育教职工数和专任教师数分别为248.44万人和165.72万人，分别比2010年增加25.07万人和26.82万人，其中专任教师占教职工总数的比重为66.70%，与2010年相比专任教师占比有所提升。

**表7-3　　　　　2010年和2017年我国高等教育学校教职工数**　　　　单位：万人

| 高校类别 | 2010年 | | 2017年 | | 变化（2017年-2010年） | |
|---|---|---|---|---|---|---|
| | 教职工数 | 专任教师数 | 教职工数 | 专任教师数 | 教职工数 | 专任教师数 |
| 普通高校 | 215.66 | 134.31 | 244.30 | 163.32 | 28.64 | 29.01 |
| #本科院校 | 154.80 | 93.55 | 177.23 | 115.05 | 22.43 | 21.50 |
| #高职（专科）院校 | 60.32 | 40.41 | 66.95 | 48.21 | 6.63 | 7.80 |
| 成人高校 | 7.71 | 4.59 | 4.14 | 2.40 | -3.57 | -2.19 |
| 总计 | 223.37 | 138.90 | 248.44 | 165.72 | 25.07 | 26.82 |

资料来源：2010年和2017年数据分别来自《中国教育统计年鉴（2010）》和《中国教育统计年鉴（2017）》第一部分第二章"高等教育"之表"高等教育学校（机构）教职工情况（总计）"和表"高等教育学校（机构）教职工情况（普通高校）"。

注：由于2017年高等教育教职工数分"普通高校"和"成人高校"两类统计，2010年分"普通高校""成人高校""民办的其他高等教育机构"三类统计，为了便于比较，这里以2017年的统计口径为准，只取"普通高校"和"成人高校"进行分析；同理，普通高校也以2017年为准，只取"本科院校"和"高职（专科）院校"进行分析。

2010年普通高校教职工人数和专任教师人数分别为215.66万人和134.31万人，专任教师占教职工总人数的62.29%。2017年普通高校职工人数和专任教师人数分别为244.30万人和163.32万人，分别比2010年增加28.64万人和29.01万人，专任教师占教职工总人数的66.85%，与2010年相比专任教师数占比有所提升。普通高校的结构和变化趋势和高等教育整体的结构和趋势基本一致。

普通高校包括本科院校和高职（专科）院校，2010年本科院校分别有教职工数和专任教师数154.80万人和93.55万人，高职（专科）院校分别有教职工数和专任教师数60.32万人和40.41万人。2017年本科院校分别有教职工数和专任教师数 177.23 万人和 115.05 万人，比 2010 年分别增加 22.43 万人和 21.50 万人；2017 年高职（专科）院校分别有教职工数和专任教师数 66.95 万人和 48.21 万人，比 2010 年分别增加 6.63 万人和 7.80 万人。

2010 年成人高校教职工人数和专任教师人数分别为 7.71 万人和 4.59 万人，专任教师占教职工总人数的 59.53%。2017 年普通高校职工人数和专任教师人数分别为 4.14 万人和 2.40 万人，分别比 2010 年减少 3.57 万人和 2.19 万人，专任教师占教职工总人数的 57.97%，与 2010 年相比专任教师数占比有所下降。即成人高校的教职工数和专任教师数在所研究年份都在减少，并且专任教师数占教职工总数的比例也在下降。

## 7.1.2　中等职业教育发展情况

### 7.1.2.1　中等职业教育学校数

2010 年（见表 7-4），全国中等职业学校（机构）数为 10864 所，其中普通中等专业学校、成人中等专业学校和职业高中学校分别有 3938 所、1720 所和 5206 所，占比分别为 36.25%、15.83% 和 47.92%。2017 年全国中等职业学校（机构）数为 8181 所（见表 7-4），比 2010 年减少 2683 所，减小幅度为 24.70%。普通中等专业学校、成人中等专业学校和职业高中学校分别有 3346 所、1218 所和 3617 所，分别比 2010 年减少 592 所、502 所和 1589 所，降幅分别为 15.03%、29.19% 和 30.52%。

**表 7-4**　　　　　　　　　　　中等职业学校（机构）数　　　　　　　　　单位：所

| 学校类别 | 2010 年 | 2017 年 | 变化（2017 年 - 2010 年） |
|---|---|---|---|
| 中等职业学校 | 10864 | 8181 | -2683 |
| #普通中等专业学校 | 3938 | 3346 | -592 |
| #成人中等专业学校 | 1720 | 1218 | -502 |
| #职业高中学校 | 5206 | 3617 | -1589 |

资料来源：2010 年和 2017 年数据分别来自《中国教育统计年鉴（2010）》和《中国教育统计年鉴（2017）》第一部分第三章"中等教育（一）高中阶段教育"之表"中等职业学校（机构）数"。

从以上数据分析可以看出中等职业学校以普通中等职业学校和职业高中为主体，中等职业学校各类学校在所研究年份均有不同程度的减少，其中减少幅度最大的是职业高中。

### 7.1.2.2 中等职业教育学生数

根据表7-5可知，中等职业学校包括普通中专学校、成人中专学校、职业高中学校和其他中等职业教育机构四类。根据各类学校的招生、在校生和毕业生规模可知，普通中专学校和职业高中学校是中等职业学校的主要组成部分，其他两类只占很少一部分。

表7-5　　　　　2010年和2017年中等职业学校（机构）学生数　　　单位：万人

| 年份 | 类别 | 中等职业学校 | 普通中专学校 | 成人中专学校 | 职业高中学校 | 其他中等职业教育机构 |
|---|---|---|---|---|---|---|
| 2010 | 招生数 | 711.4 | 334.89 | 39.27 | 284.11 | 53.13 |
| | 在校生数 | 1816.44 | 852.89 | 91.05 | 726.67 | 145.83 |
| | 毕业生数 | 543.65 | 236.61 | 32.8 | 217.52 | 56.73 |
| 2017 | 招生数 | 451.52 | 215.44 | 17.97 | 175.94 | 5.64 |
| | 在校生数 | 1254.29 | 614.62 | 40.29 | 469.86 | 16.6 |
| | 毕业生数 | 406.4 | 196.4 | 14.95 | 149.82 | 6.13 |
| 变化（2017年-2010年） | 招生数 | -259.88 | -119.45 | -21.3 | -108.17 | -47.49 |
| | 在校生数 | -562.15 | -238.27 | -50.76 | -256.81 | -129.23 |
| | 毕业生数 | -137.25 | -40.21 | -17.85 | -67.7 | -50.6 |

资料来源：2010年和2017年数据分别来自《中国教育统计年鉴（2010）》和《中国教育统计年鉴（2017）》第一部分第三章"中等教育（一）高中阶段教育"之表"中等职业学校分办学类型及举办者的中职学生及教职工情况"。

由表7-5可知，2010年中等职业学校招生数、在校生数和毕业生数分别为711.4万人、1816.44万人和543.65万人，2017年分别变为451.52万人、1254.29万人和406.4万人，减少人数分别为259.88万人、562.15万人和137.25万人，降幅分别为36.53%、30.95%和25.25%，降幅最大的是招生数。

2010 年普通中专学校招生数、在校生数和毕业生数分别为 334.89 万人、852.89 万人和 236.61 万人，2017 年分别变为 215.44 万人、614.62 万人和 196.4 万人，减少人数分别为 119.45 万人、238.27 万人和 40.21 万人，降幅分别为 35.67%、27.94% 和 16.99%，降幅最大仍为招生数。

2010 年成人中专学校招生数、在校生数和毕业生数分别为 39.27 万人、91.05 万人和 32.8 万人，2017 年分别变为 17.97 万人、40.29 万人和 14.95 万人，减少人数分别为 21.3 万人、50.76 万人和 17.85 万人，降幅分别为 54.24%、55.75% 和 54.42%，各类别学生数降幅相当。

2010 年职业高中学校招生数、在校生数和毕业生数分别为 284.11 万人、726.67 万人和 217.52 万人，2017 年分别变为 175.94 万人、469.86 万人和 149.82 万人，减少人数分别为 108.17 万人、256.81 万人和 67.7 万人，降幅分别为 38.07%、35.34% 和 31.12%，招生数降幅最大。

2010 年其他中等职业教育机构招生数、在校生数和毕业生数分别为 53.13 万人、145.83 万人和 56.73 万人，2017 年分别变为 5.64 万人、16.6 万人和 6.13 万人，减少人数分别为 47.49 万人、129.23 万人和 50.6 万人，降幅分别为 89.38%、88.62% 和 89.13%，各类别学生数降幅相当，但是其他中等职业教育机构招生数、在校生数和毕业生数的降幅远远超过了其他类别的中等职业学校。

从整体上看，中等职业教育学生数呈现全面下降趋势，不论是招生数、在校生数还是毕业生数，都有不同程度的下滑，横向来看，各类学生降幅最大的是成人中专学校和其他中等职业教育机构，这两类学校的各类学生降幅分别达到了 50% 以上和 80% 以上，数据表明我国中等职业教育在 2010～2017 年间整体呈收缩趋势。

### 7.1.2.3 中等职业教育教职工数

由表 7-6 可知，2010 年中等职业学校分别有教职工和专任教师 95.66 万人和 68.10 万人，专任教师占教职工总数的 71.19%。2017 年中等职业学校分别有教职工和专任教师 81.11 万人和 64.04 万人，分别比 2010 年下降 14.55 万人和 4.06 万人，降幅分别为 15.21% 和 5.96%；专任教师占比为 78.95%，比 2010 年有所上升。

表 7 – 6 　　　　　　　2010 年和 2017 年我国中等职业学校教职工数　　　　　单位：万人

| 学校类别 | 2010 年 | | 2017 年 | | 变化（2017 年 – 2010 年） | |
|---|---|---|---|---|---|---|
| | 教职工数 | 专任教师数 | 教职工数 | 专任教师数 | 教职工数 | 专任教师数 |
| 中等职业学校 | 95.66 | 68.10 | 81.11 | 64.04 | – 14.55 | – 4.06 |
| #普通中专学校 | 43.50 | 29.50 | 39.68 | 30.16 | – 3.82 | 0.65 |
| #成人中专学校 | 8.53 | 5.70 | 5.97 | 4.48 | – 2.56 | – 1.22 |
| #职业高中学校 | 40.32 | 30.70 | 34.38 | 28.61 | – 5.95 | – 2.09 |
| #其他机构 | 3.30 | 2.20 | 1.08 | 0.80 | – 2.22 | – 1.40 |

资料来源：2010 年和 2017 年数据分别来自《中国教育统计年鉴（2010）》和《中国教育统计年鉴（2017）》第一部分第三章"中等教育（一）高中阶段教育"之表"中等职业学校分办学类型及举办者的中职学生及教职工情况"。

2010 年普通中专学校分别有教职工和专任教师 43.50 万人和 29.50 万人，专任教师占教职工总数的 67.82%。2017 年普通中专学校分别有教职工和专任教师 39.68 万人和 30.16 万人，分别比 2010 年下降 3.82 万人和上升 0.65 万人，变化幅度分别为下降 8.78% 和增长 2.20%；专任教师占比为 76.01%，比 2010 年有所上升。

2010 年成人中专学校分别有教职工和专任教师 8.53 万人和 5.70 万人，专任教师占教职工总数的 66.82%。2017 年成人中专学校分别有教职工和专任教师 5.97 万人和 4.48 万人，分别比 2010 年下降 2.56 万人和 1.22 万人，下降幅度分别为 30.01% 和 21.40%；专任教师占比 75.04%，比 2010 年有所上升。

2010 年职业高中学校分别有教职工和专任教师 40.32 万人和 30.70 万人，专任教师占教职工总数的 76.14%，可见职业高中专任教师的占比是高于其他类别中等职业学校的。2017 年职业高中学校分别有教职工和专任教师 34.38 万人和 28.61 万人，分别比 2010 年下降 5.95 万人和 2.09 万人，下降幅度分别为 14.76% 和 6.81%；专任教师占比 83.22%，比 2010 年有所上升。

2010 年其他机构分别有教职工和专任教师 3. 30 万人和 2. 20 万人，专任教师占教职工总数的 66. 67%。2017 年成人中专学校分别有教职工和专任教师 1. 08 万人和 0. 80 万人，分别比 2010 年下降 2. 22 万人和 1. 40 万人，下降幅度分别为 67. 27% 和 63. 64%；专任教师占比 74. 07%，比 2010 年有所上升。

根据以上对中等职业学校教职工数和专任教师数的分析可知，各类中等职业学校的教职工数均在下降，而专任教师人数却均在上升，和对应类别的学生数变化趋势一致，表明我国中职学校在调整办学规模的同时也在优化学校教职人员结构，充实专任教师队伍。

## 7.2 全国高等教育财政性教育经费收入及来源情况

我国高等教育国家财政性教育经费包括五方面的内容，即公共财政预算安排的教育经费、政府性基金预算安排的教育经费、企业办学中的企业拨款、校办产业和社会服务收入用于教育的经费和其他属于国家财政性教育经费。其中公共财政预算安排的教育经费是我国高等教育财政性教育经费收入的主体部分。我国高等教育分为普通高等教育和成人高等教育，下面从高等教育总体、普通高等学校和成人高等学校三个方面来分析我国高等教育财政性教育经费的收入情况。

### 7.2.1 全国高等教育财政性教育经费收入总体情况

根据表 7 - 7 和表 7 - 8，高等教育国家财政性教育经费收入从 2010 年的 2965. 32 亿元增加到 2016 年的 6287. 85 亿元，年均增长 13. 35%。其中增长较快的年份是 2011 年、2012 年和 2015 年，分别为 38. 14%、22. 36% 和 12. 67%，2014 年和 2016 年增长较慢，2013 年为负增长。

表 7 – 7　　　　　　　　　高等教育财政性教育经费收入（全国）　　　　　　单位：亿元

| 年份 | 国家财政性教育经费 | 公共财政预算安排的教育经费 | 政府性基金预算安排的教育经费 | 企业办学中的企业拨款 | 校办产业和社会服务收入用于教育的经费 | 其他属于国家财政性教育经费 |
|---|---|---|---|---|---|---|
| 2010 | 2965.32 | 2777.80 | 70.69 | 17.27 | 12.29 | 87.28 |
| 2011 | 4096.33 | 3830.33 | 100.74 | 19.44 | 18.71 | 127.10 |
| 2012 | 5012.16 | 4628.84 | 189.37 | 15.64 | 19.82 | 158.48 |
| 2013 | 4933.39 | 4502.73 | 159.33 | 15.41 | 18.50 | 237.42 |
| 2014 | 5263.21 | 4752.15 | 147.63 | 12.74 | 20.06 | 330.62 |
| 2015 | 5929.99 | 5461.76 | 80.03 | 12.29 | 27.23 | 348.68 |
| 2016 | 6287.85 | 5840.26 | 24.26 | 12.07 | 24.13 | 387.13 |

资料来源：2011～2017 年《中国教育经费统计年鉴》之表 1 – 2 "全国各级各类教育机构教育经费收入情况（全国）" 中的 "高等学校"。

表 7 – 8　　　　　　　　高等教育财政性教育经费收入增长情况（全国）　　　　　　单位：%

| 年份 | 国家财政性教育经费 | 公共财政预算安排的教育经费 | 政府性基金预算安排的教育经费 | 企业办学中的企业拨款 | 校办产业和社会服务收入用于教育的经费 | 其他属于国家财政性教育经费 |
|---|---|---|---|---|---|---|
| 2010 | — | — | — | — | — | — |
| 2011 | 38.14 | 37.89 | 42.51 | 12.57 | 52.24 | 45.62 |
| 2012 | 22.36 | 20.85 | 87.98 | − 19.55 | 5.93 | 24.69 |
| 2013 | − 1.57 | − 2.72 | − 15.86 | − 1.47 | − 6.66 | 49.81 |
| 2014 | 6.69 | 5.54 | − 7.34 | − 17.33 | 8.43 | 39.26 |
| 2015 | 12.67 | 14.93 | − 45.79 | − 3.53 | 35.74 | 5.46 |
| 2016 | 6.03 | 6.93 | − 69.69 | − 1.79 | − 11.38 | 11.03 |
| 年均增长 | 13.35 | 13.18 | − 16.33 | − 5.80 | 11.90 | 28.18 |

资料来源：根据表 7 – 7 "高等教育财政性教育经费收入（全国）" 数据计算而得。

公共财政预算安排的教育经费从 2010 年的 2777.80 亿元上升到 2016 年的 5840.26 亿元,年均增长 13.18%,其各个年份增长特征与国家财政性教育经费类似,这间接反映出公共财政预算安排的教育经费作为国家财政性教育经费的主体部分,其变化趋势也内在反映着国家财政性教育经费的变化情况。

政府性基金预算安排的教育经费呈现先上升后下降的趋势,从 2010 年的 70.69 亿元持续上升到 2012 年的 189.37 亿元,然后再连续下降到 2016 年的 24.26 亿元,总体上是大起大落的变化特征,从其每年的增长率变化看,2011 年和 2012 年的增幅分别为 42.51% 和 87.98%,2015 年和 2016 年的降幅分别为 45.79% 和 69.69%。

高等教育企业办学中的企业拨款收入从 2010 年的 17.27 亿元上升到 2011 年的 19.44 亿元后,开始逐年下降,降至 2016 年的 12.07 亿元,平均每年下降 5.80%,2012 年和 2014 年下降幅度最大,分别下降了 19.55% 和 17.33%。

校办产业和社会服务收入用于教育的经费收入总体在波动中上升,从 2010 年的 12.29 亿元增加到 2016 年的 24.13 亿元,年均增长 11.90%。其中上升幅度较大的年份为 2011 年和 2015 年,增幅分别为 52.24% 和 35.74%,2013 年和 2016 年有所下降,降幅分别为 6.66% 和 11.38%。最后,其他属于国家财政性教育经费收入为持续增加态势,从 2010 年的 87.28 亿元增加到 2016 年的 387.13 亿元,年均增长 28.18%,2011 ~ 2014 年均有 20% ~ 50% 的增幅,其 2012 年后的增长快于国家财政性教育经费。

高等教育财政性教育经费收入的构成情况如表 7 - 9 所示,前面的分析已经指出,公共财政预算安排的教育经费是国家财政性教育经费的主体部分,2010 ~ 2016 年,每年公共财政预算安排的教育经费都占到国家财政性教育经费的 90% 以上,其次是其他属于国家财政性教育经费的部分,2010 ~ 2012 年其占到国家财政性教育经费的 3% 左右,2013 年占比接近 5%,2014 年以来占到国家财政性教育经费收入的 6% 左右,总体上其占比为上升趋势。然后是政府性基金预算安排的教育经费,与其绝对数变化趋势类似,其占比也呈现先上升后下降趋势,从 2010 年的 2.38% 上升到 2012 年的 3.78%,然后持续下降到 2016 年的 0.39%,2010 ~ 2016 年,其占国家财政性教育经费的比例未超过 4%。最后是"企业办学中的企业拨款"和"校办产业和社会服务收入用于教育的经费",2010 ~ 2016 年两者占比都较小,均不超过 1%。整体地看,对高等教育财政性教育经费收入起决定影响的是公共财政预算安排的教育经费收入。

表 7 – 9　　　　　　　高等教育财政性教育经费收入构成（全国）　　　　　单位：%

| 年份 | 国家财政性教育经费 | 公共财政预算安排的教育经费 | 政府性基金预算安排的教育经费 | 企业办学中的企业拨款 | 校办产业和社会服务收入用于教育的经费 | 其他属于国家财政性教育经费 |
|------|------|------|------|------|------|------|
| 2010 | 100.00 | 93.68 | 2.38 | 0.58 | 0.41 | 2.94 |
| 2011 | 100.00 | 93.51 | 2.46 | 0.47 | 0.46 | 3.10 |
| 2012 | 100.00 | 92.35 | 3.78 | 0.31 | 0.40 | 3.16 |
| 2013 | 100.00 | 91.27 | 3.23 | 0.31 | 0.37 | 4.81 |
| 2014 | 100.00 | 90.29 | 2.80 | 0.24 | 0.38 | 6.28 |
| 2015 | 100.00 | 92.10 | 1.35 | 0.21 | 0.46 | 5.88 |
| 2016 | 100.00 | 92.88 | 0.39 | 0.19 | 0.38 | 6.16 |

资料来源：根据表 7 – 7 "高等教育财政性教育经费收入（全国）"数据计算而得。

## 7.2.2　普通高等学校财政性教育经费收入总体情况

普通高等学校是全国高等教育的主体部分，根据表 7 – 10 和表 7 – 11，普通高等学校国家财政性教育经费收入从 2010 年的 2901.80 亿元增加到 2016 年的 6198.83 亿元，年均增长 13.49%。其中增长较快的年份是 2011 年、2012 年和 2015 年，分别为 38.66%、20.96% 和 13.53%，2014 年和 2016 年增长较慢，2013 年为负增长，这种变化特征与高等教育财政性教育经费的变化类似。

表 7 – 10　　　　　　普通高等学校财政性教育经费收入情况　　　　　单位：亿元

| 年份 | 国家财政性教育经费 | 公共财政预算安排的教育经费 | 政府性基金预算安排的教育经费 | 企业办学中的企业拨款 | 校办产业和社会服务收入用于教育的经费 | 其他属于国家财政性教育经费 |
|------|------|------|------|------|------|------|
| 2010 | 2901.80 | 2718.80 | 68.56 | 15.67 | 11.64 | 87.13 |
| 2011 | 4023.50 | 3763.26 | 97.13 | 17.92 | 18.12 | 127.07 |
| 2012 | 4866.63 | 4546.03 | 127.51 | 15.19 | 19.47 | 158.44 |

| 年份 | 国家财政性教育经费 | 公共财政预算安排的教育经费 | 政府性基金预算安排的教育经费 | 企业办学中的企业拨款 | 校办产业和社会服务收入用于教育的经费 | 其他属于国家财政性教育经费 |
|------|------|------|------|------|------|------|
| 2013 | 4796.88 | 4419.44 | 107.09 | 14.87 | 18.13 | 237.35 |
| 2014 | 5144.88 | 4677.05 | 105.11 | 12.39 | 19.70 | 330.62 |
| 2015 | 5841.14 | 5378.67 | 75.77 | 12.09 | 25.95 | 348.67 |
| 2016 | 6198.83 | 5753.89 | 22.44 | 11.90 | 23.48 | 387.13 |

资料来源：2010～2016年《中国教育经费统计年鉴》之表1－2"全国各级各类教育机构教育经费收入情况（全国）"中的"普通高等学校"。

表7－11　　高等教育财政性教育经费收入增长情况（普通高等学校）　　单位:%

| 年份 | 国家财政性教育经费 | 公共财政预算安排的教育经费 | 政府性基金预算安排的教育经费 | 企业办学中的企业拨款 | 校办产业和社会服务收入用于教育的经费 | 其他属于国家财政性教育经费 |
|------|------|------|------|------|------|------|
| 2010 | — | — | — | — | — | — |
| 2011 | 38.66 | 38.42 | 41.67 | 14.36 | 55.67 | 45.84 |
| 2012 | 20.96 | 20.80 | 31.28 | −15.23 | 7.45 | 24.69 |
| 2013 | −1.43 | −2.78 | −16.01 | −2.11 | −6.88 | 49.80 |
| 2014 | 7.25 | 5.83 | −1.85 | −16.68 | 8.66 | 39.30 |
| 2015 | 13.53 | 15.00 | −27.91 | −2.42 | 31.73 | 5.46 |
| 2016 | 6.12 | 6.98 | −70.38 | −1.57 | −9.52 | 11.03 |
| 年均增长 | 13.49 | 13.31 | −16.98 | −4.48 | 12.41 | 28.22 |

资料来源：根据2010～2016年《中国教育经费统计年鉴》之表1－2"全国各级各类教育经费收入情况（全国）"中的"普通高等学校"数据计算而得。

　　公共财政预算安排的普通高等学校财政性教育经费从2010年的2718.80亿元上升到2016年的5753.89亿元，年均增长13.31%。公共财政预算安排的普通高等学校财政性教育经费各个年份增长快慢的特征与国家财政性高等教育经费基本一致，这是公共财政预算安排的教育经费作为国家财政性教育经费的主体部分的必然反映。

政府性基金预算安排的普通高等学校财政性教育经费呈现先上升后下降的趋势，从 2010 年的 68.56 亿元持续上升到 2012 年的 127.51 亿元，然后再连续下降到 2016 年的 22.44 亿元，总体上是大起大落的变化特征，2011 年和 2012 年的增幅分别为 41.67% 和 31.28%，2015 年和 2016 年的降幅分别为 27.91% 和 70.38%。

普通高等学校企业办学中的企业拨款收入从 2010 年的 15.67 亿元上升到 2011 年的 17.92 亿元后，开始逐年下降，降至 2016 年的 11.90 亿元，平均每年下降 4.48%，2012 年和 2014 年下降幅度最大，分别下降了 15.23% 和 16.68%。

校办产业和社会服务收入用于普通高等教育的经费收入总体在波动中上升，从 2010 年的 11.64 亿元增加到 2016 年的 23.48 亿元，年均增长 12.41%。其中上升幅度较大的年份为 2011 年和 2015 年，增幅分别为 55.67% 和 31.73%，2013 年和 2016 年有所下降，降幅分别为 6.88% 和 9.52%。

最后，其他属于国家财政性教育经费收入为持续增加态势，从 2010 年的 87.13 亿元增加到 2016 年的 387.13 亿元，年均增长 28.22%，2011～2014 年均有 20%～50% 的增幅。

普通高等学校财政性教育经费收入的构成情况如表 7-12 所示，公共财政预算安排的教育经费是国家财政性教育经费的主体部分这一特征在普通高等学校财政性教育经费的构成中表现很明显。数据显示，2010～2016 年，每年公共财政预算安排的教育经费都占到普通高等学校国家财政性教育经费的 90% 以上，其次是其他属于国家财政性教育经费的部分，2010～2012 年其占到国家财政性教育经费的 3% 以上，2013 年占比接近 5%，2014～2016 年占到国家财政性教育经费收入的 6% 左右，其占比总体上为上升趋势。然后是政府性基金预算安排的教育经费，与其绝对数变化趋势类似，其占比也呈现先上升后下降趋势，从 2010 年的 2.36% 上升到 2012 年的 2.62%，然后持续下降到 2016 年的 0.36%，2010～2016 年，其占国家财政性教育经费的比例最高不超过 3%。最后是"企业办学中的企业拨款"和"校办产业和社会服务收入用于教育的经费"，2010～2016 年两者占比都较小，均不超过 1%。即对普通高等学校财政性教育经费收入起决定影响的是公共财政预算安排的教育经费收入。

**表 7-12　高等教育财政性教育经费收入构成（普通高等学校）　单位：%**

| 年份 | 国家财政性教育经费 | 公共财政预算安排的教育经费 | 政府性基金预算安排的教育经费 | 企业办学中的企业拨款 | 校办产业和社会服务收入用于教育的经费 | 其他属于国家财政性教育经费 |
|---|---|---|---|---|---|---|
| 2010 | 100.00 | 93.69 | 2.36 | 0.54 | 0.40 | 3.00 |
| 2011 | 100.00 | 93.53 | 2.41 | 0.45 | 0.45 | 3.16 |
| 2012 | 100.00 | 93.41 | 2.62 | 0.31 | 0.40 | 3.26 |
| 2013 | 100.00 | 92.13 | 2.23 | 0.31 | 0.38 | 4.95 |
| 2014 | 100.00 | 90.91 | 2.04 | 0.24 | 0.38 | 6.43 |
| 2015 | 100.00 | 92.08 | 1.30 | 0.21 | 0.44 | 5.97 |
| 2016 | 100.00 | 92.82 | 0.36 | 0.19 | 0.38 | 6.25 |

资料来源：根据 2010-2016 年《中国教育经费统计年鉴》之表 1-2 "全国各级各类教育机构教育经费收入情况（全国）"中的"高等学校"数据计算而得。

### 7.2.3　成人高等学校财政性教育经费收入总体情况

相比于普通高等学校的财政性教育经费收入，成人高等学校财政性教育经费各项收入都相对较少，根据表 7-13 和表 7-14，成人高等学校国家财政性教育经费收入从 2010 年的 63.52 亿元先持续增加到 2012 年的 145.53 亿元，后持续下降至 2016 年的 89.02 亿元，总体上稍有上升，年均增长5.79%。其中增长最快的年份是 2012 年，增幅为 99.82%，下降最快的年份是 2015 年，降幅为 24.92%。即 2010~2016 年间，成人高等学校国家财政性教育经费收入总体上呈先上升后下降趋势。

表 7 – 13    成人高等学校财政性教育经费收入情况    单位：亿元

| 年份 | 国家财政性教育经费 | 公共财政预算安排的教育经费 | 政府性基金预算安排的教育经费 | 企业办学中的企业拨款 | 校办产业和社会服务收入用于教育的经费 | 其他属于国家财政性教育经费 |
|---|---|---|---|---|---|---|
| 2010 | 63.52 | 59.00 | 2.13 | 1.59 | 0.65 | 0.015 |
| 2011 | 72.83 | 67.07 | 3.61 | 1.52 | 0.59 | 0.034 |
| 2012 | 145.53 | 82.81 | 61.86 | 0.46 | 0.35 | 0.039 |
| 2013 | 136.51 | 83.29 | 52.25 | 0.54 | 0.37 | 0.067 |
| 2014 | 118.33 | 75.10 | 42.52 | 0.35 | 0.36 | 0.003 |
| 2015 | 88.85 | 83.09 | 4.26 | 0.20 | 1.29 | 0.009 |
| 2016 | 89.02 | 86.37 | 1.82 | 0.17 | 0.66 | 0.003 |

资料来源：根据 2010～2016 年《中国教育经费统计年鉴》之表 1－2 "全国各级各类教育机构教育经费收入情况（全国）"中的"成人高等学校"数据整理而得。

表 7 – 14    成人高等学校财政性教育经费收入增长情况    单位：%

| 年份 | 国家财政性教育经费 | 公共财政预算安排的教育经费 | 政府性基金预算安排的教育经费 | 企业办学中的企业拨款 | 校办产业和社会服务收入用于教育的经费 | 其他属于国家财政性教育经费 |
|---|---|---|---|---|---|---|
| 2010 | — | — | — | — | — | — |
| 2011 | 14.66 | 13.69 | 70.05 | – 4.54 | – 9.51 | 121.23 |
| 2012 | 99.82 | 23.47 | 1611.93 | – 69.88 | – 40.24 | 16.42 |
| 2013 | – 6.19 | 0.58 | – 15.55 | 18.04 | 4.47 | 70.86 |
| 2014 | – 13.32 | – 9.83 | – 18.61 | – 35.76 | – 3.11 | – 95.38 |
| 2015 | – 24.92 | 10.63 | – 89.97 | – 42.61 | 260.61 | 197.11 |
| 2016 | 0.19 | 3.94 | – 57.22 | – 15.54 | – 48.94 | – 68.29 |
| 平均增长 | 5.79 | 6.56 | – 2.51 | – 31.24 | 0.13 | – 24.21 |

资料来源：根据 2010～2016 年《中国教育经费统计年鉴》之表 1－2 "全国各级各类教育机构教育经费收入情况（全国）"中的"成人高等学校"数据计算而得。

注："—"表示此项无数据。

其中，公共财政预算安排的成人高校教育经费从 2010 年的 59 亿元波动上升到 2016 年的 86.37 亿元，年均增长 6.56%。与成人高校国家财政性教育经费总体相比，其波动比较小，仅仅在 2014 年有所下降，其余年份均缓慢上升。可见，对于成人高等教育来说，公共财政预算安排的教育经费与国家财政性教育经费在 2011～2015 年间出现一定程度的背离。

政府性基金预算安排的教育经费呈现先上升后下降的趋势，从 2010 年的 2.13 亿元持续上升到 2012 年的 61.86 亿元，然后再迅速下降到 2016 年的 1.82 亿元，与成人高校国家财政性教育经费类似，总体上是大起大落的变化特征。成人高等学校政府性基金预算安排的教育经费趋势与成人高校国家财政性教育经费的趋势基本相同；另外，这一趋势从其每年的增长率变化也可以看出，如 2011 年和 2012 年的增幅分别为 70.05% 和 1611.93%，2015 年和 2016 年的降幅分别为 89.97% 和 57.22%。

企业办学中的企业拨款收入从 2010 年的 1.59 亿元波动下降到 2016 年的 0.17 亿元，平均每年下降 31.24%，2012 年和 2015 年下降幅度最大，分别下降了 69.88% 和 42.61%。校办产业和社会服务收入用于教育的经费收入处于不断波动中，但总体基本不变，从 2010 年的 0.65 亿元减少到 2014 年的 0.36 亿元，随后又上升。其中变动幅度较大的年份为 2012 年和 2015 年，变动幅度分别为 −40.24% 和 260.61%。最后，其他属于国家财政性教育经费收入只占很小一部分，从 2010 年的 0.015 亿元减少到 2016 年的 0.003 亿元，年均降幅 24.21%。

成人高等学校财政性教育经费收入的构成情况如表 7−15 所示，2010～2016 年，有四年公共财政预算安排的教育经费都占到国家财政性教育经费的 90% 以上，2012～2014 年公共财政预算安排的教育经费在国家财政性教育经费的占比一度降到 60% 左右，这一时期的下降空间被政府性基金预算安排的教育经费所替代，2012～2014 年公共财政预算安排的教育经费占到成人高校国家财政性教育经费的 40% 左右。除了 2012～2014 年，政府性基金预算安排的教育经费收入占成人高校国家财政性教育经费收入的 5% 以下。其他三项收入，即"企业办学中的企业拨款收入""校办产业和社会服务收入用于教育的经费收入""其他属于国家财政性教育经费收入"合计占国家财政性教育经费收入不到 5%。

**表 7 - 15**　　　　　　　　成人高等学校财政性教育经费收入构成　　　　　　单位：%

| 年份 | 国家财政性教育经费 | 公共财政预算安排的教育经费 | 政府性基金预算安排的教育经费 | 企业办学中的企业拨款 | 校办产业和社会服务收入用于教育的经费 | 其他属于国家财政性教育经费 |
|---|---|---|---|---|---|---|
| 2010 | 100.00 | 92.88 | 3.35 | 2.50 | 1.02 | 0.02 |
| 2011 | 100.00 | 92.09 | 4.96 | 2.09 | 0.81 | 0.05 |
| 2012 | 100.00 | 56.90 | 42.51 | 0.32 | 0.24 | 0.03 |
| 2013 | 100.00 | 61.01 | 38.28 | 0.40 | 0.27 | 0.05 |
| 2014 | 100.00 | 63.47 | 35.93 | 0.30 | 0.30 | 0.00 |
| 2015 | 100.00 | 93.52 | 4.79 | 0.23 | 1.45 | 0.01 |
| 2016 | 100.00 | 97.02 | 2.04 | 0.19 | 0.74 | 0.00 |

资料来源：根据 2010 ~ 2016 年《中国教育经费统计年鉴》之表 1 - 2 "全国各级各类教育机构教育经费收入情况（全国）"中的"成人高等学校"数据计算而得。

综合以上分析可知，对成人高等学校财政性教育经费收入起决定影响的仍是公共财政预算安排的教育经费收入，其次是政府性基金预算安排的教育经费收入（在特定年份占比较高）。

## 7.3　职业教育财政性经费收入及来源情况

我国职业教育结构包括高职高专学校和中等职业学校，下面首先综合分析职业教育财政性教育经费的收入情况，然后分高职高专学校和中等职业学校分别介绍财政性教育经费的收入情况。

### 7.3.1　职业教育财政性教育经费收入总体情况

根据表 7 - 16 和表 7 - 17，职业教育国家财政性教育经费投入从 2010 年的 1459.91 亿元增加到 2016 年的 3096.45 亿元，年均增长 13.35%。其中增长较快的年份是 2011 年、2012 年和 2015 年，分别为 32.47%、23.68% 和

15.36%，其他年份增长较慢。

表 7 - 16　　　　　　　全国职业教育财政性教育经费收入情况　　　　单位：亿元

| 年份 | 国家财政性教育经费 | 公共财政预算安排的教育经费 | 政府性基金预算安排的教育经费 | 企业办学中的企业拨款 | 校办产业和社会服务收入用于教育的经费 | 其他属于国家财政性教育经费 |
|---|---|---|---|---|---|---|
| 2010 | 1459.91 | 1275.07 | 159.41 | 19.78 | 2.80 | 2.85 |
| 2011 | 1933.88 | 1648.38 | 257.54 | 22.10 | 3.04 | 2.83 |
| 2012 | 2391.83 | 2053.21 | 310.85 | 21.33 | 2.85 | 3.60 |
| 2013 | 2542.67 | 2153.87 | 360.44 | 21.01 | 3.64 | 3.71 |
| 2014 | 2556.91 | 2398.32 | 138.60 | 14.05 | 5.08 | 0.86 |
| 2015 | 2949.77 | 2900.35 | 30.67 | 13.70 | 4.34 | 0.73 |
| 2016 | 3096.45 | 3046.27 | 30.66 | 13.57 | 5.30 | 0.66 |

资料来源：2010～2016 年《中国教育经费统计年鉴》之表 1 - 2 "全国各级各类教育机构教育经费收入情况（全国）"中的"高职高专学校"和"中等职业学校"之和。

表 7 - 17　　　　　　　全国职业教育财政性教育经费增长情况　　　　单位：%

| 年份 | 国家财政性教育经费 | 公共财政预算安排的教育经费 | 政府性基金预算安排的教育经费 | 企业办学中的企业拨款 | 校办产业和社会服务收入用于教育的经费 | 其他属于国家财政性教育经费 |
|---|---|---|---|---|---|---|
| 2011 | 32.47 | 29.28 | 61.56 | 11.73 | 8.57 | -0.70 |
| 2012 | 23.68 | 24.56 | 20.70 | -3.48 | -6.25 | 27.21 |
| 2013 | 6.31 | 4.90 | 15.95 | -1.50 | 27.72 | 3.06 |
| 2014 | 0.56 | 11.35 | -61.55 | -33.13 | 39.56 | -76.82 |
| 2015 | 15.36 | 20.93 | -77.87 | -2.49 | -14.57 | -15.12 |
| 2016 | 4.97 | 5.03 | -0.03 | -0.95 | 22.12 | -9.59 |
| 平均增长 | 13.35 | 15.62 | -24.02 | -6.09 | 11.22 | -21.64 |

资料来源：2010～2016 年《中国教育经费统计年鉴》之表 1 - 2 "全国各级各类教育机构教育经费收入情况（全国）"中的"高职高专学校"和"中等职业学校"之和。

公共财政预算安排的职业教育经费从 2010 年的 1275.07 亿元上升到 2016 年的 3046.27 亿元，年均增长 15.62%，其各个年份增长特征与职业教育国家财政性教育经费整体情况类似，这间接反映出公共财政预算安排的职业教育经费作为职业教育国家财政性教育经费的主体部分，其变化趋势也内在反映着职业教育国家财政性教育经费的整体变化情况。

政府性基金预算安排的职业教育经费呈现先上升后下降的趋势，从 2010 年的 159.41 亿元持续上升到 2013 年的 360.44 亿元，然后再连续下降到 2016 年的 30.66 亿元，总体上是大起大落的变化特征，2011 年和 2012 年的增幅分别为 61.56% 和 20.70%，2014 年和 2015 年的降幅分别为 61.55% 和 77.87%。

职业教育企业办学中的企业拨款收入从 2010 年的 19.78 亿元上升到 2011 年的 22.10 亿元后，开始逐年下降，降至 2016 年的 13.57 亿元，平均每年下降 6.09%，2014 年降幅最大，为 33.13%。

校办产业和社会服务收入用于教育的经费收入总体在波动中上升，从 2010 年的 2.80 亿元增加到 2016 年的 5.30 亿元，年均增长 11.22%。其中上升幅度较大的年份为 2013 年和 2014 年，增幅分别为 27.72% 和 39.56%，2012 和 2015 年有所下降，降幅分别为 6.25% 和 14.57%。最后，其他属于国家财政性教育经费收入在波动中减小，从 2010 年的 2.85 亿元增加到 2013 年的 3.71 亿元，再降至 2016 年的 0.66 亿元，年均降幅 21.64%，2014 年降幅最大，为 76.82%。

职业教育财政性教育经费收入的构成情况如表 7 - 18 所示，2010～2016 年，每年公共财政预算安排的教育经费都占到职业教育国家财政性教育经费的 80% 以上，2010～2013 年公共财政预算安排的教育经费占比均为 85% 左右，2014～2016 年占比均在 90% 以上。其次是政府性基金预算安排的职业教育经费，2010～2013 年每年均占到国家财政性教育经费的 10% 以上，2013 年以后其占比持续下降，到 2016 年仅占 0.99%。企业办学中的企业拨款仅在 2010 年和 2011 年两年占到国家财政性教育经费的 1% 以上，其余年份占比均在 1% 以下。最后是校办产业和社会服务收入中用于教育的经费收入和其他属于国家财政性教育经费收入，两者合计占比在每年都不超过 1%。可见，近年来，职业教育中公共财政预算安排的教育经费投入是职业教育国家财政性教育经费投入最为重要的组成部分。

**表 7 - 18** 　　　　　　　　职业教育财政性教育经费收入构成 （全国）　　　　　单位：%

| 年份 | 国家财政性<br>教育经费 | 公共财政<br>预算安排的<br>教育经费 | 政府性基金<br>预算安排的<br>教育经费 | 企业办学<br>中的企业拨款 | 校办产业和<br>社会服务<br>收入用于<br>教育的经费 | 其他属于<br>国家财政性<br>教育经费 |
|---|---|---|---|---|---|---|
| 2010 | 100.00 | 87.34 | 10.92 | 1.35 | 0.19 | 0.20 |
| 2011 | 100.00 | 85.24 | 13.32 | 1.14 | 0.16 | 0.15 |
| 2012 | 100.00 | 85.84 | 13.00 | 0.89 | 0.12 | 0.15 |
| 2013 | 100.00 | 84.71 | 14.18 | 0.83 | 0.14 | 0.15 |
| 2014 | 100.00 | 93.80 | 5.42 | 0.55 | 0.20 | 0.03 |
| 2015 | 100.00 | 98.32 | 1.04 | 0.46 | 0.15 | 0.02 |
| 2016 | 100.00 | 98.38 | 0.99 | 0.44 | 0.17 | 0.02 |

资料来源：2010～2016 年《中国教育经费统计年鉴》之表 1 - 2 "全国各级各类教育机构教育经费收入情况 （全国）"中的"高职高专学校"和"中等职业学校"两项之和。

### 7.3.2　高职高专学校财政性教育经费收入总体情况

根据表 7 - 19 和表 7 - 20，高职高专学校国家财政性教育经费收入从 2010 年的 491.63 亿元增加到 2016 年的 1147.72 亿元，年均增长 15.18%。其中增长较快的年份是 2011 年、2012 年和 2015 年，分别为 37.26%、23.28% 和 19.74%，其他年份增长较慢，2013 年稍有下降，为负增长。

**表 7 - 19** 　　　　　　　　高职高专学校财政性教育经费收入情况　　　　　单位：亿元

| 年份 | 国家财政性<br>教育经费 | 公共财政<br>预算安排的<br>教育经费 | 政府性基金<br>预算安排的<br>教育经费 | 企业办学中<br>的企业拨款 | 校办产业和<br>社会服务<br>收入用于<br>教育的经费 | 其他属于<br>国家财政性<br>教育经费 |
|---|---|---|---|---|---|---|
| 2010 | 491.63 | 442.55 | 34.06 | 13.27 | 1.17 | 0.57 |
| 2011 | 674.82 | 610.45 | 46.15 | 15.73 | 1.65 | 0.84 |
| 2012 | 831.92 | 762.31 | 53.67 | 13.19 | 1.68 | 1.08 |

| 年份 | 国家财政性教育经费 | 公共财政预算安排的教育经费 | 政府性基金预算安排的教育经费 | 企业办学中的企业拨款 | 校办产业和社会服务收入用于教育的经费 | 其他属于国家财政性教育经费 |
|------|------|------|------|------|------|------|
| 2013 | 823.67 | 755.25 | 52.54 | 12.73 | 2.00 | 1.15 |
| 2014 | 909.58 | 857.61 | 37.58 | 10.82 | 2.71 | 0.86 |
| 2015 | 1089.09 | 1061.13 | 14.81 | 10.53 | 1.90 | 0.73 |
| 2016 | 1147.72 | 1123.05 | 11.63 | 10.54 | 1.84 | 0.66 |

资料来源：2010～2016 年《中国教育经费统计年鉴》之表 1 - 2 "全国各级各类教育机构教育经费收入情况（全国）"中的"高职高专学校"数据。

表 7 - 20　　　　　　高职高专学校财政性教育经费收入增长情况　　　　单位：%

| 年份 | 国家财政性教育经费 | 公共财政预算安排的教育经费 | 政府性基金预算安排的教育经费 | 企业办学中的企业拨款 | 校办产业和社会服务收入用于教育的经费 | 其他属于国家财政性教育经费 |
|------|------|------|------|------|------|------|
| 2011 | 37.26 | 37.94 | 35.50 | 18.54 | 41.03 | 47.37 |
| 2012 | 23.28 | 24.88 | 16.29 | -16.15 | 1.82 | 28.57 |
| 2013 | -0.99 | -0.93 | -2.11 | -3.49 | 19.05 | 6.48 |
| 2014 | 10.43 | 13.55 | -28.47 | -15.00 | 35.50 | -25.22 |
| 2015 | 19.74 | 23.73 | -60.59 | -2.68 | -29.89 | -15.12 |
| 2016 | 5.38 | 5.84 | -21.47 | 0.09 | -3.16 | -9.59 |
| 平均增长 | 15.18 | 16.79 | -16.40 | -3.77 | 7.84 | 2.47 |

资料来源：2010～2016 年《中国教育经费统计年鉴》之表 1 - 2 "全国各级各类教育机构教育经费收入情况（全国）"中的"高职高专学校"数据。

公共财政预算安排的高职高专学校教育经费从 2010 年的 442.55 亿元上升到 2016 年的 1123.05 亿元，年均增长 16.79%，其各个年份增长特征与高职高专学校国家财政性教育经费整体情况类似，这间接反映出公共财政预算安排的教育经费作为高职高专学校国家财政性教育经费的主体部分，其变化趋势也内在反映着高职高专学校国家财政性教育经费的整体变化情况。

政府性基金预算安排的高职高专学校教育经费呈现先上升后下降的趋势，从 2010 年的 34.06 亿元持续上升到 2012 年的 53.67 亿元，然后再连续下降到 2016 年的 11.63 亿元，总体上是大起大落的变化特征，2011 年和 2012 年的增幅分别为 35.50% 和 16.29%，2014 年和 2015 年的降幅分别为 28.47% 和 60.59%。

高职高专学校企业办学中的企业拨款收入从 2010 年的 13.27 亿元上升到 2011 年的 15.73 亿元后，开始逐年下降，降至 2016 年的 10.54 亿元，平均每年下降 3.77%，2012 年和 2014 年降幅较大，分别为 16.15% 和 15%。

校办产业和社会服务收入用于教育的经费收入先上升后下降，从 2010 年的 1.17 亿元增加到 2014 年的 2.71 亿元，然后又减少到 2016 年的 1.84 亿元，总体上为增加趋势，年均增长 7.84%。其中变化幅度较大的年份为 2011 年、2014 年和 2015 年，变化幅度分别为 41.03%、35.50% 和 -29.89%。最后，其他属于国家财政性教育经费收入也是先上升后下降，从 2010 年的 0.57 亿元增加到 2013 年的 1.15 亿元，再降至 2016 年的 0.66 亿元，总体有所上升，年均增幅 2.47%。

高职高专学校财政性教育经费收入的构成情况如表 7 - 21 所示，前面对职业教育财政性教育经费的构成分析已经指出，公共财政预算安排的教育经费是国家财政性教育经费的主体部分，对于高职高专学校来说，也有类似的结构（见表 7 - 21）。2010 ~ 2016 年，每年公共财政预算安排的教育经费都占到国家财政性教育经费的 90% 以上。其次是政府性基金预算安排的高职高专教育经费收入，2010 ~ 2013 年其占到国家财政性教育经费的 6% 以上，2014 年占比为 4.13%，2014 年以来占到国家财政性教育经费收入的 1% 以上，总体上其占比为下降趋势。企业办学中的企业拨款收入 2010 年和 2011 年占高职高专学校国家财政性教育经费收入的 2% 以上，2012 ~ 2014 年降到国家财政性教育经费收入的 1.5% 左右，2015 年和 2016 年占比降到 1% 以下，为不断下降趋势。最后，校办产业和社会服务收入用于教育的经费收入和其他属于国家财政性教育经费收入两者占比都较小，两者合计占比每年不超过高职高专学校国家财政性教育经费收入的 1%。可见公共财政预算安排的教育经费收入一直是高职高专学校国家财政性教育经费收入主要构成部分。

表 7 – 21　　　　　高职高专学校财政性教育经费收入构成情况　　　　　单位：%

| 年份 | 国家财政性教育经费 | 公共财政预算安排的教育经费 | 政府性基金预算安排的教育经费 | 企业办学中的企业拨款 | 校办产业和社会服务收入用于教育的经费 | 其他属于国家财政性教育经费 |
|------|------|------|------|------|------|------|
| 2010 | 100.00 | 90.02 | 6.93 | 2.70 | 0.24 | 0.12 |
| 2011 | 100.00 | 90.46 | 6.84 | 2.33 | 0.24 | 0.12 |
| 2012 | 100.00 | 91.63 | 6.45 | 1.59 | 0.20 | 0.13 |
| 2013 | 100.00 | 91.69 | 6.38 | 1.55 | 0.24 | 0.14 |
| 2014 | 100.00 | 94.29 | 4.13 | 1.19 | 0.30 | 0.09 |
| 2015 | 100.00 | 97.43 | 1.36 | 0.97 | 0.17 | 0.07 |
| 2016 | 100.00 | 97.85 | 1.01 | 0.92 | 0.16 | 0.06 |

　　资料来源：根据 2010～2016 年《中国教育经费统计年鉴》之表 1 – 2 "全国各级各类教育机构教育经费收入情况（全国）"中的"高职高专学校"数据整理计算而得。

### 7.3.3　中等职业学校财政性教育经费收入总体情况

　　根据表 7 – 22 和表 7 – 23，中等职业学校国家财政性教育经费收入从 2010 年的 968.28 亿元增加到 2016 年的 1948.73 亿元，年均增长 12.36%。其中增长较快的年份是 2011 年和 2012 年，增幅分别为 30.03%、23.89%，其他年份增长较慢，2014 年稍有下降，为负增长。

表 7 – 22　　　　　中等职业学校财政性教育经费收入情况　　　　　单位：亿元

| 年份 | 国家财政性教育经费 | 公共财政预算安排的教育经费 | 政府性基金预算安排的教育经费 | 企业办学中的企业拨款 | 校办产业和社会服务收入用于教育的经费 | 其他属于国家财政性教育经费 |
|------|------|------|------|------|------|------|
| 2010 | 968.28 | 832.52 | 125.35 | 6.51 | 1.63 | 2.28 |
| 2011 | 1259.06 | 1037.93 | 211.39 | 6.37 | 1.39 | 1.99 |
| 2012 | 1559.91 | 1290.90 | 257.18 | 8.14 | 1.17 | 2.52 |

| 年份 | 国家财政性教育经费 | 公共财政预算安排的教育经费 | 政府性基金预算安排的教育经费 | 企业办学中的企业拨款 | 校办产业和社会服务收入用于教育的经费 | 其他属于国家财政性教育经费 |
|------|------|------|------|------|------|------|
| 2013 | 1719.00 | 1398.62 | 307.90 | 8.28 | 1.64 | 2.56 |
| 2014 | 1647.33 | 1540.71 | 101.02 | 3.23 | 2.37 | — |
| 2015 | 1860.68 | 1839.22 | 15.86 | 3.17 | 2.44 | — |
| 2016 | 1948.73 | 1923.22 | 19.03 | 3.03 | 3.46 | — |

资料来源：根据 2010~2016 年《中国教育经费统计年鉴》之表 1-2 "全国各级各类教育机构教育经费收入情况（全国）"中的"中等职业学校"数据整理而得。

注："—"表示此处无数据。

表 7-23　　　　　　　　　中等职业学校财政性教育经费收入增长情况　　　　单位：%

| 年份 | 国家财政性教育经费 | 公共财政预算安排的教育经费 | 政府性基金预算安排的教育经费 | 企业办学中的企业拨款 | 校办产业和社会服务收入用于教育的经费 | 其他属于国家财政性教育经费 |
|------|------|------|------|------|------|------|
| 2011 | 30.03 | 24.67 | 68.64 | -2.15 | -14.72 | -12.72 |
| 2012 | 23.89 | 24.37 | 21.66 | 27.79 | -15.83 | 26.63 |
| 2013 | 10.20 | 8.34 | 19.72 | 1.72 | 40.17 | 1.59 |
| 2014 | -4.17 | 10.16 | -67.19 | -60.99 | 44.51 | — |
| 2015 | 12.95 | 19.37 | -84.30 | -1.86 | 2.95 | — |
| 2016 | 4.73 | 4.57 | 19.99 | -4.42 | 41.80 | — |
| 平均增长 | 12.36 | 14.98 | -26.96 | -11.97 | 13.37 | |

资料来源：根据 2010~2016 年《中国教育经费统计年鉴》之表 1-2 "全国各级各类教育机构教育经费收入情况（全国）"中的"中等职业学校"数据计算而得。

注："—"表示此处无数据。

公共财政预算安排的中等职业学校教育经费从 2010 年的 832.52 亿元持续上升到 2016 年的 1923.22 亿元，年均增长 14.98%，其各个年份增长特征与中等职业学校国家财政性教育经费整体情况类似，这间接反映出公共财政预算安排的教育经费作为中等职业学校国家财政性教育经费的主体部分，其变化趋势与中等职业学校国家财政性教育经费的整体变化趋势一致。

政府性基金预算安排的教育经费呈现先上升后下降的趋势，从 2010 年的 125.35 亿元持续上升到 2013 年的 307.9 亿元，然后再下降到 2016 年的 19.03 亿元，总体上是大起大落的变化特征，如 2011 年增幅为 68.64%，2014 年和 2015 年的降幅分别为 67.19% 和 84.30%。

中等职业学校企业办学中的企业拨款收入为先上升后下降的趋势，从 2010 年的 6.51 亿元上升到 2013 年的 8.28 亿元后，开始逐年下降，降至 2016 年的 3.03 亿元，总体为下降趋势，平均每年下降 11.97%，2014 年降幅较大，为 60.99%。

中等职业学校校办产业和社会服务收入用于教育的经费收入先下降后上升，从 2010 年的 1.63 亿元下降到 2012 年的 1.17 亿元，然后又持续上升到 2016 年的 3.46 亿元，总体上为增加趋势，年均增长 13.37%。其中变化幅度较大的年份为 2013 年、2014 年和 2016 年，增长幅度分别为 40.17%、44.51% 和 41.80%。最后，其他属于国家财政性教育经费收入数据不全，仅有 2010~2013 年数据，这四年间，其收入稍有上升，从 2.28 亿元上升到 2.56 亿元。

职业教育财政性教育经费收入的构成情况如表 7-24 所示，2010~2016 年，每年公共财政预算安排的教育经费都占到中等职业学校国家财政性教育经费的 80% 以上，2010~2013 年公共财政预算安排的教育经费占比在 81%~86% 之间，2014~2016 年占比均在 90% 以上，并且近年来达到了 98% 以上。其次是政府性基金预算安排的教育经费，2010~2013 年每年均占到国家财政性教育经费的 10% 以上，2013 年达到最高点的 17.91%，其后占比持续下降，到 2016 年仅占 0.98%。企业办学中的企业拨款在 2010~2016 年间占比均在 1% 以下。最后是校办产业和社会服务收入用于教育的经费收入和其他属于国家财政性教育经费收入，2010~2016 年间，两者合计占比在每年都不超过 1%。可见，近年来，中等职业学校中公共财政预算安排的教育经费收入在中等职业学校国家财政性教育经费收入中的地位日益重要。

**表 7 - 24**　　　　　　　中等职业学校财政性教育经费收入构成情况　　　　　单位：%

| 年份 | 国家财政性教育经费 | 公共财政预算安排的教育经费 | 政府性基金预算安排的教育经费 | 企业办学中的企业拨款 | 校办产业和社会服务收入用于教育的经费 | 其他属于国家财政性教育经费 |
|------|------|------|------|------|------|------|
| 2010 | 100.00 | 85.98 | 12.95 | 0.67 | 0.17 | 0.24 |
| 2011 | 100.00 | 82.44 | 16.79 | 0.51 | 0.11 | 0.16 |
| 2012 | 100.00 | 82.75 | 16.49 | 0.52 | 0.08 | 0.16 |
| 2013 | 100.00 | 81.36 | 17.91 | 0.48 | 0.10 | 0.15 |
| 2014 | 100.00 | 93.53 | 6.13 | 0.20 | 0.14 | 0.00 |
| 2015 | 100.00 | 98.85 | 0.85 | 0.17 | 0.13 | 0.00 |
| 2016 | 100.00 | 98.69 | 0.98 | 0.16 | 0.18 | 0.00 |

资料来源：根据 2010~2016 年《中国教育经费统计年鉴》之表 1 - 2 "全国各级各类教育机构教育经费收入情况（全国）"中的"中等职业学校"数据计算而得。

## 7.4　高等教育和职业教育生均财政性教育经费支出情况

我国高等教育和职业教育的财政性教育经费支出以公共财政预算教育经费支出为主，而公共财政预算教育经费支出包括事业费支出和基本建设支出，以事业费支出为主。公共财政预算教育经费事业费支出又包括两部分，即个人部分和公用部分。因此，对高等教育和职业教育的财政性教育经费支出分析重点集中于公共财政预算教育经费事业费支出。

这里用生均教育经费支出分析代替教育经费投入总量及结构的分析，能够更加方便地进行横向比较，可以体现各个省份教育经费支出的真实水平。

### 7.4.1　普通高等本科学校生均公共财政预算教育经费支出情况

如表 7 - 25 所示，2016 年，全国普通高等学校生均教育经费支出为 34095 元，全国 31 个省份高于全国当年平均水平的省份有 10 个，其中生均教育经费支出最高的五个省份由高到低排序依次是北京（66080）①、上海（59188）、青海（48118）、浙江（45149）和天津（41563），多数为发达省份；低于当年全国平均水平的省份有 21 个，其中生均教育经费支出最低的五个省份由低到高排序依次是河南（21290）、江西（21970）、广西（22966）、云南（24367）和山东（24923），均为我国中部省份和西南地区的不发达省份。最大值省份与最小值省份间的极差率为 3.10、变异系数为 0.31、基尼系数为 0.27。

表 7 - 25　2016 年普通高等本科学校生均公共财政预算教育经费支出结构　　单位：元

| 区域 | 教育经费支出 | #公共财政预算教育经费支出 | 事业费支出 | | | 基本建设支出 |
| --- | --- | --- | --- | --- | --- | --- |
| | | | | 个人部分 | 公共部分 | |
| 全国 | 34095 | 21701 | 20998 | 12031 | 8968 | 703 |
| 北京 | 66080 | 42720 | 41392 | 24329 | 17064 | 1328 |
| 天津 | 41563 | 23779 | 23774 | 12064 | 11709 | 5 |
| 河北 | 26053 | 19041 | 18620 | 9252 | 9368 | 421 |
| 山西 | 26799 | 16427 | 16300 | 9546 | 6754 | 126 |
| 内蒙古 | 25836 | 17904 | 17617 | 11792 | 5824 | 287 |
| 辽宁 | 28859 | 16509 | 16085 | 8946 | 7139 | 424 |
| 吉林 | 30033 | 21537 | 20982 | 12009 | 8974 | 554 |
| 黑龙江 | 30944 | 18875 | 18521 | 11878 | 6643 | 354 |
| 上海 | 59188 | 36575 | 34193 | 17054 | 17140 | 2381 |
| 江苏 | 39149 | 23321 | 23056 | 13651 | 9405 | 265 |
| 浙江 | 45149 | 24598 | 23707 | 13945 | 9762 | 891 |
| 安徽 | 25184 | 16283 | 15705 | 7931 | 7774 | 578 |
| 福建 | 33469 | 20075 | 19909 | 11057 | 8852 | 166 |
| 江西 | 21970 | 16284 | 16120 | 10696 | 5424 | 164 |

---

①　括号内数字为生均教育经费支出数据，下同。

续表

| 区域 | 教育经费支出 | #公共财政预算教育经费支出 | 事业费支出 | | | 基本建设支出 |
|---|---|---|---|---|---|---|
| | | | | 个人部分 | 公共部分 | |
| 山东 | 24923 | 16427 | 16002 | 11441 | 4561 | 425 |
| 河南 | 21290 | 14027 | 13822 | 6221 | 7600 | 205 |
| 湖北 | 35143 | 22388 | 21755 | 12528 | 9227 | 633 |
| 湖南 | 25940 | 16257 | 15790 | 10491 | 5299 | 467 |
| 广东 | 41471 | 28075 | 25467 | 14752 | 10715 | 2608 |
| 广西 | 22966 | 16136 | 15685 | 6459 | 9227 | 451 |
| 海南 | 27932 | 19671 | 17997 | 7366 | 10631 | 1674 |
| 重庆 | 28596 | 18731 | 18587 | 9415 | 9172 | 144 |
| 四川 | 29653 | 16923 | 16568 | 10341 | 6227 | 355 |
| 贵州 | 26689 | 19098 | 18504 | 12769 | 5735 | 594 |
| 云南 | 24367 | 15566 | 15412 | 9214 | 6198 | 154 |
| 西藏 | 39093 | 41878 | 34561 | 20917 | 13644 | 7317 |
| 陕西 | 34069 | 21300 | 20518 | 11630 | 8888 | 782 |
| 甘肃 | 29000 | 20522 | 19998 | 9311 | 10688 | 524 |
| 青海 | 48118 | 29776 | 26148 | 14018 | 12130 | 3628 |
| 宁夏 | 37232 | 30352 | 30352 | 14626 | 15727 | — |
| 新疆 | 28524 | 20165 | 18173 | 11913 | 6261 | 1991 |
| 极差率 | 3.10 | 3.05 | 2.99 | 3.91 | 3.76 | 1404.36 |
| 变异系数 | 0.31 | 0.33 | 0.30 | 0.32 | 0.36 | 1.45 |
| 基尼系数 | 0.27 | 0.28 | 0.26 | 0.24 | 0.21 | 0.47 |

资料来源：根据 2016 年《中国教育经费统计年鉴》之表 7－13"生均教育经费支出（普通高等本科学校）"和表 7－14"生均公共财政预算教育经费支出（普通高等本科学校）"数据整理计算而得。

注：（1）由于基本建设支出数据统计不完整，表中极差率等数据是在不考虑缺失数据的情况下计算出来的。（2）"—"表示此项无数据。

从公共财政预算教育经费支出看，2016 年全国普通高等学校生均教育经费支出为 21701 元，全国 31 个省份高于当年全国平均水平的省份有 10 个，其中生均教育经费支出最高的五个省份由高到低排序依次是北京（42720）、西藏（41878）、上海（36575）、宁夏（30352）和青海（29776），多为西部省份，这种投入格局反映出国家财政对西部地区高等教育的支持；低于当年全国平均水平的省份有 21 个，其中生均教育经费支出最低的五个省份由低到高排序依次是河南省（14027）、云南（15566）、广西（16136）、湖南（16257）和安徽（16283），均为我国中部地区和西南地区的不发达省份。最大值省份与最小值省份间的极差率为 3.05、变异系数为 0.33、基尼系数为 0.28，与生均教育经费支出相比，变异系数和基尼系数都有所扩大，表明公共财政预算教育经费支出在消除省份间教育不平等方面的作用有待强化，需将有限的财政教育经费向教育相对落后的地区倾斜。

下面分析公共财政预算教育经费支出中的事业费支出和基本建设支出。2016 年全国普通高等本科学校生均事业费支出为 20998 元，高于全国平均水平的省份有 10 个，其中生均事业费支出最高的五个省份由高到低排序依次是北京（41392）、西藏（34561）、上海（34193）、宁夏（30352）和青海（26148），包含两个直辖市和三个西部省份；低于当年全国平均水平的省份有 21 个，其中生均事业费支出最低的五个省份由低到高排序依次是河南（13822）、云南（15412）、广西（15685）、安徽（15705）和湖南（15790），均为我国内陆和西南地区的不发达省份。2016 年全国普通高等本科学校生均基本建设支出为 703 元，高于当年全国平均水平的省份有 9 个，其中生均基本建设支出最高的五个省份由高到低排序依次是西藏（7317）、青海（3628）、广东（2608）、上海（2381）和新疆（1991），包含两个发达省份和三个西部省份；低于当年全国平均水平的省份有 21 个，其中生均基本建设支出最低的五个省份由低到高排序依次是天津（5）、山西（126）、重庆（144）、云南（154）和江西（164），包含两个直辖市和三个不发达省份。

生均教育事业费支出的最大值省份与最小值省份间的极差率为 2.99、变异系数为 0.30、基尼系数为 0.26，生均基本建设支出的极差率为 1404.36、变异系数为 1.45、基尼系数为 0.47。可见普通高等本科学校的基本建设支出的区域差异远远大于事业费支出。原因是多方面的，由于当前我国落后省份的基础设施建设落后，因此，大多数落后省份在教育层面的基础设施建设也较其他省份多，由此造成了同一年度不同省份间基本建设支出的不平等性；而在不同年份，基建支出远比事业费支出波动幅度大，这是由基建支出本身的性质决定的。

最后来看事业费支出中的个人部分和公共部分情况。2016 年全国普通高等本科学校生均事业费支出的个人部分为 12031 元，高于当年全国平均水平的省份有 11 个，其中生均事业费支出个人部分最高的五个省份由高到低排序依次是北京（24329）、西藏（20917）、上海（17054）、广东（14752）和宁夏（14626），包含三个发达省份和两个西部省份；低于当年全国平均水平的省份有 20 个，其中生均事业费个人部分支出最低的五个省份由低到高排序依次是河南（6221）、广西（6459）、海南（7366）、安徽（7931）和辽宁（8946），均为不发达省份。2016 年全国普通高等本科学校生均事业费支出公共部分为 8968 元，高于当年全国平均水平的省份有 16 个，其中生均事业费支出公共部分最高的五个省份由高到低排序依次是上海（17140）、北京（17064）、宁夏（15727）、西藏（13644）和青海（12130），包含两个直辖市和三个西部省份；低于当年全国平均水平的省份有 15 个，其中生均基本建设支出最低的五个省份由低到高排序依次是山东（4561）、湖南（5299）、江西（5424）、贵州（5735）和内蒙古（5824）。

生均教育事业费支出个人部分的最大值省份与最小值省份间的极差率为 3.91、变异系数为 0.32、基尼系数为 0.24，生均教育事业费支出公共部分的极差率为 3.76、变异系数为 0.36、基尼系数为 0.21。可见，从极差率和基尼系数来看，普通高等本科学校的生均教育事业费支出个人部分的区域差异是大于公共部分的，但从变异系数来看则相反，说明两种支出的内部差异呈现不同的特点。

### 7.4.2 地方普通高职高专学校生均公共财政预算教育经费支出情况

由于高职高专学校以普通高职高专学校为主，而普通高职高专学校以地方办学为主，地方普通高职高专学校的教育经费支出情况基本上可以代表高职高专学校的教育经费支出情况，因此这里用地方普通高职高专学校生均公共财政预算教育经费支出情况来反映高职高专学校的情况。

如表 7－26 所示，2016 年，全国地方普通高职高专学校生均教育经费支出为 20415 元，全国 31 个省份中高于当年全国平均水平的省份有 14 个，其中生均教育经费支出最高的五个省份由高到低排序依次是北京（56896）、上海（49440）、青海（31600）、西藏（30583）和内蒙古（30078），包括两个直辖市和三个西部省份；低于当年全国平均水平的省份有 17 个，其中生均教育经费支出最低的五个省份由低到高排序依次是江西（14565）、河南（15277）、山东（15923）、山西（15987）和安徽（16474），均为不发达省份。最大值省份与最小值省份间的极差率为 3.91、变异系数为 0.39、基尼系数为 0.25。

**表 7－26　　2016 年地方普通高职高专学校生均公共财政预算教育经费支出构成**

单位：元

| 区域 | 教育经费支出 | #公共财政预算教育经费支出 | 事业费支出 | | 基本建设支出 |
| --- | --- | --- | --- | --- | --- |
| | | | | 个人部分 | 公共部分 | |
| 全国 | 20415 | 13270 | 12923 | 7187 | 5736 | 346 |
| 北京 | 56896 | 49343 | 48157 | 24334 | 23823 | 1186 |
| 天津 | 21724 | 13710 | 13710 | 9078 | 4632 | — |
| 河北 | 18000 | 11169 | 11169 | 6189 | 4980 | — |
| 山西 | 15987 | 8873 | 8812 | 5959 | 2853 | 60 |
| 内蒙古 | 30078 | 19772 | 19625 | 12168 | 7457 | 147 |
| 辽宁 | 18207 | 10354 | 10028 | 6062 | 3966 | 326 |
| 吉林 | 19573 | 13702 | 13687 | 8427 | 5260 | 15 |
| 黑龙江 | 18723 | 11605 | 11597 | 7829 | 3768 | 9 |
| 上海 | 49440 | 35997 | 24993 | 10690 | 14303 | 11004 |
| 江苏 | 23818 | 16131 | 16131 | 8863 | 7267 | — |
| 浙江 | 28729 | 14716 | 14550 | 7811 | 6739 | 166 |
| 安徽 | 16474 | 11966 | 10910 | 4495 | 6414 | 1056 |

续表

| 区域 | 教育经费支出 | #公共财政预算教育经费支出 | 事业费支出 | 个人部分 | 公共部分 | 基本建设支出 |
|------|------|------|------|------|------|------|
| 福建 | 19820 | 12383 | 12340 | 6534 | 5806 | 43 |
| 江西 | 14565 | 11056 | 10953 | 7015 | 3938 | 103 |
| 山东 | 15923 | 10494 | 10474 | 7506 | 2968 | 20 |
| 河南 | 15277 | 10331 | 10146 | 5058 | 5088 | 185 |
| 湖北 | 19776 | 14613 | 14613 | 7482 | 7131 | — |
| 湖南 | 18247 | 10662 | 10492 | 6362 | 4130 | 170 |
| 广东 | 22263 | 14742 | 14235 | 8413 | 5822 | 507 |
| 广西 | 19338 | 11732 | 11651 | 4982 | 6668 | 82 |
| 海南 | 23799 | 13772 | 12974 | 5710 | 7263 | 798 |
| 重庆 | 24394 | 12732 | 12559 | 5749 | 6810 | 173 |
| 四川 | 18153 | 11662 | 11008 | 6203 | 4805 | 654 |
| 贵州 | 18477 | 11544 | 11495 | 7044 | 4450 | 49 |
| 云南 | 20119 | 13891 | 13326 | 8154 | 5172 | 565 |
| 西藏 | 30583 | 30758 | 29917 | 16332 | 13585 | 841 |
| 陕西 | 18819 | 12009 | 11133 | 5817 | 5316 | 876 |
| 甘肃 | 29052 | 19924 | 19525 | 6115 | 13410 | 399 |
| 青海 | 31600 | 25444 | 21751 | 7827 | 13924 | 3693 |
| 宁夏 | 28263 | 19921 | 19254 | 8143 | 11111 | 667 |
| 新疆 | 26004 | 18962 | 18214 | 11208 | 7006 | 748 |
| 极差率 | 3.91 | 5.56 | 5.46 | 5.41 | 8.35 | 1222.67 |
| 变异系数 | 0.39 | 0.52 | 0.49 | 0.46 | 0.60 | 2.31 |
| 基尼系数 | 0.25 | 0.26 | 0.25 | 0.24 | 0.28 | 0.42 |

资料来源：根据《中国教育经费统计年鉴（2016）》之表7-19"生均教育经费支出（地方普通高职高专学校）"和表7-20"生均公共财政预算教育经费支出（地方普通高职高专学校）"数据计算而得。

注：（1）由于基本建设支出数据统计不完整，表中极差率等数据是在不考虑缺失数据的情况下计算出来的。（2）"—"表示此项无数据。

　　从公共财政预算教育经费支出看，2016 年，全国地方普通高职高专学校生均公共财政预算教育经费支出为 13270 元，全国 31 个省份中高于当年全国平均水平的省份有 16 个，其中生均教育经费支出最高的五个省份由高到低排序依次是北京（49343）、上海（35997）、西藏（30758）、青海（25444）和甘肃（19924），包括两个直辖市和三个西部省份。这种投入格局反映出国家财政对西部地区教育的支持；低于当年全国平均水平的省份有 15 个，其中生均教育经费支出最低的五个省份由低到高排序依次是山西（8873）、河南（10331）、辽宁（10354）、山东（10494）和湖南（10662），均为不发达省份。最大值省份与最小值省份间的极差率为 5.56、变异系数为 0.52、基尼系数为 0.26，三项指标均比生均教育经费支出的相应指标值大，表明地方普通高职高专学校公共财政预算教育经费支出并不在于追求支出的区域平等，而在于追求省份间的教育平等，即将有限的财政教育经费投入向教育落后省份倾斜。

　　下面分析公共财政预算教育经费支出中的事业费支出和基本建设支出。2016 年全国地方普通高职高专学校生均事业费支出为 12923 元，高于当年全国平均水平的省份有 16 个，其中生均事业费支出最高的五个省份由高到低排序依次是北京（48157）、西藏（29917）、上海（24993）、青海（21751）和内蒙古（19625），包含两个直辖市和三个西部省份；低于当年全国平均水平的省份有 15 个，其中生均事业费支出最低的五个省份由低到高排序依次是山西（8812）、辽宁（10028）、河南（10146）、山东（10474）和湖南（10492）。2016 年全国地方普通高职高专学校生均基本建设支出为 346 元，高于当年全国平均水平的省份有 13 个，其中生均基本建设支出最高的五个省份由高到低排序依次是上海（11004）、青海（3693）、北京（1186）、安徽（1056）和陕西（876），包含两个发达省份和三个不发达省份；低于当年全国平均水平的省份有 14 个，其中生均基本建设支出最低的五个省份由低到高排序依次是黑龙江（9）、吉林（15）、山东（20）、福建（43）和贵州（49），其中黑龙江和吉林生均基本建设支出较少。

　　生均教育事业费支出的最大值省份与最小值省份间的极差率为 5.46、变异系数为 0.49、基尼系数为 0.25，生均基本建设支出的极差率为 1222.67、变异系数为 2.31、基尼系数为 0.42。可见普通高职高专学校的基本建设支出的区域差异和不平等性也远远大于事业费支出。

最后来看事业费支出中的个人部分和公共部分情况。2016 年全国地方普通高职高专学校生均事业费支出的个人部分为 7187 元，高于当年全国平均水平的省份有 16 个，其中生均事业费支出个人部分最高的五个省份由高到低排序依次是北京市（24334）、西藏（16332）、内蒙古（12168）、新疆（11208）和上海（10690），包含三个西部省份和两个直辖市；低于当年全国平均水平的省份有 15 个，其中生均事业费个人部分支出最低的五个省份由低到高排序依次是安徽省（4495）、广西（4982）、河南（5058）、海南（5710）和重庆（5749），除重庆为直辖市外，其他四个省份均为不发达省份。2016 年全国地方普通高职高专学校生均事业费支出公共部分为 5736 元，高于当年全国平均水平的省份有 17 个，其中生均事业费支出公共部分最高的五个省份由高到低排序依次是北京（23823）、上海（14303）、青海（13924）、西藏（13585）和甘肃（13410），包含两个直辖市和三个西部省份；低于全国平均水平的省份有 14 个，其中生均事业费支出公共部分最低的五个省份由低到高排序依次是山西（2853）、山东（2968）、黑龙江（3768）、江西（3938）和辽宁（3966）。

生均教育事业费支出个人部分的最大值省份与最小值省份间的极差率为 5.41、变异系数为 0.46、基尼系数为 0.24，生均教育事业费支出公共部分的极差率为 8.35、变异系数为 0.60、基尼系数为 0.28。可见，单从极差率来看，地方普通高职高专学校的生均教育事业费支出个人部分的区域差异是大于公共部分的，但从变异系数和基尼系数来看则相反。总体来说还是生均教育事业费支出公共部分的区域差异较大，但是二者的内部差异呈现不同特点。

### 7.4.3 地方中等职业学校生均公共财政预算教育经费支出情况

这里也用地方普通中等职业学校的公共财政预算教育经费支出来代表中等职业学校整体的情况。如表 7－27 所示，2016 年，全国地方普通中等职业学校生均教育经费支出为 16969 元，全国 31 个省份中高于当年全国平均水平的省份有 16 个，其中生均教育经费支出最高的五个省份由高到低排序依次是北京（63025）、上海（61157）、西藏（34290）、天津（31134）和吉林（29684），其中三个为直辖市；低于当年全国平均水平的省份有 15 个，其中生均教育经费支出最低的五个省份由低到高排序依次是贵州（9780）、河南

（10628）、江西（11127）、四川（12411）和湖南（13079），均为我国中部地区和西南地区的不发达省份。最大值省份与最小值省份间的极差率为6.44、变异系数为0.59、基尼系数为0.27。

表7-27　　2016年生均公共财政预算教育经费支出结构（地方中等职业学校）

| 区域 | 教育经费支出 | #公共财政预算教育经费支出 | 事业费支出 | | | 基本建设支出 |
|---|---|---|---|---|---|---|
| | | | | 个人部分 | 公共部分 | |
| 全国 | 16969 | 12559 | 12216 | 7442 | 4774 | 343 |
| 北京 | 63025 | 39177 | 38662 | 23074 | 15587 | 515 |
| 天津 | 31134 | 27026 | 26652 | 19439 | 7212 | 374 |
| 河北 | 16813 | 13738 | 13524 | 9580 | 3944 | 214 |
| 山西 | 16764 | 13944 | 13682 | 8467 | 5216 | 262 |
| 内蒙古 | 23230 | 16716 | 16390 | 10148 | 6242 | 326 |
| 辽宁 | 17833 | 12453 | 12005 | 7410 | 4595 | 448 |
| 吉林 | 29684 | 22534 | 22112 | 15246 | 6866 | 421 |
| 黑龙江 | 19638 | 16369 | 15734 | 10082 | 5653 | 635 |
| 上海 | 61157 | 28385 | 28302 | 19332 | 8970 | 83 |
| 江苏 | 18939 | 13752 | 13668 | 9348 | 4321 | 84 |
| 浙江 | 25849 | 18914 | 18790 | 12373 | 6416 | 124 |
| 安徽 | 14925 | 10448 | 10115 | 4722 | 5393 | 333 |
| 福建 | 20415 | 14535 | 14416 | 8980 | 5436 | 118 |
| 江西 | 11127 | 8827 | 8528 | 4813 | 3715 | 299 |
| 山东 | 17979 | 13790 | 13761 | 8691 | 5070 | 29 |
| 河南 | 10628 | 7489 | 7376 | 3765 | 3610 | 114 |
| 湖北 | 18032 | 15412 | 15398 | 8005 | 7393 | 13 |
| 湖南 | 13079 | 9956 | 9723 | 5453 | 4270 | 233 |
| 广东 | 16692 | 12180 | 11598 | 7268 | 4330 | 582 |
| 广西 | 13313 | 10842 | 9754 | 5249 | 4505 | 1088 |

续表

| 区域 | 教育经费支出 | #公共财政预算教育经费支出 | 事业费支出 | 个人部分 | 公共部分 | 基本建设支出 |
|------|------|------|------|------|------|------|
| 海南 | 17307 | 13707 | 13057 | 5738 | 7319 | 650 |
| 重庆 | 16011 | 11028 | 10442 | 5269 | 5172 | 587 |
| 四川 | 12411 | 9747 | 9345 | 5755 | 3589 | 402 |
| 贵州 | 9780 | 6743 | 6425 | 3700 | 2725 | 318 |
| 云南 | 15416 | 11548 | 11220 | 6432 | 4788 | 328 |
| 西藏 | 34290 | 33069 | 30228 | 17333 | 12895 | 2841 |
| 陕西 | 13264 | 9556 | 9264 | 5942 | 3323 | 292 |
| 甘肃 | 15898 | 12686 | 12083 | 8112 | 3971 | 602 |
| 青海 | 17692 | 14274 | 12868 | 5452 | 7416 | 1407 |
| 宁夏 | 14094 | 11439 | 10562 | 5433 | 5128 | 877 |
| 新疆 | 19647 | 14077 | 13333 | 8324 | 5008 | 744 |
| 极差率 | 6.44 | 5.81 | 6.02 | 6.24 | 5.72 | 218.54 |
| 变异系数 | 0.59 | 0.48 | 0.48 | 0.54 | 0.46 | 1.06 |
| 基尼系数 | 0.27 | 0.23 | 0.24 | 0.28 | 0.21 | 0.38 |

资料来源：根据《中国教育经费统计年鉴（2016）》之表7–21"生均教育经费支出（地方中等职业学校）"和表7–22"生均公共财政预算教育经费支出（地方中等职业学校）"数据整理计算而得。

从公共财政预算教育经费支出来看，2016 年全国地方普通中等职业学校生均公共财政预算教育经费支出为 12559 元，全国 31 个省份中高于当年全国平均水平的省份有 18 个，其中生均教育经费支出最高的五个省份由高到低排序依次是北京（39177）、西藏（33069）、上海（28385）、天津（27026）和吉林（22534），仍包含三个直辖市；低于当年全国平均水平的省份有 13 个，其中生均教育经费支出最低的五个省份由低到高排序依次是贵州（6743）、河南（7489）、江西（8827）、陕西（9556）和四川（9747），均为我国中部地区和西南地区的不发达省份。最大值省份与最小值省份间的极差率为

5.81、变异系数为 0.48、基尼系数为 0.23，与生均教育经费支出相比，三项指标都比较小，表明公共财政预算教育经费支出的省份间差异相较于生均教育经费整体支出来说较小。

下面分析公共财政预算教育经费支出中的事业费支出和基本建设支出。2016 年全国地方普通中等职业学校生均公共财政预算事业费支出为 12216 元，高于当年全国平均水平的省份有 17 个，其中生均事业费支出最高的五个省份由高到低排序依次是北京（38662）、西藏（30228）、上海（28302）、天津（26652）和吉林（22112），包含三个直辖市；低于当年全国平均水平的省份有 14 个，其中生均事业费支出最低的五个省份由低到高排序依次是贵州（6425）、河南（7376）、江西（8528）、陕西（9264）和四川（9345），均为我国内陆和西南地区的不发达省份。2016 年全国地方普通高职高专本科学校生均公共财政预算基本建设支出为 343 元，高于当年全国平均水平的省份有 15 个，其中生均基本建设支出最高的五个省份由高到低排序依次是西藏（2841）、青海（1407）、广西（1088）、宁夏（877）和新疆（744），全部都是西部地区的不发达省份；低于当年全国平均水平的省份有 16 个，其中生均基本建设支出最低的五个省份由低到高排序依次是湖北（13）、山东（29）、上海（83）、江苏（84）和河南（114），包含三个发达省份。

生均教育事业费支出的最大值省份与最小值省份间的极差率为 6.02、变异系数为 0.48、基尼系数为 0.24，生均基本建设支出的极差率为 218.54、变异系数为 1.06、基尼系数为 0.38。地方普通中等职业学校的基本建设支出的区域差异和不平等性也是远远大于事业费支出。

最后来看事业费支出中的个人部分和公共部分情况。2016 年全国地方普通中等职业学校生均事业费支出的个人部分为 7442 元，高于当年全国平均水平的省份有 16 个，其中生均事业费支出个人部分最高的五个省份由高到低排序依次是北京（23074）、天津（19439）、上海（19332）、西藏（17333）和吉林（15246），包含三个直辖市和两个不发达省份；低于当年全国平均水平的省份有 15 个，其中生均事业费个人部分支出最低的五个省份由低到高排序依次是贵州（3700）、河南（3765）、安徽（4722）、江西（4813）和广西（5249），均为中部或西南地区不发达省份。2016 年全国地方普通中等职业学校生均事业费支出公共部分为 4774 元，高于当年全国平均水平的省份有 19 个，其中生均事业费支出公共部分最高的五个省份由高到低排序依次是北京

（15587）、西藏（12895）、上海（8970）、青海（7416）和湖北（7393），包含三个发达省份和两个西部省份；低于当年全国平均水平的省份有12个，其中生均事业费支出公共部分最低的五个省份由低到高排序依次是贵州（2725）、陕西（3323）、四川（3589）、河南（3610）和江西（3715）。

生均教育事业费支出个人部分的最大值省份与最小值省份间的极差率为6.24、变异系数为0.54、基尼系数为0.28，生均教育事业费支出公共部分的极差率为5.72、变异系数为0.46、基尼系数为0.21。可见，从三项区域教育差距不平等指标来看，地方普通中等职业学校的生均教育事业费支出个人部分的区域差距大于公共部分，即总体来说生均教育事业费支出公共部分区域差异较小、较稳定。

## 7.5 本章小结

1. 高等教育和职业教育发展总体情况

从高等教育学校（机构）数来看，2010~2017年，高等教育学校（机构）总数从4356所增加到4528所，增加了172所。分类别来看，研究生培养机构和普通高等学校均有所增加，但普通高等学校教育中的高职（专科）院校增加更多，而成人高等学校和其他高等教育机构的办学机构数量都在缩减。从中等职业教育学校（机构）数来看，中等职业教育以普通中等职业学校和职业高中为主体。2010~2017年，不论是从总体来看，还是从分类来看（普通中等专业学校、成人中等专业学校和职业高中学校），中等职业教育学校数均有所下降，其中职业高中学校数降幅最大，下降30.52%。

从高等教育学校（机构）学生数来看，不论是从高等教育在校学生数来看，还是从高等教育毛入学率来看，2010~2017年，我国高等教育都在稳步增长。首先，研究生的招生人数、在校生人数以及毕业生人数均有大幅增长，增幅均达到50%及以上，硕士研究生的三个指标的增长速度均大于博士研究生。其次，普通本专科招生人数、在校生人数以及毕业生人数均呈上升趋势，普通本专科三项指标增幅均远小于研究生相应指标，且三项指标中普通本专科招生数增幅较小，仅为15.07%。最后，成人本专科招生数、在校生数以及毕业生数均有所增长，但招生数和在校生数增幅较小，分别为4.37%和

1.51%，成人本专科毕业生数相对增幅较大，增幅达 25.22%。从中等职业学校学生数来看，中等职业教育以普通中专和职业高中为主。从 2010～2017 年各类中等职业学校学生数来看，各类学校的招生数、在校学生数和毕业生数均呈下降趋势，各类学校中学生降幅最大的是成人中专学校和其他中等职业教育机构，这两类学校的各类学生降幅分别达到了 50% 以上和 80% 以上。数据分析整体表明我国中等职业教育在 2010～2017 年间整体呈收缩趋势。

从高等教育学校（机构）教职工数来看，2010～2017 年，高等教育整体层面、普通高校层面教职工人数和专任教师数均有所上升，且专任教师数占教职工总人数的比例较为稳定，处于 60%～70% 之间。而 2010～2017 年成人高校教职工人数和专任教师人数均有所下降，且专任教师数占教职工总人数的比重也较低。从中等职业教育教职工人数来看，2010～2017 年，中等职业学校教职工人数和专任教师人数均有所下降，而专任教师占教职工人数比例有所上升。分类来看，2010～2017 年，普通中专学校、成人中专学校、职业高中学校以及其他机构的教职工人数均有不同程度下降，而专任教师人数却有不同程度上升，这表明我国中等职业教育在调整办学规模的同时也在充实专任教师队伍。

2. 全国高等教育财政性教育经费收入及来源情况

全国高等教育经费收入变化层面，国家财政性教育经费收入在 2010～2016 年间呈波动性增长态势，从 2010 年的 2965.32 亿元增加到 2016 年的 6287.85 亿元，年均增长 13.35%。从高等教育财政性教育经费收入的构成及其变化来看，公共财政预算安排的教育经费占比达到 90% 以上，其余四项合计占比不超过 10%。

普通高等学校财政性教育经费收入变化和结构与全国高等教育财政性教育经费基本一致。具体来说，国家财政性教育经费收入在 2010～2016 年间呈波动性增长态势，从 2010 年的 2901.80 亿元增加到 2016 年的 6198.83 亿元，年均增长 13.49%，与高等教育财政性教育经费的变化类似。公共财政预算安排的教育经费变化趋势与国家财政性教育经费类似。政府性基金预算安排的教育经费呈现先上升后下降的趋势，从 2010 年的 68.56 亿元上升至 127.51 亿元，后下降至 22.44 亿元，变化幅度较大，与高等教育财政性教育经费相应科目的变化类似。企业办学中的企业拨款收入整体为下降趋势，校办产业和社会服务收入用于教育的经费收入总体上在波动中上升，其他属于国家财政性教育经费收入为持续增加态势。最后，从普通高等教育财政性教育经费收入的构成及其变化来看，公共财政预算安排的教育经费占比达到90%以上，其余四项合计占比不超过10%。总体上看，除了其他属于国家财政性教育经费占比在增长外，其余四项的占比均有不同程度的下降。

成人高等学校财政性教育经费相对较少。先看收入变化层面，国家财政性教育经费收入在2010～2016年间呈波动性增长态势，从2010年的63.52亿元增加到2012年的145.53亿元，再下降到2016年的89.02亿元，年均增长5.79%。公共财政预算安排的教育经费在小幅波动中上升，从2010年的59亿元上升至2016年的86.37亿元。政府性基金预算安排的教育经费呈现先上升后下降的趋势，从2010年的2.13亿元上升至2012年的61.86亿元，后下降至2016年的1.82亿元，变化幅度较大。企业办学中的企业拨款收入整体上为波动中的下降趋势，校办产业和社会服务收入用于教育的经费收入处于不断波动中，但总体基本不变，其他属于国家财政性教育经费收入处于不断下降之中。最后，从成人高等教育财政性教育经费收入的构成及其变化来看，公共财政预算安排的教育经费是主体部分，除了2012～2014年占比在55%～65%之间外，其余年份占比均达到90%以上，值得注意的是，2012～2014年，政府性基金预算安排的教育经费占比骤增至35%～45%，而其余年份其占比不超过5%。其余三项在各个年份合计占比不超过5%。总体上看，公共财政预算安排的教育经费和政府性基金预算安排的教育经费占比变化存在异常且无规律的情况，而其余三项的占比较小且均有不同程度的下降。

3. 职业教育财政性经费收入及来源情况

我国职业教育财政性教育经费收入变化层面，职业教育国家财政性教育经费收入在2010～2016年间呈持续增长态势，从2010年的1459.91亿元增加到2016年的3096.45亿元，年均增长13.35%。公共财政预算安排的教育经费作为职业教育国家财政性教育经费的主体部分（占比80%以上），其变化趋势与国家财政性教育经费类似。政府性基金预算安排的教育经费呈现先上升后下降的趋势，从2010年的159.41亿元上升至360.44亿元，后下降至30.66亿元，变化幅度较大。企业办学中的企业拨款收入整体为下降趋势，校办产业和社会服务收入用于教育的经费收入总体上在波动中上升，其他属于国家财政性教育经费收入在波动中下降。最后，从高等教育财政性教育经费收入的构成及其变化来看，2010～2016年，公共财政预算安排的教育经费占比均达到 84% 以上，政府性基金预算安排的教育经费在 2010～2013 年，均占比 10% 以上，2014～2016 年，骤降至 5% 左右及其以下，其余三项合计占比不超过 5%。总体上看，除了公共财政预算安排的教育经费占比在增长外，其余四项的占比均有不同程度的下降。

高职高专学校财政性教育经费收入变化层面，职业教育国家财政性教育经费收入在 2010～2016 年间呈持续增长态势，从 2010 年的 491.63 亿元增加到 2016 年的 1147.72 亿元，年均增长 15.18%。公共财政预算安排的教育经费作为职业教育国家财政性教育经费的主体部分（占比 90% 以上），其变化趋势与高职高专学校国家财政性教育经费类似。政府性基金预算安排的教育经费呈现先上升后下降的趋势，从 2010 年的 34.06 亿元上升至 2012 年的 53.67 亿元，后下降至 2016 年的 14.81 亿元，变化幅度较大。企业办学中的企业拨款收入也呈现先上升后下降的趋势，整体上为下降趋势，校办产业和社会服务收入用于教育的经费收入也呈先上升后下降趋势，整体上有所上升，其他属于国家财政性教育经费收入也是先上升后下降趋势。最后，从高职高专学校财政性教育经费收入的构成及其变化来看，2010～2016 年，公共财政预算安排的教育经费占比均达到 90% 以上，其余四项合计占比不超过 10%。总体上看，除了公共财政预算安排的教育经费占比逐年增长外，其余四项的占比均有不同程度的下降。

中等职业学校财政性教育经费收入变化层面，国家财政性教育经费收入在 2010～2016 年间呈整体增长态势，从 2010 年的 968.28 亿元增加到 2016 年的 1948.73 亿元，年均增长 12.36%。公共财政预算安排的教育经费作为职业教育国家财政性教育经费的主体部分（占比 80% 以上），其变化趋势与中等职业学校国家财政性教育经费类似。政府性基金预算安排的教育经费呈现先上升后下降的趋势，从 2010 年的 125.35 亿元上升至 2013 年的 307.9 亿元，后下降到 2016 年的 19.03 亿元，整体上变化巨大。企业办学中的企业拨款收入也呈现先上升后下降的趋势，整体上为下降趋势，校办产业和社会服务收入用于教育的经费则呈先下降后上升趋势，整体上有所上升，其他属于国家财政性教育经费收入数据不全，从现有数据看为上升趋势。最后，从中等职业学校财政性教育经费收入的构成及其变化来看，2010～2016 年，公共财政预算安排的教育经费占比均达到 80% 以上，其次是政府性基金预算安排的教育经费，在 2010～2013 年占比均超过 10%，其余年份则低于 10%，其余三项在各个年份合计占比不超过 2%。总体上看，中等职业学校公共财政预算安排的教育经费占比有较大增长，政府性基金预算安排的教育经费占比有较大程度下降，其余三项的占比均有不同程度的下降。

4. 高等教育和职业教育生均财政性教育经费支出情况

2016 年，全国普通高等学校生均教育经费支出为 34095 元，全国 31 个省份高于全国当年平均水平的省份有 10 个，其中生均教育经费支出最高省份为北京（66080 元），最低的为河南（21290 元）。2016 年我国生均公共财政预算教育经费为 21701 元，最高和最低的省份依然是北京和河南。2016 年全国普通高等本科学校生均事业费支出为 20998 元，最高和最低的省份仍旧是北京和河南。2016 年全国普通高等本科学校生均基本建设支出为 703 元，最高的省份为西藏（7317 元），最低的为天津（5 元）。从变异系数、基尼系数和极差率等指标来看，普通高等本科学校的基本建设支出的区域差异远远大于事业费支出。2016 年全国普通高等本科学校生均事业费支出的个人部分为 12031 元，最高的省份为北京（24329 元），最低的为河南（6221 元）。2016 年全国普通高等本科学校生均事业费支出公共部分为 8968 元，最高的省份为上海（17140 元），最低的为山东（4561 元）。从极差率和基尼系数来看，普通高等本科学校的生均教育事业费支出个人部分的区域差异大于公共部分，但从变异系数来看则相反。

2016 年，全国普通高职高专学校生均教育经费支出为 20415 元，全国 31 个省份高于全国当年平均水平的省份有 14 个，其中生均教育经费支出最高省份为北京（56896 元），最低的为江西（14565 元）。2016 年我国生均公共财政预算教育经费为 13270 元，最高的省份依然是北京，最低的为山西。2016 年全国普通高职高专学校生均事业费支出为 12923 元，最高和最低的省份是北京和山西。2016 年全国普通高职高专学校生均基本建设支出为 346 元，最高的省份为上海（11004 元），最低的为黑龙江（9 元）。从变异系数、基尼系数和极差率等指标来看，普通高职高专学校的基本建设支出的区域差异远远大于事业费支出。2016 年全国普通高职高专学校生均事业费支出的个人部分为 7187 元，最高的省份为北京（24334 元），最低的为安徽（4495 元）。2016 年全国普通高职高专学校生均事业费支出公共部分为 5736 元，最高的省份为北京（23823 元），最低的为山西（2853 元）。最后，从极差率来看，地方普通高职高专学校的生均教育事业费支出个人部分的区域差异是大于公共部分的，但从变异系数和基尼系数来看则相反。

2016 年，全国普通中等职业学校生均教育经费支出为 16969 元，全国 31 个省份高于全国当年平均水平的省份有 16 个，其中生均教育经费支出最高省份为北京（63025 元），最低的为贵州（9780 元）。2016 年我国中等职业学校生均公共财政预算教育经费为 12559 元，最高的省份依然是北京（39177 元），最低的为贵州（6743 元），最低的五个省份均为我国中部地区和西南地区的不发达省份。2016 年全国普通中等职业学校生均事业费支出为 12216 元，最高和最低的省份依然是北京（38662 元）和贵州（6425 元）。2016 年全国普通高职高专学校生均基本建设支出为 343 元，最高的省份为西藏（2841 元），最低的为湖北（13 元）。从变异系数、基尼系数和极差率等指标来看，地方普通中等职业学校的基本建设支出的区域差异和不平等性也是远远大于事业费支出。2016 年全国普通高职高专学校生均事业费支出的个人部分为 7442 元，最高的省份为北京（23074 元），最低的为贵州（3700 元）。2016 年全国普通高职高专学校生均事业费支出公共部分为 4774 元，最高的省份为北京（15587 元），最低的为贵州（2725 元）。最后，从极差率、变异系数和基尼系数来看，地方普通中等职业学校的生均教育事业费支出个人部分的区域差距大于公共部分。

| 8 |

# 完善保障教育优先发展的投入机制

我国财政性教育经费投入总体上不断增长，投入结构也在不断优化，支撑起我国庞大的国民教育系统。然而，在此期间，我国财政性教育经费投入也存在投入增长乏力、投入结构不尽合理、区域间财政性教育经费投入差距和城乡间投入差距大等问题，解决以上问题并推动我国财政性教育经费投入的总量、结构和效益提升，需要优化我国财政性教育经费投入机制。据此，应从保障落实教育经费法定增长出发，寻找提高策略和考核目标合一的考核指标，制定实施步骤，以此完善保障教育优先发展的投入机制。

## 8.1 完善政府教育投入占 GDP 比例的提升机制

现行财政性教育经费占 GDP 比例的考核是事后全国统计的结果，未将具体任务分解到中央和各个地方，中央也未要求各个省份都实现既定的目标。贯彻《教育法》法定增长要求的现实结果是使财政性教育经费占 GDP 比例满足"逐步提高"的要求。事实证明，只有把中央与各地财政（政府）支出中用于教育支出所占比例分别加以科学的确定，并制定可行的实施步骤，才能为财政性教育经费真正满足教育改革发展奠定可靠的基础。

### 8.1.1 设置更高的财政性教育经费对 GDP 的占比目标

财政性教育经费对 GDP 的占比目标自 2012 年首次超过 4% 以来，这一比例连续保持在 4% 以上。但是，在主要依靠 GDP 增长助推财政性教育经费增长的旧机制下，持续加大的经济下行压力等因素给财政性教育经费占比持续提升带来了不小的压力。对标中等发达国家，我国财政性教育经费占 GDP 的比重还有很大的提升空间。我们应当按照《教育法》的相关规定和新发展阶段对教育发展的要求，制定财政性教育经费对 GDP 占比的新目标。具体地，应按照《教育法》的要求，由国务院确定国家财政性教育经费占 GDP 比例的阶段目标和年度目标。

设定全国财政性教育经费支出占国内生产总值比例的目标很重要，有实现这一目标的决心、分担责任和实施步骤更重要。

1993 年，中共中央、国务院发布的《中国教育改革和发展纲要》提出，国家财政性教育经费支出占 GDP 的比例 2000 年要达到 4%，但这一目标未能如期实现，到 2010 年也才达到 3.66%。《国家中长期教育改革和发展规划纲要（2010 - 2020 年）》再次提出"提高国家财政性教育经费支出占国内生产总值比例，2012 年达到 4%"的目标。2012 年《国务院政府工作报告》明确，2012 年中央财政已按全国财政性教育经费支出占国内生产总值的 4% 编制预算，地方财政也要明确相应安排，确保实现这一目标。

## 8.1.2　原有考核机制存在弊端

《教育法》"国家财政性教育经费支出占国民生产总值的比例应当随着国民经济的发展和财政收入的增长逐步提高"的实现策略基本是"逐步提高"的策略，考核机制是事后机制。按照本书前文的分析，《教育法》"三个增长""两个比例"要求的核心有两个（由于预算内教育经费占财政性教育经费的主要部分，我们以预算内教育经费占 GDP 比例的增量分解来说明）：

一是"各级人民政府教育财政拨款的增长应当高于财政经常性收入的增长"。这一点虽然相对容易做到，但是受各级政府财政经常性收入占 GDP 的比例逐年下降影响，会抵消预算内教育经费占 GDP 比例的提升效果。

二是"全国各级财政支出总额中教育经费所占比例应当随着国民经济的发展逐步提高"。虽然财政支出占 GDP 的比例可以相对稳定保障，但是受预算内教育经费占财政支出比例不稳定影响，会抵消预算内教育经费占 GDP 比例的提升效果。

综上所述，现行考核机制的弊端是：提高策略和考核指标脱节。表现在作为提高策略的（如上述分析）"三个增长"和"两个比例"内部存在漏洞，现实上没有形成一个整体，预算内教育经费占 GDP 比例的提高主要是由财政支出的增长实现的，预算内教育经费占财政支出的比例提高没有保障，其对预算内教育经费占 GDP 比例提高的贡献多数年份为负值。整体上只能保证预算内教育经费占 GDP 比例的"逐步提高"。

### 8.1.3　建立提高策略和考核机制充分协同的新机制

我们可以设计新的提高策略和考核机制。

提高策略和考核指标具有内在一致性。把"财政性教育经费占 GDP 比例"分解：

$$\frac{财政性教育经费}{GDP} = \frac{财政性教育经费}{财政支出} \times \frac{财政支出}{GDP}$$

财政性教育经费占 GDP 比例的提高可分解为

$$\Delta\left(\frac{财政性教育经费}{GDP}\right) = \frac{财政支出}{GDP} \times \Delta\left(\frac{财政性教育经费}{财政支出}\right)$$
$$+ \frac{财政性教育经费}{财政支出} \times \Delta\left(\frac{财政支出}{GDP}\right)$$

用 $E^e$ 表示财政性教育经费，用 $E^g$ 表示政府财政支出，则有

$$\Delta\left(\frac{E^e}{GDP}\right) = \frac{E^g}{GDP} \times \Delta\left(\frac{E^e}{E^g}\right) + \frac{E^e}{E^g} \times \Delta\left(\frac{E^g}{GDP}\right)$$
$$= \frac{E^g}{GDP} \times \frac{E^e}{E^g}\left(\frac{\Delta E^e}{E^e} - \frac{\Delta E^g}{E^g}\right) + \frac{E^e}{E^g} \times \frac{E^g}{GDP}\left(\frac{\Delta E^g}{E^g} - \frac{\Delta GDP}{GDP}\right)$$
$$= \frac{E^e}{GDP}\left[\left(\frac{\Delta E^e}{E^e} - \frac{\Delta E^g}{E^g}\right) + \left(\frac{\Delta E^g}{E^g} - \frac{\Delta GDP}{GDP}\right)\right]$$

$\frac{E^e}{GDP}$ 是上年财政性教育经费占 GDP 比例；

$\frac{\Delta E^e}{E^e} - \frac{\Delta E^g}{E^g}$ 是财政性教育经费增长率与财政支出增长率之差；

$\frac{\Delta E^g}{E^g} - \frac{\Delta GDP}{GDP}$ 是财政支出增长率与 GDP 增长率之差。

$\dfrac{\Delta E^e}{E^e} - \dfrac{\Delta E^g}{E^g}$ 和 $\dfrac{\Delta E^g}{E^g} - \dfrac{\Delta GDP}{GDP}$ 即是提高策略和考核目标合一的指标。即 "财政性教育经费增长率与财政支出增长率之差" 和 "财政支出增长率与 GDP 增长率之差" 二者皆为正值才可以保证财政性教育经费占 GDP 的比例逐年上升。

## 8.2　完善义务教育投入在中央和地方的分摊机制

有研究表明，小学和初中教育经费支出上的不平等主要是由省内差异引起的，省际差异的影响居次要地位，对农村地区的分析也得出了同样的结论。[①] 也就是说，我国义务教育投入的不平衡一方面体现在各省、自治区、直辖市内部的市、区、县之间的不平衡，也体现为不同省域间的不平衡，促使我们对我国的教育经费管理体制，尤其是义务教育经费转移支付制度的完善问题作进一步的思考。

### 8.2.1　适度提升义务教育经费中中央和省级政府的负担比例

教育（尤其是义务教育）具有公共产品性质，其供给必须本着普惠、共享的原则。如果不同地区的义务教育投入水平存在较大差异，将影响到义务教育这种公共产品社会效益的发挥，也与 "让广大人民群众共享改革发展成果" 的目标不相符合。

国际借鉴方面，OECD 绝大多数国家政府教育经费是以中央政府和中层政府（按 OECD 的统计口径，中层政府为省、州、邦等介于中央政府和基层政府之间的政府，相当于我国的省级政府）负担为主，2002 年中央政府和中层政府平均负担了 78% 的政府教育经费。发展中人口大国巴西、印度、菲律宾，中央和中层政府的负担最低也在 74% 以上。与 OECD 及巴西、印度等国相比，我国中央和市级政府负担的教育经费比例偏低。[②]

中央对省级地方转移支付的教育经费，要体现对西部地区及教育落后地

---

① 沈百福. 义务教育投入的城乡差异分析 [J]. 教育科学，2004（3）：23 - 26.

② 袁连生. 我国政府教育经费投入不足的原因与对策 [J]. 北京师范大学学报（社会科学版），2009（2）：5 - 11.

区的支持有所提高，应把中央转移支付的专项教育经费全额用于省以下市、区、县和落后地区基础教育发展。这样省以下市、区、县负担比例就可以逐步有区别地降下来，实现基础教育公平才有保障。

## 8.2.2  确立先中央后地方的分层考核机制

步骤一：将总目标按照各省份生产总值占国内生产总值比例进行分解。中央根据年度国家目标和 GDP 增长率目标确定下年财政性教育经费目标值后，首先按照各地生产总值占 GDP 比例进行分解，作为下一步核算的基数；其次是按比例分解中央应承担的部分，综合考虑当地自然、人口、经济发展水平、财政能力等因素，并参考历史数据分项分解中央承担的部分；再次，从第一步基数中减除中央部分即得到不同地方应承担的部分。最后，按公式 $\dfrac{E^e}{GDP}=\dfrac{E^e_y+E^e_d}{GDP}=\dfrac{E^e_y}{GDP}+\dfrac{E^e_d}{GDP}$ 得出不同地方财政性教育经费占其地区生产总值考核目标值。其中 $E^e_y$ 为中央部分，$\dfrac{E^e_y}{GDP}$ 为中央考核目标比例，$E^e_d$ 为地方部分，$\dfrac{E^e_d}{GDP}$ 为地方考核目标比例。

步骤二：确定地方考核指标。用中央确定的地方考核指标 $\dfrac{E^e_d}{GDP}$ 减去上年指标得到地方提升目标 $\Delta\left(\dfrac{E^e_d}{GDP}\right)$；由下式

$$\Delta\left(\frac{E^e_d}{GDP_d}\right)=\frac{E^e_d}{GDP_d}\left[\left(\frac{\Delta E^e_d}{E^e_d}-\frac{\Delta E^g_d}{E^g_d}\right)+\left(\frac{\Delta E^g_d}{E^g_d}-\frac{\Delta GDP_d}{GDP_d}\right)\right]$$

得到 $\dfrac{\Delta E^e_d}{E^e_d}-\dfrac{\Delta E^g_d}{E^g_d}$ 和 $\dfrac{\Delta E^g_d}{E^g_d}-\dfrac{\Delta GDP_d}{GDP_d}$ 为地方目标考核值。

$\dfrac{\Delta E^e_d}{E^e_d}-\dfrac{\Delta E^g_d}{E^g_d}$ 是地方财政性教育经费增长率和财政支出增长率之差；

$\dfrac{\Delta E^g_d}{E^g_d}-\dfrac{\Delta GDP_d}{GDP_d}$ 是地方财政支出增长率和地区生产总值增长率之差。

二者所涉及增长率均是不扣除物价因素的增长率，且均可以按照季度数据的发布进行阶段考核。

步骤三：确定地方预算内教育经费占 GDP 比例的考核指标。为了地方便于操作，提高考核指标的时效性，可以进一步核算地方预算内教育经费占 GDP 比例的考核指标。

# 8.3 推动政府教育投入管理体制改革

要坚持民生导向，坚持教育优先，切实办好人民满意的教育，推动政府教育投入管理体制改革。

## 8.3.1 政府决策真正体现教育的优先地位

政府是财政支出的实际决策者。长期以来，政府的决策行为更倾向于促进地方经济增长。因此在地方为主的教育财政体制中，政府教育经费支出难以达到合理的水平就在情理之中。

然而，经济社会发展转型的需要迫切要求政府坚持优先发展教育，全面提高人的素质，把经济发展建立在提高人力资本质量的基础上。对于我国这样的发展中国家，大力提升教育水平，全面提高人的素质，把经济社会发展从依靠增加人力资本数量转变到依靠提升人力资本质量上来，这是适应技术进步、转变经济发展方式的需要，是适应人口结构变化、实现可持续发展的关键。

## 8.3.2 推进政府预算体制改革

政府财政收入的增长、财政支出结构的调整和相关体制的改革对于保持财政性教育经费持续增长有着至关重要的影响。而这种调整和改革需要以更加完善的决策议程为基础。

应当结合由公共财政预算、政府性基金预算、国有资本经营预算和社会保险基金预算组成的有机衔接的政府预算体系建设，从预算到决算，从一般预算资金到基金预算资金，从中央投入到地方投入，全面推进预算体制改革，用法规制度保障政府收入优先用于教育。

政府教育预算应相对独立，应将政府教育预算草案向社会公开，应向公众说明教育预算的依据，解释资金的分配方式和用途。教育预算要由人大代表进行充分讨论，与本级政府总预算一起由人大代表表决通过。

### 8.3.3　设立教育财政拨款咨询机构

为了提高政府教育经费投入的使用效益，应当在政府与学校之间设立一个相对独立的教育拨款咨询中介机构。该机构定期根据各自的办学目标对各级各类学校分类评估，评估结果提交政府教育行政部门使用，如此可以改善政府直接拨款带来的弊端，有利于落实基层办学自主权，促使财政教育拨款与办学效益挂钩，增加拨款的透明度，保证教育财政拨款的公平性、科学性和有效性，促进提高教育的质量。

评估标准要科学分类，如基础教育着眼于公平和效率，核定不同层次学校的生均预算内教育经费，建议由四部分组成：第一部分由当地教育人口、地理条件等自然因素决定，第二部分和当地的经济发展水平（人均财力）挂钩，第三部分由学校的社会认可度决定，第四部分和学校的现实办学条件差异挂钩。

对高等教育办学的科学评估，可以在政府高等教育财政拨款中引入竞争机制，通过采用基数加专项拨款激励的资助机制，促进高等学校必须注重人才培养质量并以经济社会发展需求为导向，促进高等学校自身提高科研创新能力和科研成果的开发利用，为社会提供服务的同时，也能有效提高自我发展能力，优化办学资源配置。

# 参考文献

［1］阿尔弗雷德·格雷纳．财政政策与经济增长［M］．郭庆旺，杨铁山，译．北京：经济科学出版社，2000．

［2］包秋．世界教育发展趋势与中国教育改革［M］．北京：人民教育出版社，1998．

［3］曹润林，陈情．脱钩4%后如何保障财政性教育经费［J］．经济研究参考，2014（24）：14－15．

［4］陈彬．教育财政学［M］．武汉：武汉工业大学出版社，1992．

［5］陈文博．高等教育经费投入与支出结构比较研究——基于 OECD 国家的数据分析［J］．教育经济评论，2021，6（5）：42－65．

［6］陈友松．中国教育财政之改进：关于其重建中主要问题的事实分析［M］．方辉盛，等译．北京：商务印书馆，2015．

［7］成刚，孙宏业，杜育红．教育财政经费反腐模式研究——基于中美中央政府教育经费监管体系的比较［J］．教育发展研究，2015，35（11）：15－21．

［8］成刚，孙晓梁，孙宏业．省内财政分权与"新机制"对城乡义务教育经费差距的影响——基于浙江省普通小学数据的分析［J］．北京师范大学学报（社会科学版），2015（2）：130－141．

［9］成刚．中国教育财政公平与效率的经验研究［M］．北京：知识产权出版社，2011．

［10］邓创，付蓉．中国财政性教育经费投入对产业结构的非线性影响［J］．教育与经济，2017（5）：10－19．

［11］高铁梅．计量经济分析方法与建模［M］．北京：清华大学出版社，2016．

［12］郭建如．西部民族贫困地区农村义务教育财政、资源配置与效益研究：基于云南、新疆、内蒙古等地贫困县的案例研究［M］．北京：民族出版社，2010．

[13] 何昊. 基于 DEA 的民族财政教育经费投入绩效评价 [J]. 经济研究参考, 2016 (41): 35 - 39, 54.

[14] 亨利·莱文. 高科技、效益、筹资与改革——教育决策与管理中的重大问题 [M]. 曾满超, 等译. 北京: 人民日报出版社, 1995.

[15] 侯慧君. 我国公共教育支出的理论与实践探析 [J]. 教育与经济, 2010 (3): 21 - 25.

[16] 胡鞍钢, 王磊. 全社会教育总投入: 教育发展的核心指标 [J]. 清华大学教育研究, 2010, 31 (3): 1 - 6, 28.

[17] 胡永远. 人力资本与经济增长——一个实证分析 [J]. 经济科学, 2003 (1): 54 - 60.

[18] 胡咏梅, 元静. "十四五" 期间完善义务教育经费保障机制研究 [J]. 教育与经济, 2021, 37 (1): 57 - 66.

[19] 黄永林. 1993—2018 年普通高校教育经费投入的深度分析 [J]. 教育财会研究, 2020, 31 (6): 7 - 23.

[20] 江泽民. 加快改革开放和现代化建设步伐夺取有中国特色社会主义事业的更大胜利——在中国共产党第十四次全国代表大会上的报告 [J]. 求实, 1992 (11): 1 - 16.

[21] 蒋抒博, 张继龙, 吴燕. 对江浙沪三级教育投资的分析 [J]. 宁波大学学报 (教育科学版), 2008, 30 (6): 23 - 27.

[22] 蒋一兵. GDP 大省的教育投入反映出的问题 [J]. 中国党政干部论坛, 2009 (9): 49 - 50, 45.

[23] 景芠州. 教育投资经济分析 [M]. 北京: 中国人民大学出版社, 1996.

[24] 赖明谷, 李东栩. 中华人民共和国成立 70 年来农村基础教育经费投入政策变迁研究 [J]. 教育理论与实践, 2019, 39 (34): 20 - 24.

[25] 李祥云. 我国财政体制变迁中的义务教育财政制度改革 [M]. 北京: 北京大学出版社, 2008.

[26] 李振宇. 义务教育经费 "省级统筹" 政策执行分析 [J]. 清华大学教育研究, 2019, 40 (6): 84 - 91.

[27] 刘华. 优化财政性三级教育支出结构 [J]. 中国流通经济, 2004 (12): 4.

[28] 刘华. 中国高等学校经费投入效率评价及对策研究 [M]. 北京: 中国社会科学出版社, 2015.

[29] 刘惠林. 中国农村教育财政体制 [M]. 北京: 社会科学文献出版社, 2012.

[30] 刘小兵, 蒋洪. 公共经济学 (第三版) [M]. 北京: 高等教育出版社, 2012.

[31] 刘晓凤, 吴文劲. 三级教育: 一个也不能少——教育支出的国际比较 [J]. 地方财政研究, 2009 (8): 33 - 37.

［32］刘玉君，王成武，应卫平．教育经费投入对经济发展影响的区域差异研究［J］．统计与决策，2020，36（2）：121 – 124．

［33］吕国光，吴洪亮，石雷山．国家财政性教育经费支出的历史回测与未来展望［J］．教育文化论坛，2017，9（2）：16 – 21．

［34］马陆亭．试析我国高等教育投入制度的改革方向［J］．高等教育研究，2006（7）：51 – 56．

［35］马志远．中国财政性教育经费占GDP4％的可行性分析——国际比较的视角［J］．教育研究，2011，32（3）：21 – 25，40．

［36］宁本涛．教育财政政策［M］．上海：上海教育出版社，2010．

［37］庞丽娟，杨小敏．高质量教育体系建设的经费投入保障思考与建议［J］．国家教育行政学院学报，2021（8）：3 – 13．

［38］全国学生资助管理中心．2012年中国学生资助发展报告［N］．中国教育报，2013 – 11 – 13（4）．

［39］阮艺华．财政分权与教育发展：基于中国省级面板数据的实证研究［M］．北京：经济科学出版社，2015．

［40］沈百福．义务教育投入的城乡差异分析［J］．教育科学，2004（3）：23 – 26．

［41］沈有禄．普通高中教育经费地区差异研究——基于2007—2016年的数据［J］．教育与经济，2019（6）：35 – 45，56．

［42］沈有禄．我国职业教育经费研究回顾与展望［J］．职教论坛，2020，36（10）：20 – 27．

［43］沈有禄．中国基础教育公平——基于区域资源配置的比较视角［M］．北京：教育科学出版社，2011．

［44］舒尔茨．论人力资本投资［M］．吴珠华，等译．北京：北京经济学院出版社，1990．

［45］宋梓铭．我所经历的"国家贫困地区义务教育工程"［J］．中国财政，2008（16）：76．

［46］王丹，廖恒．美国高等学校教育经费筹措的借鉴［J］．企业家天地（理论版），2010（6）：179 – 180．

［47］王璐．均衡与优质［M］．济南：山东教育出版社，2015．

［48］王蓉．加大教育财政投入需完善相关体制与机制［J］．人民教育，2008（9）：2 – 5．

［49］王蓉．农村教育：问题、挑战与对策［J］．中国党政干部论坛，2006（6）：14 – 16．

［50］王蓉，魏建国．中国教育财政政策咨询报告（2010—2015）［M］．北京：教育科学出版社，2015．

[51] 王善迈. 对财政性教育经费占 GDP4% 目标的思考 [N]. 中国教育报, 2011 - 03 - 15.

[52] 王善迈. 改革教育财政拨款体制 提高教育资源配置效率 [J]. 教育研究, 1995 (2): 20 - 22, 49.

[53] 王善迈. 公共财政框架下公共教育财政制度研究 [M]. 北京: 经济科学出版社, 2011.

[54] 王善迈.《规划纲要》公开征求意见优先发展亟须投入保障 [N]. 中国教育报, 2009 - 01 - 14.

[55] 王善迈. 教育投入与产出研究 [M]. 石家庄: 河北教育出版社, 1996.

[56] 王志宇. 公共财政教育经费规模与就业的相关性研究 [J]. 经济问题, 2018 (5): 30 - 34.

[57] 吴景松. 我国区域教育供给水平差异及对策 [J]. 教育发展研究, 2010, 30 (21): 6 - 11.

[58] 吴雪. 英国高等教育质量管理制度变迁 [M]. 福州: 福建教育出版社, 2013.

[59] 谢华. 我国义务教育资源配置与教育公平性研究 [J]. 现代教育科学, 2003 (6): 27 - 29.

[60] 邢天添. 中国农村义务教育财政忧思录 [M]. 太原: 山西经济出版社, 2015.

[61] 许正中. 中国现代职业教育理论体系研究 [M]. 北京: 人民出版社, 2013.

[62] 薛海平, 王蓉. 教育生产函数与义务教育公平 [J]. 教育研究, 2010, 31 (1): 9 - 17.

[63] 杨会良. 当代中国教育财政发展史论纲 [M]. 北京: 人民出版社, 2006.

[64] 杨文, 王海民. 我国财政性教育经费支出区域差异分析 [J]. 财经问题研究, 2014 (5): 79 - 84.

[65] 姚继军, 许芸. 集权化教育财政改革是否促进了省域内教育经费均等——基于县级数据的考察 [J]. 教育与经济, 2016 (5): 44 - 48.

[66] 叶杰, 周佳民. 中国生均教育经费支出的省际差异: 内在结构、发展趋势与财政性原因 [J]. 教育发展研究, 2017, 37 (23): 30 - 41.

[67] 于璇. 我国中西部贫困地区普通高中教育经费投入: 成就、问题及对策 [J]. 教育学报, 2019, 15 (3): 94 - 103.

[68] 余英. 高等教育成本分担的国际比较——兼评中国高等教育学费标准的政策依据 [J]. 清华大学教育研究, 2007 (3): 111 - 118.

[69] 袁连生. 我国政府教育经费投入不足的原因与对策 [J]. 北京师范大学学报 (社会科学版), 2009 (2): 5 - 11.

[70] 袁连生. 转轨时期的教育财政 [M]. 北京: 经济科学出版社, 2016.

［71］岳昌君．高等教育经费供给与需求的国际比较研究［J］．北京大学教育评论，2011，9（3）：92－104，191.

［72］岳昌君．教育计量学［M］．北京：北京大学出版社，2009.

［73］岳昌君．经济与高等教育发展的关系——基于6项指标的比较分析［J］．教育发展研究，2010，30（17）：62－68.

［74］岳昌君．期待财政性教育经费占GDP百分之四目标的实现［J］．西部论丛，2010（8）：39－41.

［75］岳昌君．中国高等教育财政投入的国际比较研究［J］．比较教育研究，2010，32（1）：77－81.

［76］藏兴兵．后4%时代教育投入与高校绩效薪酬研究［M］．北京：中国社会科学出版社，2015.

［77］张学敏，崔萨础拉．多边协同与外推内生：新时代我国边境教育经费投入创生逻辑再探索——基于西南边境教育现状与云南省的数据分析［J］．西南大学学报（社会科学版），2020，46（5）：95－107，193.

［78］张紫薇，牛风蕊．究竟是什么影响地方高校教育经费收入？——基于省份、院校特征与教育经费收入的关联性分析［J］．中国高教研究，2020（2）：63－69，91.

［79］中共中央，国务院．中国教育改革和发展纲要［Z］．1993.

［80］中华人民共和国国家教育委员会财务司．中国教育经费统计资料（1994）［M］．北京：中国统计出版社，1995.

［81］中央教育科学研究所．中华人民共和国教育大事记1949—1982［M］．北京：教育科学出版社，1984.

［82］钟振国．澳大利亚基础教育公用经费改革的逻辑、价值和启示［J］．教育评论，2021（3）：144－152.

［83］周洪宇．实现财政性教育经费投入目标应借鉴国际经验［EB/OL］．（2012－03－07）https：//www.mjhb.org.cn/index.php？id＝11751.

［84］周杰文，后灵芝．中国财政性教育经费对经济增长贡献率的区际差异分析［J］．经济问题探索，2014（8）：150－155.

［85］朱爱国．中央财政投入方式改变背景下的职业教育经费保障［J］．中国职业技术教育，2015（12）：5－12.

［86］朱文辉．改革开放40年我国农村义务教育经费保障机制的回溯与前瞻［J］．中国教育学刊，2018（12）：12－17，37.

［87］朱永新，袁连升．中国教育改革大系·教育体制与教育财政卷［M］．武汉：湖北教育出版社，2016.

# 后　记

　　党和政府高度重视教育事业发展，始终坚持把教育摆在优先发展的战略地位，确保教育发展规划优先、财政投入保障优先、公共资源配置优先，将加大教育投入作为保证教育事业健康持续发展的重要措施，不断探索完善以政府投入为主，多渠道筹集教育经费的投入体制，我国教育总投入和财政性教育投入大幅增加，有效地支撑了教育事业发展。

　　《我国财政性教育经费投入机制优化研究》一书通过梳理我国财政性教育经费投入机制中的结构性问题和短板，提出优化我国财政性教育经费投入机制的方案建议。本书由重庆工商大学"2019 年国家一流专业——经济学"项目和重庆市社会科学规划项目"重庆市加强高等职业技术教育与经济发展融合研究"（2012YBJJ038）资助出版。由刘成杰、刘幼昕、黄帅金和黎润娟负责全书框架体系设计，全书共分八章，具体分工如下：第 1 章、第 2 章由刘成杰、刘幼昕、黄帅金完成，第 3 章由刘成杰、刘幼昕、黎润娟完成，第 4 章由刘成杰、黎润娟完成，第 5 章第 1~4 节由刘小双完成，第 5 章第 5~8 节由胡钰苓完成，第 6 章由冯婷完成，第 7 章由黎润娟完成，第 8 章由刘成杰、刘幼昕、黄帅金、黎润娟完成。

　　囿于作者水平，本书对我国教育投入政策及其实践的归纳、分析在广度、深度上尚存在不足之处，欢迎读者批评、指正。